徳川家臣団の系図

菊地浩之

角川新書

はじめに

三河偏重の家臣団構成

本書は徳川家康《とくがわいえやす》の主要家臣の系図を紐解《ひもと》き、そこから浮かび上がった人間関係により、徳川家臣団を考察するものである。

家康は三河岡崎《みかわおかざき》の弱小大名だった松平《まつだいら》家に生まれた。しかし、天文《てんぶん》一八（一五四九）年、家康の父・松平 広忠《まつだいらひろただ》の横死によって、岡崎松平家は駿河今川《するがいまがわ》家の占領下に置かれてしまう。当時、家康は織田《おだ》家の人質になっていたが、急遽《きゅうきょ》今川家に奪還され、その人質となった。それからおよそ一〇年後の永禄《えいろく》三（一五六〇）年の桶狭間《おけはざま》の合戦で家康は事実上独立を果たし、それからおよそ一〇年間隔で領土を拡大し、居城を移している。

・元亀《げんき》元（一五七〇）年に浜松《はままつ》城に居城を移した（遠江《とおとうみ》平定）。
・天正《てんしょう》一〇（一五八二）年に駿河・甲斐《かい》・信濃《しなの》を手に入れ、その四年後に駿府城へ移転。
・天正一八（一五九〇）年に江戸《えど》城に居城を移した（関八州の主となる）。
・慶長《けいちょう》五（一六〇〇）年に関ヶ原《せきがはら》の合戦に勝利し、事実上の天下人となる。

その間、徳川家臣団は膨張拡大していったが、その構成は三段階に集約される。

第一段階　父祖以来の三河譜代
第二段階　松平庶家および三河国衆の家臣化（三河統一）
第三段階　遠江以東の旧今川・武田《たけだ》・北条《ほうじょう》家臣および国衆らの隷属化（遠江平定から関ヶ原の合戦まで）

ここでいう「三河譜代とは、広くは家康の岡崎在城時代までに服属した家臣をいい、狭義には清康《きよやす》の代までに服属した部分をさす」（『一向一揆の基礎構造』）。本書では、ほぼ後者の意味で用いている。いわゆる「三《さん》ご譜《ふ》代《だい》」（「安城《あんじょう》譜代」「山中《やまなか》譜代」「岡崎譜代」）を包括した概念で、家康の祖父・清康の代までに服属した家臣である。

［旗本七備：1585年頃〜］

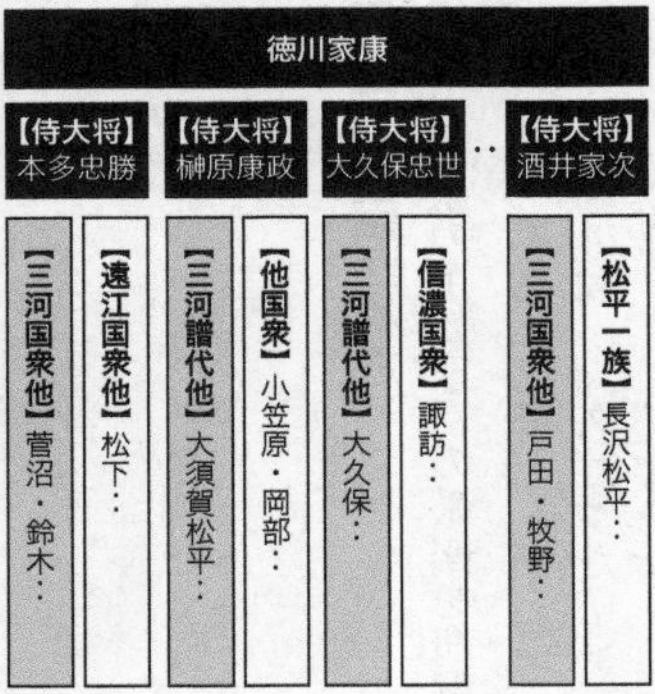

家康は永禄八（一五六五）年に三河を統一すると、「三備」と呼ばれる軍制を導入し、三河譜代の酒井《さかい》忠次《ただつぐ》と石川《いしかわ》家成《いえなり》を東西の「旗頭」として、その下に松平一族および三河国衆を与力とした。

さらに、三河譜代の中から身分の上下にかかわらず有能な人材を「一之《いちの》手衆《てしゅう》」と呼ばれる部隊長に抜擢《ばってき》した。そして、遠江以東の今川旧臣や国衆が服属すると、かれらを「一之手衆」の

図0－1：徳川家臣団の構成

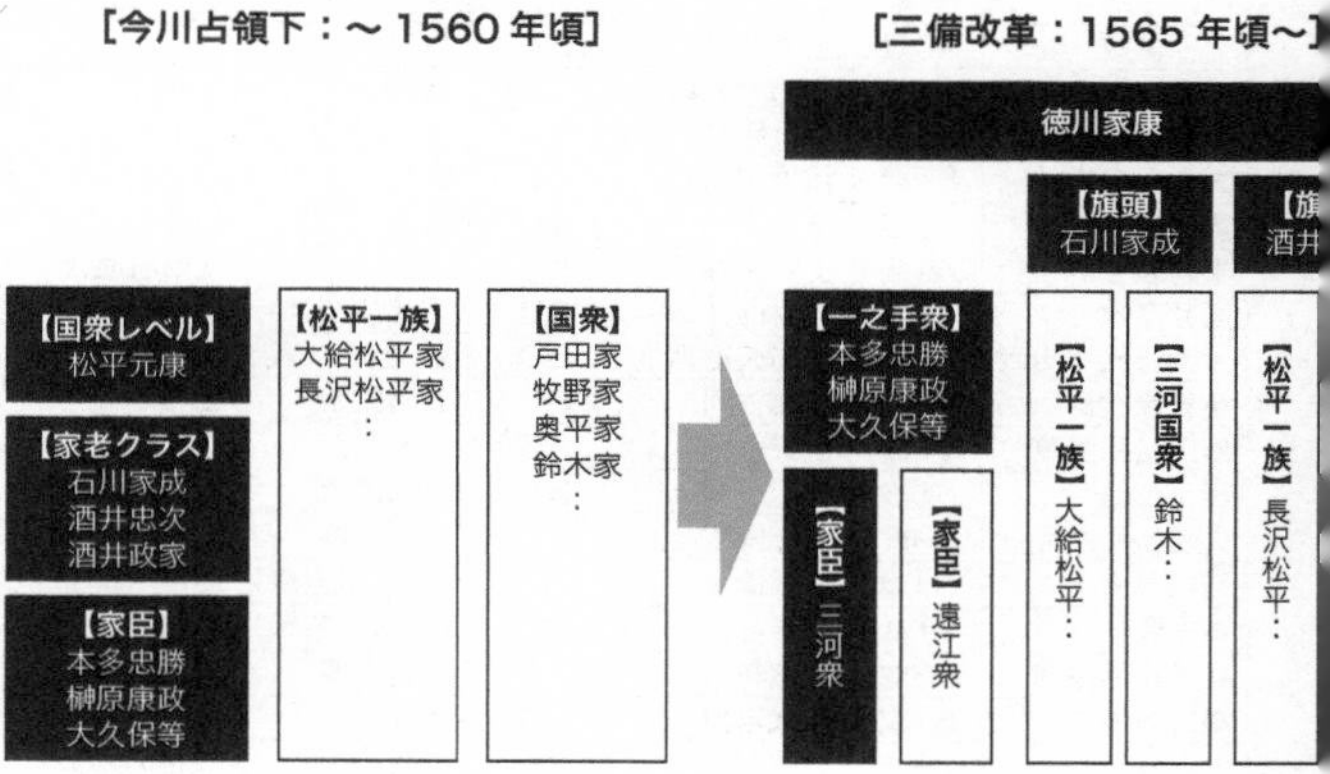

与力として再編成し、「一之手衆」を国衆レベルの動員能力を持つ部隊長へと育てていったのだ。

その結果、領地を拡大し、徳川家に臣従する小領主が増えていっても、その中から部隊長に選抜されるチャンスは少なく、三河譜代がどんどん出世していった。［図0－1］

家康が五ヶ国（三河・遠江・駿河・甲斐・信濃）から関東（武蔵《むさし》・相模《さがみ》・伊豆《いず》・上野《こうずけ》・下野《しもつけ》・常陸《ひたち》・下総《しもうさ》・上総《かずさ》・安房《あわ》）に転封された時、一万石以上の家臣が四〇人いたが、うち三河出身者は二九人、全体の七三パーセントを占めていた（三河譜代が一六人、松平一族が六人、国衆が七人）。［表0－1］［図0－2］

三河譜代は身分社会

先に筆者は「三河譜代の中から身分の上下に

表０－１：関東入国時の家臣団石高

氏名	年齢	領地	石高(万石)	区分	備考
井伊直政	30歳	上野箕輪	12.0	今川旧臣	
本多忠勝	43歳	上総大多喜	10.0	譜代	
榊原康政	43歳	上野館林	10.0	譜代	
大久保忠世	59歳	相模小田原	4.5	譜代	旧二俣城主
鳥居元忠	52歳	下総矢作	4.0	譜代	旧郡内城主
平岩親吉	49歳	上野厩橋	3.3	譜代	旧甲府城代
酒井家次	27歳	下総臼井	3.0	譜代(家老級)	旧吉田城主
大須賀松平忠政	10歳	上総久留里	3.0	譜代	旧横須賀城主
小笠原秀政	22歳	下総古河	3.0	信濃国衆	旧松本城主
依田松平康真	17歳	上野藤岡	3.0	信濃国衆	旧小諸城主
奥平信昌	36歳	上総小幡	3.0	三河国衆	家康の女婿
久松松平康元	39歳	下総関宿	2.0	松平一族	
石川康通	37歳	上総鳴戸	2.0	譜代(家老級)	旧懸川城主
本多康重	37歳	上野白井	2.0	譜代(家老級)	旧田原城主
松井松平康重	23歳	武蔵私市	2.0	三河国衆	旧三枚橋城主
高力清長	61歳	武蔵岩槻	2.0	譜代	旧田中城主
大久保忠隣	38歳	武蔵羽生	2.0	譜代	忠世の嫡男
内藤家長	45歳	上総佐貫	2.0	譜代	
牧野康成	36歳	上野大胡	2.0	三河国衆	旧長窪城主
菅沼定利	?	上野吉井	2.0	三河国衆	旧伊那城主
諏訪頼水	21歳	武蔵奈良梨	1.2	信濃国衆	旧高島城主
岡部長盛	23歳	下総山崎	1.2	今川旧臣	
酒井重忠	42歳	武蔵川越	1.0	譜代(家老級)	旧西尾城主
本多正信	53歳	相模甘縄	1.0	譜代	
内藤信成	46歳	伊豆韮山	1.0	譜代	
伊奈忠次	41歳	武蔵鴻巣	1.0	譜代	
三浦義次	?	下総佐倉	1.0	今川旧臣	
竹谷松平家清	25歳	武蔵八幡山	1.0	松平一族	旧興国寺城主
長沢松平康直	22歳	武蔵深谷	1.0	松平一族	家康の甥
桜井松平家広	14歳	武蔵松山	1.0	松平一族	家康の甥
深溝松平家忠	36歳	武蔵忍	1.0	松平一族	
大給松平家乗	16歳	上野那波	1.0	松平一族	
戸田松平康長	29歳	武蔵東方	1.0	三河国衆	家康の義弟
菅沼定盈	49歳	上野阿保	1.0	三河国衆	
菅沼定政	40歳	下総守谷	1.0	三河国衆	
久野宗能	64歳	下総	1.0	今川旧臣	旧久野城主
小笠原信嶺	44歳	武蔵本庄	1.0	信濃国衆	
保科正光	30歳	下総多胡	1.0	信濃国衆	
木曾義利	14歳	下総蘆戸	1.0	信濃国衆	
北条氏勝	32歳	下総岩富	1.0	北条旧臣	

図0－2：関東入国時の1万石以上領した家臣団構成（人）

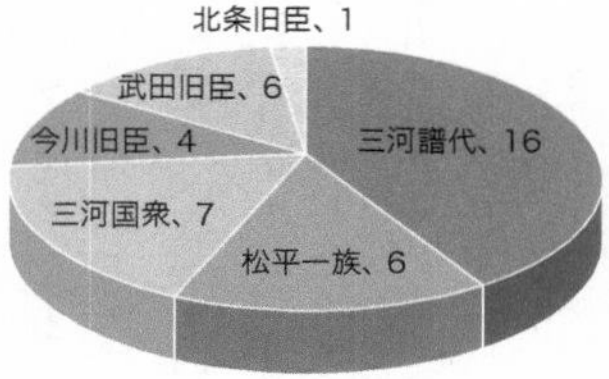

かかわらず」と書いた。これは、同じ三河譜代の中でも、かなり身分の上下、貧富の差があったことを念頭に置いた、逆説的な文章と受け取っていただきたい。

たとえば、家康の中核家臣として「徳川四天王」（酒井忠次、本多《ほんだ》忠勝《ただかつ》、榊原康政《さかきばらやすまさ》、井伊直政《いいなおまさ》）がいるが、その一人・酒井忠次は徳川（旧姓・松平）家の筆頭家老だった酒井家の出身である。兄（伯父《おじ》、または甥《おい》という説もある）の酒井将監《しょうげん》忠尚《ただよし》は「『ご主君様（松平家）か将監様か』といわれるほどの威勢」を誇っていた（『三河物語』）。

これに対し、榊原康政は元々この忠尚の小姓だったという。榊原家は酒井家よりかなり家格の劣る家柄だったようだ。

本多忠勝の家格もそれほど高くなかったらしい。忠勝が永禄九（一五六六）年に与力五〇余人を附けられる以前は「祖父忠豊《ただとよ》・父忠高《ただたか》以来の家の子と木村・佐野・小柳津・高田などの家臣を従えるにすぎなかった」という（『特別展図録　本多家とその家臣団』）。

酒井家が部下を率いる重臣クラスであったのに対して、忠勝の家は率いられる側の立場だったようだ。

つまり、一口に三河譜代といっても、かなりの貧富の差があったのだ。

当然、両者の間には婚姻関係が実現しなかった。恋愛結婚がほぼ成立しえなかった中世日本では、家格によって婚姻関係が結ばれた。右の例でいえば、通常、酒井家と榊原家の間に婚姻関係が成り立つことはない。酒井家と榊原家は階層が違うからだ。

実際のところ、酒井忠次の姉妹が家老クラスの石川家、奉行職の鳥居《とりい》家、三河国衆の西郷《さいごう》家に嫁いでいるのに比べ、榊原康政の姉妹の嫁ぎ先は山内玄規《やまうちげんき》、大竹六郎左衛門《ろくろうざえもん》、小笠原義信《おがさわらよしのぶ》……（誰だ、それ）といった感じである。

三河譜代の間には網の目のように婚姻関係が構築されているが、同じ三河譜代でも家老クラスと一般クラスでは通婚することは稀《まれ》だった。

酒井・石川らの家老クラスは、互いに通婚し、ワンランク上の三河国衆や松平一族との婚姻へとステップアップしていった。これに対し、榊原康政、本多忠勝、大久保忠世《おおくぼただよ》らの一般クラスは、親兄弟に武功を誇る者がいても、妻の実家や姉妹の嫁ぎ先は記載するに値しないようなケースが多かった。

身分社会の逆転

ところが、本能寺《ほんのうじ》の変後、家康が五ヶ国領有する大大名になる頃には様相が一変する。

小牧《こまき》・長久手《ながくて》の合戦後、家康と秀吉《ひでよし》の異父妹・あさひ姫の婚儀を交渉する段になって、家康は天野景能《あまのかげよし》（のちの康景《やすかげ》）を使者として派遣した。天野家は酒井・石川家と並ぶ家老クラスで、景能自身も「岡崎三奉行」の一人といわれた能吏である。これに対し、秀吉は不服を漏らし、「徳川四天王」クラスの、豊臣《とよとみ》方でも名の知られている重臣を派遣するように要請したという。

つまり、この頃には、徳川家臣団内部の価値観と、外部から見た価値観にギャップが生まれていたのだ。

本多忠勝の娘（小松姫といわれる）が真田信之《さなだのぶゆき》に嫁いだことは有名であるが、これは他国の国衆レベルと婚姻が可能になるほど、忠勝のネームバリューが高くなったことを示している。天野景能の娘では真田家も納得しなかっただろう。

換言するなら、徳川家臣団内部での家格が変動し、それにともなって婚姻関係も変わっていくということだ。

その結果、一般クラスから擡頭《たいとう》した家系と家老クラスの間に婚姻関係が生まれてくる。たとえば、大久保忠世の子・忠隣《ただちか》と石川家の娘が結婚し、本多正信《ほんだまさのぶ》の子・正純《まさずみ》が酒井家の娘を娶《めと》り、榊原康政の娘が酒井家に嫁いでいる。おそらく、これらの組み合わせは、家康が抜擢人事を行わなかったら実現しなかっただろう。

本書の構成

本書では、第1章と第2章で、家康の近親および松平一族について述べ、第3章で三河譜代の家老クラス、第4章で一般家臣クラス、第5章は三河国衆、第6章は三河以外の出身者を掲載した。

徳川家臣団といっても、まず「徳川四天王」の本多忠勝、榊原康政、井伊直政からはじまるという構成に本書はしない。徳川家臣団から見れば、かれらは成り上がりと新参者だからだ。

関ヶ原の合戦後、家康はかつて自分が居城とした岡崎城に本多《ほんだ》康重《やすしげ》（広孝《ひろたか》の子）、浜松城に桜井《さくらい》松平忠頼《ただより》、駿府《すんぷ》城に内藤信成《ないとうのぶなり》を置いた。

内藤信成は一説に家康の異母弟といわれ、それなりの知名度があるが、本多広孝・康重父子となると、まずご存じの方はいないだろう。しかし、家康は生まれ故郷の岡崎城を預けるほど信頼と恩義を感じていたのである。徳川家臣団の新たな人間関係を垣間《かいま》見ていただければ幸いである。

※系図の中で、苗字《みょうじ》がカッコ書きになっているのは松平姓であることを示す。

例　能見松平→（能見）

目次

第2章　松平一族　79

第3章　三河譜代の家老クラス　153

第4章　その他の三河譜代　219

図版作成　村松明夫

第1章　家康の妻子

第1節　概観

二人の正室、一七人以上の側室

家康には二人の正室、少なくとも一七人の側室がおり、一一男五女をもうけた。

最初の正室・築山殿《つきやまどの》は今川家重臣の娘で、義元《よしもと》の姪《めい》といわれる（詳細は後述）。弘治《こうじ》三（一五五七）年頃に結婚し、長男・岡崎三郎信康《おかざきさぶろうのぶやす》、長女・亀姫《かめひめ》をもうけたが、天正七（一五七九）年八月に築山殿を家臣に殺害させ、さらに翌九月に信康を自害に追い込んだ（いわゆる「築山事件」）。

家康はこれに懲りたのか継室を迎えなかったのだが、天正一二（一五八四）年の小牧・長久手の合戦の後、秀吉は家康を臣従させるために、天正一四（一五八六）年四月に異父妹・あさひ姫（一五四三～九〇）を継室として押し付けた。しかし、四年後の天正一八（一五九〇）年一月にあさひ姫は死去。以後、家康は正室を迎えなかった。

したがって、家康の女性関係といえば、もっぱら側室の話題となる。

意外に家格が高かった側室たち

本郷和人《ほんごうかずと》氏は「家康は『未亡人好み』で知られています。（中略）信長・家康の夫人たちは、みなさしたる名門の出身ではないのですね」と述べている（『戦国武将の明暗』）。

しかし、調べてみると、家康の側室はさほど家格が低くない。

次女の母・西郡局《にしごおりのつぼね》、および秀忠《ひでただ》の母・西郷局《さいごうのつぼね》の父親はともに三河国衆（松平家とほぼ同格の国人領主）だった。浜松城主時代の家康が正月に三河国衆を集めた儀礼では、一番の上座が西郡局の実家・鵜殿《うどの》家、二番目が西郷局の実家・西郷家だった。

また、一〇男・一一男の母・蔭山殿《かげやまどの》の父親は北条旧臣の城主で、その母は北条家の支流という名門だった。五女の母・お梶《かじ》の方は太田道灌《おおたどうかん》の末裔《まつえい》を名乗り、蔭山殿の遠縁にあたる。

こう見ていくと、家康から疎まれた次男・結城秀康《ゆうきひでやす》、六男・松平忠輝《まつだいらただてる》は、母親の身分が賤《いや》しかったからではないかと思えてくる。

側室たちの近親は出世していない？

さらに本郷和人氏は、側室・西郡局の「実家の鵜殿氏は厚遇されて良さそうな感じですが、結局、この家は大名になってない。そういえば二代将軍秀忠の実母をはじめ、他の子の母の実家からも格別な取り立ては見られません。家康は女性に厳しかったのかな」と指摘している

（『戦国武将の選択』）。

これも正しくない。秀忠の母・西郷局の甥《おい》は大名に取り立てられた。後日、改易されてしまったから、一般に知られていないだけである。

男子を産んだ側室の親族は、その男子の家臣として厚遇された。尾張《おわり》徳川家の竹腰《たけのこし》家、石河《いしこ》家、紀伊《きい》徳川家の三浦《みうら》家は一万石以上を領し、明治維新後は男爵に列した。陪臣《ばいしん》（徳川将軍家から見て家臣の家臣）というだけで、実際は大名並みの待遇を得ていたのだ。

子女は一一男五女。政略結婚の具

家康には少なくとも一一男五女がいた。うち、成人したのは九男三女で、ほとんど皆、政略結婚の具とされた。子女だけでは足りず、異父兄弟の子どもたちを総動員して、政略結婚を成し遂げていった。特に豊臣系大名との政略結婚が多い。〔表１－１〕

そのため、家臣との婚姻事例は極めて少ない。家康の子女と家臣の婚姻は、四男・松平忠吉《ただよし》と「徳川四天王」井伊直政の娘のみである。これも、忠吉が養子に入った東条《とうじょう》松平家が井伊家と縁続きとなるから実現した事例だと思われる。

第2節　正室／築山殿と信康・亀姫

築山殿

築山殿は、今川家の重臣・関口《せきぐち》刑部少輔《ぎょうぶのしょう》親永《ちかなが》（義広《よしひろ》、氏広《うじひろ》ともいう）の娘で、弘治三（一五五七）年頃に家康（当時は松平蔵人佐《くろうどのすけ》元康《もとやす》）と結婚した。

従来、築山殿は今川義元の姪（母が義元の妹）と伝えられてきたのだが、『寛政重修諸家譜《かんせいちょうしゅうしょかふ》』の井伊家の項では、井伊直政の曾《そう》祖父（実は祖父の兄）・井伊宮内少輔《くないのしょう》直宗《なおむね》の妹が「今川義元が養妹となり、関口刑部少輔親永に嫁す」と記されている。［図1－1］

この説を信じるならば、築山殿と今川義元には血縁関係がなくなってしまう。

実父	関係
家康次女	家康の娘
家康三女	家康の娘
水野忠重	家康の従姉妹
松平康元	家康の姪
小笠原秀政	家康の曾孫
保科正直	家康の姪
秀忠次女	家康の孫
松平康直	家康の甥の娘
松平康元	家康の姪
岡部長盛	家康の姪の娘
本多忠政	家康の曾孫
榊原康政	―
松平定勝	家康の姪
秀忠四女	家康の孫
小笠原秀政	家康の曾孫
結城秀康	家康の孫
松平定勝	家康の姪
奥平家昌	家康の曾孫
本多忠政	家康の曾孫
松平康元	家康の姪
松平康元	家康の姪
蒲生秀行	家康の孫
家康三女	家康の娘
池田輝政	家康の孫
松平康元	家康の姪
保科正直	家康の姪
保科正直	家康の姪
岡部長盛	家康の姪の娘
岡部長盛	家康の姪の娘

表１－１：家康の婚姻政策

年		藩	石高（万石）	夫	養父
文禄３年	1594年	吉田	15.2	池田輝政	―
慶長３年	1598年	宇都宮藩	18.0	蒲生秀行	―
慶長４年	1599年	熊本	25.0	加藤清正	家康養女
慶長４年	1599年	清須	20.0	福嶋正之	家康養女
慶長５年	1600年	徳島藩	17.7	蜂須賀至鎮	家康養女
慶長５年	1600年	中津藩	18.0	黒田長政	家康養女
慶長６年	1601年	加賀藩	119.5	前田利常	―
慶長７年	1602年	福知山藩	6.0	有馬豊氏	家康養女
慶長９年	1604年	米子藩	17.5	中村忠一	秀忠養女
慶長10年	1605年	佐賀藩	35.7	鍋島勝茂	家康養女
慶長10年	1605年	春日山藩	30.0	堀　忠俊	家康養女
慶長10年	1605年	岡山藩	28.0	池田利隆	秀忠養女
慶長11年	1606年	土佐藩	20.3	山内忠義	家康養女
慶長11年	1606年	小浜藩	9.2	京極忠高	―
慶長13年	1608年	小倉藩	39.9	細川忠利	秀忠養女
慶長13年	1608年	長州藩	36.9	毛利秀就	秀忠養女
慶長13年	1608年	岡藩	7.0	中川久盛	―
慶長15年	1610年	松江藩	24.0	堀尾忠晴	秀忠養女
慶長15年	1610年	島原藩	6.3	有馬直純	家康養女
慶長16年	1611年	弘前藩	4.7	津軽信枚	家康養女
慶長18年	1613年	長府藩	3.6	毛利秀元	家康養女
慶長18年	1613年	熊本藩	52.0	加藤忠広	秀忠養女
元和２年	1616年	和歌山藩	37.7	浅野長晟	―
元和３年	1617年	仙台藩	60.5	伊達忠宗	秀忠養女
（年不詳）		柳川藩	32.5	田中忠政	家康養女
		松山藩	20.0	加藤明成	―
		出石藩	6.0	小出吉英	―
		唐津藩	12.0	寺沢堅高	―
		大洲藩	6.0	加藤泰興	―

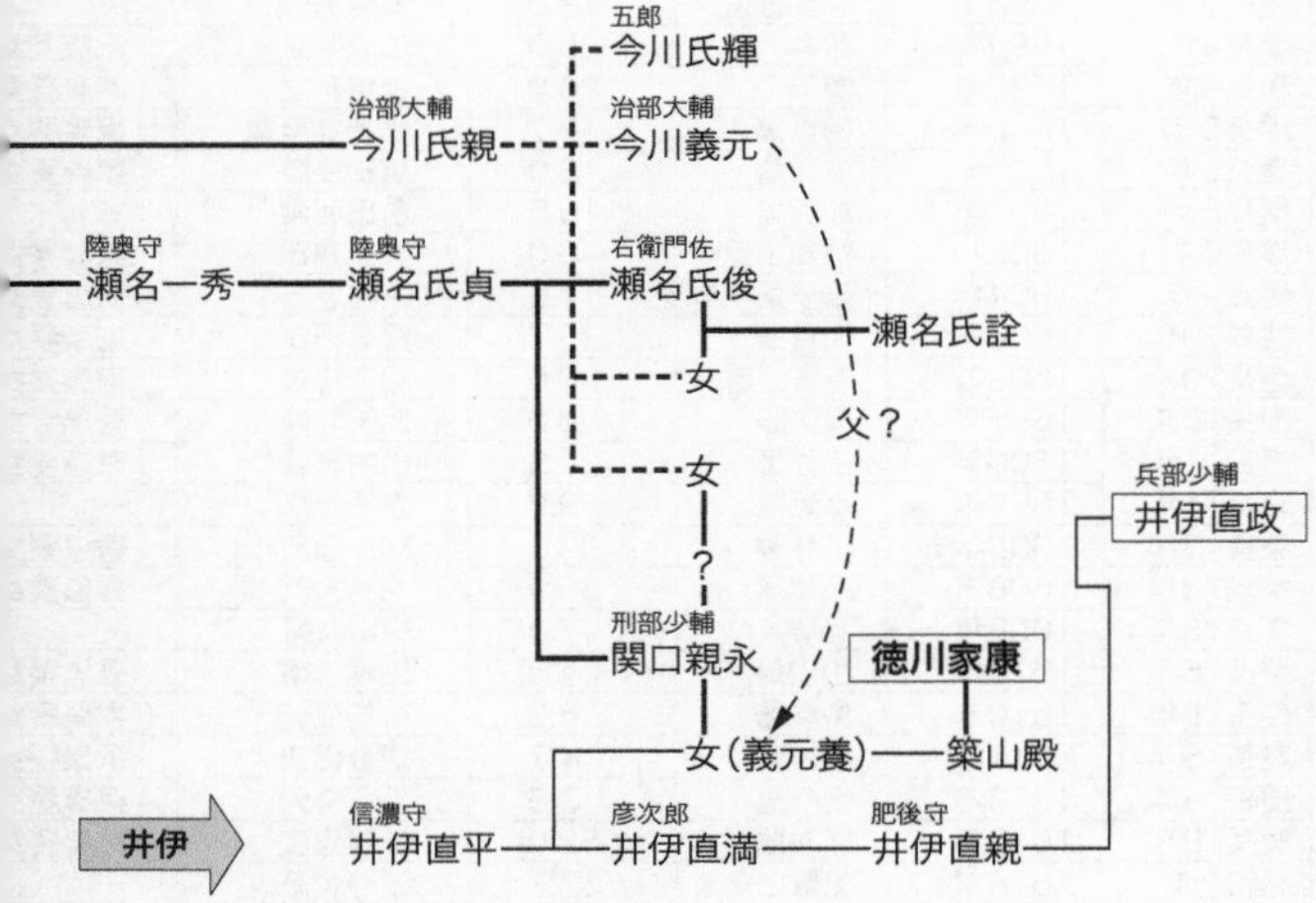

しかし、母親が今川義元の妹でなければ、実の娘という可能性が生まれてくる。

築山殿の母は、今川家の遠江侵攻の過程で今川家の人質に取られ、義元の側室にされてしまったのではないか。武田《たけだ》勝頼《かつより》の母（俗にいう諏訪《すわ》御寮人《ごりょうにん》）みたいな話だが、その可能性が高いと思われる。

天文六（一五三七）年二月、今川義元は一九歳で、甲斐国《かいのくに》守護・武田《たけだ》信虎《のぶとら》の娘（信玄《しんげん》の姉）を正室に迎えている。正室を迎えるにあたり、側室・井伊氏を懐妊したまま、重臣の関口氏に下げ渡したのではないか。

築山殿の生年は不明だが、家康

図1－1：築山殿系図

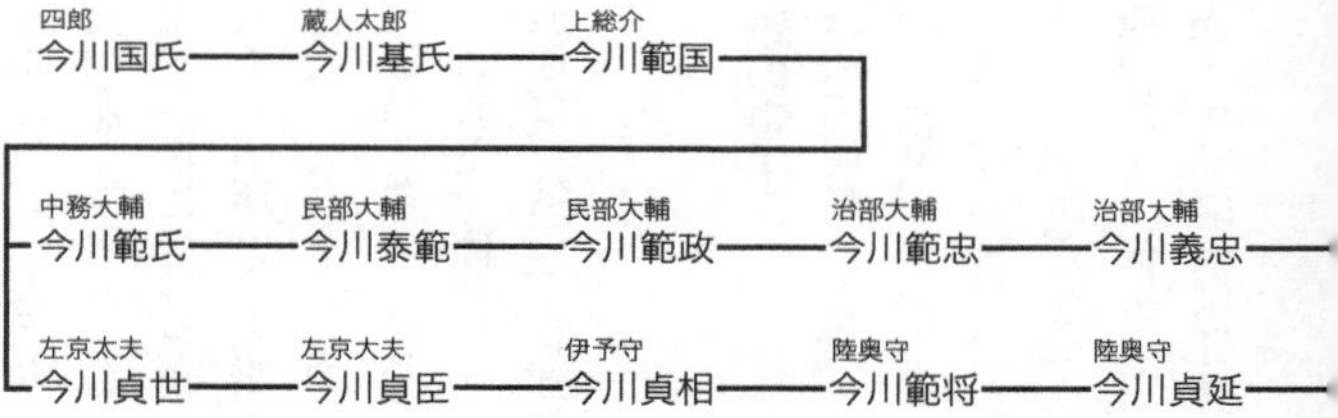

より年上の説が強い。仮に築山殿が義元の落胤《らくいん》だとすると天文六（一五三七）年頃の生まれとなり、家康（天文一一年一二月生）より五歳年上になる。

弘治三（一五五七）年に結婚したという説を信じるならば、築山殿は二一歳で、当時としては晩婚と思われる。これは義元が家康のことを高く買っており、家康が適齢期（一六歳）になるまで、実の娘との婚儀を待たせておいたからではないか。

長男・岡崎信康

家康の長男・松平次郎三郎《じろうさぶろう》信康（通称・岡崎三郎。一五五九〜七

九）は永禄二（一五五九）年三月に駿府《すんぷ》（駿河《するが》府中の略。静岡県静岡市）で生まれた。母は正室・築山殿。家康の幼名・竹千代を襲名し、正統な後継者と認められていた。

家康が浜松に居城を移した元亀元（一五七〇）年に一二歳で元服し、織田信長《のぶなが》から偏諱《へんき》を与えられて「信康」を名乗り、岡崎城主となった。

天正七（一五七九）年八月に岡崎城主を解任され、大浜（愛知県碧南《へきなん》市）に幽閉され、さらに遠江堀江城（静岡県浜松市西区）、二俣《ふたまた》城（浜松市天竜《てんりゅう》区）に移され、翌九月一五日に信康は切腹させられた。同八月二九日には母親の築山殿が殺害されている（いわゆる「築山事件」）。事件の原因は、武田家に通じているという風聞が立ったことだともいわれているが、定かではない。

信康の妻子

妻は織田信長の長女・徳姫《とくひめ》（一五五九～一六三六）で、信康と同い年。誕生日も五日しか違わない。永禄一〇（一五六七）年五月に二人が九歳の時に結婚。「図1－2」

夫婦間には二女があったが、男子はなく、築山殿が信康に側室を勧めたことで夫婦仲が悪くなったという説がある。

信康の長女・福姫《ふくひめ》（一五七六～一六〇七）は、秀吉の命により天正一八（一五九〇）年に信濃の名族・**小笠原信濃守秀政《おがさわらしなののかみひでまさ》**（一五六九～一六一五）に嫁ぎ、六男二女をもうけた。本能寺の変

図1－2：岡崎信康系図

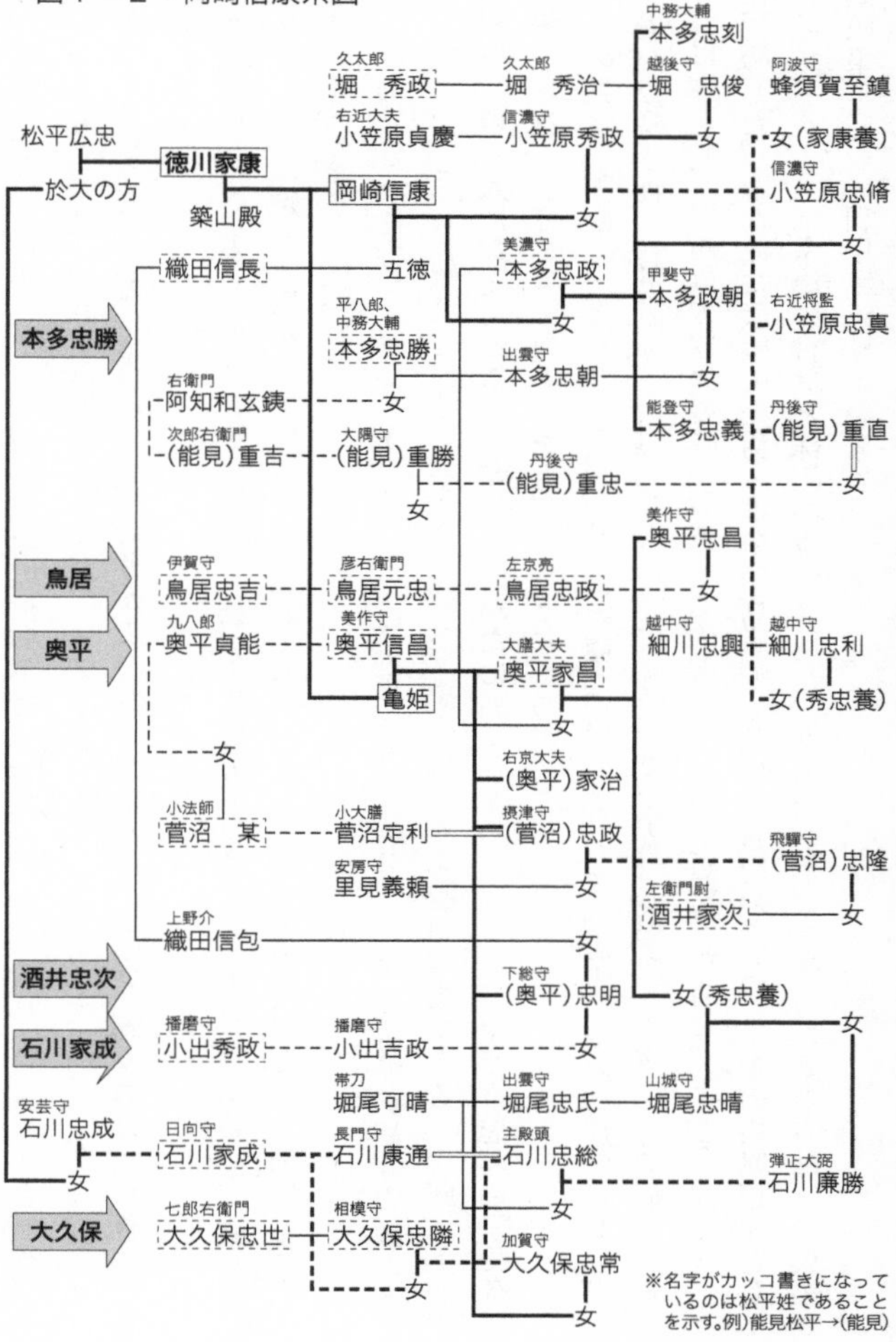
中務大輔
本多忠刻
久太郎
堀　秀政
久太郎
堀　秀治
越後守
堀　忠俊
阿波守
蜂須賀至鎮
右近大夫
小笠原貞慶
信濃守
小笠原秀政
女
女(家康養)
松平広忠
徳川家康
於大の方
築山殿
岡崎信康
信濃守
小笠原忠脩
女
女
織田信長
五徳
美濃守
本多忠政
甲斐守
本多政朝
本多忠勝
女
右近将監
小笠原忠真
平八郎、
中務大輔
本多忠勝
出雲守
本多忠朝
女
右衛門
阿知和玄銕
女
能登守
本多忠義
丹後守
(能見)重直
次郎右衛門
(能見)重吉
大隅守
(能見)重勝
丹後守
(能見)重忠
女
女
美作守
奥平忠昌
鳥居
伊賀守
鳥居忠吉
彦右衛門
鳥居元忠
左京亮
鳥居忠政
女
奥平
九八郎
奥平貞能
美作守
奥平信昌
越中守
細川忠興
越中守
細川忠利
大膳大夫
奥平家昌
亀姫
女(秀忠養)
女
女
右京大夫
(奥平)家治
小法師
菅沼　某
小大膳
菅沼定利
摂津守
(菅沼)忠政
飛驒守
(菅沼)忠隆
安房守
里見義頼
女
左衛門尉
酒井家次
女
上野介
織田信包
女
酒井忠次
下総守
(奥平)忠明
女(秀忠養)
女
石川家成
播磨守
小出秀政
播磨守
小出吉政
女
帯刀
堀尾可晴
出雲守
堀尾忠氏
山城守
堀尾忠晴
安芸守
石川忠成
日向守
石川家成
長門守
石川康通
主殿頭
石川忠総
弾正大弼
石川廉勝
女
女
大久保
七郎右衛門
大久保忠世
相模守
大久保忠隣
加賀守
大久保忠常
女
女
※名字がカッコ書きになっているのは松平姓であることを示す。例)能見松平→(能見)

後、家康は信濃を攻略して、秀政も家康の指揮下に入ったのだが、小牧・長久手の合戦後に秀吉が徳川家の重臣・石川数正《いしかわかずまさ》を誘引した時、秀政もそれについていってしまった（秀政が数正を誘ったという説もある）。秀政と家康の仲がこじれないように、秀吉が両家の縁談を整えたらしい。

秀政の長女・万姫《まんひめ》（一五九二～一六六六）は家康の養女となって蜂須賀《はちすか》阿波守《あわのかみ》至鎮《よししげ》（蜂須賀小《こ》六正勝《ろくまさかつ》の孫）に嫁ぎ、次女・千代姫《ちよひめ》（一五九七～一六四九）は秀忠の養女となって細川《ほそかわ》越中守《えっちゅうのかみ》忠利《ただとし》（忠興《ただおき》の嫡子）に嫁いだ。

信康の次女・熊姫《くまひめ》（一五七七～一六二六）は天正一九（一五九一）年に本多《ほんだ》美濃守《みののかみ》忠政《ただまさ》（一五七五～一六三一）に嫁ぎ、三男二女をもうけた。忠政は本多《ほんだ》忠勝《ただかつ》の嫡男である。忠勝は「徳川四天王」の一人に数えられるが、家格はそんなに高くなかったらしい。家康は忠勝の子に孫娘を嫁がせることで本多家の家格を上げようとしたのだろう。

その長女・国姫（一五九五～一六四九）は家康の養女となって堀忠俊《ほりただとし》（秀政《ひでまさ》の孫）に嫁いだが、忠俊が改易され、有馬《ありま》直純《なおずみ》に再縁した。次女は従兄弟《いとこ》の小笠原信濃守《しなののかみ》忠脩《ただなが》（一五九五～一六一五）に嫁ぐが、忠脩は大坂夏の陣で討死。その弟・小笠原右近将監《うこんしょうげん》忠真（一五九六～一六六七）に再縁した。ちなみに熊姫の長男・本多中務大輔《なかつかさだゆう》忠刻《ただとき》は、秀忠の長女・千姫《せんひめ》の再縁相手として有名である。実は家康の曾《ひ》孫《まご》と孫娘のカップルだったのだ。信康が残した娘たちは、家康の婚姻政策に大いに利用されたといえよう。

長女・亀姫（奥平信昌の妻）

家康の長女・亀姫《かめひめ》（一五六〇〜一六二五）は永禄三（一五六〇）年三月に駿府で生まれた（桶狭間の合戦の二ヶ月前）。母は正室・築山殿。

天正元（一五七三）年八月、亀姫は三河国衆の**奥平九八郎信昌**《おくだいらくはちろうのぶまさ》（一五五五〜一六一五）と婚約した。［図１－３］

東三河の国衆はその時々の情勢に応じて徳川・今川・武田家になびいた。元亀三（一五七二）年冬に武田晴信《はるのぶ》（信玄）が西上すると、東三河の国衆で山家三方衆《やまがさんぽうしゅう》と呼ばれた作手《つくで》（愛知県新城《しんしろ》市作手清岳《きよおか》）の奥平家、長篠《ながしの》（新城市長篠）の菅沼《すがぬま》家、田峯《だみね》（愛知県北《きた》設楽《したら》郡設楽町田峯）の菅沼家も武田方についた。武田軍は家康を三方原《みかたがはら》の合戦で破ったが、晴信は翌元亀四年四月に陣中で死去し、武田軍は兵を退けた。

武田軍の動きが静まると、家康は反撃を開始。天正元（一五七三）年七月に東三河の要衝・武田方の長篠城を落とした。

この頃、山家三方衆では恩賞の所領を巡って内紛が勃発《ぼっぱつ》。それを知った家康は、山家三方衆の中で最も兵力の多い奥平家を味方に引き入れるべく調略し、成功した（『甲陽軍鑑』によれば、奥平が一五〇騎、田峯菅沼家が四〇騎、長篠菅沼家が三〇騎だったという）。家康は奥平貞能《さだよし》・信昌父子に起請文を送って三河・遠江の所領を安堵《あんど》し、長女・亀姫を嫁がせると約束した。一説には信長の指示だったともいう。兄・信康はこの縁談に反対したといわれている。今川家の血を引く高貴な姫君の嫁ぎ先にはふさわしくないからだろう。

武田勝頼は天正二（一五七四）年六月に遠江の高天神城《たかてんじん》、三河足助城《あすけ》（愛知県豊田市《とよた》足助）、三河野田城（新城市豊島《とよしま》）などを次々と落とし、翌天正三年五月に入ると長篠城を奪還すべく城を囲んだ。

長篠城では奥平信昌が守将となっていた。信昌は武田軍の猛攻を耐え抜き、五月二一日の長篠の合戦の勝利へと繋《つな》がる武功を上げた。天正一八（一五九〇）年に家康が関東へ転封すると、信昌は上野小幡《こうずけおばた》三万石を賜った。関ヶ原の合戦後の慶長六（一六〇一）年に美濃加納《かのう》一〇万石に転封。大大名に出世した。

亀姫の子女

亀姫は天正四（一五七六）年七月に奥平家に輿入《こしい》れし、四男一女をもうけた（★は嫡出）。次男から四男は松平姓を賜っている。

・長男★奥平大膳大夫家昌《だいぜんだいふいえまさ》（一五七七～一六一四）下野宇都宮藩一〇万石
・次男★奥平松平右京大夫家治《うきょうだいふいえはる》（一五七九～一五九二）上野長根七〇〇〇石
・三男★菅沼松平摂津守忠政《せっつのかみただまさ》（一五八〇～一六一四）美濃加納藩一〇万石
・四男★奥平松平下総守　忠明《しもうさのかみただあきら》（一五八三～一六四四）播磨姫路藩《はりまひめじ》一八万石
・長女★大久保加賀守忠常《おおくぼかがのかみただつね》（忠隣《ただちか》の子）の妻

図1－3：奥平家系図

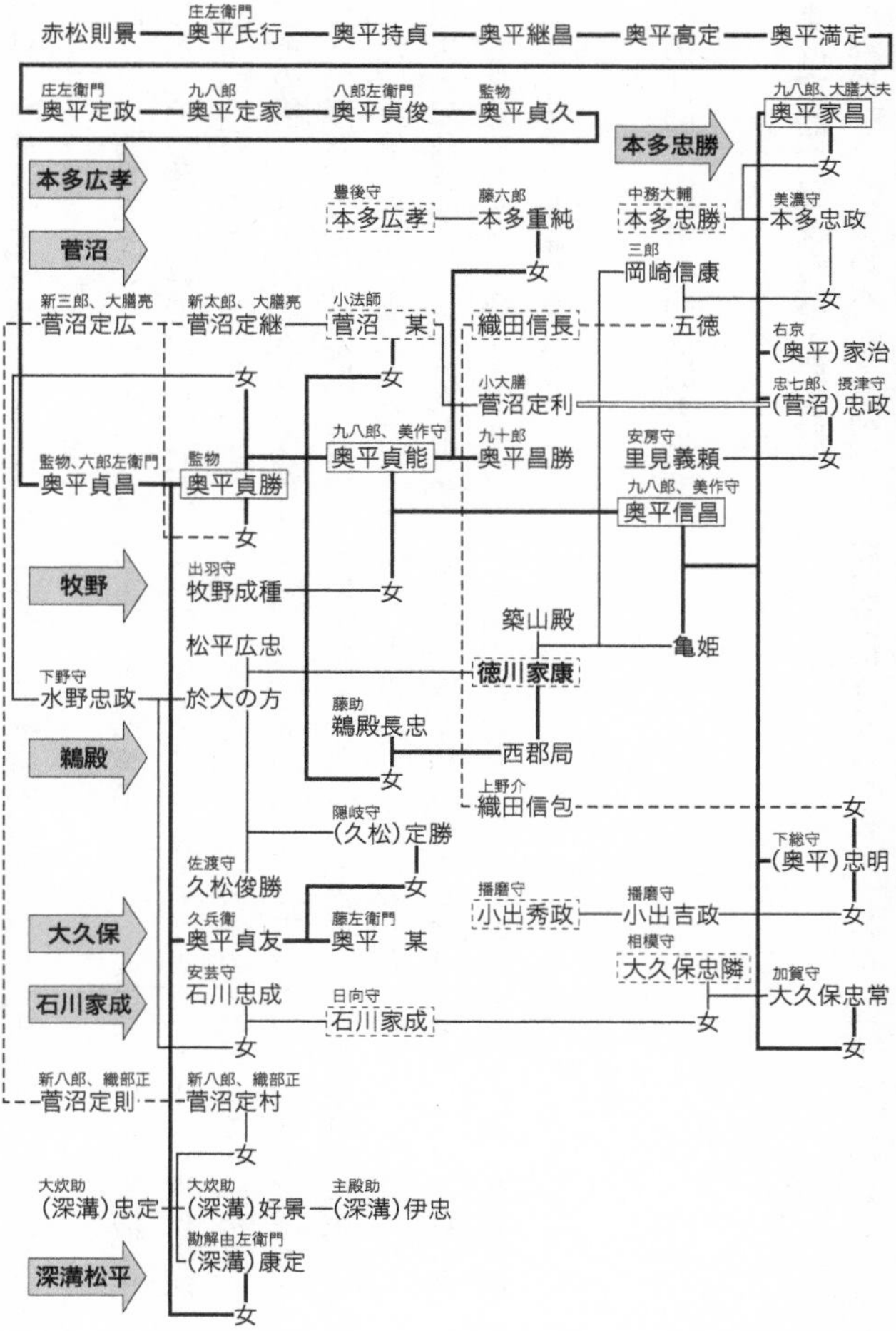

赤松則景
庄左衛門
奥平氏行
奥平持貞
奥平継昌
奥平高定
奥平満定
庄左衛門
奥平定政
九八郎
奥平定家
八郎左衛門
奥平貞俊
監物
奥平貞久
九八郎、大膳大夫
奥平家昌
本多忠勝
本多広孝
菅沼
女
豊後守
本多広孝
藤六郎
本多重純
中務大輔
本多忠勝
美濃守
本多忠政
三郎
岡崎信康
女
女
新三郎、大膳亮
菅沼定広
新太郎、大膳亮
菅沼定継
小法師
菅沼　某
織田信長
五徳
右京
(奥平)家治
女
女
小大膳
菅沼定利
忠七郎、摂津守
(菅沼)忠政
九八郎、美作守
奥平貞能
九十郎
奥平昌勝
安房守
里見義頼
女
監物、六郎左衛門
奥平貞昌
監物
奥平貞勝
九八郎、美作守
奥平信昌
女
牧野
出羽守
牧野成種
女
築山殿
松平広忠
亀姫
徳川家康
下野守
水野忠政
於大の方
藤助
鵜殿長忠
鵜殿
西郡局
女
上野介
織田信包
女
隠岐守
(久松)定勝
下総守
(奥平)忠明
佐渡守
久松俊勝
女
播磨守
小出秀政
播磨守
小出吉政
女
大久保
久兵衛
奥平貞友
藤左衛門
奥平　某
相模守
大久保忠隣
石川家成
安芸守
石川忠成
日向守
石川家成
女
加賀守
大久保忠常
女
女
新八郎、織部正
菅沼定則
新八郎、織部正
菅沼定村
女
大炊助
(深溝)忠定
大炊助
(深溝)好景
主殿助
(深溝)伊忠
勘解由左衛門
(深溝)康定
深溝松平
女

次男・家治は天正一六（一五八八）年に一〇歳で家康の養子となり、松平姓を賜ったが、文禄《ぶんろく》元（一五九二）年にわずか一四歳で死去した。

四男・忠明も兄とともに天正一六年に六歳で家康の養子となり、文禄元年に兄・家治が死去すると、その跡を継いで上野長根七〇〇〇石を領した。慶長七（一六〇二）年に三河作手藩一万七〇〇〇石を賜る。父祖の地を与えられたことから、家康の自慢の孫だったことが示唆される。その後、伊勢亀山《いせかめやま》藩五万石に転じ、元和《げんな》元（一六一五）年、大坂夏の陣の功で大坂城代として一〇万石、大和郡山《やまとこおりやま》藩一二万石、播磨姫路藩一八万石と要衝の地を任され、幕政にも参与した。子孫は武蔵忍《おし》藩一〇万石を領して明治維新後は子爵に列した。

三男・忠政は慶長二（一五九七）年に菅沼小大膳定利《こだいぜんさだとし》の養子となり、慶長七年に上野吉井《よしい》二万石を継いで松平姓を賜った。そののち、美濃加納藩一〇万石に転封となったが、孫の右京が四歳で死去し、無嗣廃絶となった。

第3節　側室／西郡局と督姫

実は家康の又従姉妹・西郡局

西郡局（?～一六〇六）は三河国衆・鵜殿長門守長持《ながとのかみながもち》の孫で、祖母は今川義元の妹という名門に生まれ、次女・督姫《とくひめ》を産んだ。また、西郡局の祖母・水野《みずの》氏が、家康の母・於大《おだい》の方の叔母《おば》なので、西郡局は家康の又従姉妹《またいとこ》にあたる。［図1－4］

蒲郡《がまごおり》一帯の「竹ノ谷《たけのや》・蒲形《かまがた》の荘は、当時熊野信仰が盛んであった関係から、保元・平治の乱（一一五六・一一五九年）の頃、熊野別当《べっとう》家に寄進され（中略）荘官としてこの二荘の管理や実質支配を行ったのは、別当家の一族で、新宮《しんぐう》に住む鵜殿氏であったといわれている」（『蒲郡市史　本文編1　原始古代編・中世編』）。

鵜殿家は上之郷《かみのごう》家、下之郷《しものごう》家、不相《ふそう》家、柏原《かしわばら》家の四家に分かれる。

西郡局の父・**鵜殿藤助長忠**《とうすけながただ》は、上之郷鵜殿家の長門守長持の次男で、叔父《おじ》・柏原鵜殿家の十郎三郎長祐《じゅうろうさぶろうながすけ》の養子となった。なお、上之郷家の家督は長持の長男・**鵜殿藤太郎長照**《とうたろうながてる》が継いだ。

西郡局は「天正年中、浜松にて奥勤め、岡崎において督姫君誕生あり」（『家康の族葉』）というが、「長忠の女は家康に人質として送られたが、のち寵幸され督姫（良正院）を生んだ」（『三百藩家臣人名事典』）というのが実情であろう。

その後の鵜殿家

桶狭間の合戦後、家康は今川家から独立し、東三河の国衆を服従させていくが、鵜殿家は今川家との姻戚《いんせき》もあり、家康に敵対した。

永禄五（一五六二）年二月、家康は西郡上之郷城《にしのこおりかみのごう》（愛知県蒲郡市）を攻め、長照・長忠兄弟は討ち死に。長照の子・**鵜殿三郎四郎氏長**《さぶろうしろううじなが》（一五四九～一六二四）、孫四郎氏次《まごしろううじつぐ》を捕虜とした。築山殿と二子（信康、亀姫）が駿府の今川家に留め置かれたままだったので、家康は鵜殿兄弟と人質交換で家族を奪還した。

鵜殿兄弟は駿河に送還され、永禄一一年に氏真《うじざね》が駿河から追われると、家康に臣従して兄・氏長が紀伊国に一七〇〇石を賜った。ただし、曾孫・平八郎《へいはちろう》、源之丞《げんのじょう》兄弟が相次いで死去し、無嗣廃絶となった。

西郡局の弟・**鵜殿大隅長次**《おおすみながつぐ》（一五五三～一六三六）は、鵜殿家没落後に家康に仕え、姪の婿家先・北条家、池田《いけだ》家に供奉《ぐぶ》した。長次には五人の男子がいたが、上の三人を江戸に残して旗本とし、下の二人を池田家に連れ、その家臣とした。

・長男　鵜殿藤右衛門長堯《とうえもんながたか》　子孫は　五〇〇石の旗本
・次男　鵜殿新三郎長直《しんざぶろうながなお》　子孫は一〇〇〇石の旗本
・三男　鵜殿八郎右衛門長正《はちろうえもんながまさ》　子孫は　六五〇石の旗本
・四男　鵜殿大隅長之《おおすみながゆき》　子孫は鳥取藩家老
・五男　鵜殿藤右衛門長義《とうえもんながよし》　子孫は鳥取藩家臣

なお、下之郷鵜殿家の鵜殿八郎三郎康孝《はちろうさぶろうやすたか》は家康に従い、国衆の筆頭に位置づけられた。

図1－4：鵜殿家系図

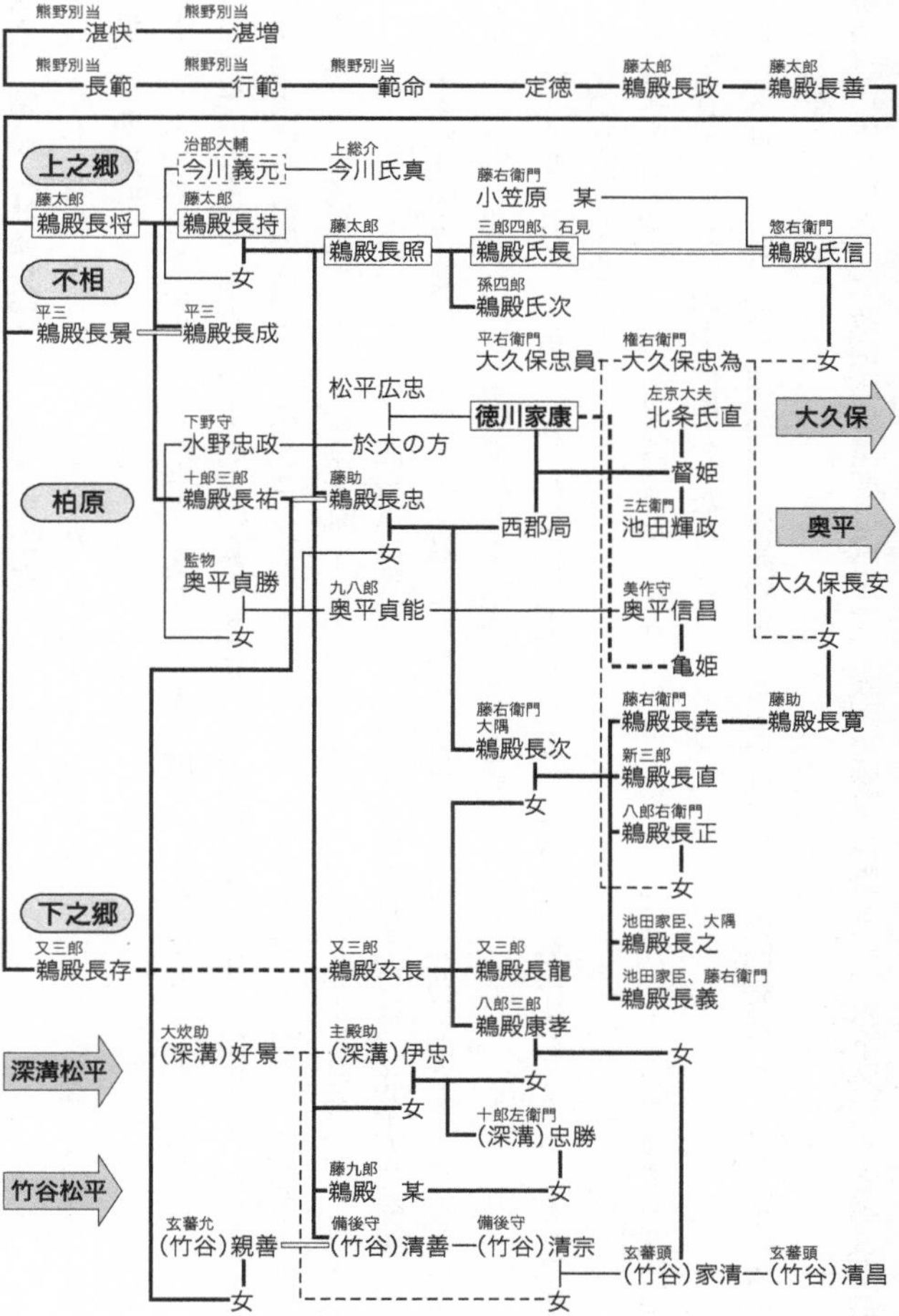
熊野別当
湛快
熊野別当
湛増
熊野別当
長範
熊野別当
行範
熊野別当
範命
定徳
藤太郎
鵜殿長政
藤太郎
鵜殿長善
上之郷
藤太郎
鵜殿長将
治部大輔
今川義元
上総介
今川氏真
藤太郎
鵜殿長持
藤右衛門
小笠原　某
藤太郎
鵜殿長照
三郎四郎、石見
鵜殿氏長
惣右衛門
鵜殿氏信
女
不相
孫四郎
鵜殿氏次
平三
鵜殿長景
平三
鵜殿長成
平右衛門
大久保忠員
権右衛門
大久保忠為
女
松平広忠
徳川家康
左京大夫
北条氏直
大久保
下野守
水野忠政
於大の方
督姫
柏原
十郎三郎
鵜殿長祐
藤助
鵜殿長忠
三左衛門
池田輝政
奥平
西郡局
女
監物
奥平貞勝
大久保長安
九八郎
奥平貞能
美作守
奥平信昌
女
亀姫
藤右衛門
鵜殿長堯
藤助
鵜殿長寛
藤右衛門
大隅
鵜殿長次
新三郎
鵜殿長直
女
八郎右衛門
鵜殿長正
女
下之郷
池田家臣、大隅
鵜殿長之
又三郎
鵜殿長存
又三郎
鵜殿玄長
又三郎
鵜殿長龍
池田家臣、藤右衛門
鵜殿長義
八郎三郎
鵜殿康孝
大炊助
(深溝)好景
主殿助
(深溝)伊忠
女
深溝松平
女
女
十郎左衛門
(深溝)忠勝
竹谷松平
藤九郎
鵜殿　某
女
玄蕃允
(竹谷)親善
備後守
(竹谷)清善
備後守
(竹谷)清宗
玄蕃頭
(竹谷)家清
玄蕃頭
(竹谷)清昌
女
女

次女・督姫（北条氏直、池田輝政の妻）

家康の次女・督姫《とくひめ》（一五六五～一六一五）は天正三（一五七五）年一一月に岡崎で生まれた。母は側室・西郡局。

天正一一（一五八三）年八月、亀姫は**北条左京大夫氏直**《ほうじょうさきょうだいぶうじなお》（一五六二～九一）と結婚した。その前年の天正一〇年六月、本能寺の変が起こり、家康は甲斐・信濃に侵攻。これに対し、小田原北条氏も信濃を経由して甲斐に侵攻。八月に甲斐・信濃の領有をめぐって北条軍二万（一説に四万）と徳川軍一万が甲斐国若神子《わかみこ》（山梨県北杜市《ほくとし》）で対陣。徳川軍は数の上では劣勢であったが、緒戦で勝利を収め、北条軍は戦意を喪失。さらに九月末には、北条方に帰属していた真田安房守昌幸《さなだあわのかみまさゆき》が離反して徳川軍に降り、戦線は膠着《こうちゃく》。一〇月二九日に家康は氏直との和議を結び、督姫と北条氏直の婚儀を約して両家は同盟を結んだ。

しかし、天正一八（一五九〇）年に小田原《おだわら》の合戦に敗れた氏直は高野山《こうやさん》に追われ、赦免活動の最中に病死してしまう。

督姫は氏直との間に二女をもうけたが、長女は早世、次女（一五八六～一六〇二）も池田利隆《いけだとしたか》（輝政《てるまさ》の長男）との婚約中に死去した。

督姫は文禄三（一五九四）年八月、秀忠の命によって**池田三左衛門輝政**《さんざえもん》（一五六五～一六一三）と再縁した。

池田家は秀吉にとって政治的に重要な家系で、義理の甥・浅野幸長《あさのよしなが》、木下勝俊《きのしたかつとし》らと姻戚関係にある。ところが、輝政の父・恒興《つねおき》、兄の元助《もとすけ》は小牧・長久手の合戦で徳川軍に討たれているので、その関係改善のために輝政と家康の娘との再婚を画策したらしい。

輝政は先妻との間に嫡男・池田利隆をもうけていたが、督姫と五男をもうけた。五人とも松平姓を賜ったが、亀姫の子とは違って家康の養子になった者はいない。

・次男★池田左衛門督《さえもんのかみ》忠継《ただつぐ》（一五九九～一六一五）備前《びぜん》岡山藩三一万七〇〇〇石。
・三男★池田宮内少輔《くないのしょう》忠雄《ただお》（一六〇二～一六三一）兄・忠継の遺領を継ぐ。
・四男★池田石見守《いわみのかみ》輝澄《てるずみ》（一六〇四～一六六二）播磨山崎藩六万八〇〇〇石。改易。
・五男★池田右京大夫《うきょうだいふ》政綱《まさつな》（一六〇六～一六三一）播磨赤穂《あこう》藩三万五〇〇〇石。廃絶。
・六男★池田右近大夫《うこんだいふ》輝興《てるおき》（一六一一～一六四七）播磨赤穂藩三万五〇〇〇石。改易。

第4節　側室／小督局と秀康

お万の方

永見《ながみ》氏・お万《まん》の方（小督局。一五四八～一六一九）は側室ではなく、次男・結城秀康の母といった方が正しいだろう。

「於万の方は三河池鯉附《ちりゆう》の住人永井（永見の誤りか）志摩守《しまのかみ》吉英《よしひで》の女であるといい、或いは尾州熱田社の禰宜《ねぎ》村田《むらた》意竹《いちく》の女《むすめ》であるともいい、その生い立ちは明らかでないが、微賤の出と思われる。築山殿夫人に仕え、浜松において奥勤めをしていたところ」、家康の寵愛《ちょうあい》を受けたという（『家康の族葉』）。

次男・結城秀康

家康の次男・結城《ゆうき》三河守《みかわのかみ》秀康《ひでやす》（一五七四～一六〇七）は天正二（一五七四）年二月に浜松城下の家臣宅で生まれた。［図1-5］

幼名・於義伊《おぎい》、または於義丸《おぎまる》。ギギという魚に顔が似ていたからだという。この名前が示す通り、秀康は家康に疎まれていた。その理由として、自分の子ではないと疑ったという説や当時忌み嫌われていた双子だったからという説があるが、実際には母親の出自が卑しかったからだと思われる。

天正一二（一五八四）年の小牧・長久手の合戦を終え、家康が秀吉に秀康を人質として差し出し、秀吉は猶子として遇したのだという。

翌天正一三年に元服し、侍従に叙任。天正一五（一五八七）年の九州征伐で初陣を果たし、天正一六（一五八八）年に左近衛権少将《さこのえごんのしょうしょう》に昇進。さらに慶長二（一五九七）年に参議に叙任している。

天正一八（一五九〇）年七月の小田原征伐の後、下総結城《ゆうき》の結城六郎左衛門尉《ろくろうさえもんのじょう》晴朝《はるとも》が秀康

図1－5：徳川秀忠系図

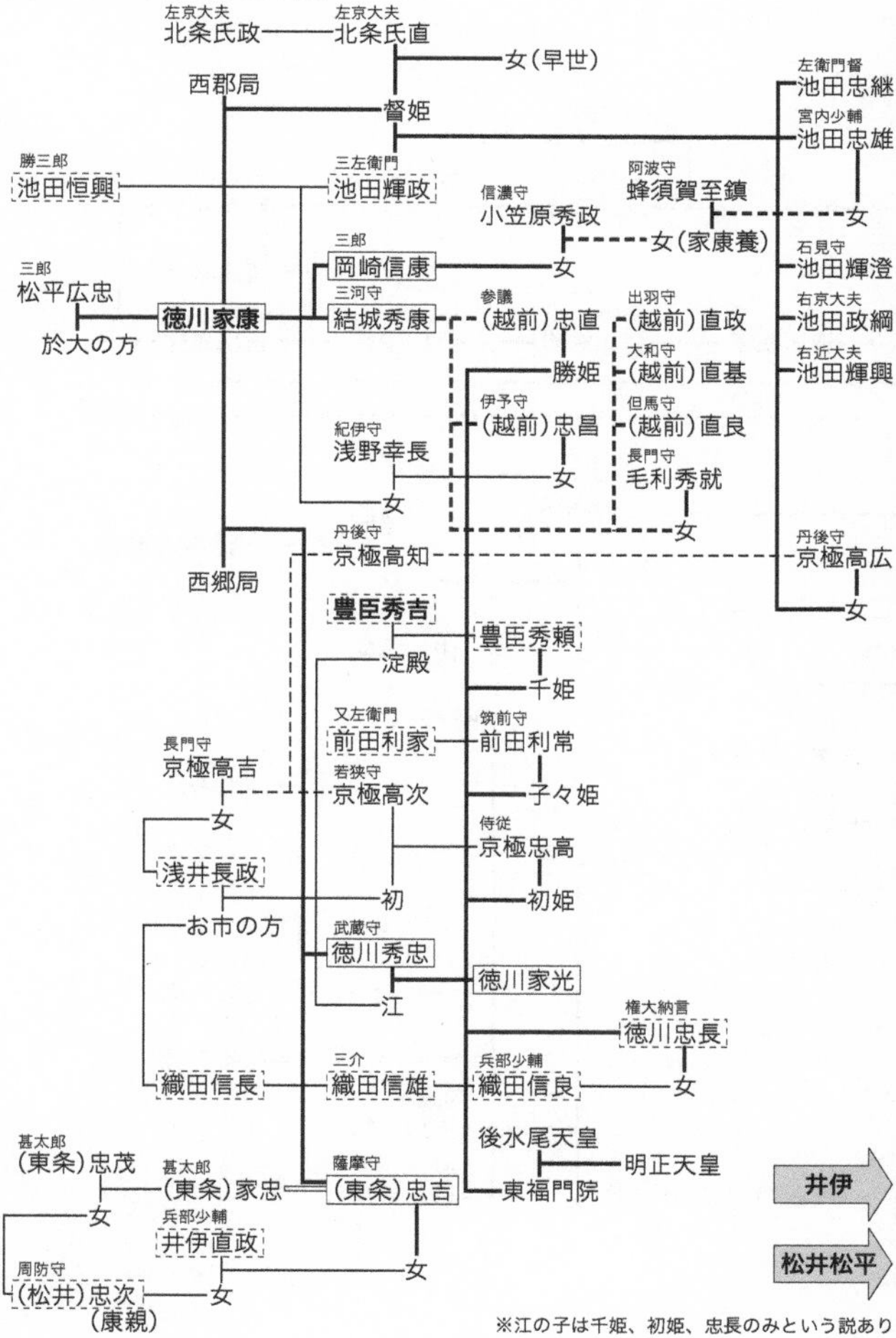

※江の子は千姫、初姫、忠長のみという説あり

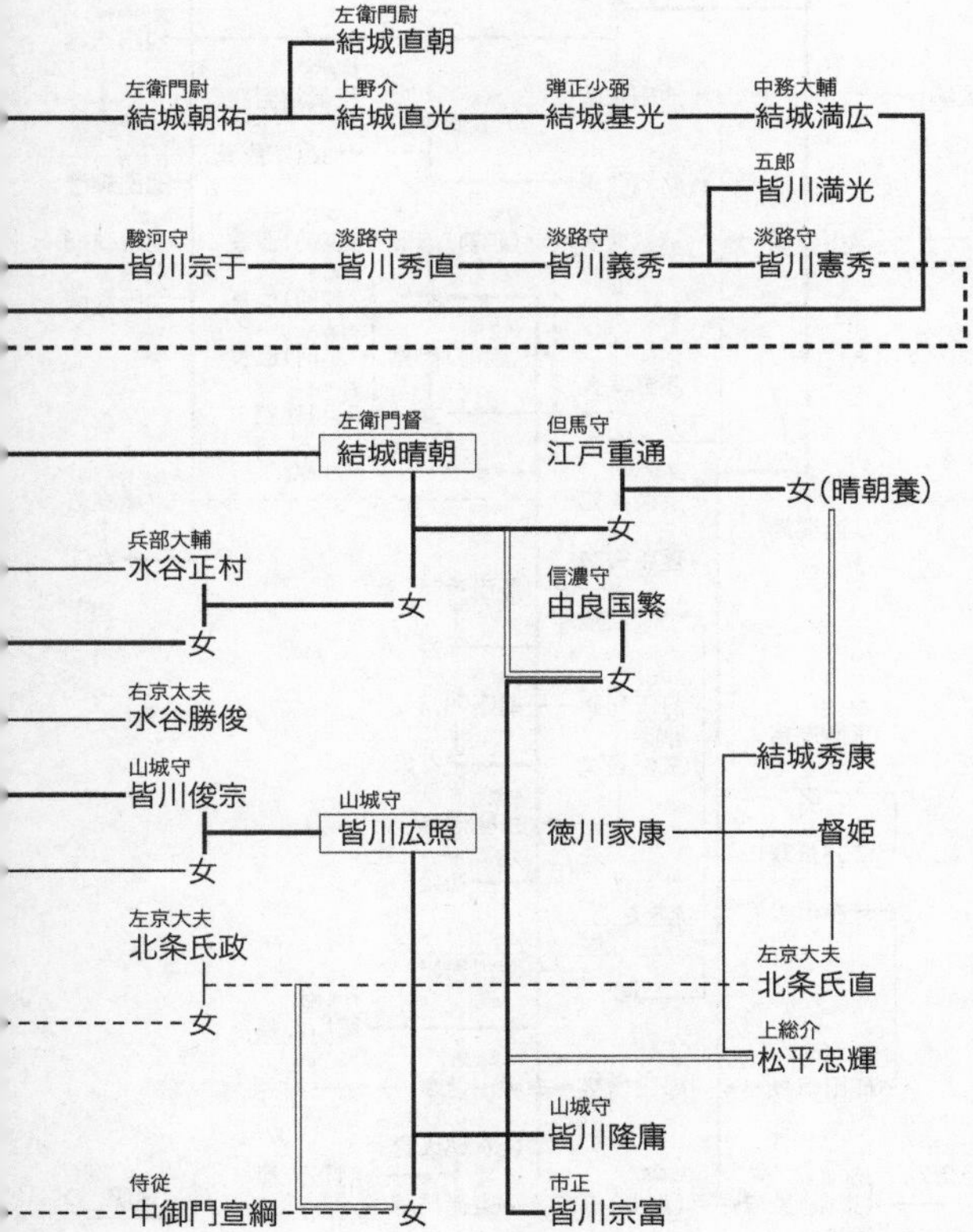

左衛門尉
結城直朝
左衛門尉
結城朝祐
上野介
結城直光
弾正少弼
結城基光
中務大輔
結城満広
五郎
皆川満光
駿河守
皆川宗于
淡路守
皆川秀直
淡路守
皆川義秀
淡路守
皆川憲秀
左衛門督
結城晴朝
但馬守
江戸重通
女(晴朝養)
女
兵部大輔
水谷正村
女
信濃守
由良国繁
女
女
右京太夫
水谷勝俊
結城秀康
山城守
皆川俊宗
山城守
皆川広照
徳川家康
督姫
女
左京大夫
北条氏政
左京大夫
北条氏直
女
上総介
松平忠輝
山城守
皆川隆庸
侍従
中御門宣綱
女
市正
皆川宗富

図1－6：結城・皆川家系図

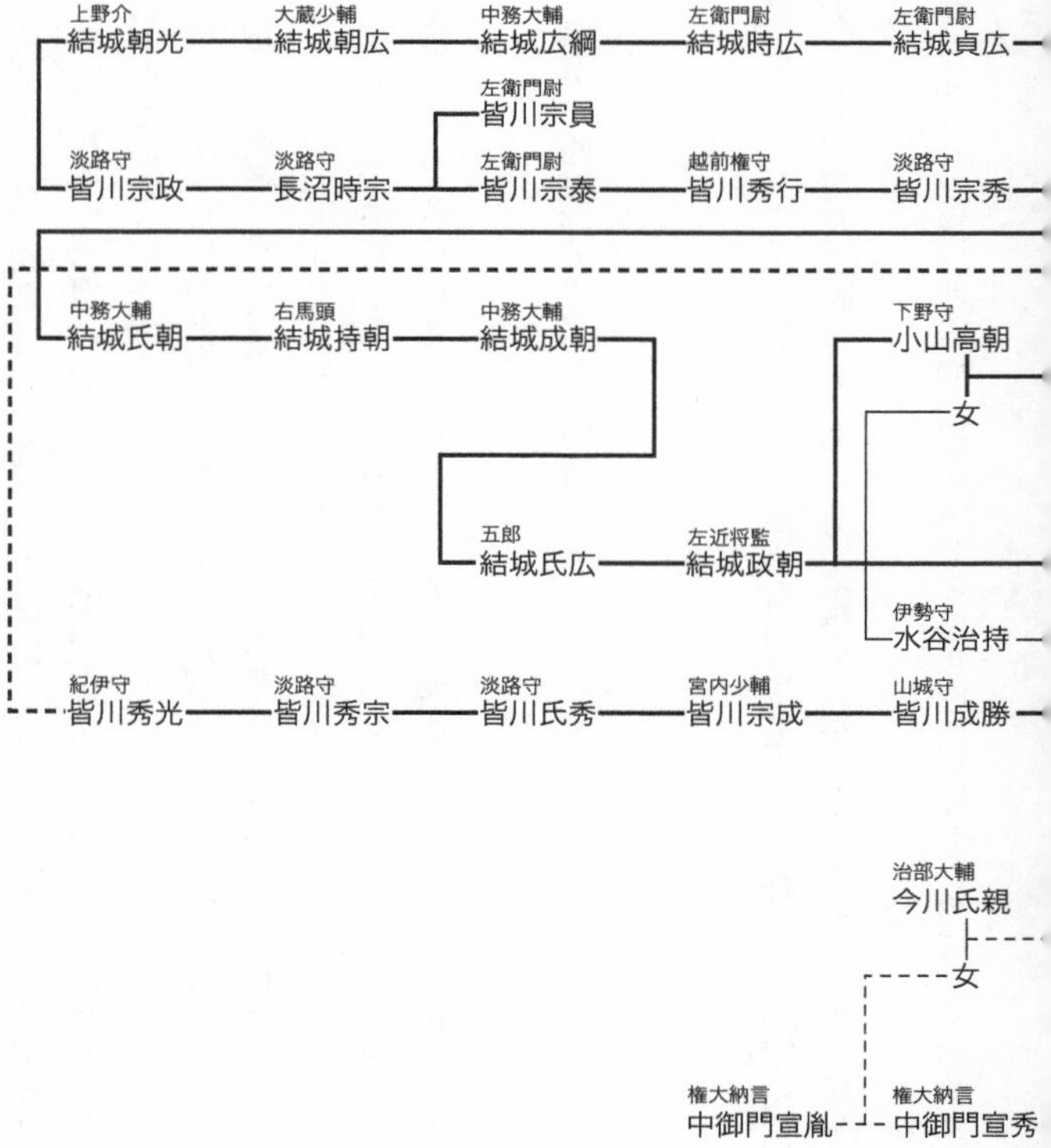
上野介
結城朝光
大蔵少輔
結城朝広
中務大輔
結城広綱
左衛門尉
結城時広
左衛門尉
結城貞広
左衛門尉
皆川宗員
淡路守
皆川宗政
淡路守
長沼時宗
左衛門尉
皆川宗泰
越前権守
皆川秀行
淡路守
皆川宗秀
中務大輔
結城氏朝
右馬頭
結城持朝
中務大輔
結城成朝
下野守
小山高朝
女
五郎
結城氏広
左近将監
結城政朝
伊勢守
水谷治持
紀伊守
皆川秀光
淡路守
皆川秀宗
淡路守
皆川氏秀
宮内少輔
皆川宗成
山城守
皆川成勝
治部大輔
今川氏親
女
権大納言
中御門宣胤
権大納言
中御門宣秀

を養子に望み、養子縁組みが成立。これを機に結城家は一〇万一〇〇〇石に加増されたという。結城家は俵藤太藤原秀郷《たわらのとうたふじわらのひでさと》の末裔で、家祖・結城七郎朝宗《ともむね》は源頼朝《みなもとのよりとも》から偏諱を受けた有力御家人。関東屈指の名門である。[図1-6]

慶長五(一六〇〇)年九月の関ヶ原の合戦では小山に留《とど》まって奥羽の諸大名を牽制《けんせい》。合戦後に越前北ノ庄《えちぜんきたのしょう》(福井に改名)六八万石に加増された。秀康は越前松平家の祖となり、子孫は松平姓を名乗った。五男・直基《なおもと》が結城姓を継いだが、結局松平姓に復姓している。

夫人は晴朝の養女(姪で江戸但馬守重通《たじまのかみしげみち》の娘)。夫婦仲が悪かったといわれるが、天正一九(一五九一)年に女子をもうけている。ただし、その娘は四歳で早世した(『徳川諸家系譜』)。

第5節　側室/西郷局と秀忠・忠吉

西郷局

西郷局・お愛《あい》の方(一五六二~八九)は、三河の有力な国衆・西郷弾正左衛門正勝《だんじょうざえもんまさかつ》の孫娘で、父は戸塚五郎大夫忠春《とつかごろうだいふただはる》、母が正勝の娘にあたる。家康の三男・徳川秀忠、四男・松平忠吉《ただよし》を産んだ。[図1-7]

父・忠春が討ち死にした後、西郷局の母が蓑笠之助正尚《みのりゅうのすけまさなお》に再縁したので、その養女となり、

図１－７：西郷家系図

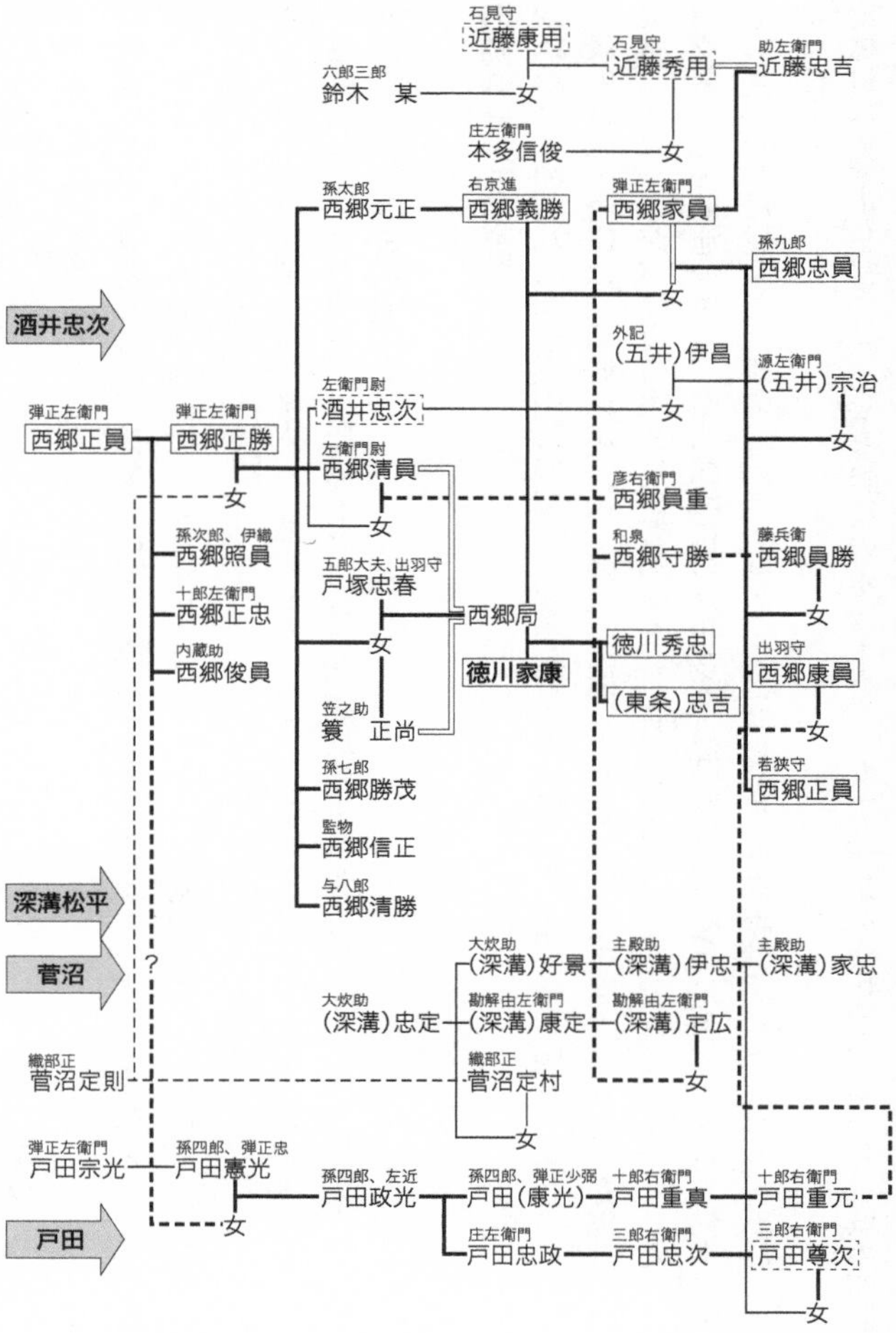
石見守
近藤康用
石見守
近藤秀用
助左衛門
近藤忠吉
六郎三郎
鈴木　某
女
庄左衛門
本多信俊
女
孫太郎
西郷元正
右京進
西郷義勝
弾正左衛門
西郷家員
孫九郎
西郷忠員
女
酒井忠次
外記
（五井）伊昌
源左衛門
（五井）宗治
左衛門尉
酒井忠次
女
弾正左衛門
西郷正員
弾正左衛門
西郷正勝
女
左衛門尉
西郷清員
女
彦右衛門
西郷員重
女
孫次郎、伊織
西郷照員
和泉
西郷守勝
藤兵衛
西郷員勝
十郎左衛門
西郷正忠
五郎大夫、出羽守
戸塚忠春
西郷局
女
内蔵助
西郷俊員
女
徳川秀忠
徳川家康
出羽守
西郷康員
（東条）忠吉
笠之助
簑　正尚
女
若狭守
西郷正員
孫七郎
西郷勝茂
監物
西郷信正
与八郎
西郷清勝
深溝松平
大炊助
（深溝）好景
主殿助
（深溝）伊忠
主殿助
（深溝）家忠
菅沼
?
大炊助
（深溝）忠定
勘解由左衛門
（深溝）康定
勘解由左衛門
（深溝）定広
織部正
菅沼定則
織部正
菅沼定村
女
女
弾正左衛門
戸田宗光
孫四郎、弾正忠
戸田憲光
孫四郎、左近
戸田政光
孫四郎、弾正少弼
戸田（康光）
十郎右衛門
戸田重真
十郎右衛門
戸田重元
女
戸田
庄左衛門
戸田忠政
三郎右衛門
戸田忠次
三郎右衛門
戸田尊次
女

従兄弟の西郷右京進《うきょうのしん》義勝《よしかつ》（?～一五七一）に嫁いで一女をもうけた。しかし、義勝も元亀二（一五七一）年に討ち死にしてしまう。

その後、家康に見初められ、伯父《おじ》・西郷左衛門尉《さえもんのじょう》清員《きよかず》の養女として側近く仕えた。その機縁については、家康が簑正尚邸に赴いた時に見初めたとも、「岡崎奥勤」しているところを見初められたともいわれるが、定かではない。

養父・簑正尚は伊賀の服部平大夫《はっとりへいだゆう》が改名したという（有名な服部半蔵正成《はんぞうまさなり》の近親ではない）。「柳営婦女伝系《りゅうえいふじょでんけい》」（『徳川諸家系譜』所収）では、西郷局の実父を正尚とする説を載せているが、本書では戸塚氏の娘説を採る。

旧岡崎城主と親戚

西郷家は三河国八名《やな》郡の嵩山《すせ》月谷《わちがや》城（愛知県豊橋《とよはし》市嵩山町）を居城とする国衆である。

家康の祖父・清康は、岡崎城から松平弾正左衛門《だんじょうざえもんのぶさだ》信貞（もしくはその子・七郎某）を追放して、岡崎城主となったが、信貞の実父は西郷頼嗣《よりつぐ》といわれ、信貞自身も西郷姓を名乗っていた。

西郷家は肥後《ひご》菊池《きくち》一族で、南北朝時代の九州多々良《たたら》浜《はま》の合戦の頃に足利方の武将・仁木《にっき》義長《よしなが》（?～一三七六）に従った。観応《かんのう》二（一三五一）年に義長の三河守護就任にともなって三河守護代に就任した。

馬越《まごし》村（豊橋市石巻《いしまき》本町）の素戔嗚《すさのお》社の永正《えいしょう》一六（一五一九）年の棟札に、嵩山月谷城の西郷信数《のぶかず》（＝信員《のぶかず》。西郷局の曾祖父・西郷弾正左衛門正員《まさかず》と比定される）が鳥居を再興したと記されているが、その一片に「戒名　昌安《しょうあん》（＝松平弾正左衛門信貞）」とあり、岡崎城の西郷家の一族だったことを示唆させる（『東三河の戦国時代』）。

その後の西郷家

嵩山月谷城の西郷家は、義勝が討ち死にした後、叔父の長男・**西郷弾正左衛門家員《いえかず》**（一五五六～九七）を義勝の婿養子として家督を継がせた（ちなみに家員の母は酒井左衛門尉《さえもんのじょう》忠次《ただつぐ》の妹である）。

家員は三方原の合戦、長篠の合戦、小田原合戦などに従い、家康の関東入国で下総生実《おゆみ》五〇〇〇石を与えられた。

家員のあとは、長男・西郷孫九郎忠員《まごくろうただかず》（一五七〇?～一六〇一）、次男・西郷出羽守康員《でわのかみやすかず》（一五六九?～一六一四）、三男・西郷若狭守正員《わかさのかみまさかず》（一五九三～一六三八）が相次いで家督を継いだ。元和《げんな》五（一六一九）年、正員は加増されて安房東条一万石を領する大名となったが、嫡子・西郷若狭守延員《のぶかず》（一六一四～九七）、その養子・西郷市正《いちのかみ》寿員《ひさかず》（一六七三～一七四一）の相次ぐ不行状のため、五〇〇〇石に減封され、大名の列から外れてしまった。

三男・徳川秀忠

家康の三男・徳川武蔵守秀忠《むさしのかみひでただ》（一五七九～一六三二）は天正七（一五七九）年四月に浜松で生まれた。母は西郷局。幼名・長松、のちに竹千代に改名した。［図1-5］

天正一五（一五八七）年八月に従五位下・武蔵守に叙任され、天正一八（一五九〇）年一〇月に上洛《じょうらく》して元服。秀吉から偏諱を与えられて「秀忠」と名乗った。同年一二月に侍従に叙任され、天正一九年に参議・右近衛権少将に昇進。翌天正二〇年に従三位・権中納言《ごんちゅうなごん》に昇進した。

慶長五（一六〇〇）年の関ヶ原の合戦では中山道《なかせんどう》で上田城《うえだ》・真田家相手に手間取り、遅延するという大失態を演じたが、慶長一〇（一六〇五）年四月に将軍職を譲られ、二代将軍となった。

秀忠の妻

天正一八年一〇月に上洛した際、秀吉の養女・小姫（織田信雄《のぶお》の娘）と婚約したが、小姫が早世したため、文禄四（一五九五）年九月に淀殿《よどどの》の妹・江《ごう》（小督《おごう》ともいう。一五七三～一六二六）と結婚した。［図1-8］

江は、浅井備前守長政《あざいびぜんのかみながまさ》とお市《いち》の方夫妻の三女として生まれ、はじめ佐治《さじ》与九郎一成《かずなり》（為次《ためつぐ》）に嫁したが、天正一二年に一成が改易されて離縁。天正一三年頃に秀吉の甥・豊臣小吉秀勝《こきちひでかつ》（一五六九～九二）と再縁。一女をもうけたが、秀勝は文禄の役で朝鮮に渡った後、文禄元（一

図1－8：江(小督)系図

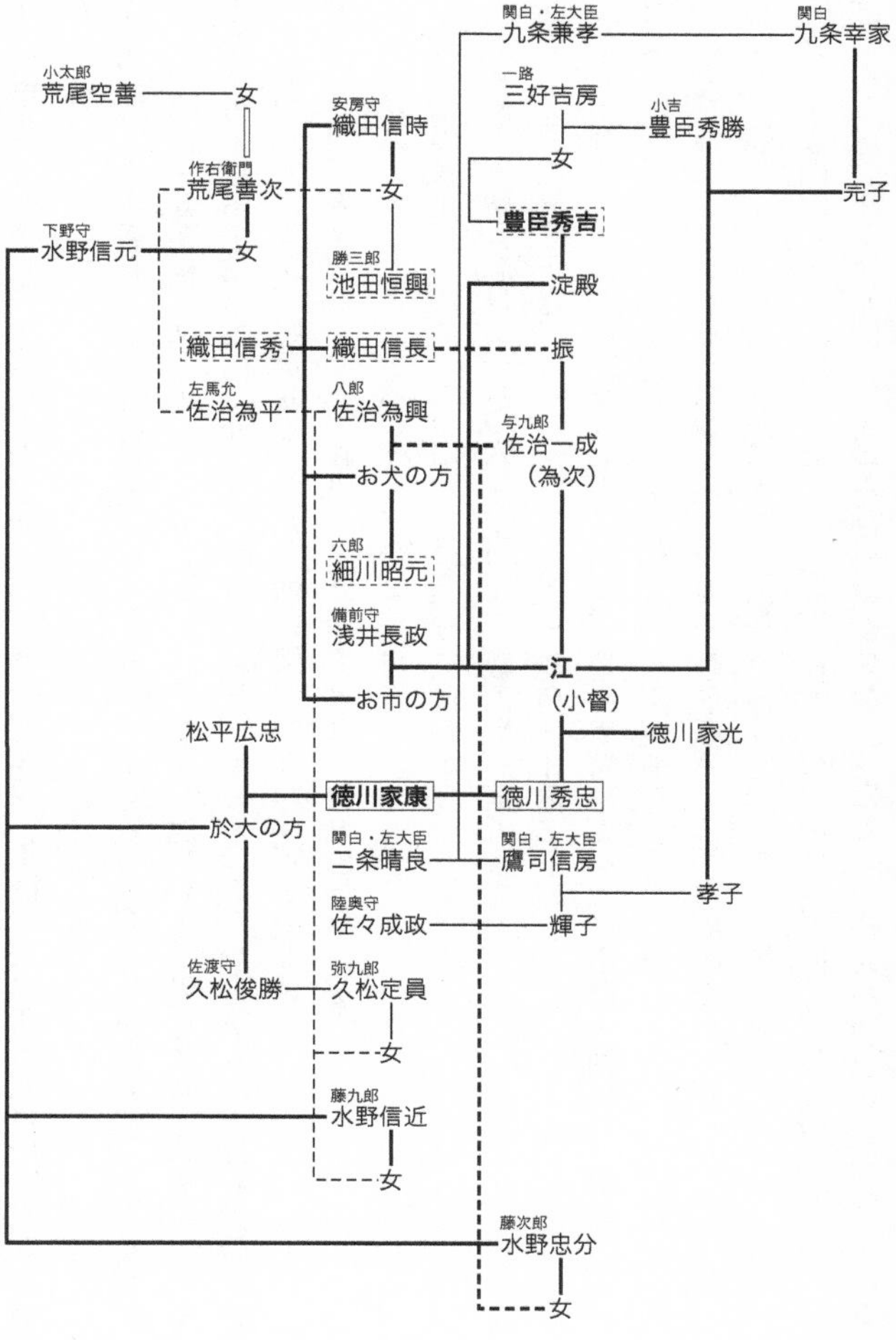
関白・左大臣
九条兼孝
関白
九条幸家
小太郎
荒尾空善
女
一路
三好吉房
安房守
織田信時
小吉
豊臣秀勝
作右衛門
荒尾善次
女
女
完子
下野守
水野信元
女
豊臣秀吉
勝三郎
池田恒興
淀殿
織田信秀
織田信長
振
左馬允
佐治為平
八郎
佐治為興
与九郎
佐治一成
（為次）
お犬の方
六郎
細川昭元
備前守
浅井長政
江
（小督）
お市の方
松平広忠
徳川家光
徳川家康
徳川秀忠
於大の方
関白・左大臣
二条晴良
関白・左大臣
鷹司信房
孝子
陸奥守
佐々成政
輝子
佐渡守
久松俊勝
弥九郎
久松定員
女
藤九郎
水野信近
女
藤次郎
水野忠分
女

五九二）年九月に戦病死してしまう。そして、秀勝の死の三年後、文禄四年九月に秀忠と結婚した。

なお、江と小吉秀勝には一人娘の完子《さだこ》（一五九二〜一六五八）がおり、慶長九（一六〇四）年にのちの関白・九条《くじよう》権大納言《ごんだいな》幸家《ゆきいえ》（一五八六〜一六六五）に嫁いだ。小吉秀勝の遺領は、織田信忠《のぶただ》の嫡男・織田中納言秀信《ひでのぶ》（幼名・三法師。一五八〇〜一六〇五）が継承し、秀信が秀勝の婿養子となったというが、娘が完子なのか、別に娘がいたかは定かでない。

秀忠には四男五女がいた（★は嫡出。☆は嫡出とされているが疑わしい者）。

・長男　長丸《ちようまる》　（一六〇一〜一六〇二）早世
・次男☆徳川家光《いえみつ》　（一六〇四〜一六五一）三代将軍
・三男★徳川大納言《だいなごん》忠長《ただなが》　（一六〇六〜一六三三）駿河駿府藩五五万石
・四男　保科《ほしな》肥後守《ひごのかみ》正之《まさゆき》　（一六一一〜一六七三）陸奥《むつ》会津《あいづ》藩二三万石
・長女★千姫《せんひめ》　（一五九七〜一六六六）豊臣秀頼《とよとみひでより》の妻、本多《ほんだ》中務大輔《なかつかさだゆう》忠刻《ただとき》に再縁
・次女☆子々姫《ねねひめ》　（一五九九〜一六二二）前田《まえだ》筑前守《ちくぜんのかみ》利常《としつね》の妻
・三女★勝姫《かつひめ》　（一六〇一〜一六七二）越前《えちぜん》松平　少将《しようしよう》忠直《ただなお》の妻
・四女★初姫《はつひめ》　（一六〇二〜一六三〇）京極《きようごく》若狭守《わかさのかみ》忠高《ただたか》の妻
・五女★東福門院和子《とうふくもんいんまさこ》　（一六〇七〜一六七八）後水尾《ごみずのお》天皇の中宮、明正《めいしよう》天皇の母

姉さん女房の江が嫉妬《しつと》深く、秀忠には側室がいなかったという俗説があるが、庶長子・長丸

は江の子どもではない。また、次男・家光、次女・子々姫も江の子どもではない可能性が高いという。

四男・東条松平忠吉

家康の四男・東条《とうじょう》松平薩摩守忠吉《さつまのかみただよし》（一五八〇～一六〇七）は天正八（一五八〇）年九月に浜松で生まれた。母は西郷局で、秀忠の同母弟。幼名・福松《ふくまつ》。［図1-5］

天正九（一五八一）年に東条松平甚太郎家忠《いえただ》が死去すると、その跡を継ぎ、忠康《ただやす》と名乗り、のち忠吉と改名した（秀吉から偏諱を受けたともいわれる）。翌天正一〇年に駿河沼津《ぬまづ》四万石を与えられ、天正一八（一五九〇）年に元服、従五位下・下野守《しもつけのかみ》に叙任される。文禄元（一五九二）年に武蔵忍一〇万石を賜る。

慶長五（一六〇〇）年の関ヶ原の合戦では、義父・井伊直政《いいなおまさ》に先導され、形の上での先鋒《せんぽう》を果たし、自らも疵《きず》を負ったが、尾張清須《きよす》五七万二〇〇〇石に転封される。

翌慶長六年に侍従、慶長一〇（一六〇五）年に従三位・左中将に叙任される。翌慶長一一年から薩摩守を名乗った。慶長一二（一六〇七）年に病死。享年二八。

無嗣廃絶となり、清須藩は異母弟・徳川義直《よしなお》に継承された。

忠吉の妻／松井―井伊に繋がる家系

忠吉の妻は井伊直政の長女で文禄元年に結婚。一子をもうけたが早世したという（『徳川諸家系譜』）。

東条松平家は、家康がまだ今川家の人質だった弘治二（一五五六）年二月、三河国額田《ぬかた》郡日《ひ》近《ちか》郷の名之内《なのうち》城（愛知県岡崎市桜形《さくらがた》）の奥平久兵衛貞友《おくだいらきゅうべえさだとも》が今川家に叛旗《はんき》を翻したため、家康の名代として城を攻め、当主・忠茂《ただしげ》が討ち死にした。

忠茂の遺児・家忠がまだ幼かったので、母方の伯父・**松井左近忠次**《まついさこんただつぐ》（のちの松井松平周防守《すおうのかみ》。一般には康親《やすちか》）が、松平姓を賜って東条松平家の名代を務めた。天正年間に駿河・遠江を巡って甲斐武田家と長期戦に及んだ時、忠次は激戦地の諏訪原《すわはら》城（静岡県島田《しまだ》市）の城主に志願。家康から高く評価された。

こうした経緯から、家康は東条―松井松平家を徳川家の先鋒にふさわしい家系と考え、井伊直政を忠次の女婿とし、さらに直政の娘と忠吉を結婚させたのだろう。関ヶ原の合戦で、忠吉に直政を附けて先陣させたのは、かれらを徳川家の先鋒と考えていた家康の美学に他ならない。

関ヶ原の合戦後、家康は西国地方に譜代大名を置くことができなかった（『関ヶ原合戦と大坂の陣』）。譜代大名の西端は近江《おうみ》佐和山《さわやま》城（のち彦根《ひこね》に移転）に置いた井伊直政である。

しかし、「慶長十四年（一六〇九）、丹波八上《やがみ》の前田氏の改易に際して、家康は徳川譜代大名である松平康重を五万石で篠山に封じ、篠山城を天下普請として諸国の大名を動員することによって築城した」（『関ヶ原合戦と大坂の陣』）。

真っ先に西国に遣わされた譜代大名・松平康重《やすしげ》は、松井松平忠次の嫡男なのである。ここでも、徳川家の先鋒は松井─井伊家という家康の美学が貫かれているのだ。

第6節　側室／お竹の方と振姫

お竹の方

お竹の方（?～一六三七）は、甲斐武田家臣・**市川十郎左衛門昌永**の娘とも、市川平左衛門《へいざえもん》昌忠《まさただ》の妹といわれ、三女・振姫《ふりひめ》を産んだ。

『寛政重修諸家譜』には二つの流れの市川氏系図が掲載されているが、いずれもお竹の方の記事を掲載していない。

一方、『武田氏家臣団人名辞典』には「市川十郎右衛門尉」（?～一五七四）と、昌忠に相当する人物「市川備後守家光」（一五一一～九三）が掲載されているが、家光（『寛政譜』の伝える実名昌忠は誤伝）は世代的には家康の祖父か父にあたり、その妹が家康の側室になるとは考えられない。お竹の方は十郎右衛門尉の娘、もしくはその姻戚と思われる。十郎右衛門尉は駿河関係の事案を担当していたらしく、娘が今川旧臣に嫁いでいたり、今川旧臣の家から嫁いできた親族がいてもおかしくない。

通常であれば、お竹の方の兄弟が、振姫の婚家先（蒲生家、浅野家）に家臣として登用されるパターンが多いのだが、そういった話を寡聞にして聞かない。これは、十郎右衛門尉の子息と見られる人物が天正一〇（一五八二）年の武田氏滅亡時に殺害されており（『武田氏家臣団人名辞典』）、お竹の方に身寄りがなかったからだろう。

三女・振姫（蒲生秀行、浅野長晟の妻）

家康の三女・振姫（一五八〇〜一六一七）は天正八年一〇月に浜松城で生まれた。

振姫は文禄四（一五九五）年二月に秀吉の命で故蒲生《がもう》氏郷《うじさと》の遺児・鶴千代（のちの蒲生飛騨守《ひだのかみ》秀行《ひでゆき》。一五八三〜一六一二）と婚約した。氏郷の死後、家康に蒲生家を後見させるための縁談だったらしい。しかし、秀行は陸奥会津一二〇万石を継承したものの、家中をまとめることができず、結局、御家騒動で慶長三（一五九八）年一月に下野宇都宮一八万石に転封となる。

振姫の輿入れは、慶長三（一五九八）年説、慶長六（一六〇一）年一〇月説があるが、秀行は関ヶ原の合戦後に陸奥会津六〇万石に大幅加増されている。これを家康の女婿だからと解釈するならば、前者の方が合理的であろう。

振姫は二男一女をもうけた。

長男・蒲生下野守忠郷《ただ さと》（一六〇二〜二七）は松平姓を賜り、父の遺領を継いだが、寛永《かんえい》四

（一六二七）年に二六歳で死去。子どもがいなかったため、無嗣廃絶となった。

次男・**蒲生中務大輔忠知**《なかつかさだゆうただとも》（一六〇四〜三四）は家康の外孫として出羽上山《かみのやま》藩四万石を与えられていたが、急遽《きゆうきよ》、家督を継ぎ、伊予《いよ》松山藩二四万石に転封となった。

しかし、忠知も寛永一一（一六三四）年に子どもがないまま死去。再び無嗣廃絶となった。

振姫の長女は加藤清正《かとうきよまさ》の子・忠広《ただひろ》に嫁いだが、忠広も改易されている。

浅野家と二重三重の婚姻

慶長一七（一六一二）年に蒲生秀行が死去した後、振姫は元和二（一六一六）年四月に**浅野**《あさの》**但馬守長晟**《たじまのかみながあきら》（一五八六〜一六三二）と再縁した。家康が死去する一〇日前という慌ただしさだった。家康は、豊臣秀吉の数少ない親族である浅野家の存在を重視し、二重三重の婚姻関係を結んだのだ。

秀吉の義兄にあたる浅野弾正少弼《だんじようしようひつ》長政《ながまさ》（一五四七〜一六一一）には三男三女がいる。

慶長七（一六〇二）年に長政の三男・浅野采女正長重《うねめのかみながしげ》（一五八八〜一六三二）に竹谷《たけのや》松平家清《いえきよ》の四女を嫁がせた。家清には家康の異父妹が嫁いでいる。四女は側室の子であるから実際には血が繋がっていないのだが、姻戚として嫁がせたのであろう。

さらに、慶長一〇（一六〇五）年、家康の甥・松平越中守定綱《えつちゆうのかみさだつな》に長政の三女を嫁がせた。定綱は、家康の異父弟・松平隠岐守定勝《おきのかみさだかつ》の末子にあたる。

慶長一五（一六一〇）年、家康の九男・尾張徳川義直（一六〇〇〜五〇）と長政の孫娘（長男・浅野紀伊守幸長《きいのかみよしなが》の次女）が婚約を結び、元和元（一六一五）年四月に結婚した（大坂夏の陣の一ヶ月前である）。この縁談は慶長八（一六〇三）年頃、義直がまだ四歳の時に持ち上がったのだという。

なお、義直夫人の姉は、越前松平伊予守忠昌《いよのかみただまさ》（一五九七〜一六四五）の妻である。忠昌は結城秀康の次男で、家康の孫にあたる。元和元年に従四位下・侍従に叙任されているので、その頃、結婚したものと思われる。

第7節　側室／下山殿と信吉

下山殿

下山殿《しもやまどの》・お都摩《つま》の方（一五七一〜九一）は、甲斐武田家臣・**秋山越前守**《あきやまえちぜんのかみ》**虎康**《とらやす》の娘で、五男・武田信吉《のぶよし》を産んだ。

下山殿は穴山陸奥守信君《あなやまむつのかみのぶただ》（梅雪《ばいせつ》）の養女だったとも、武田信玄の娘だったとの説もある。「下山」は穴山家の領地なので、穴山家の養女だった可能性はあるが、信玄の娘というのは、子の信吉が武田家を継いだため、後世に付会した説であろう。

下山殿の父・秋山越前守虎康は、「武田廿四《にじゅうよん》将」の一人・秋山伯耆守虎繁《ほうきのかみとらしげ》（一般には信朝《のぶとも》）の甥というが、定かではない。

下山殿の兄・秋山平左衛門昌秀《まさひで》（一五五四～一六二三）は武田家没落後、家康に仕えて御鉄《てっ》炮《ぽう》奉行を務め、下総国のうちに一〇〇〇石を賜った。その子・秋山修理亮正重《しゅりのすけまさしげ》は大目付に抜擢《ばってき》され、四〇〇〇石を領する旗本寄合に列した。

五男・武田信吉

家康の五男・**武田《たけだ》七郎信吉《しちろうのぶよし》**（一五八三～一六〇三）は天正一一（一五八三）年九月に浜松で生まれた。幼名・万千代《まんちよ》。［図1－9］

家康は武田信玄を崇敬しており、その家跡を継ぐものとして、武田七郎信義《のぶよし》と命名され、のち信吉と改名した（秀吉から偏諱を受けたともいわれる）。

天正一八年に下総小金《こがね》三万石を与えられ、文禄元年に下総佐倉《さくら》五万石に転封。

慶長五（一六〇〇）年の関ヶ原の合戦では、江戸城の留守となった。慶長七年に常陸水戸一五万石に転封されるが、翌慶長八（一六〇三）年に病死。享年二一。

無嗣廃絶となり、水戸藩は異母弟・徳川頼房《よりふさ》に継承された。

妻は木下少将勝俊《きのしたしょうしょうかつとし》の娘（『徳川諸家系譜』）といわれるが、『寛政重修諸家譜』の木下勝俊の項には娘が信吉に嫁いだという記載がない。『系図纂要《さんよう》』では信吉の婚約者と記しており、実際に結婚に至ったかは定かでない。なお、勝俊は秀吉の正室・寧《ねい》の甥にあたる。

これとは別に、前田利家《としいえ》の九女（一五九五〜一六一四）が信吉と婚約したが、信吉が死去したため、前田家臣・篠原主膳貞秀《しのはらしゆぜんさだひで》に嫁いだという説がある。

これらの情報を総合すると、信吉は秀吉の命によって木下勝俊の娘と婚約（または結婚）したが先立たれ、再び秀吉の仲介で前田利家の娘と婚約したが、結婚を前に信吉が死去してしまったと考えられる。

第8節　側室／お茶阿の方と忠輝・松千代

お茶阿の方

お茶阿《ちやあ》の方（?〜一六二一）は庶民（農民?）の河村《かわむら》氏（一説に山田四郎八之氏《やまだしろうはちゆきうじ》）の娘として遠江国金谷《かなや》に生まれ、鋳物師の妻となり、一女をもうけた。

代官がお茶阿の美貌《びぼう》をうらやんで夫を殺し、自分のものにしようとしたが、お茶阿は一人娘を連れて、鷹《たか》狩《が》り中の家康に直訴して見初められ、六男・忠輝《ただてる》、七男・松千代《まつちよ》が生まれた。

中村孝也《なかむらこうや》氏は、家康が「五男信吉を儲けてのち、まる十年間子供ができなかったのに」お茶阿が六男・忠輝が産んだと奇異な感想を述べている（『家康の族葉』）。

図1－9：徳川御三家系図

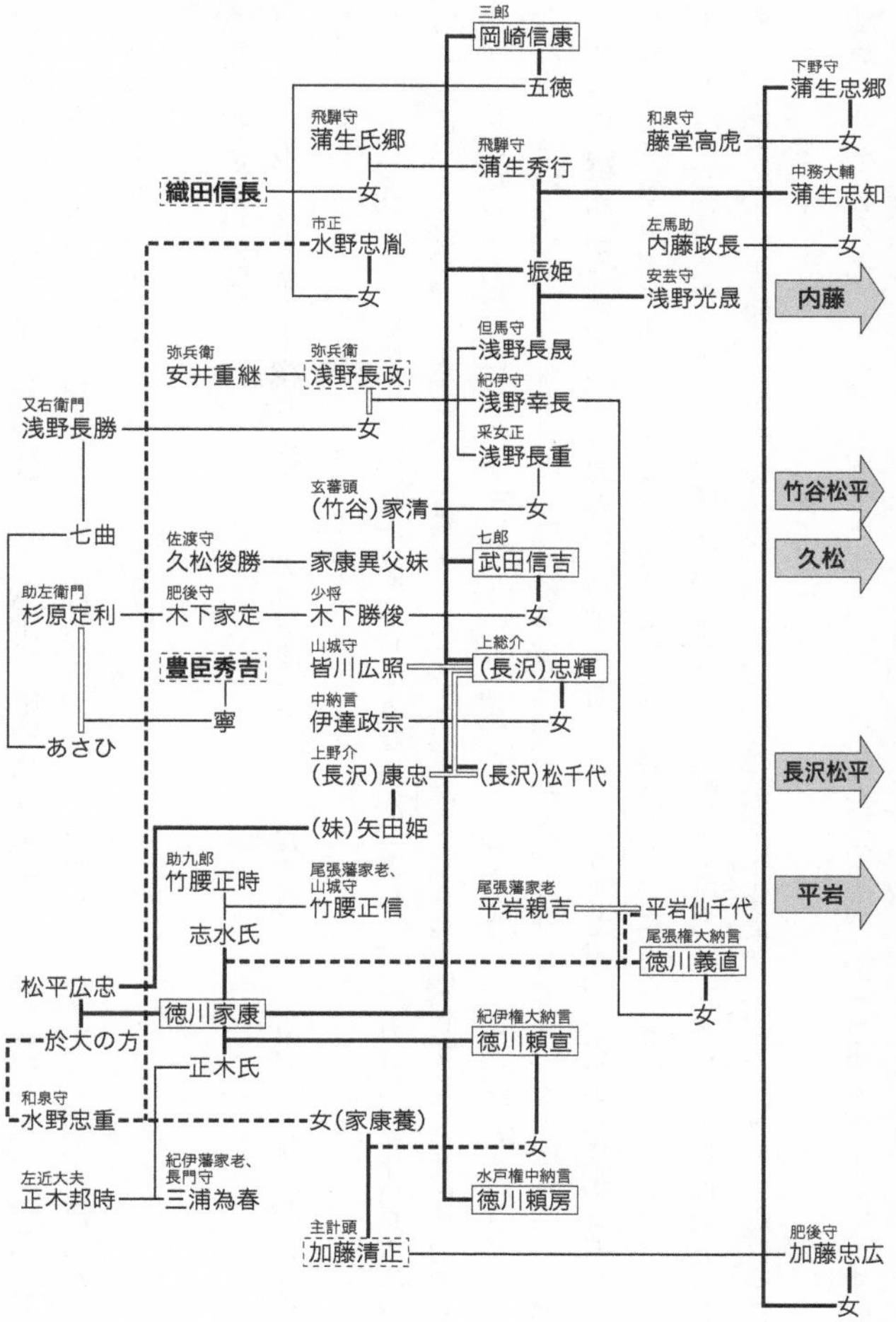

三郎 岡崎信康
五徳
下野守 蒲生忠郷
和泉守 藤堂高虎
女
飛騨守 蒲生氏郷
飛騨守 蒲生秀行
織田信長
女
中務大輔 蒲生忠知
市正 水野忠胤
左馬助 内藤政長
女
振姫
安芸守 浅野光晟
女
内藤
但馬守 浅野長晟
弥兵衛 安井重継
弥兵衛 浅野長政
紀伊守 浅野幸長
又右衛門 浅野長勝
女
采女正 浅野長重
玄蕃頭 (竹谷)家清
女
竹谷松平
七曲
佐渡守 久松俊勝
家康異父妹
七郎 武田信吉
久松
助左衛門 杉原定利
肥後守 木下家定
少将 木下勝俊
女
山城守 皆川広照
上総介 (長沢)忠輝
豊臣秀吉
中納言 伊達政宗
女
寧
あさひ
上野介 (長沢)康忠
(長沢)松千代
長沢松平
(妹)矢田姫
助九郎 竹腰正時
尾張藩家老、山城守 竹腰正信
尾張藩家老 平岩親吉
平岩仙千代
平岩
志水氏
尾張権大納言 徳川義直
松平広忠
徳川家康
女
紀伊権大納言 徳川頼宣
於大の方
正木氏
和泉守 水野忠重
女(家康養)
女
左近大夫 正木邦時
紀伊藩家老、長門守 三浦為春
水戸権中納言 徳川頼房
主計頭 加藤清正
肥後守 加藤忠広
女

おそらく、この間、秀吉の異父妹・あさひ姫を継室に迎えたので、彼女が天正一八（一五九〇）年一月に死去するまで、子どもをもうけなかったのであろう。さすがは家康、「律儀な内府《だい》《ふ》（＝内大臣）」である。

六男・長沢松平忠輝

家康の六男・長沢《ながさわ》松平上総介《かずさのすけ》忠輝（一五九二〜一六八三）は文禄元（一五九二）年一月に江戸城で生まれた。幼名・辰千代《たつちよ》（辰年だからか）。［図1-9］

文禄二（一五九三）年に皆川山城守《みながわやましろのかみ》広照《ひろてる》の養子となるが、慶長三（一五九八）年に長沢松平上野介《こうずけのすけ》康忠《やすただ》（一五四六〜一六一八）の養子となり、武蔵深谷《ふかや》一万石を襲封する。先に康忠の養子になっていた双子の弟・松千代が文禄三（一五九四）年に死去したための措置だという。ちなみに皆川家は頼朝以来の名門、忠輝の実兄・秀康が養子入りした結城家とは同族で、秀康の養父・結城晴朝と皆川広照は母方の従兄弟にあたる。そうした縁から養子入りが実現したのだろう（家康が忠輝を嫌って、どこかの養子に早く押し付けたかったに違いない）。

慶長七（一六〇二）年に実兄・武田信吉が常陸水戸に転封された跡を受け、下総佐倉五万石を賜り、従五位下・上総介に叙任される。翌慶長八年に信濃川中島《かわなかじま》一八万石に転封。慶長一〇（一六〇五）年に従四位下・左中将に叙任される。

慶長一四（一六〇九）年に御家騒動が起き、家老らが忠輝の不行状を家康に訴えるが、逆に家老らが処断される。翌慶長一五年に越後《えちご》高田《たかだ》五〇万石に移封（川中島の所領はそのままだったので、計七五万石を領す）。大坂冬の陣では江戸城留守、夏の陣には出陣したものの、さしたる武勲をあげなかった。その帰途、近江水口《みなくち》で家臣に命じて、秀忠の家臣・長坂信時《ながさかのぶとき》を殺害してしまう。

元和元（一六一五）年九月、家康は駿府に帰った後、大番頭・能見《のみ》松平出雲守勝隆《いずものかみかつたか》を越後高田に遣わして、忠輝を勘当。翌元和二年四月に家康は死去。

同年七月に甥で家臣の花井《はない》主水正義雄《もんどのかみよしお》が長坂を殺害したと幕府は裁定し、義雄を改易。忠輝の所領を没収して伊勢朝熊《あさま》に配流した。その後、飛騨高山《たかやま》、信濃上諏訪《かみすわ》に移されて、天和《てんな》三（一六八三）に死去。享年九二。

妻は伊達《だて》政宗《まさむね》の長女・五郎八《いろは》姫（一五九四～一六六一）。慶長三（一五九八）年に婚約。この婚約は、秀吉の遺訓を守らなかったとして、家康の私婚糾問事件に発展した三件のうちの一件である。実際に結婚したのは慶長一一（一六〇六）年だが、忠輝が勘当されると、元和二年に離別し、実家の仙台に戻った。

夫婦仲は良かったといわれるが、忠輝と五郎八姫の間には子ができなかった。忠輝は側室との間に一男一女（二女説あり）をもうけたが、長男・徳松（一六一五～三二）は一八歳で死去（一説に自害）している。

七男・長沢松平松千代

家康の七男・長沢松平松千代（一五九二～九四）は文禄元（一五九二）年一月に忠輝の双子の弟として江戸城で生まれた。生後間もなく、長沢松平源七郎康忠から養子に請われたが、文禄三年に死去した。享年三。

一説には文禄三年生まれ六歳で死去したともいう（一五九四～九九）。

親族は忠輝の重臣へ

お茶阿の方の親族は、忠輝の家臣として取り立てられた。

お茶阿の方は、山田氏とも花井氏ともいわれるが、前夫が山田氏で、前夫との娘を花井氏に嫁がせたことによる混乱らしい。［図1－10］

前夫・山田氏には先妻の子が二人おり、木全《きまた》刑部《ぎょうぶ》の養子として忠輝の家臣となり、それぞれ五〇〇石、三〇〇石を与えられた。

また、お茶阿の方が前夫ともうけた一人娘（忠輝の異父姉）を花井《はない》遠江守《とおとうみのかみ》吉成《よしなり》に嫁がせ、吉成を忠輝附きの家老とした。吉成は中国人の子という説があるが、定かではない（『家康の族葉』）。

吉成は権勢を誇って、慶長一四（一六〇九）年に忠輝の家老となった皆川広照と確執に及んだ。忠輝附きの家老・皆川広照、山田《やまだ》長門守《ながとのかみ》重辰《しげたつ》、長沢松平讃岐守《さぬきのかみ》清直《きよなお》は、家康に忠輝の不行

図１－10：お茶阿の方系図

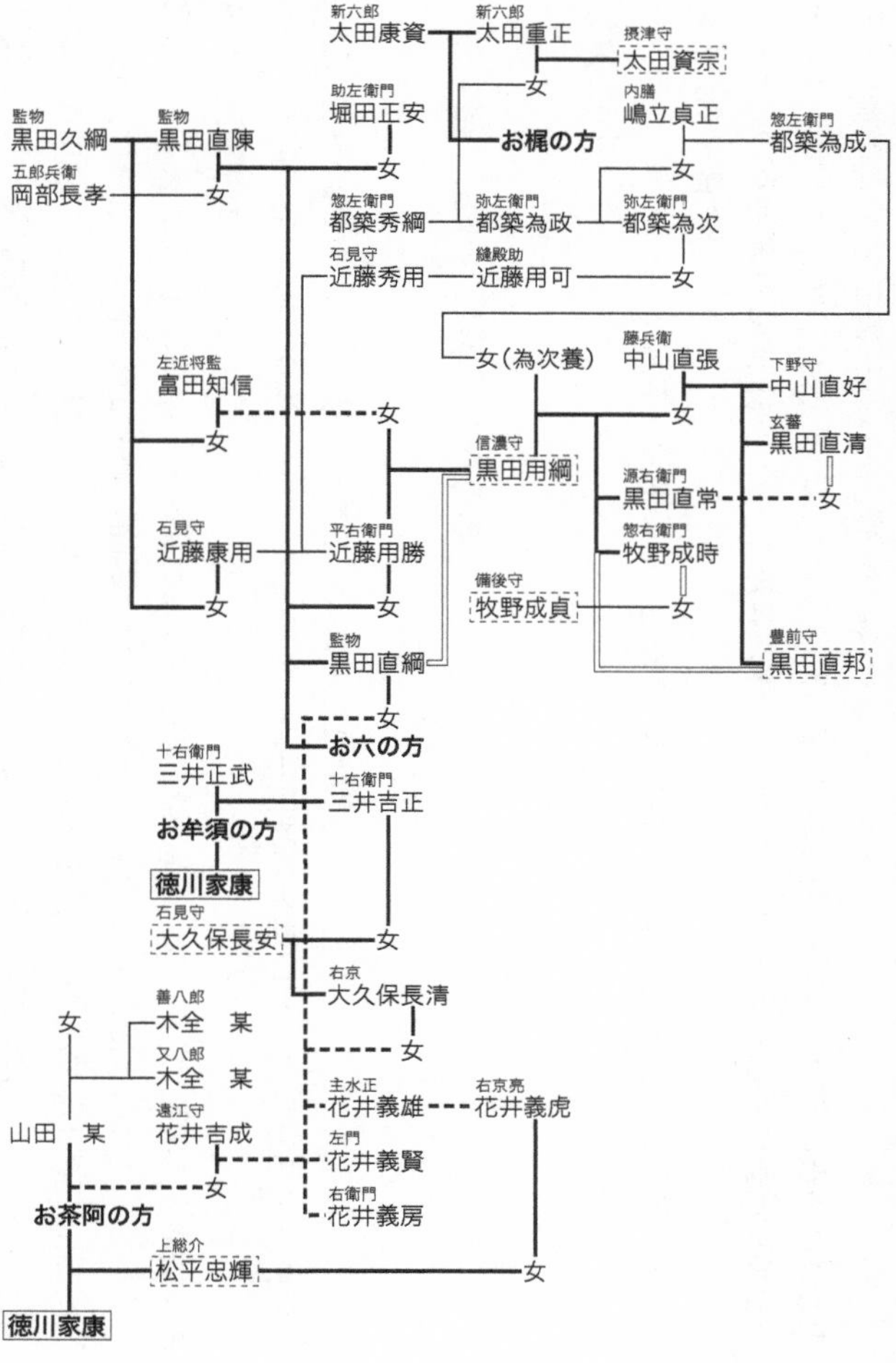

状を訴えたが、逆に長沢松平清直が切腹を命じられ、皆川・山田が改易された。

吉成には三男三女がおり、嫡男・花井主水正義雄《もんどのかみよしお》は、忠輝の家臣として越後糸魚川《いといがわ》三万五〇〇〇石を領したが、秀忠の家臣・長坂信時を殺害した罪で、元和二年に改易された。娘の一人は大久保長安《ちょうあん》の末子・大久保右京長清《うきょうながきよ》の妻になっている。長安が忠輝領の代官を務めていた関係からだろう。

なお、『石田三成《いしだみつなり》とその子孫』では、お茶阿の方を山田之氏《ゆきうじ》の娘とし、甥の山田隼人正《はやとのかみ》勝重を石田三成の女婿としているが、真偽のほどは定かでない。

第9節　側室／お久の方と松姫

お久の方

お久《ひさ》の方（?～一六一七）は、北条家臣・間宮豊前守康俊《まみやぶぜんのかみやすとし》（一五一八～九〇）の娘で、家康の四女・松姫《まつひめ》を産んだ。

間宮家は代々北条家の家臣で、父・康俊は天正一八（一五九〇）年の小田原合戦で伊豆山中城を守り、討ち死にした。父の死後、お久の方は家康の側近く仕え、父の菩提《ぼだい》を弔うため、箱根《はこね》山中（静岡県三島《みしま》市山中新田）に宗閑寺《そうかんじ》を建立した。

父・康俊には五男二女がおり、長男・間宮彦三郎康次《ひこさぶろうやすつぐ》は早世、次男・間宮新左衛門康信《しんざえもんやすのぶ》（一五四一～八二）は天正一〇（一五八二）年、三男・間宮善十郎《ぜんじゅうろう》は永禄年間に討ち死にしているが、残りの二兄弟、および次男・康信の遺児は北条家没落後、家康に仕えた。

すなわち、康俊の四男・間宮造酒丞《みきのじょう》信高《のぶたか》（一五五二～八三）が一二〇〇石、五男・間宮伝《でん》右衛門元重《えもんもとしげ》（一五六一～一六四五）は鷹匠として五〇〇石を賜り、康信の遺児・間宮新左衛門《しんざえもん》直元《なおもと》（一五七一～一六一四）が家康に仕えて一〇〇〇石を賜っているのだ。

ちなみに、間宮海峡を発見した間宮林蔵倫宗《りんぞうともむね》（一七八〇～一八四四）は、康俊の子孫で帰農した者の家系だという。

四女・松姫

家康の四女・松姫（一五九五～九八）は文禄四（一五九五）年に伏見《ふしみ》に生まれ、慶長三（一五九八）年に死去した。享年四。

第10節　側室／お亀の方と義直・仙千代

お亀の方

お亀《かめ》の方（一五七六～一六四二）は、石清水《いわしみず》八幡宮《はちまんぐう》の社家・志水《しみず》加賀守《かがのかみ》宗清《むねきよ》の娘で、八男・仙千代、九男・義直を産んだ。

母方の祖父は石清水八幡宮の祠官《しかん》・田中《たなか》甲清《かつきよ》である。甲清は、室町《むろまち》幕府の三代将軍・足利義《あしかがよし》満《みつ》の母の一族にあたる。子の義直が「義」の字を付けられたのは、義満の血を引く者という意味であろう。［図1-11］

お亀ははじめ、美濃齋藤《さいとう》家の家臣・竹腰《たけのこし》助九郎《すけくろう》正時《まさとき》に嫁ぎ、竹腰山城守《やましろのかみ》正信《まさのぶ》（一五九一～一六四五）を産んで死別した。

その後、豊臣秀吉の家臣・石川《いしかわ》紀伊守《きいのかみ》光元《みつもと》（？～一六〇二）の側室となり、石川東市正《いちのかみ》光忠《みつただ》（太八郎。一五九四～一六二八）を産んだが離縁され、文禄三（一五九四）年に家康に見初められた。ちなみに、石川家は豊臣家文官の中枢家系で、光元の親兄弟が秀吉―秀頼に仕えたのみならず、石田《いしだ》三成《みつなり》、大谷《おおたに》刑部《ぎょうぶ》らを包含した閨閥《けいばつ》を誇っていた（『豊臣家臣団の系図』）。

親族は尾張藩重臣へ

お亀の方の親族は、義直の家臣として取り立てられた。

義直の異父兄・竹腰正信は、慶長六年に家康に仕えて五〇〇〇石を与えられ、慶長一二年に義直が尾張清須藩主（のち名古屋に移転）になると附家老に登用される。家康、義直からそれぞれ加増され、最終的には美濃今尾《いまお》三万石を賜り、子孫は代々附家老を世襲。尾張藩士のナンバー2として君臨し、明治一七（一八八四）年に男爵に列した。

今一人の異父兄・石川光忠も慶長一三年に家康に召し出され、慶長一五年に美濃・摂津《せっつ》で一万三〇〇石を賜った。慶長一七年に名古屋城代を命じられ、尾張藩政に参与。子孫は美濃国中島郡駒塚を居所として家老職を務め、四代・正章《まさあき》の代に「石河《いしこ》」に改姓した。

さらに、お亀の方の実兄・志水甲斐忠宗《しみずかいただむね》（一五七四～一六二六）も一万石を与えられ、子孫は家老を務めた。

八男・平岩仙千代

家康の八男・平岩仙千代《ひらいわせんちよ》（一五九五～一六〇〇）は文禄四（一五九五）年三月に伏見城で生まれた。母はお亀の方（志水氏）。慶長四（一五九九）年に家臣・平岩主計頭親吉《かずえのかみちかよし》の養子となるが、翌慶長五年三月に死去した。享年六。

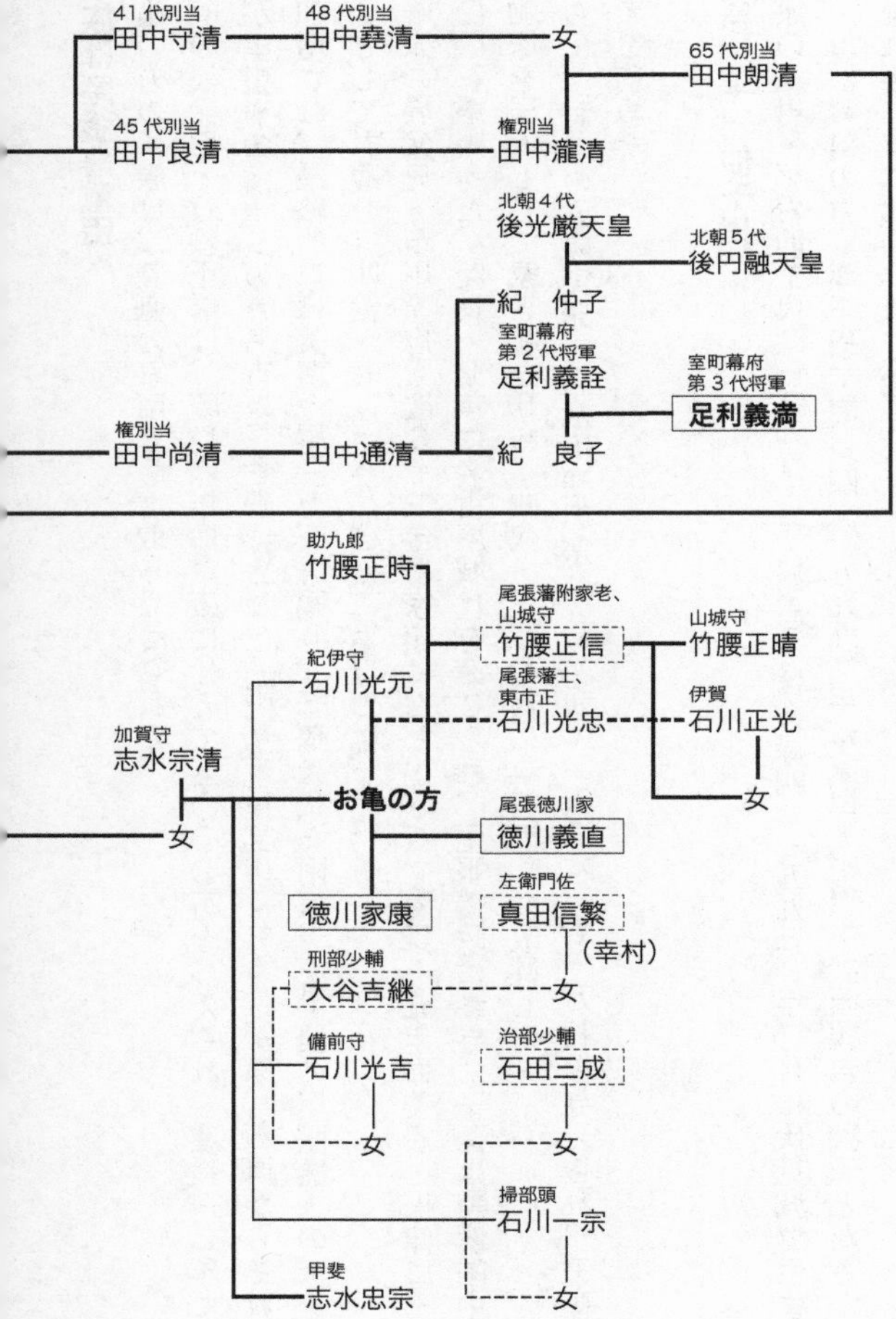
41代別当
田中守清
48代別当
田中堯清
女
65代別当
田中朗清
45代別当
田中良清
権別当
田中瀧清
北朝4代
後光厳天皇
北朝5代
後円融天皇
紀　仲子
室町幕府
第2代将軍
足利義詮
室町幕府
第3代将軍
足利義満
権別当
田中尚清
田中通清
紀　良子
助九郎
竹腰正時
尾張藩附家老、
山城守
竹腰正信
山城守
竹腰正晴
紀伊守
石川光元
尾張藩士、
東市正
石川光忠
伊賀
石川正光
加賀守
志水宗清
お亀の方
女
尾張徳川家
徳川義直
女
徳川家康
左衛門佐
真田信繁
（幸村）
刑部少輔
大谷吉継
女
備前守
石川光吉
治部少輔
石田三成
女
女
掃部頭
石川一宗
甲斐
志水忠宗
女

図1－11：尾張徳川義直系図

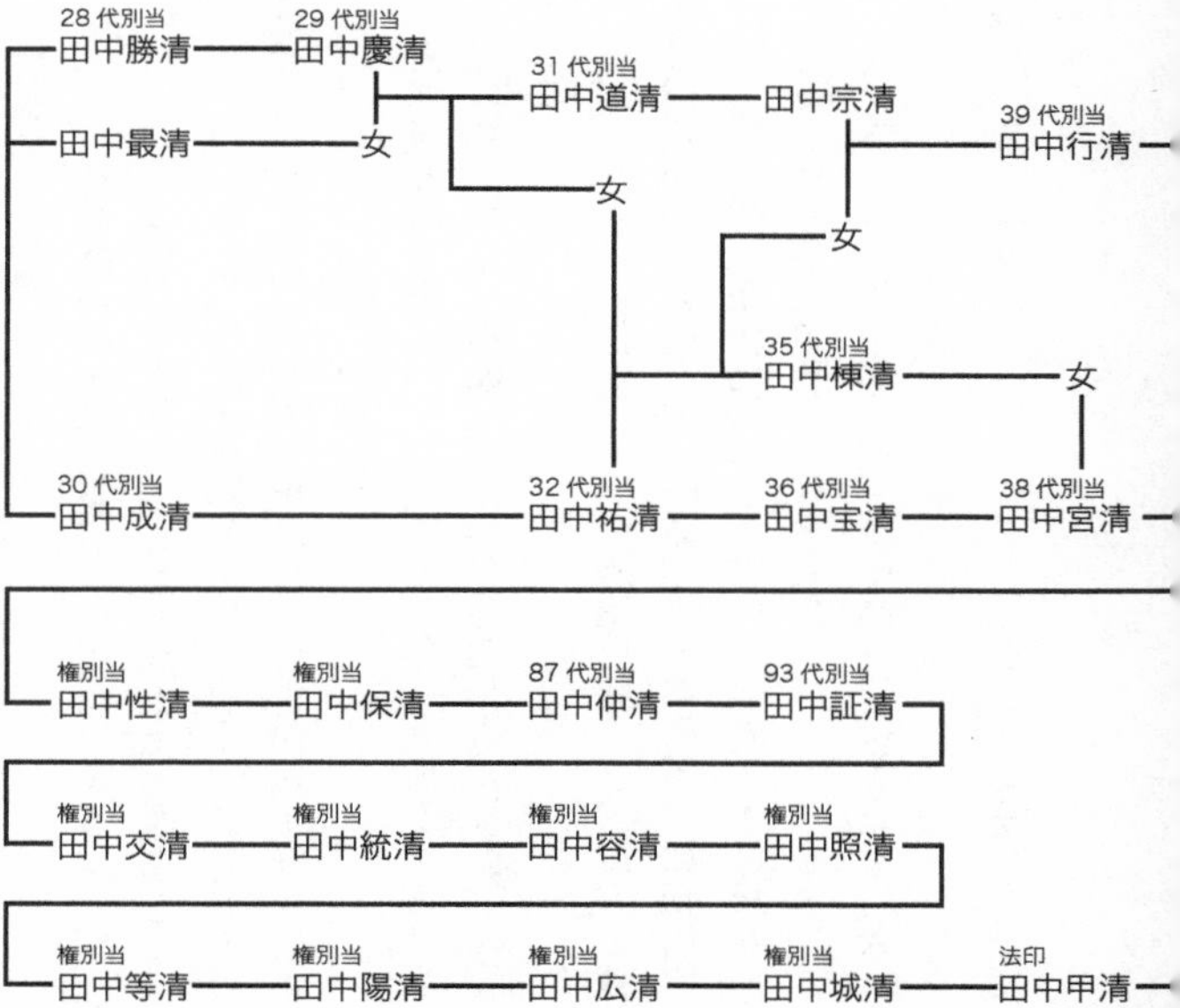

九男・尾張徳川義直

家康の九男・尾張《おわり》徳川権大納言《ごんだいなごん》義直《よしなお》（一六〇〇〜五〇）は、関ヶ原の合戦の二ヶ月後に伏見で生まれた。幼名ははじめ千代君《ちよぎみ》、のち五郎太丸《ごろうたまる》と改名した。[図1－9]

慶長八（一六〇三）年にわずか四歳で甲斐府中《ふちゅう》二五万石を与えられたが、慶長一二（一六〇七）年に異母兄の尾張清須城主・東条松平忠吉が嗣子なきまま死去すると、その後継として尾張清須五三万九五〇〇石に転じた。

なお、その前年の慶長一一（一六〇六）年に元服して義知《よしとも》と名付けられ、のちに義利《よしとし》、義直と改名している。同年に従四位下・右兵衛督《うひょうえのかみ》に叙任され、慶長一六年に右近衛権中将《うこのえごんのちゅうじょう》・参議に叙任される。

慶長一三（一六〇八）年に大洪水が清須を襲うと、母方の叔父・山下氏勝《やましたうじかつ》は居城の移転を進言。家康は信長ゆかりの地・那古野《なごや》城跡（名古屋市）に転居するように指示した。かくて慶長一五（一六一〇）年、家康は豊臣家恩顧の大名たちを総動員して築城に着手し、慶長一七（一六一二）年に名古屋城天守閣が完成を見た。

元和三（一六一七）年に正三位・権中納言《ごんちゅうなごん》、寛永三（一六二六）年に従二位・権大納言に叙任される。

妻は浅野幸長《よしなが》の次女（一六〇三〜三七）である。慶長一五年に婚約し、元和元（一六一五）年四月に結婚した。

第11節　側室／蔭山殿と頼宣・頼房

蔭山殿

蔭山殿《かげやまどの》（お万の方。一五八〇～一六五三）は、上総勝浦《かつうら》城主・正木左近大夫頼忠《まさきさこんだいふよりただ》（邦時《くにとき》。一五五一～一六二二）の娘で、母親が再縁した蔭山長門守氏広《うじひろ》（?～一六〇五）の養女となる。一〇男・紀伊徳川頼宣《よりのぶ》、一一男・水戸徳川頼房の兄弟を産んだ。

正木家は旧姓を三浦といい、源頼朝の有力御家人として有名な三浦介義明《みうらのすけよしあき》の末裔である。或《ある》いは頼宣・頼房兄弟が「頼」の字を与えられたのは、母が頼朝に由縁のある家柄だったからかもしれない。［図1-12］

蔭山殿の母は北条治部大輔氏隆《じぶだゆううじたか》（一説に北条左衛門尉氏堯《うじたか》）の娘で、小田原北条家の支流にあたる名門である。父・頼忠が北条家の人質になっていた時、氏政《うじまさ》のお声掛かりで結婚したのだという。

親族は紀伊藩重臣へ

蔭山殿の親族は、頼宣の家臣として取り立てられた。

父・頼忠には六男二女がいたが、長男は早世。次男・三浦長門守為春《ためはる》（一五七三～一六五

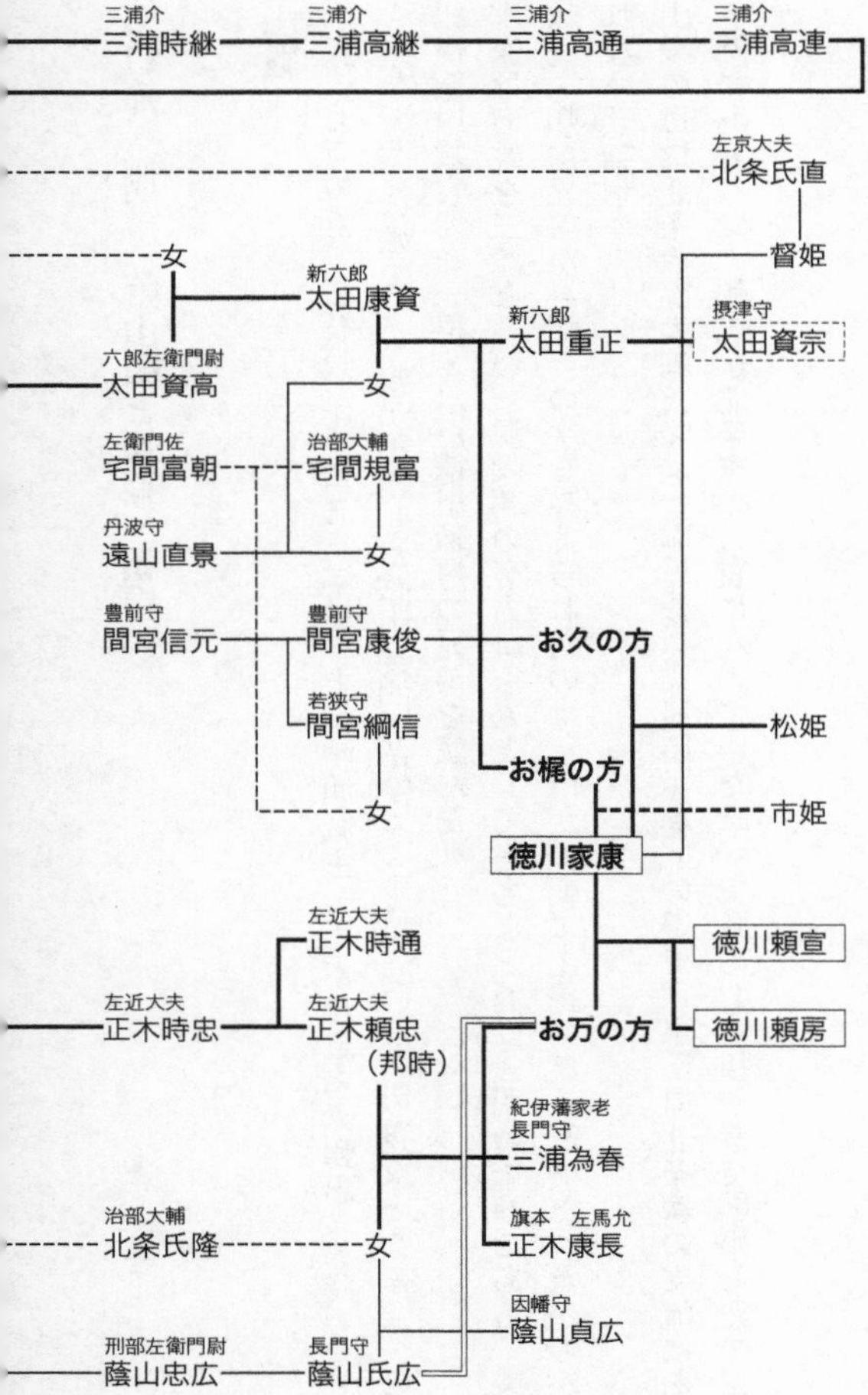

三浦介 三浦時継
三浦介 三浦高継
三浦介 三浦高通
三浦介 三浦高連
左京大夫 北条氏直
督姫
女
新六郎 太田康資
新六郎 太田重正
摂津守 太田資宗
六郎左衛門尉 太田資高
女
左衛門佐 宅間富朝
治部大輔 宅間規富
丹波守 遠山直景
女
豊前守 間宮信元
豊前守 間宮康俊
お久の方
若狭守 間宮綱信
松姫
お梶の方
女
市姫
徳川家康
左近大夫 正木時通
徳川頼宣
左近大夫 正木時忠
左近大夫 正木頼忠（邦時）
お万の方
徳川頼房
紀伊藩家老 長門守 三浦為春
治部大輔 北条氏隆
女
旗本 左馬允 正木康長
因幡守 蔭山貞広
刑部左衛門尉 蔭山忠広
長門守 蔭山氏広

図1－12：紀伊徳川頼宣系図

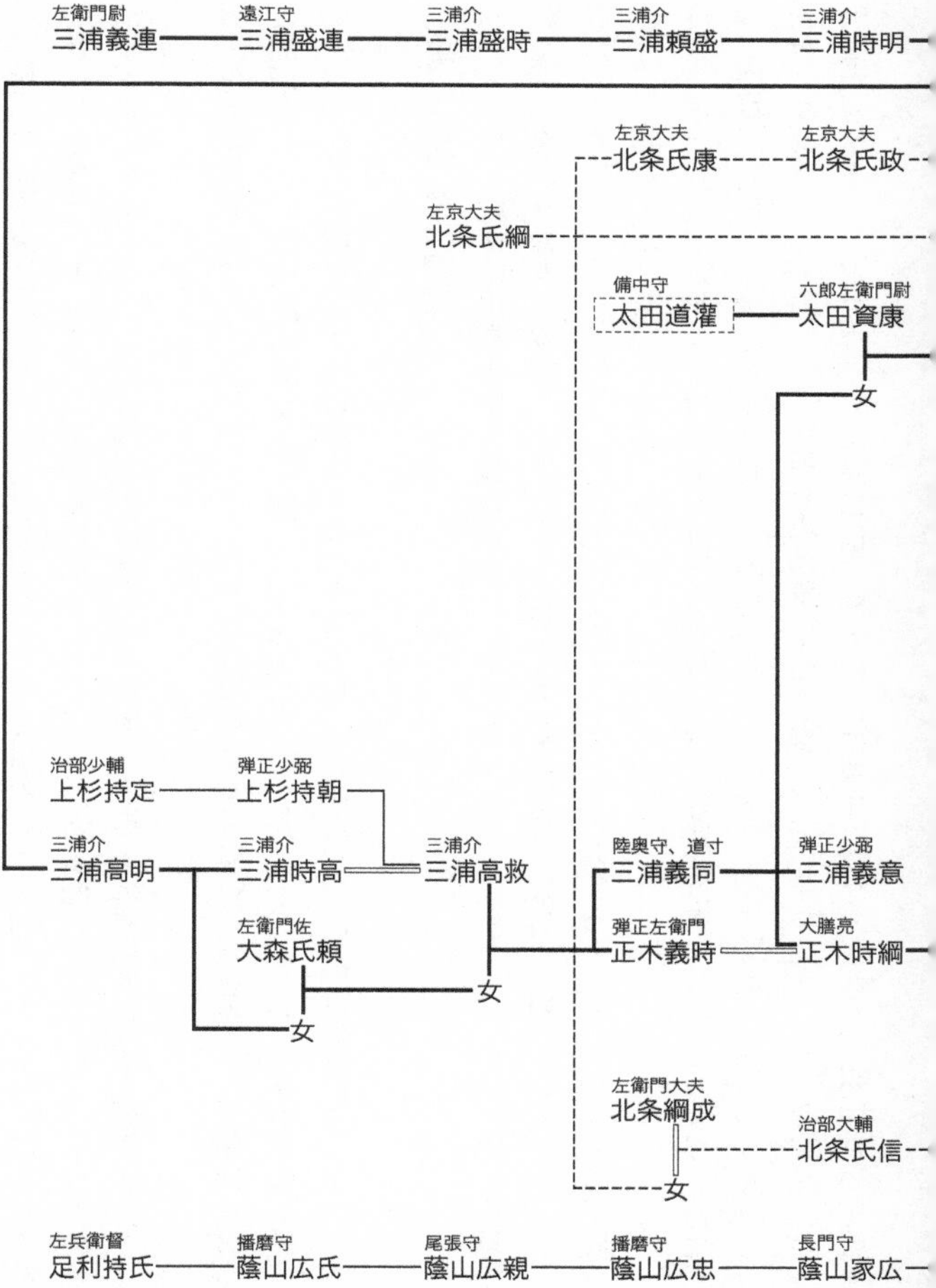

二）は慶長三年に家康に三〇〇〇石で召し抱えられ、先祖の姓・三浦を名乗るように命じられた。慶長八年に頼宣に附けられ、その後加増されて八〇〇〇石を賜った。その子・三浦将監《しょうげん》為時《ためとき》は一万石に加増され、子孫は代々紀伊藩家老を世襲。六男・三浦勘助定利《かんすけさだとし》も紀伊藩士となった。

四男・正木左馬允《さまのじょう》康長《やすなが》（一五九〇〜一六六六）は旗本として七〇〇石を賜り、子孫は一〇〇〇石に加増された。蔭山殿の異父弟・蔭山因幡守貞広《いなばのかみさだひろ》（一五八四〜一六三七）は家康の小姓となって一二〇〇石を賜り、子孫は旗本となった。五男・正木左京亮《さきょうのすけ》時明《ときあき》は忠輝に仕えた。

一〇男・紀伊徳川頼宣

家康の一〇男・紀伊徳川権大納言頼宣（一六〇二〜七一）は、慶長七（一六〇二）年に伏見で生まれた。幼名は長福丸《ながとみ》。叔父・久松松平《ひさまつまつだいら》定勝《さだかつ》の幼名を譲られたのだという。

慶長八（一六〇三）年に異母兄の武田信吉が嗣子なきまま死去すると、わずか二歳で常陸水戸二〇万石を襲封した。［図1-9］

慶長一一年に五歳で元服し、頼将《よりのぶ》と名付けられた。同年に従四位下・常陸介および少将に叙任され、慶長一六年に参議に叙任される。慶長一四（一六〇九）年に駿河・遠江のうち五〇万石に転封。慶長一六（一六一一）年に右近衛権《うこのえごんの》中将《ちゅうじょう》・参議、元和三（一六一七）年に正三位・権中納言、寛永三（一六二六）年に従二位・権大納言に叙任される。元服、叙任はいずれも兄・義直とワンセットである。

元和五（一六一九）年に和歌山五五万石余に転封し、名を頼信、さらに頼宣と改めた。

妻は加藤清正の娘（一五九九～一六六六）である。

一一男・水戸徳川頼房

家康の一一男・**水戸徳川権中納言頼房**（一六〇三～六一）は、慶長八（一六〇三）年に伏見で生まれた。幼名は鶴松（または鶴千代）。［図1－9］

慶長一〇（一六〇五）年にわずか三歳で常陸下妻《しもつま》一〇万石を与えられたが、慶長一四年に兄の頼宣が駿河・遠江を与えられたので、そのあとを継ぎ、常陸水戸二五万石を襲封した。

慶長一六年に元服して頼房と命名され、従四位下・右近衛《うこのえ》権少将に叙任される。

元和六年に正四位下・参議、寛永三年に従三位・権中納言に叙任され、翌寛永四年に正三位に昇った。

ちなみに現在、徳川を名乗る家康の子孫は、すべて一〇男・紀伊徳川頼宣、一一男・水戸徳川頼房の末裔である。いずれも家康が還暦を過ぎてから生まれた子どもである。家康が還暦を過ぎても子作りにがんばったから、徳川家の血筋が今に伝えられているといっても過言ではない。［図1－13］

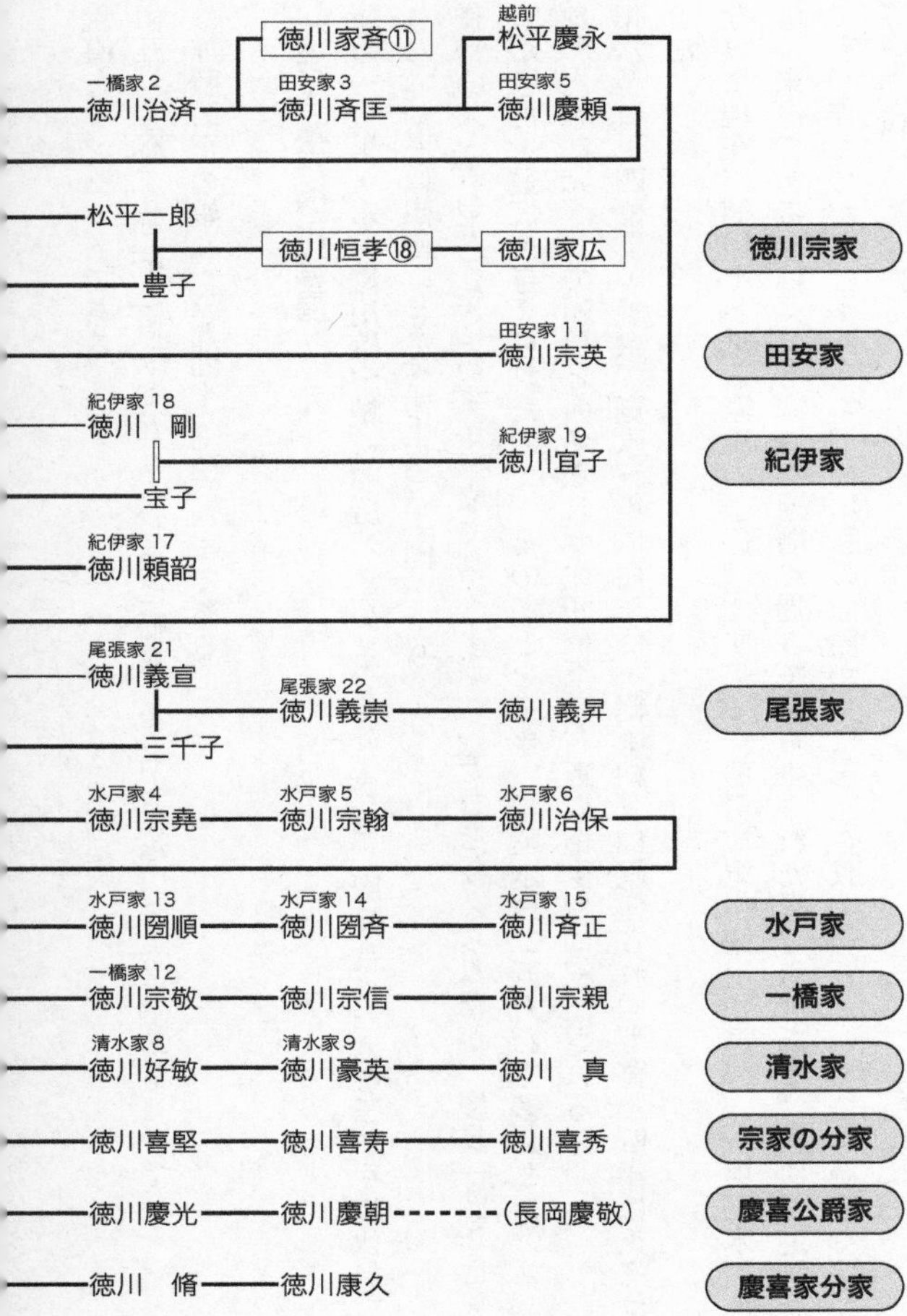

徳川家斉⑪
越前
松平慶永
一橋家 2
徳川治済
田安家 3
徳川斉匡
田安家 5
徳川慶頼
松平一郎
徳川恒孝⑱
徳川家広
豊子
徳川宗家
田安家 11
徳川宗英
田安家
紀伊家 18
徳川　剛
紀伊家 19
徳川宜子
紀伊家
宝子
紀伊家 17
徳川頼韶
尾張家 21
徳川義宣
尾張家 22
徳川義崇
徳川義昇
尾張家
三千子
水戸家 4
徳川宗堯
水戸家 5
徳川宗翰
水戸家 6
徳川治保
水戸家 13
徳川圀順
水戸家 14
徳川圀斉
水戸家 15
徳川斉正
水戸家
一橋家 12
徳川宗敬
徳川宗信
徳川宗親
一橋家
清水家 8
徳川好敏
清水家 9
徳川豪英
徳川　真
清水家
徳川喜堅
徳川喜寿
徳川喜秀
宗家の分家
徳川慶光
徳川慶朝
(長岡慶敬)
慶喜公爵家
徳川　脩
徳川康久
慶喜家分家

図１－13：家康の末裔

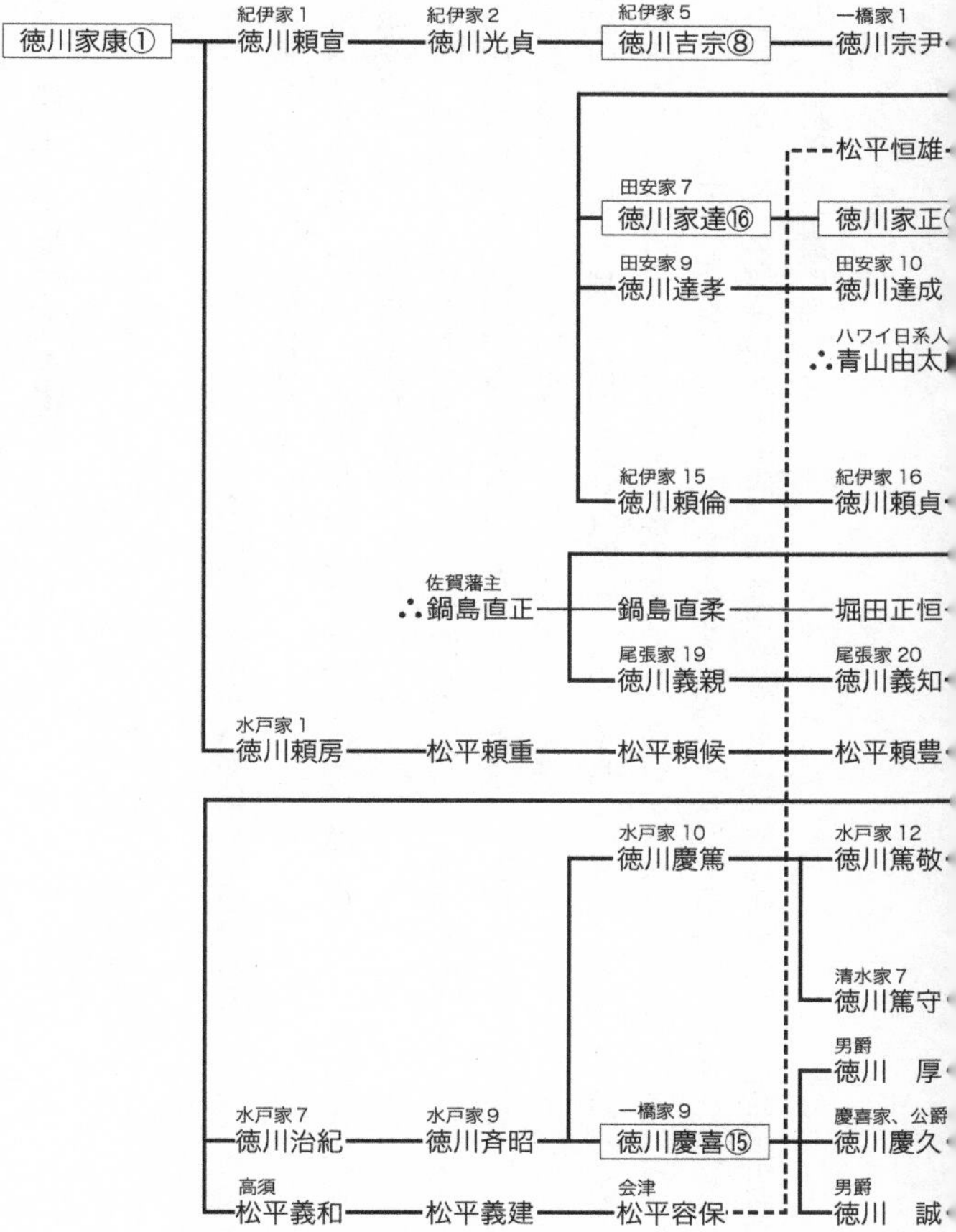
徳川家康①
紀伊家１
徳川頼宣
紀伊家２
徳川光貞
紀伊家５
徳川吉宗⑧
一橋家１
徳川宗尹
松平恒雄
田安家７
徳川家達⑯
徳川家正
田安家９
徳川達孝
田安家 10
徳川達成
ハワイ日系人
∴青山由太
紀伊家 15
徳川頼倫
紀伊家 16
徳川頼貞
佐賀藩主
∴鍋島直正
鍋島直柔
堀田正恒
尾張家 19
徳川義親
尾張家 20
徳川義知
水戸家１
徳川頼房
松平頼重
松平頼候
松平頼豊
水戸家 10
徳川慶篤
水戸家 12
徳川篤敬
清水家７
徳川篤守
男爵
徳川　厚
水戸家７
徳川治紀
水戸家９
徳川斉昭
一橋家９
徳川慶喜⑮
慶喜家、公爵
徳川慶久
高須
松平義和
松平義建
会津
松平容保
男爵
徳川　誠

第12節　側室／お梶の方と市姫

お梶の方

お梶の方（一五七八～一六四二）は、北条家臣・太田新六郎康資《しんろくろうやすすけ》の娘である。一説に遠山丹波守直景《とおやまたんばのかみなおかげ》の娘ともいうが、直景は外祖父らしい。

家康の五女・市姫を産んだが、市姫が早世してしまったので、蔭山殿の子・水戸徳川頼房、および結城秀康の次男・越前松平忠昌《ただまさ》を養育した。

家康の死後、お梶の方は落髪して尼となり、英勝院《えいしょういん》と名乗った。聡明《そうめい》な女性として有名で、秀忠や家光が旧事について諮問することもあったという。寛永一一（一六三四）年に鎌倉扇谷《かまくらおうぎがやつ》の地を賜り、英勝寺を建立している。

太田道灌《どうかん》の子孫と称し、甥・太田摂津守資宗《せっつのかみすけむね》（一六〇〇～八〇）を養子とする。資宗は秀忠に仕え、寛永一〇（一六三三）年に若年寄に列した。五〇〇〇石からスタートして度重なる加増で、寛永一二（一六三五）年に一万一六〇〇石を領する大名となり、最終的には遠江浜松藩三万五〇〇〇石となった。子孫は駿河田中藩、陸奥棚倉《たなくら》藩、上野館林《たてばやし》藩を経て、遠江掛川《かけがわ》藩五万石を領し、維新後は子爵に列した。

お梶、お久、蔭山殿は姻戚

意外に知られていないが、お梶の方は蔭山殿と遠縁にあたる、互いの祖父が従兄弟にあたるのだ。蔭山殿の父・正木頼忠の祖父の姉妹が太田家に嫁ぎ、その孫が太田康資、お梶の方の父なのだ。

さらにお久の方もお梶の方とは遠い姻戚にあたる。お梶の方の祖父・遠山直景《なおかげ》の今一人の娘が宅間治部大輔規富《たくまじぶだゆうのりとみ》に嫁いでおり、その義兄弟・間宮若狭守綱信《わかさのかみつなのぶ》がお久の方の叔父なのだ。

関東出身の三人の側室に姻戚関係があることは興味深い。まさか親戚から美女を募って芋づる式に側室を探したとは思えないが、三家がともに関東の名門であるから、結果として姻戚関係ができあがったのであろう。

五女・市姫

家康の五女・市姫（一六〇七〜一〇）は慶長一二年に江戸に生まれ、慶長一五年に死去した。享年四。

第13節　その他の側室

才女・阿茶局

阿茶局《あちゃのつぼね》（一五五五〜一六三七）は、甲斐武田家臣・飯田久兵衛直政《いいだきゅうべえなおまさ》の娘といわれ、神尾孫左衛門忠重《かみおまござえもんただしげ》（一五四六〜八八。一五三五〜七七説あり）に嫁ぎ、一子・神尾五兵衛守世《ごへえもりよ》（一五七四〜一六三三）をもうけたが、忠重の死後、天正七（一五七九）年に家康に召し出された。

才覚のある女性で、慶長一九（一六一四）年八月の方広寺《ほうこうじ》鐘銘事件や大坂冬の陣後の和睦《わぼく》交渉で外交手腕を発揮した。天正一二（一五八四）年頃に流産し、子はいない。

大久保長安の孫・お牟須の方

お牟須《むす》の方（?〜一五九二）は、甲斐武田家臣・三井十右衛門吉正《みついじゅうえもんよしまさ》の娘といわれるが、実際は吉正の母らしい。文禄元（一五九二）年に肥前名護屋《ひぜんなごや》で難産により子とともに死去した。なお、吉正の妻は大久保長安の娘といわれる。

お六の方など

紙幅の関係で、これ以外の側室の記載は割愛する。

・お仙の方（?〜一六一九）は、甲斐武田家臣・宮崎筑後守《ちくごのかみ》泰景《やすかげ》の娘。
・お六の方（一五九七〜一六二五）は、今川旧臣・黒田《くろだ》五右衛門《ごえもん》直陳《なおはる》の娘。
・お夏の方（一五八一〜一六六〇）は、北畠《きたばたけ》旧臣・長谷川三郎左衛門《さぶろうざえもん》藤直《ふじなお》の娘。
・お梅の方（一五八六〜一六四七）は、青木紀伊守《きいのかみ》一矩《かずのり》の娘。

第2章　松平一族

第1節　松平家の概観

松平家の種類

前章では家康の子女について述べたので、本章では家康の近親、および松平一族について述べていきたい。徳川家は旧姓を松平という。したがって、「家康の近親＝松平一族」という考えもできるが、実態はそうではない。

家康以前に分かれた松平一族は俗に「十八《じゅうはち》松平」もしくは「十四《じゅうよん》松平」といわれる。

そもそもは「枩《まつ》」（松の異体字）を分解して「十八公（＝十八松平）」ということばが生まれ、どの家を当てはめるかが考えられた結果、江戸時代に大名（もしくは大身の旗本）になった一四家を「十四松平」とすることで落ち着いたようだ。

しかし、松平姓を名乗っているのはそれだけではない。『家康の族葉』では十、十四、松平家、以外の松平姓を以下の三つに分類している。

① 徳川宗家と繋《つな》がりのある五家八流（親藩大名）

② 家臣に与えられた松平称号の五家（譜代大名）

③ 大名諸家に与えられた松平称号の一三家（外様《とざま》大名）

これに十四松平家、および家康の子孫（越前《えちぜん》松平家、御三家の支流）を加えたものが、松平家の総量といってよいだろう。十四松平家は親藩大名に分類されるような気がするのだが、譜代大名に分類され、親藩大名は家康の子孫（越前松平家、御三家の支流）のみである。［表2－1］

『松平記』では十四松平家の中でも有力な家系を「松平国衆《くにしゅう》」と呼んでいる。

苗字《みょうじ》が同じというだけで、実態は国衆だと認識されていたのだろう（国衆については第5章参照）。

松平・徳川家は源氏ではない

ここで、松平家の初代・松平太郎左衛門親氏《たろうざえもんちかうじ》に遡《さかのぼ》って、松平・徳川家の系図がどのように作られていったかを分析していこう。

江戸時代初期の旗本・大久保彦左衛門忠教《おおくぼひこざえもんただたか》（一五六〇～一六三九）が元和八（一六二二）年に著した『三河物語《みかわものがたり》』では、南北朝時代に新田義貞《にったよしさだ》が足利尊氏《あしかがたかうじ》に敗れ、新田一族の親氏《ちかうじ》が諸国を流浪して三河に流れ着いたと記している。それが江戸幕府の公式見解でもあり、幕府の編纂《へんさん》物はいずれも同様の説を掲げていた。

しかし、大正八（一九一九）年に歴史学者・渡辺世祐《わたなべよすけ》が「徳川氏の姓氏について」という論

表2－1：松平家一覧

分類	家名	年	備考
十四松平家	三ツ木		家祖は信忠の子
	福釜		家祖は長親の子
	桜井		家祖は長親の子
	青野(東条)		家祖は長親の子
	藤井		家祖は長親の子
	大給		家祖は親忠の子
	瀧脇		家祖は親忠の子
	竹谷		家祖は信光の子
	岡崎(大草)		家祖は信光の子
	形原		家祖は信光の子
	長沢		家祖は信光の子
	五井		家祖は信光の子
	深溝		家祖は信光の孫
	能見		家祖は信光の子
親藩大名	久松	1560	家祖は家康の異父弟
	奥平	1588	家祖は家康の外孫
	菅沼	1602	家祖は家康の外孫
	吉井	1654	家祖は紀伊頼宣の女婿
	保科	1696	家祖は秀忠の庶子
	越智	1707	家祖は家宣の実弟
	越前松平家		家祖は家康の孫
	尾張支流		家祖は家康の曾孫
	紀伊支流		家祖は家康の孫
	水戸支流		家祖は家康の孫
譜代大名	松井	1564	東条松平家老
	戸田	1567	三河国衆
	大須賀	1582	三河譜代
	依田	1583	信濃国衆
	柳沢	1701	綱吉の家臣
	本荘	1705	綱吉の外戚
外様大名	中村	1604?	豊臣系大名
	前田	1605	豊臣系大名
	堀	1606	豊臣系大名
	蒲生	1607	豊臣系大名
	伊達	1608	戦国大名
	毛利	1608	戦国大名
	山内	1610	豊臣系大名
	池田	1612	豊臣系大名
	黒田	1613	豊臣系大名
	蜂須賀	1615	豊臣系大名
	島津	1618	戦国大名
	浅野	1627	豊臣系大名
	鍋島	1648	戦国大名

※『家康の族葉』等から作成。
※『家康の族葉』と分類を変更したのは下記。
・奥平　譜代　→親藩(家康の養子だから)
・菅沼　無掲載→親藩(家康の養子だから)
・本荘　親藩　→譜代(家康の子孫ではないから)
※「年」は松平姓を賜った年。

文で、徳川家康が永禄九（一五六六）年に三河守に叙任される際に新田氏の後裔《こうえい》と称した（つまり、嘘）と論破し、以降、それが定説になっている。

そもそも何氏だったのか

では、そもそも松平氏の先祖は誰で、なぜ家康は新田氏を称したのだろうか。

『三河　松平一族』によれば、江戸初期に書かれた「松平氏由緒書」では「松平太郎左衛門尉《たろうざえもんのじょう》信重《のぶしげ》の先祖を、在原《ありわら》とも、紀州熊野《きしゅうくまの》の鈴木《すずき》の系統ともいうけれども、くわしくはわからない。いまでは元の姓は不詳といっている」。また、「信重から先祖を尋ねられた親氏が、わたくしと申しますのは東西を定めずに旅する浪々の者でありまして、恥ずかしく存じます、と返事をしたとする。ここには氏素性の知れない者として、親氏は書かれている」と記しているという。

親氏もその養父・松平信重も出自《しゅつじ》が明らかではなく、また、飾る必要もなかったのだろう。ところが、親氏の子（系図上は孫）の松平信光《のぶみつ》が三河の有力者にのし上がっていくと、賀茂朝臣《かものあそん》を名乗り、名家の末裔を自称するようになる。

時代は下って、家康の祖父・清康《きよやす》は世良田次郎三郎《せらだじろうさぶろう》清康と名乗った。

世良田氏は新田義重《よししげ》（新田一族の祖）の孫・頼氏《よりうじ》が上野国《こうずけのくに》新田郡世良田（群馬県太田市尾島《おおたおじま》町）に住んだことに由来する。正確にいうなら、新田義重の四男・得川四郎義季《とくがわしろうよしすえ》の次男、世良田弥四郎頼氏《やしろうよりうじ》が世良田氏の祖である。

徳川家康自身は当初、藤原朝臣《ふじわらのあそん》を称していたが、一五六六年頃から新田氏の後裔であると称し、世良田の本家にあたる徳川（＝得川）に復姓すると申請したのだ。

つまり、家康は、祖父・清康にならって清和《せいわ》源氏新田氏を称したのである。

なぜ世良田氏なのか

では、なぜ清康は新田氏の子孫を称したのだろうか。

「徳川中心史観」を提唱し、徳川・松平氏研究に大きな影響を与えた新行紀一《しんぎょうのりかず》氏は、その著書『一向一揆の基礎構造』で、「足利一門の今川氏に対抗する系譜的粉飾が政治的には必要となったのではなかろうか。そのために新田氏につらなる松平氏という系譜の原型的なものがこの時期に創案されて、世良田姓の使用がはじまったのではなかろうか」と推測している。

つまり、隣国の名門・今川氏に対抗するため、足利氏に対する名門・新田氏の子孫を自称したというのだ。けだし卓見というべきであろう。

では、なぜ清康は数多《あまた》ある新田一族の中から世良田氏を選んだのだろうか。

新田氏を僭称《せんしょう》するのであれば、「親氏が新田義貞《よしさだ》の遺児だった」と偽るのが一番手っ取り早いし、わかりやすい。そうでなくとも新田一族は新田氏、脇屋《わきや》氏、山名《やまな》氏、里見《さとみ》氏、大館《おおだて》氏など名門家系が少なくない。なぜマイナーな世良田氏だったのか。

それは世良田頼氏が三河守《みかわのかみ》だったからだろう。

どうやって知ったのか

ではなぜ、清康は世良田頼氏が三河守と知っていたのだろうか。

むろん、新田氏の系図を見たからに違いないが、それをどこで見たのか。誰が持っていたのかということである。

現代社会であれば、図書館に行けば、もしくはネットで検索すれば、容易に新田氏系図を閲覧することができる。しかし、戦国時代に三河の片田舎で新田氏の系図を容易に参照することができたのであろうか。

ここで注目したいのが、「浪合記《なみあいき》」の記述である。

「浪合記」は南朝の信濃宮尹良親王《しなののみやただなが》（後醍醐《ごだいご》天皇の孫）の事跡を記したもので、親王が信濃国下伊那郡《しもいな》浪合村の合戦で落命したことが書名の由来になっている。美濃高須藩《みのたかす》（尾張徳川家の支流）蔵の伝本を、宝永《ほうえい》六（一七〇九）年に尾張藩士・天野信景《あまのさだかげ》が写本したといわれており、奥付《おくづけ》には長享《ちょうきょう》二（一四八八）年の作となっている。その内容は信憑性《しんぴょう》に欠けるが、三河松平家臣団の先祖に関する異説が書かれており興味深い。

その「浪合記」では、酒井《さかい》氏（松平親氏の子孫を自称）、成瀬《なるせ》氏（摂関家《せっかんけ》・二条《にじょう》家の子孫を自称）の先祖が兄弟で、ともに新田一族だと記されている。

すなわち、「酒井《さかい》与四郎《よしろう》忠則《ただのり》、三州鳴瀬《なるせ》ニ住ス。後大浜《おおはま》ノ下宮ニ蟄居。成瀬《なるせ》七郎《しちろう》忠房《ただふさ》、太郎《たろう》左衛門《ざえもん》忠親《ただちか》ハ正行寺《しょうぎょうじ》ニ居ス。此三人ハ兄弟ナリ。新田ノ一族、大舘《おおだて》ノ裔《すえ》、大舘《おおだて》又太郎《またたろう》宗氏子《むねうじのこ》ナリ」という。

これを一笑に付すことができないのは、酒井氏、成瀬氏、大館氏がともに家紋に「酢漿草《かたばみ》」を使っていることである。かれらが大館氏の子孫であれば、新田系図を所持していてもおかしくない。清康がそれを拝借して自らを世良田氏と称したのであろう。

酒井家は、家祖・広親《ひろちか》が松平親氏の子で、松平家と先祖を同じくするという伝承を持っているが、これは酒井家の系図を借りた清康が、自分が酒井家と同じ新田一族だと吹聴《ふいちょう》したことに由来しているのではないか。

どうやって名前を創ったのか

『寛政重修諸家譜』では、新田義重から松平親氏に繋がる系図を、
「新田義重―義季―頼氏―教氏《のりうじ》―（家時《いえとき》）―満義《みつよし》―義秋―親季《ちかすえ》―有親《ありちか》―松平親氏」
と記しているが、一般に流布している新田系図で確かめられるのは、世良田義秋までで、その子・親季から有親、親氏に至る系図は偽系図。架空の人物らしい。

では、どうやって、その名前を捻《ひね》り出したのか。

親季―有親―親氏―泰親という名前は、それぞれ得川家の義季―頼有―頼泰、または世良田

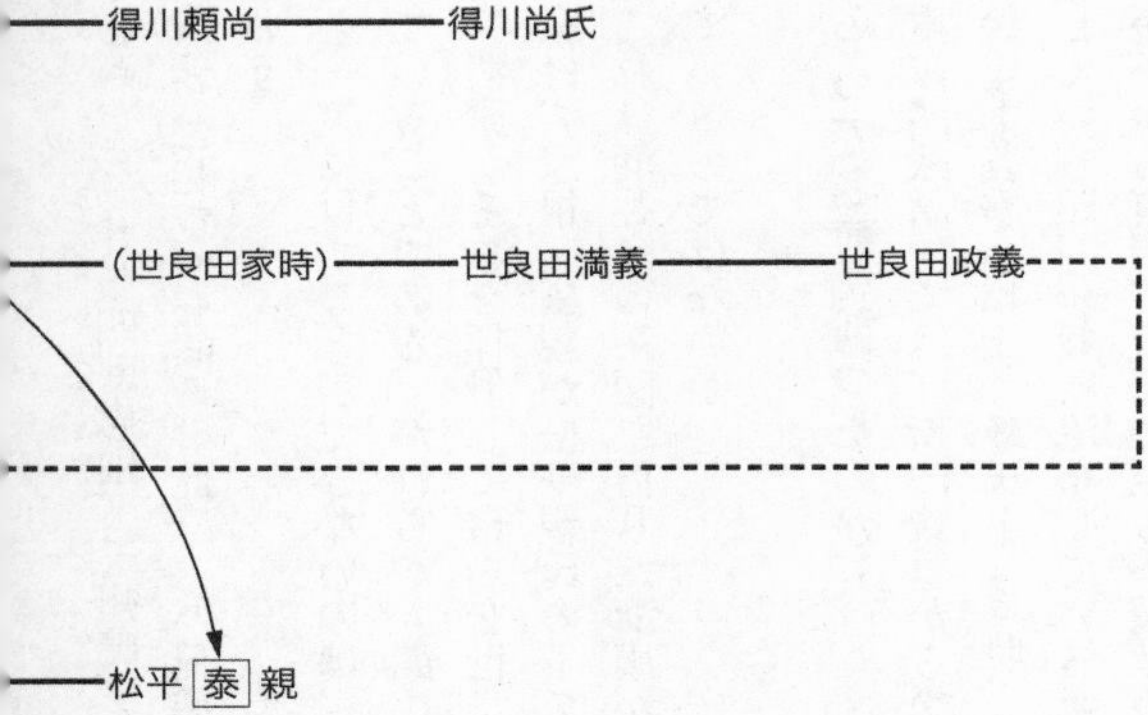

家の頼氏━教氏に由来すると思われる。こんなにキレイに名前が一致するのは、かれらの名前が創作であるからに他ならない。［図2－1］

ちなみに初代・親氏（法名・徳翁《とくおう》［斎］）、二代・泰親《やすちか》（法名・祐金《ゆうきん》、または用金《ようきん》）という名前は系図の上だけで、諸書では法名しか伝わっていない。初代・徳翁は「松平氏由緒書」で「信《のぶ》武《たけ》」と書かれているらしい。信重の婿養子で、子どもが信広《のぶひろ》、信光なのだから、そちらの方がよほど真実味がある。

十四松平家の誕生

三代・松平和泉守《いずみのかみ》信光（一四〇四～一四八八）は室町幕府の政所《まんどころ》執事・伊勢《いせ》貞親《さだちか》の被官となって勢力を伸ばし、西三河の三分の一を手に入れた。いわば「松平家の中興の祖」である。

しかも、信光には四八人の子女があって、子

図２－１：どうやって名前を創ったのか

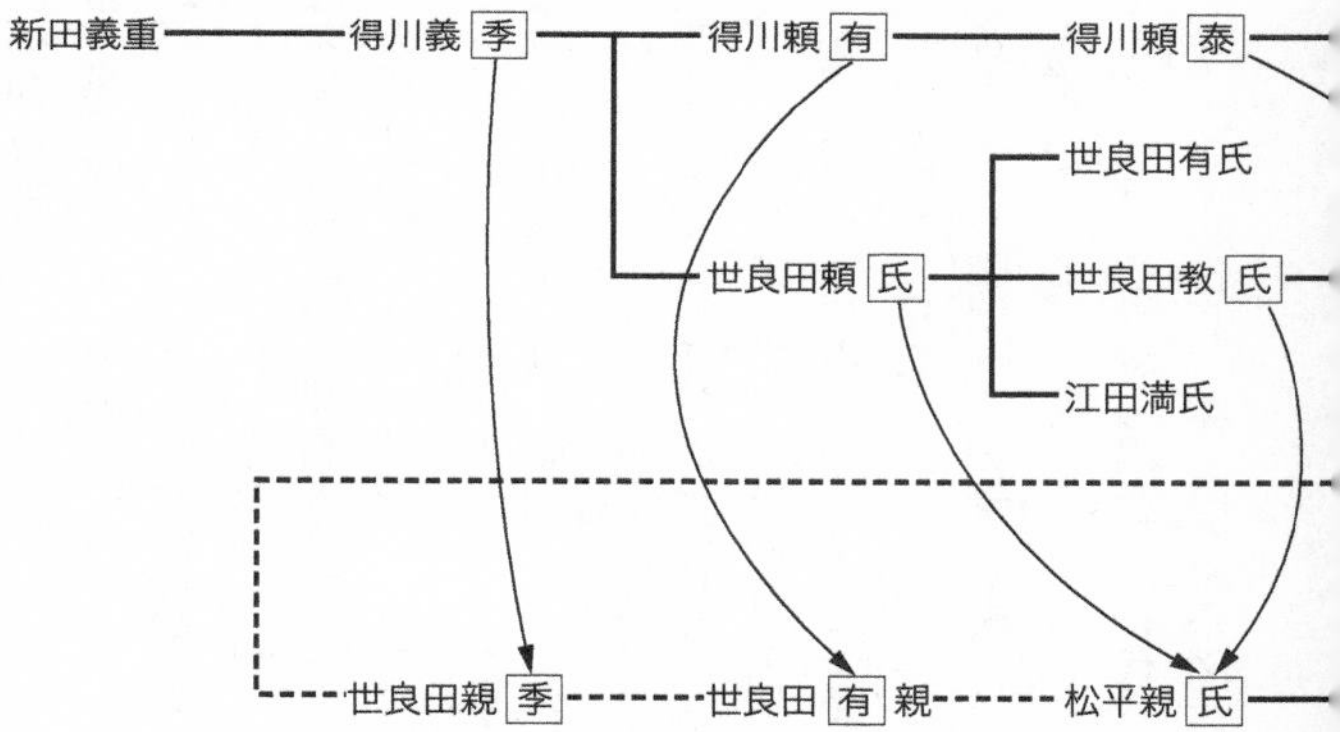

どもたちを三河国中に分封したという。

その分家は、封ぜられた地名を冠して、岡崎松平家とか安城松平家と呼ばれる。その子孫が、本章でも取り上げる「十四松平」なのだ。

新行氏は「信光の子と伝えられるものはすべて本当に信光の子であるのか。いわゆる擬制的な同族関係に後で包括された可能性はないのか」との疑問を呈しているものの、「信光段階についてはきめてがなく結局水掛け論になる」と詳細な分析を避けている（『一向一揆の基礎構造』）。

新行氏が語るように、松平庶家の系図は限りなく怪しい。でも、それが間違いだというような決め手がない。しかし、どこが怪しいかは指摘しておこう。

系図の作り方

通常、家系図は上（先祖）から下（子孫）に書き継がれていくのだが、それはその家の歴代当主が家系図を残そうという明確な意志を持っていた場合だけで、実際は系図を作成することになった時点で下（子孫）から上（先祖）に遡及《そきゅう》していくのが一般的である。

たとえば、天皇家の系図を書いてみてほしい。

今の天皇は徳仁《なるひと》、その父は明仁《あきひと》、祖父は昭和天皇・裕仁《ひろひと》。曾祖父《そうそふ》は大正天皇、その先は明治天皇……というような具合に下から上に遡っていくのが普通だろう。

ちなみに昭和天皇には「昭和」と「裕仁」の二つの名前がある。「裕仁」は諱《いみな》（忌《い》み名、ファースト・ネーム）。「昭和」は諡号《しごう》、諡《おくりな》ともいい、法名みたいなものである。

明治時代以前、日本では諱を直接呼んではならないという風習があり、生前はミドル・ネームで呼び、死後は法名で呼ぶ習わしがあった。明治天皇には睦仁《むつひと》、大正天皇には嘉仁《よしひと》という諱があるが、諡号（＝法名）を使うことで諱を呼ばないように工夫しているのである。

松平家の系図は、寛永一八（一六四一）年に江戸幕府が初めて諸大名・旗本の家系図をまとめた『寛永諸家系図伝《かんえいしょかけいずでん》』を編纂する際に、松平各家から呈上された系図を繋ぎ合わせて作成したものと推察される。

たとえば、五井《ごい》松平家の場合、「初代は元芳《げんほう》様、二代目は元心《げんしん》様で、初代はおそらく信光様の子だろう」と報告し、『寛永諸家系図伝』の編者が信光の子どもに元芳を付け加えたに違いない。

編者は元芳に「もとよし」、元心に「もとむね」と苦心してフリガナを振ったが、実際は初代（松平忠景《ただかげ》？）の法名・源功《げんこう》が訛《なま》って元芳と伝えられ、二代目（松平長勝）の法名・源心が宛字（元心）で伝えられていた可能性が高い。

このように諱が怪しい事例は五井松平家にとどまらない。形原《かたのはら》松平家の家祖・松平与副《ともすけ》（法名・光忠《こうちゅう》）も実際は松平光忠《みつただ》（法名・与福）で、大給《おぎゅう》松平家の家祖・松平乗元《のりもと》（法名・宗忠《そうちゅう》）も松平宗忠《むねただ》（法名・浄願《じょうがん》もしくは浄源）というのが正しいのではないか（伊勢貞親の子・貞宗《さだむね》から偏諱《へんき》をもらったのだろう）。

符合する兄弟の順序

『寛永諸家系図伝』の編者が、各家から呈上された家系図を繋げたと仮定しよう。

そうした場合、信光の子どもと報告された各家の先祖を、編者はどのような順番で、兄弟として並べたのだろうか。生年がわかっていれば、その順序で並べればよいのだが、没年しか伝わっておらず、また没年すら不明な人物もいる。

そこで、各家の家祖とその子孫を並べてみると面白いことがわかる。

家祖の名前からは兄弟の順番は想定できないが、その子孫の通称名通りに並べていくと、家祖の兄弟順にほぼ符合するのである（唯一の例外は能見《のみ》松平家だが、同家は他の松平家の庶流で、家祖が信光の子でない可能性が高い)。

つまり、『寛永諸家系図伝』の編者は一六世紀中盤の当主の通称名を参考にして、信光の子どもの順番を仮定していったものと推測される。[図2-2]

「各家の家祖」	「各家」	「家康の頃の当主」
・長男・左京亮《さきょうのすけ》守家《もりいえ》	竹谷《たけのや》松平家	与二郎清善《きよよし》、与二郎清宗《きよむね》
・次男・次郎三郎親忠《ちかただ》	安城松平家	次郎三郎元康《もとやす》(のちの徳川家康)
・四男・彦四郎与副	形原松平家	又七家広《いえひろ》(又四郎貞広《さだひろ》?)、又七郎家忠《いえただ》
・五男・紀伊守光重《みつしげ》	大草《おおくさ》松平家	弾正左衛門《だんじょうさえもん》信貞《のぶさだ》、七郎(諱不明)
・七男・弥三郎元芳	五井《ごい》松平家	弥九郎忠次《ただつぐ》、弥九郎景忠《かげただ》
・八男・八郎右衛門光親《みつちか》	能見《のみ》松平家	伝七郎重親《しげちか》、次郎右衛門重吉《しげよし》

このように考えていけば、松平家の系図は各家から呈上された家系図を繋げたもので、諱もあやふやな伝承をもとにしたものであり、かなり信憑性に劣るものといわざるをえない。

擬制的な同族関係

新行氏が語る「いわゆる擬制的な同族関係に後で包括された」事例としては、大給松平家、岡崎松平家(のちの大草松平家。一般には岡崎松平家というのだが、本書では家康の祖父・清康に制圧される以前の岡崎城主の家柄を西郷《さいごう》松平家、清康から家康に至る家系を岡崎松平家と呼んで区別する）がヒントになる。

『姓氏家系大辞典』の「大給《おぎゅう》」の項には、「もと荻生《おぎゅう》氏にして、物部弓削連《もののべのゆげのむらじ》季定《すえさだ》、頼朝の時加茂郡 荻生庄《おぎゅうのしょう》の地頭となる。十一世孫荻生季統《すえむね》、松平信光と戦ひて敗る。孫乗元《のりもと》、親忠の婿となる」という伝承（出典不明）を掲載している。

また、西郷松平家は、信光が岡崎城の西郷弾正左衛門頼嗣《よりつぐ》を攻め降し、五男・松平紀伊守光《みつ》重《しげ》を娘婿に入れて西郷松平家を興したが、光重の子・左馬允《さまのじょう》 親貞《ちかさだ》に子がなかったため、西郷頼嗣の子・弾正左衛門《だんじょうざえもん》信貞《のぶさだ》を養子に迎えたという説がある。ちなみにこの信貞、西郷を名乗っていたという。つまり、西郷松平家は、一時的に信光の子が家督を継いだものの、実質的には西郷氏だったと考えられる。

第2節　安城松平家から岡崎松平家へ

親忠・長忠・信忠

松平家の四代・松平右京亮《うきょうのすけ》 親忠《ちかただ》（法名・西忠《せいちゅう》、一四三八～一五〇一）は信光の三男とも四男ともいわれ、はじめ大樹寺《だいじゅじ》（岡崎市鴨田町《かもだ》）近辺に所領を与えられたが、信光が一四七〇年頃に安城城を攻略すると、軍功があった親忠は同城を譲られ、安城松平家の始祖となったという。

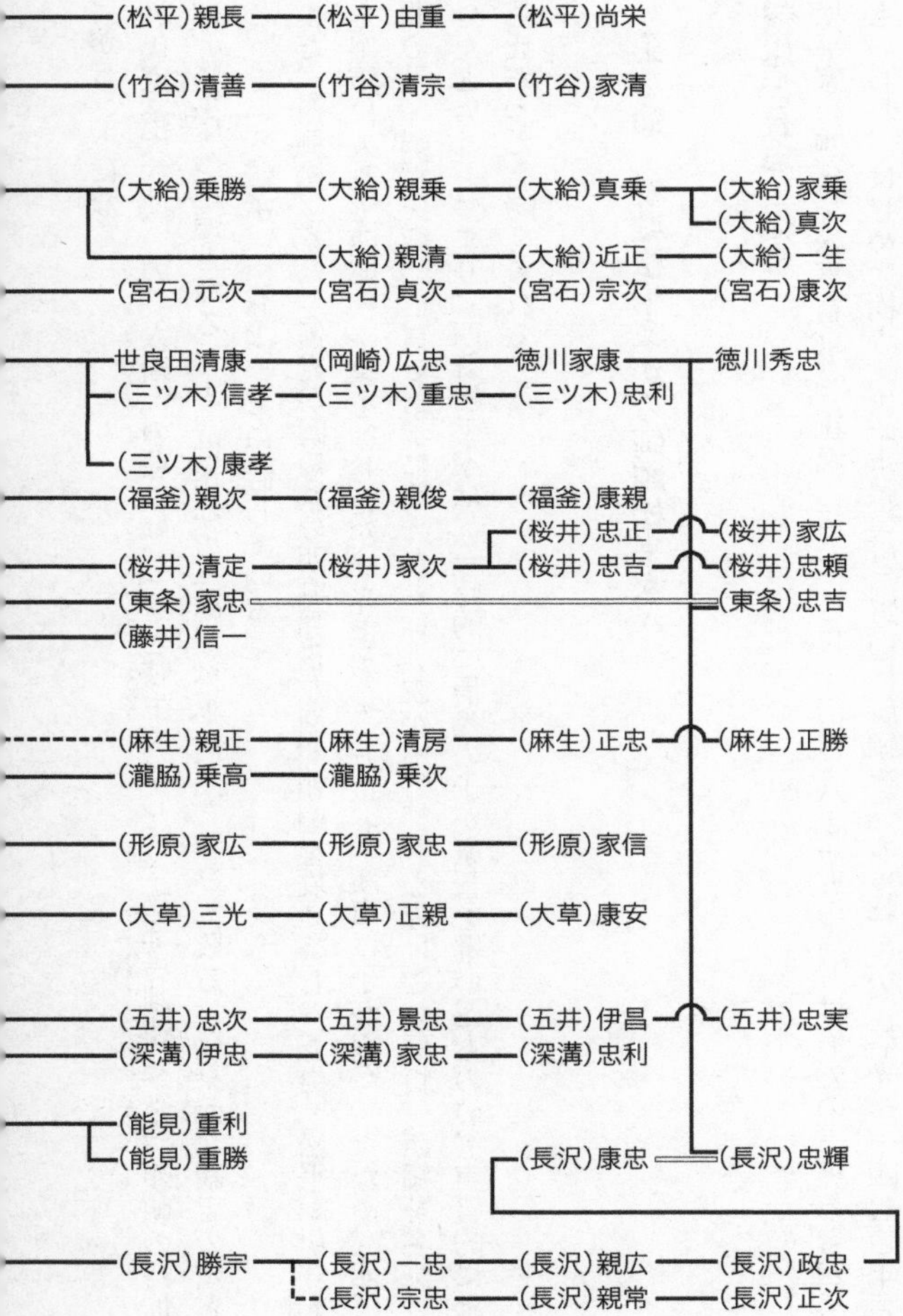
(松平)親長
(松平)由重
(松平)尚栄
(竹谷)清善
(竹谷)清宗
(竹谷)家清
(大給)乗勝
(大給)親乗
(大給)真乗
(大給)家乗
(大給)真次
(大給)親清
(大給)近正
(大給)一生
(宮石)元次
(宮石)貞次
(宮石)宗次
(宮石)康次
世良田清康
(岡崎)広忠
徳川家康
徳川秀忠
(三ツ木)信孝
(三ツ木)重忠
(三ツ木)忠利
(三ツ木)康孝
(福釜)親次
(福釜)親俊
(福釜)康親
(桜井)忠正
(桜井)家広
(桜井)清定
(桜井)家次
(桜井)忠吉
(桜井)忠頼
(東条)家忠
(東条)忠吉
(藤井)信一
(麻生)親正
(麻生)清房
(麻生)正忠
(麻生)正勝
(瀧脇)乗高
(瀧脇)乗次
(形原)家広
(形原)家忠
(形原)家信
(大草)三光
(大草)正親
(大草)康安
(五井)忠次
(五井)景忠
(五井)伊昌
(五井)忠実
(深溝)伊忠
(深溝)家忠
(深溝)忠利
(能見)重利
(能見)重勝
(長沢)康忠
(長沢)忠輝
(長沢)勝宗
(長沢)一忠
(長沢)親広
(長沢)政忠
(長沢)宗忠
(長沢)親常
(長沢)正次

図２－２：十四松平家系図

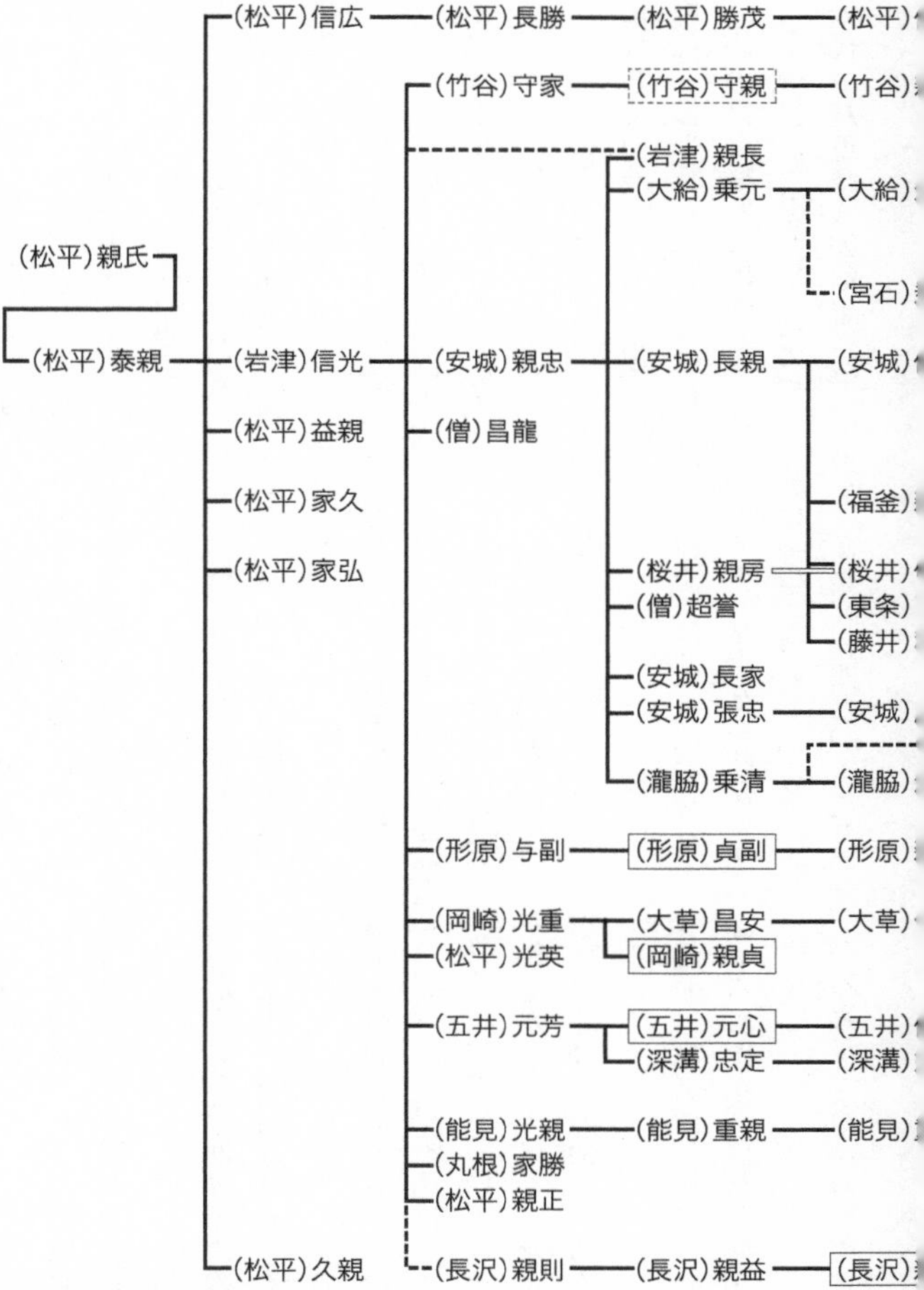

※『寛政重修諸家譜』より作成。

つまり、親忠は三河国内に分封された松平庶家の一つに過ぎなかったのだ。

新行紀一《しんぎょうのりかず》、平野明夫氏らの研究によると、本来の四代目当主は、信光の嫡男で、岩津《いわづ》城を譲られた松平修理亮親長《しゅりのすけちかなが》だという（平野氏は「慣例に従って親忠を第四代当主としておく」と記しており、本書も同様に四代目当主と記す）。

ところが、永正五（一五〇八）年頃、伊勢宗瑞《いせそうずい》（一般には北条早雲《ほうじょうそううん》）が率いる駿河《するが》今川氏の軍勢一万余が西三河に襲来、大樹寺に陣を張って岩津城を攻撃した（「永正三河の乱」もしくは「永正の井田野合戦」）。

この「戦闘で岩津城は陥落し、連判状にあらわれた岩津松平一族の大部分は討ち死にしたのではなかろうか」と新行氏は推測している（『一向一揆の基礎構造』）。新行氏、平野氏は「親忠を第四代とするのは、親長の系統が天文年間（一五三二～五五）に絶え、近世においてはその傍系がわずかに残っていたという事情、あるいは親忠在世中により親忠系が有力になったらしいことなどはあるとしても、家康の系統こそ嫡流だとする江戸幕府による操作の結果である」と指摘している（『三河　松平一族』）。

五代・松平蔵人長忠《くろうどながただ》（一般には長親《ながちか》。法名・道閲《どうえつ》、一四五五？～一五四四）は岩津救援のために五〇〇の兵を率いて出陣し、死を覚悟せざるを得ない状況に追い詰められたが、伊勢宗瑞が吉田（豊橋市）に引き返したので、九死に一生を得たという。

六代・左近蔵人佐信忠《さこんくろうどのすけのぶただ》（法名・道忠《どうちゅう》、祐泉《ゆうせん》。一四九〇～一五三一）が暗愚だったため、弟・桜井松平内膳正《ないぜんのかみ》信定《のぶさだ》を推す声があがり、家中を二分するほどになった。そのため、大永《だいえい》三（一五二三）年に信忠は嫡男・清康（当時一三歳）に家督を譲ったのだという。

事実上の家祖・世良田清康

七代・世良田《せらだ》次郎三郎清康（初名・清孝《きよたか》、法名・道甫《どうほ》。一五一一？〜三五）は信忠の長男といわれる。その事跡を、新行紀一著『一向一揆の基礎構造』でたどっておこう。

「大永四年五月清康は大久保忠茂《ただしげ》の献策によって、風雨に乗じて山中城を攻め取った。これは時の岡崎城主松平信貞（昌安《しょうあん》）が同城を構えて近郷を押領し、信忠時代以来宗家に対立していたためという。

山中は岡崎の東南額田《ぬかた》郡《ぐん》と宝飯《ほい》郡《ぐん》の境の山間部で、東海道を扼《やく》する重要拠点で（中略）、山中城を失った信貞は、清康にその女を嫁して岡崎城を譲り額田郡大草に退隠した。岡崎松平家は没落したわけである。

清康は岡崎城に移り、以後元亀元年まで同城が松平氏の本拠となった。

岡崎移転後の清康は連年のごとく合戦をつづけている。（中略）

天文四年十二月四日尾張守山に出陣して織田《おだ》信秀《のぶひで》と戦おうとして、阿部《あべ》弥《や》七郎《しちろう》に刺殺されたのである。いわゆる『守山崩れ』である」（引用者が適宜改行）。享年二五。

『三河物語』では、①安城松平家が家督相続で揉《も》め、②その打開策として一三歳の嫡子に家督を譲り、③その若当主が山中城を落としたと語っている（平野氏の研究によれば、清康は山中城に数年間駐留していたという）。

そんなことが常識的に考えられるだろうか。

当主が暗愚だと困るのは、領地経営など日常的な運営に支障を来すことや、領土拡張（もしくは防衛）など戦略上の判断に誤りが生じることである。その打開策として、一三歳の子を当主に据えるというのは愚の骨頂である。

ところが、その若当主は敵城を落としてそこに居座り、本城（安城）を留守にしていたという。家督を争った桜井松平信定は、清康が暗殺されると遺児・広忠《ひろただ》を追放して、本家乗っ取りを企てたといわれる人物である。清康が山中城に居座ったならば、当然、安城城の主《あるじ》となり、清康と敵対するであろう。

そう考えると、山中城を落とした時、清康はまだ家督を相続していなかったと考える方が常識的である。清康は山中城攻城の先兵に過ぎなかった。そして、山中城、岡崎城を落として、岡崎城主・西郷松平家の家督を継承し、その兵力を背景として、信忠から安城松平家の家督を奪い取ったと考えるべきではないか。

また、山中城を落とした時、清康が一三歳だったというのは疑わしい。

敵城を攻めに行くのに、兵たちは一三歳の子について行くだろうか。

岡崎城主・松平信貞は一五、六歳の子ども相手に降伏するだろうか。

清康が山中城を落とした時、少なくとも二〇代だったのではなかろうか。

ちなみに『当代記』では清康の享年を「年　卅三《さんじゆうさん》」（一五〇三年生まれ）、『深溝《ふこうず》松平家譜』では清康を「文亀元（一五〇一）年辛酉《しんゆう》九月生（中略）森山陣営横死于時三十五歳」と記述している。定説では一五一一年生まれ、享年二五なので、『深溝松平家譜』の記述が正しければ、ちょうど一〇歳年長である。

では、なぜ『三河物語』は清康の年齢を詐称したのか。それは、信忠と清康が一一歳（もしくは一三歳）しか違わなくなり、両者が親子でないことがバレてしまうからだろう。清康が安城松平家の出身であることは間違いない。しかし、信忠の子ではなく、庶流の子だったのではないか。一族の中から最も好戦的な若手を選んで山中城を攻めさせたら、ついには岡崎城をも攻め落とした。喜んでいたら信忠自身も隠居を迫られた。そんなところだろう。

家康の近親は清康以降

家康の家系は安城松平家の流れを汲《く》むが、祖父・清康の代に西郷松平家（一般には岡崎・大草松平家）を併呑《へいどん》して岡崎松平家となった。それまでの安城松平家とは別物と考えた方がよい。

家康は清康の血を引く叔母《おば》や妹は近親と考えていたようだが、それ以前に分かれた十四松平家は親族とは見ていなかったようだ。信忠の子からはじまる三ツ木松平家、長忠《ながただ》の子を祖とする福釜《ふがま》松平家は優遇されておらず、大名にも列していない。

なお、母方も含め、家康の叔父《おじ》、従兄弟《いとこ》は以下のようになる。[図2－3]

○義理の伯父・叔父
・長沢《ながさわ》松平政忠《まさただ》（十四松平）
・形原《かたのはら》松平家広《いえひろ》（十四松平）
・石川忠成《いしかわただなり》（家老クラス。一般には清兼《きよかね》）
・酒井忠次《さかいただつぐ》（家老クラス）
○従兄弟
・長沢松平康忠《やすただ》（十四松平）
・形原松平家忠《いえただ》（十四松平）
・石川家成《いえなり》（家老クラス）
・酒井家次《いえつぐ》（家老クラス）
○義理の従兄弟
・菅沼定盈《すがぬまさだみつ》（三河国衆）
・石川数正《かずまさ》（家老クラス）
・鳥居元忠《とりいもとただ》

家老クラスの石川・酒井家が初期の徳川家臣団の中で重く用いられてきた理由は、家康の数少ない親族だからという側面も否定し得ない。また、ワンランク下の鳥居元忠が名を連ねてい

図2−3：家康の近親

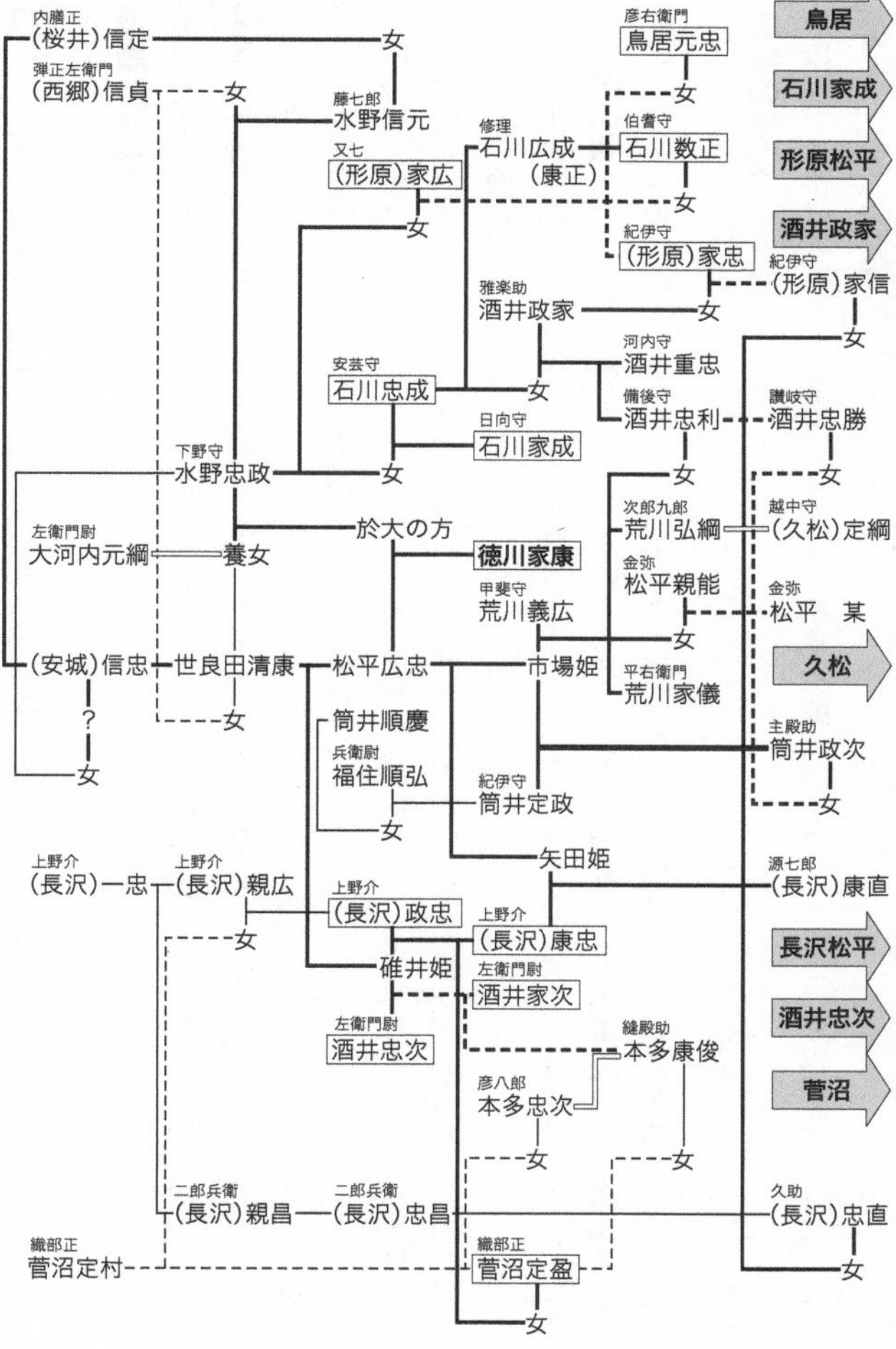

内膳正
(桜井)信定
女
彦右衛門
鳥居元忠
鳥居
弾正左衛門
(西郷)信貞
女
女
石川家成
藤七郎
水野信元
修理
石川広成
(康正)
伯耆守
石川数正
形原松平
又七
(形原)家広
女
女
酒井政家
紀伊守
(形原)家忠
紀伊守
(形原)家信
雅楽助
酒井政家
女
女
河内守
酒井重忠
安芸守
石川忠成
女
備後守
酒井忠利
讃岐守
酒井忠勝
日向守
石川家成
下野守
水野忠政
女
女
女
次郎九郎
荒川弘綱
越中守
(久松)定綱
於大の方
左衛門尉
大河内元綱
養女
徳川家康
金弥
松平親能
金弥
松平　某
甲斐守
荒川義広
女
(安城)信忠
世良田清康
松平広忠
市場姫
久松
平右衛門
荒川家儀
?
女
筒井順慶
主殿助
筒井政次
兵衛尉
福住順弘
女
紀伊守
筒井定政
女
女
上野介
(長沢)一忠
上野介
(長沢)親広
矢田姫
源七郎
(長沢)康直
上野介
(長沢)政忠
女
上野介
(長沢)康忠
長沢松平
碓井姫
左衛門尉
酒井家次
酒井忠次
左衛門尉
酒井忠次
縫殿助
本多康俊
彦八郎
本多忠次
菅沼
女
女
二郎兵衛
(長沢)親昌
二郎兵衛
(長沢)忠昌
久助
(長沢)忠直
織部正
菅沼定村
織部正
菅沼定盈
女
女

るのは、家康が幼友達を閨閥《けいばつ》に加えたからに違いない。

清康の子女

「清康の子女としては、『朝野旧聞裒藁《ちょうやきゅうぶんほうこう》』が、広忠《ひろただ》・源次郎信康《げんじろうのぶやす》・成誉一笑慶円・松平上野介《こうずけのすけ》政忠室《まさただ》（のち酒井左衛門尉《さかいさえもんのじょう》 忠次室《ただつぐ》）・本多山城守《ほんだやましろのかみ》 某室を挙げている」（『三河 松平一族』）。この中には存在が不確かな人物もおり、徳川家臣団という観点から見ると、松平政忠室（のち酒井忠次室）である叔母・碓井《うすい》姫しか掲げる価値がない。

清康の娘・碓井姫（?～一六一二。於久《おひさ》、臼井姫、吉田《よしだ》姫ともいう）ははじめ長沢松平政忠に嫁いで康忠《やすただ》（一五四六～一六一八）を産み、永禄三（一五六〇）年の桶狭間の合戦で政忠が討ち死にすると、酒井忠次に再縁した。

長沢松平家に嫁いだ時期には既に清康は死去していたと思われるので、兄・広忠が長沢松平家との関係強化を企図して輿入《こしい》れさせたのだろう。また、酒井忠次との再縁は、家康が軍制改革で忠次を「東の旗頭」として三河国衆の上に置いたため、箔《はく》を付ける必要があったのだろう。

広忠の子女

清康の横死後、そのあとを継いだのは、**松平次郎三郎広忠**（一般には三郎。法名・道幹《どうかん》。一五二六?～四九）である。

『三河　松平一族』では「広忠の子は、家康のほかに数人いたとの説がある。ただし、諸説あって一定しない」としながら、「広忠には家康のほかに男子はなかった」「広忠の息女には、多《た》劫《け》姫・市場《いちば》姫・矢田《やた》姫という三人」がいると記している。『寛政重修諸家譜』では、多劫姫（一五五三～一六一八）を家康の異父妹としており、没年および享年から広忠死後に生まれたと考えられるので、本書では市場姫・矢田姫を家康の同父妹とする。

市場姫（?～一六三三）は吉良《きら》一族の荒川甲斐守義広《あらかわかいのかみよしひろ》に嫁いだのち、筒井順慶《つついじゅんけい》の甥《おい》・筒井紀《き》伊守定政《いのかみさだまさ》（一五五一～一六一〇）に再縁している。

矢田姫（一五四七～一六〇三）は長沢松平上野介康忠（碓井姫の子）に嫁いでいる。

第3節　異母弟・久松家

母の再婚

家康の母・於大《おだい》の方（一五二八～一六〇二）は三河刈谷《かりや》城主・水野《みずの》下野守《しもつけのかみ》忠政《ただまさ》（一四九三～一五四三）の娘として生まれ、天文一〇（一五四一）年に一四歳で松平広忠と結婚し、翌一五四二年一二月二六日に家康を産んだ。

ところが、実父・忠政の死後。家督を継いだ兄・水野下野守信元《のぶもと》（?～一五七五）が天文一四（一五四五）年に織田方に裏切ったため、広忠は今川家に義理立てして於大の方を離縁し、酒井《さかい》雅楽助《うたのすけ》政家《まさいえ》（一般には正親《まさちか》）宅に置き、しばらくして刈谷に送らせた。

刈谷に戻った於大の方は、天文一七（一五四八）年に尾張阿久比《あぐい》（愛知県知多《ちた》郡阿久比町卯《う》坂《さか》）城主・久松弥九郎長家《やくろうながいえ》（のちの久松佐渡守俊勝《さどのかみとしかつ》、以下、俊勝で表記を統一する。一五二六～八七）に再縁した。俊勝には四男四女があり、うち三男三女が於大の方の子である（★は於大の方の子）。［図2-4／a］

於大の方が産んだ男子は松平姓を賜り、俗に久松松平家と呼ばれた。

・長男　久松弥九郎定員《さだかず》（？～一五七七）子孫は定勝の家臣
・次男★久松松平因幡守康元《いなばのかみやすもと》（一五五二～一六〇三）下総関宿《せきやど》藩四万石
・三男★久松松平源三郎勝俊《げんざぶろうかつとし》（一五五二～一五八六）子孫は下総多古《たこ》藩一万二〇〇〇石
・四男★久松松平隠岐守定勝《おきのかみさだかつ》（一五六〇～一六二四）伊勢桑名《くわな》藩一一万石
・長女　一色帯刀詮勝《いっしきたてわきあきかつ》の妻
・次女★多劫《たけ》姫（一五五三～一六一八）桜井松平忠正《ただまさ》、同忠吉《ただよし》、保科正直《ほしなまさなお》の妻
・三女★戸田丹波守康長《たんばのかみやすなが》の妻
・四女★竹谷《たけのや》松平玄蕃頭家清《げんばのかみいえきよ》の妻

図２－４／a：久松家系図

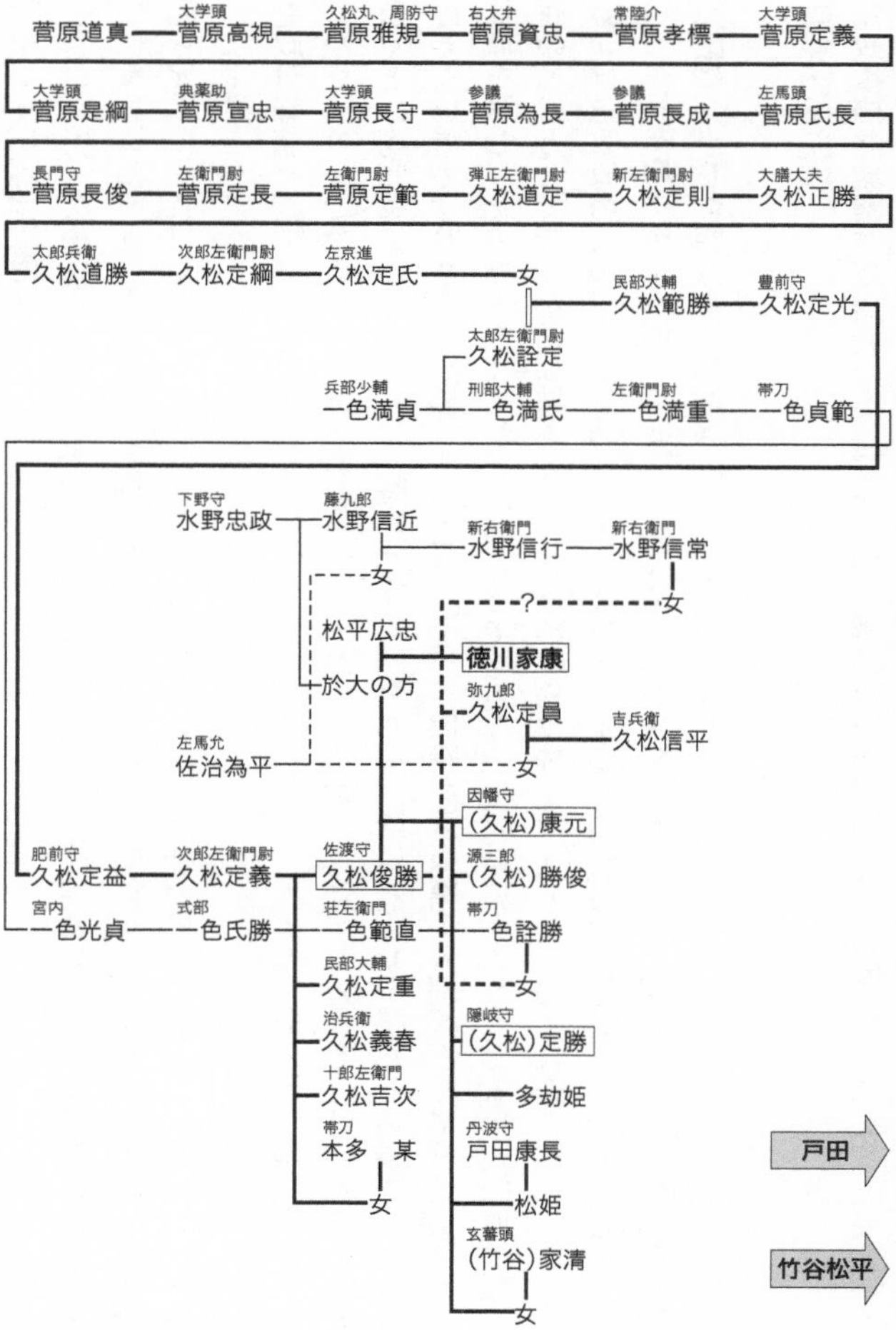

菅原道真
大学頭 菅原高視
久松丸、周防守 菅原雅規
右大弁 菅原資忠
常陸介 菅原孝標
大学頭 菅原定義
大学頭 菅原是綱
典薬助 菅原宣忠
大学頭 菅原長守
参議 菅原為長
参議 菅原長成
左馬頭 菅原氏長
長門守 菅原長俊
左衛門尉 菅原定長
左衛門尉 菅原定範
弾正左衛門尉 久松道定
新左衛門尉 久松定則
大膳大夫 久松正勝
太郎兵衛 久松道勝
次郎左衛門尉 久松定綱
左京進 久松定氏
女
民部大輔 久松範勝
豊前守 久松定光
太郎左衛門尉 久松詮定
兵部少輔 一色満貞
刑部大輔 一色満氏
左衛門尉 一色満重
帯刀 一色貞範
下野守 水野忠政
藤九郎 水野信近
新右衛門 水野信行
新右衛門 水野信常
女
?
女
松平広忠
徳川家康
於大の方
弥九郎 久松定員
吉兵衛 久松信平
左馬允 佐治為平
女
因幡守 (久松)康元
肥前守 久松定益
次郎左衛門尉 久松定義
佐渡守 久松俊勝
源三郎 (久松)勝俊
宮内 一色光貞
式部 一色氏勝
荘左衛門 一色範直
帯刀 一色詮勝
女
民部大輔 久松定重
隠岐守 (久松)定勝
治兵衛 久松義春
十郎左衛門 久松吉次
多劫姫
帯刀 本多　某
丹波守 戸田康長
女
松姫
玄蕃頭 (竹谷)家清
女
戸田
竹谷松平

次男・久松松平康元

俊勝の次男・久松松平因幡守康元（一五五二～一六〇三）は通称を三郎太郎《さぶろうたろう》、初名を勝元《かつもと》といい、家康（当時は松平元康）から偏諱を与えられ、康元と改名した。また、その際、家康は康元ら兄弟に「我《われ》兄弟すくなし、今より後勝元等をして、同姓の兄弟に准ぜられるべし」と語り、松平姓を与えたという。

『寛政重修諸家譜』ではそれを永禄三（一五六〇）年三月のこととしているが、桶狭間の合戦の二ヶ月前のことであり、織田方の久松家の子が、今川家に占領された松平の苗字をありがたく頂くとは到底思えない。また、「時に九歳」の康元が、既に元服して勝元と名乗っていたとも思えないので、おそらく永禄五（一五六二）年に俊勝が家康麾下《きか》の部将として三河西郡上之郷城《にしのこおりかみのごう》を降し、その城を与えられた頃のことであろう。俊勝は於大の方とともに岡崎城に残り、俊勝の名代として康元が西郡城主となったため、松平姓を与えられたのではないか。

康元は三方原の合戦、本能寺の変後の甲斐侵攻、小田原合戦などに参陣し、天正一八（一五九〇）年に家康が関東入国すると、下総関宿《せきやど》二万石を賜った。また、翌天正一九年の九戸《くのへ》一揆《いっき》の鎮圧に奔走して四万石に加増された。

康元の妻子

『寛政重修諸家譜』に康元の妻（某氏）の記載はないが、「久松多古《たこ》家譜には、『康元妾松平次《じ》郎左衛門《ろうざえもん》重吉《しげよし》入道浄久女《じょうきゅうのむすめ》、五男六女ヲ生ム』とある」(『家康の族葉』)。ただし、能見松平次郎右衛門重吉(一四九八~一五八〇)はほぼ康元の祖父世代であるから、世代的に合致しない。おそらく誤りだろう。なお、康元には五男六女がいた。[図2-4/b]

・長男　久松松平甲斐守《かいのかみ》忠良《ただよし》(一五八二~一六二四)　美濃大垣《おおがき》藩五万石
・次男　久松松平備前守《びぜんのかみ》政良《まさよし》(生没年不詳)　徳川忠長の家臣となり、牢人《ろうにん》
・三男　久松松平図書《ずしょ》康久《やすひさ》(生没年不詳)　尾張藩士
・四男　久松松平内蔵丞《くらのじょう》良助《よしすけ》(生没年不詳)　紀伊藩士
・五男　僧　慶存
・長女　岡部《おかべ》内膳正《ないぜんのかみ》長盛《ながもり》の妻
・次女　菅沼《すがぬま》志摩守《しまのかみ》定仍《さだより》の妻
・三女　大須賀《おおすが》出羽守《でわのかみ》忠政《ただまさ》の妻、その死後、菅沼織部正《おりべのかみ》定芳《さだよし》に再縁。
・四女　家康の養女。福嶋《ふくしま》刑部大輔《ぎょうぶだゆう》正之《まさゆき》(正則《まさのり》の養子)に嫁ぎ、津軽《つがる》越中守《えっちゅうのかみ》信枚《のぶひら》に再縁。
・五女　家康の養女。田中《たなか》筑後守《ちくごのかみ》忠政《ただまさ》の妻、その死後、大給《おぎゅう》松平右近将監《うこんしょうげん》成重《なりしげ》に再縁。
・六女　秀忠の養女。中村《なかむら》伯耆守《ほうきのかみ》忠一《ただかず》の妻、その死後、毛利《もうり》甲斐守秀元《ひでもと》に再縁。

四女から六女まで家康・秀忠の養女として豊臣系大名に嫁がされ、死別すると再縁させられるという政略結婚の具として使われた。

後述するが、十四松平家の子女がこのような政略結婚に利用された事例はなく、むしろ清康

図2－4／b：久松松平康元系図

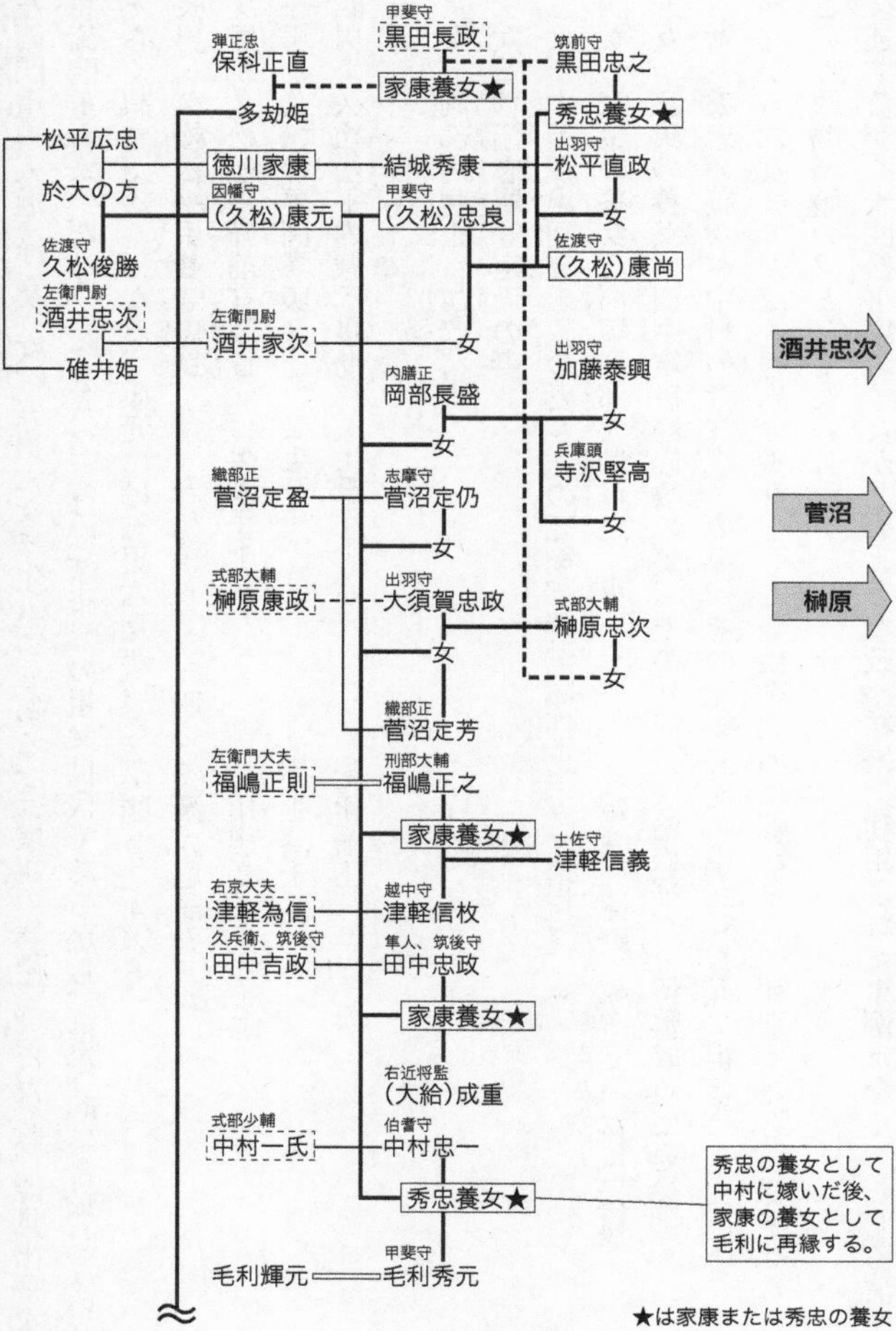

図2－4／c：久松松平定勝系図

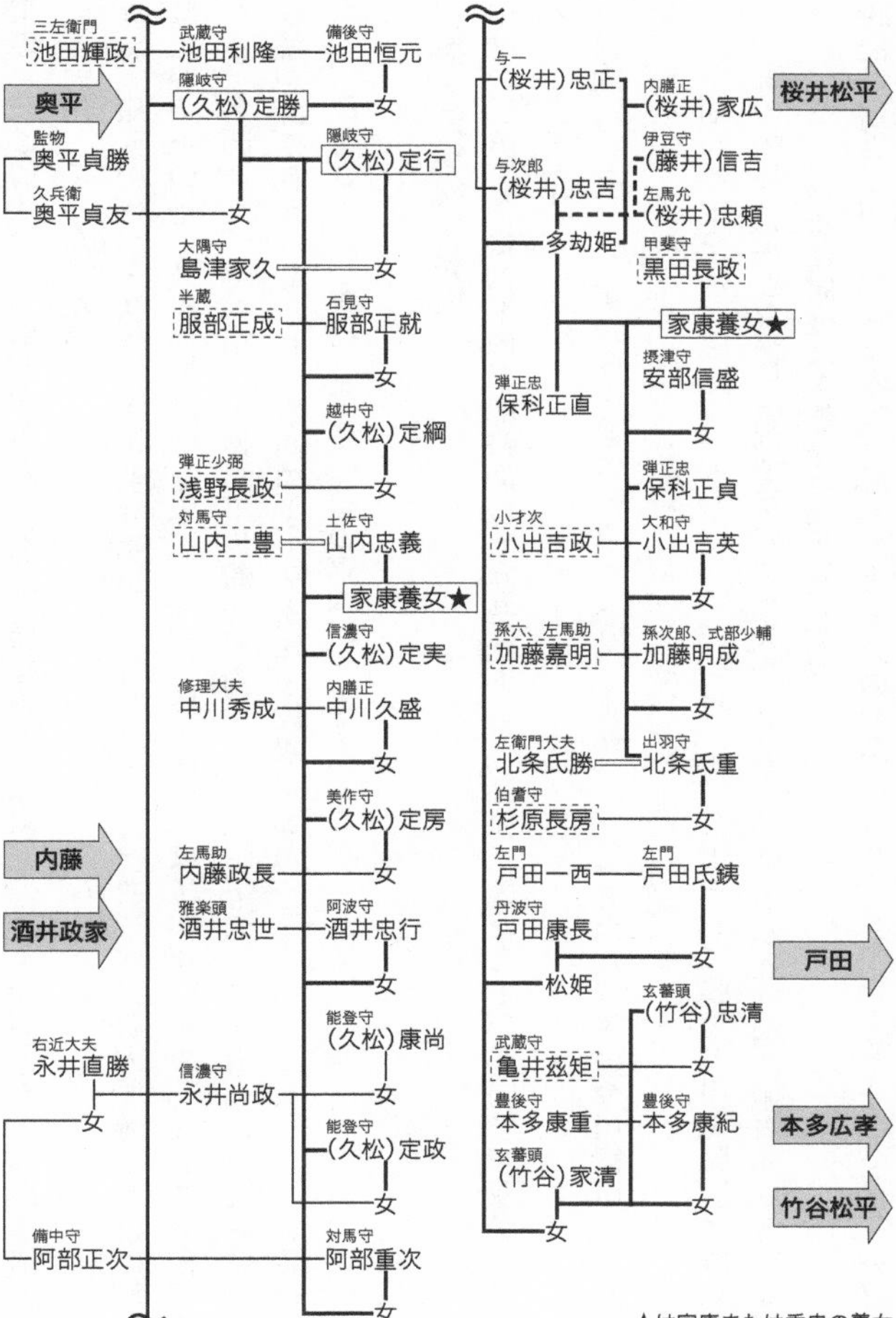

★は家康または秀忠の養女

以来の「三ご譜代」との婚姻が多い。家康は異父弟・久松松平家と十四松平家の利用価値を明確に差別化していたのだろう。

なお、康元の嫡男・久松松平甲斐守忠良《ただよし》（一五八二～一六二四）は美濃大垣藩五万石に転封されたが、その子・久松松平因幡守忠憲《いなばのかみただのり》（一六二〇～四七）は子がないまま死去して無嗣廃絶となる。名門ゆえ、その弟・久松松平佐渡守康尚《やすひさ》（一六二〇～九六）に一万石が与えられ、家名存続が許された。しかし、康尚の子・久松松平佐渡守忠充《ただみつ》（一六五一～一七二九）が発狂したため、改易され、子孫は五〇〇〇石の旗本にとどまった。

三男・久松松平勝俊

俊勝の三男・久松松平源三郎勝俊（一五五三～八六）は兄・康元と生年が同じで双子と思われる（一五五五年生まれ説有）。

永禄六（一五六三）年に今川家の人質となり、永禄一一（一五六八）年に今川家臣・三浦与《みうらよ》一郎《いちろう》某が勝俊を連れて武田信玄に投降。信玄は勝俊を甲斐国に送ってしまう。

それを知った家康は元亀元（一五七〇）年一一月、謀《はかりごと》を巡らして勝俊の甲斐脱出に成功するが、冬の峠道を越える際に凍傷で足の指を失ってしまう。家康が五ヶ国を領有すると、天正一一（一五八三）年に勝俊は久能《くのう》城を与えられた。

勝俊には男子がなかったので、母・於大の方の懇請により、その甥（於大の方の弟・水野《みずの》藤《とう》次郎忠分《じろうただちか》の五男）の藤八郎《とうはちろう》が婿養子となり、**久松松平豊前守勝政《ぶぜんのかみかつまさ》**（一五七三〜一六三五）と名乗った。勝政は一四歳で家督を継ぎ、文禄元（一五九二）年に一五〇〇〇石を賜り、数度の加増を経て八〇〇〇石を領した。

勝政の曾孫《ひまご》・**久松松平大蔵少輔勝以《おおくらのしょうかつゆき》**（一六六一〜一七二八）は正徳《しょうとく》三（一七一三）年に大坂城番となって三〇〇〇石を加増され、計一万二〇〇〇石を領する大名となった。子孫は下総多古藩の藩主を世襲し、明治維新後に久松姓に復姓。子爵に列した。

四男・久松松平定勝

俊勝の四男・**久松松平隠岐守定勝《おきのかみさだかつ》**（一五六〇〜一六二四）は幼名を長福《ながとみ》、通称を三郎四郎《さぶろうしろう》という。小牧・長久手の合戦の後、定勝は豊臣家への人質に出される予定で、まさに行列を整えている最中に、母・於大の方が「勝俊を人質に出して足の指を失うことになったので、定勝を他国に遣《や》りたくない」と拒絶した。このことで定勝は家康から不興を買ってしまうが、のちにわだかまりを解いたという。そこからは逆に家康の覚え目出度《めでた》かったようだ。

天正一八（一五九〇）年に家康が関東入国すると、下総小南《こみなみ》に三〇〇〇石を賜り、関ヶ原の合戦後の慶長六（一六〇一）年には遠江掛川藩三万石を賜った。翌慶長七年に家康に一〇男（紀伊《きい》徳川頼宣《よりのぶ》）が生まれると、定勝の幼名を譲ってほしいと懇請される。よほど気に入られていたのだろう。ちなみに紀伊徳川家は当主の嫡男が長福を襲名していたので、九代将軍・家重《いえしげ》の幼名も長福だった。

定勝の妻子

定勝の妻は奥平久兵衛《きゅうべえ》貞友《さだとも》の次女である。貞友の長女が武田家の人質となり、天正元（一五七三）年九月に殺害されたため、その死を悼《いた》んで次女を定勝に娶《めあわ》せたのだという。

定勝には六男六女がいた（★は嫡出）。［図2‐4／c］

・長男★久松松平遠江守定友《さだとも》（一五八五～一六〇三）　早世
・次男★久松松平隠岐守定行《さだゆき》（一五八七～一六六八）　伊予松山藩一五万石
・三男★久松松平越中守定綱《さだつな》（一五九二～一六五一）　伊勢桑名藩一一万石
・四男★久松松平信濃守《しなののかみ》定実《さだざね》（一五九七～一六三二）　子孫は旗本二〇〇〇石
・五男★久松松平美作守《みまさかのかみ》　定房《さだふさ》（一六〇四～一六七六）　伊予今治《いまばり》藩四万石
・六男★久松松平能登守《のとのかみ》定政《さだまさ》（一六一〇～一六七二）　三河刈谷藩三万石ののち改易
・長女★服部《はっとり》石見守《いわみのかみ》正就《まさなり》（服部半蔵正成《はんぞうまさなり》の子）の妻
・次女★家康の養女。山内《やまうち》土佐守《とさのかみ》忠義《ただよし》の妻
・三女★中川《なかがわ》内膳正《ないぜんのかみ》　久盛《ひさもり》の妻
・四女★酒井《さかい》阿波守《あわのかみ》忠行《ただゆき》の妻
・五女★阿部《あべ》対馬守《つしまのかみ》重次《しげつぐ》の妻

・六女　池田《いけだ》備後守《びんごのかみ》恒元《つねもと》の妻

定勝は兄・康元と並んで子だくさんだが、その役割は異なる。康元の場合は娘が政略結婚に総動員されたが、定勝の場合は息子の方だった。

家康は定勝に対して「汝《なんじ》男子多く、みなすでに成長せり」と述べて、島津《しまづ》家久《いえひさ》・浅野《あさの》長政《ながまさ》と婚姻関係を結びたいから、次男・定行は島津の娘、三男・定綱は浅野の娘と結婚してくれと懇請したという。

康元の息子が長男以外は他家に仕官したのに対し、定勝の息子たちはみな高禄《こうろく》の大名に取り立てられている。おそらく資質に相当な差異があったのだろう。

定行の子孫は伊予松山藩一五万石の藩主を世襲し、明治維新後に久松姓に復姓した。

定綱の子孫は越後高田藩、陸奥白河《しらかわ》藩、伊勢桑名藩に転じた。九代目の松平越中守定信《さだのぶ》（一七五九～一八二九）は八代将軍・吉宗《よしむね》の孫に生まれて白河藩主の婿養子となり、老中として寛政の改革を行ったことで有名。また、一三代・松平越中守定敬《さだあき》（一八四七～一九〇八）は「高《たか》須《す》四兄弟」（美濃高須藩主・松平中務大輔義建《なかつかさだゆうよしたつ》の子で、優秀な四兄弟）の末弟として生まれ、桑名藩主の養子となり、幕末に京都所司代に就任。実兄・松平肥後守容保《ひごのかみかたもり》とともに幕政の立て直しに尽力した。戊辰《ぼしん》戦争で北陸・陸奥・箱館《はこだて》と転戦して官軍に抵抗したため改易され、明治二（一八六九）年に養子・松平万之助《まんのすけ》定教《さだのり》（一八五七～一八九九）に改めて六万石が与えられた。

また、定房の子孫は伊予今治藩三万五〇〇〇石の藩主を世襲し、明治維新後に久松姓に復姓した。

次女・多劫姫

多劫姫（一五五三〜一六一八）は久松俊勝の次女である。実父を広忠とする説もあるが、『寛政重修諸家譜』に多劫姫が「元和四年六月七日卒。年六十」とあり、逆算すると広忠の死後生まれたことになり、辻褄《つじつま》が合わない。

多劫姫は桜井松平与一忠正《よいちただまさ》（一五四四〜七七）に嫁ぎ、一子をもうけたが、天正五（一五七七）年閏《うるう》七月に夫と死別。遺児・桜井松平内膳正家広（一五七七〜一六〇一）が乳児だったため、忠正の実弟・桜井松平与次郎忠吉《ただよし》（一五五九〜八二）が家督を継ぎ、多劫姫も忠吉に再縁。二子をもうけた。

ところが、忠吉も天正一〇（一五八二）年六月に二四歳の若さで死去してしまい、多劫姫は天正一二（一五八四）年七月に信濃国衆の保科《ほしな》弾正忠《だんじょうのちゅう》正直《まさなお》（一五四二〜一六〇一）に再縁した（第6章参照）。正直との間に生まれた四女のうち、長女・三女・四女が豊臣系大名に嫁いでいる。家康の婚姻戦略に大きく寄与する結果となった。

第4節　十四松平家

十四松平家とは

十四松平家とは、家康以前に分かれた松平一族の主たる家系の俗称である。［図2－5］

ただし、十四松平家には、家康が生まれた安城《あんじょう》松平家（のち岡崎松平家。松平宗家、総領家と呼ばれることもある）が含まれない。また、本来、松平家の嫡流にあたる松平郷《まつだいらごう》松平家（親氏《ちかうじ》の長男・信広《のぶひろ》の子孫）や岩津《いわづ》松平家（信光の嫡子・親長《ちかなが》の子孫）も含まれない。

江戸時代に考案された「十四松平」は当時の石高《こくだか》を基準に選定したと考えられ、江戸時代以前には別のとらえ方があったようだ。

『松平記』の巻五では「松平之五人衆・七人衆之次第」として、以下の家を掲げている（カッコ内は引用者註）。

松平之五人衆・七人衆之次第

一岩津太郎《いわづたろう》　紀伊守家《きいのかみけ》。

一形原　又七郎《かたのはらまたしちろう》

一安城　次郎三郎《あんじようじろうさぶろう》　御家是也《これなり》。

一大給源次郎《おぎゆうげんじろう》　和泉守《いずみのかみ》是也。

一岡崎大膳亮《おかざきだいぜんのすけ》　此家《このいえ》子孫絶申候《たえもうしそうろう》。
一竹谷与次郎《たけのやよじろう》　玄蕃《げんば》家。
一五井弥九郎《ごいやくろう》　外記《げき》家。
一長沢源七郎《ながさわげんしちろう》
右之外《みぎのほか》松平数多《あまた》御座候得共《ござそうらえども》、皆々他家同名（＝他家に松平姓を与えたもの）也。

五六人衆と申、松平国衆《くにしゅう》とは、
一桜井与一《さくらいよいち》（信定《のぶさだ》）是は松平道悦（道閲《どうえつ》＝長忠）ノ子、安城の庶子の頭付《かしらにつき》て後、七人衆の内に入ル。座上をすれども、岩津の流にては無之《これなく》候也。
是は七人の外
一岡崎弾正左衛門《だんじょうざえもん》（信貞《のぶさだ》）大膳之庶子也。大膳の家絶《たえ》て後、岡崎の家を継也。此人安城の家へ岡崎を渡し申候。
是は七人の外
一東条甚太郎《とうじょうじんたろう》（義春《よしはる》？）是は安城の庶子也。桜井与一伯父也。後に桜井と座敷論有之。両方不出。道悦の弟也（子の誤りか）。
是は七人の外
一三ツ木蔵人《みきくろうど》（信孝《のぶたか》）是は近代清康の弟、座敷は無之《これなく》、今の松平九郎右衛門《くろうえもん》（重忠《しげただ》）の父也。

図２－５：松平一族の分布

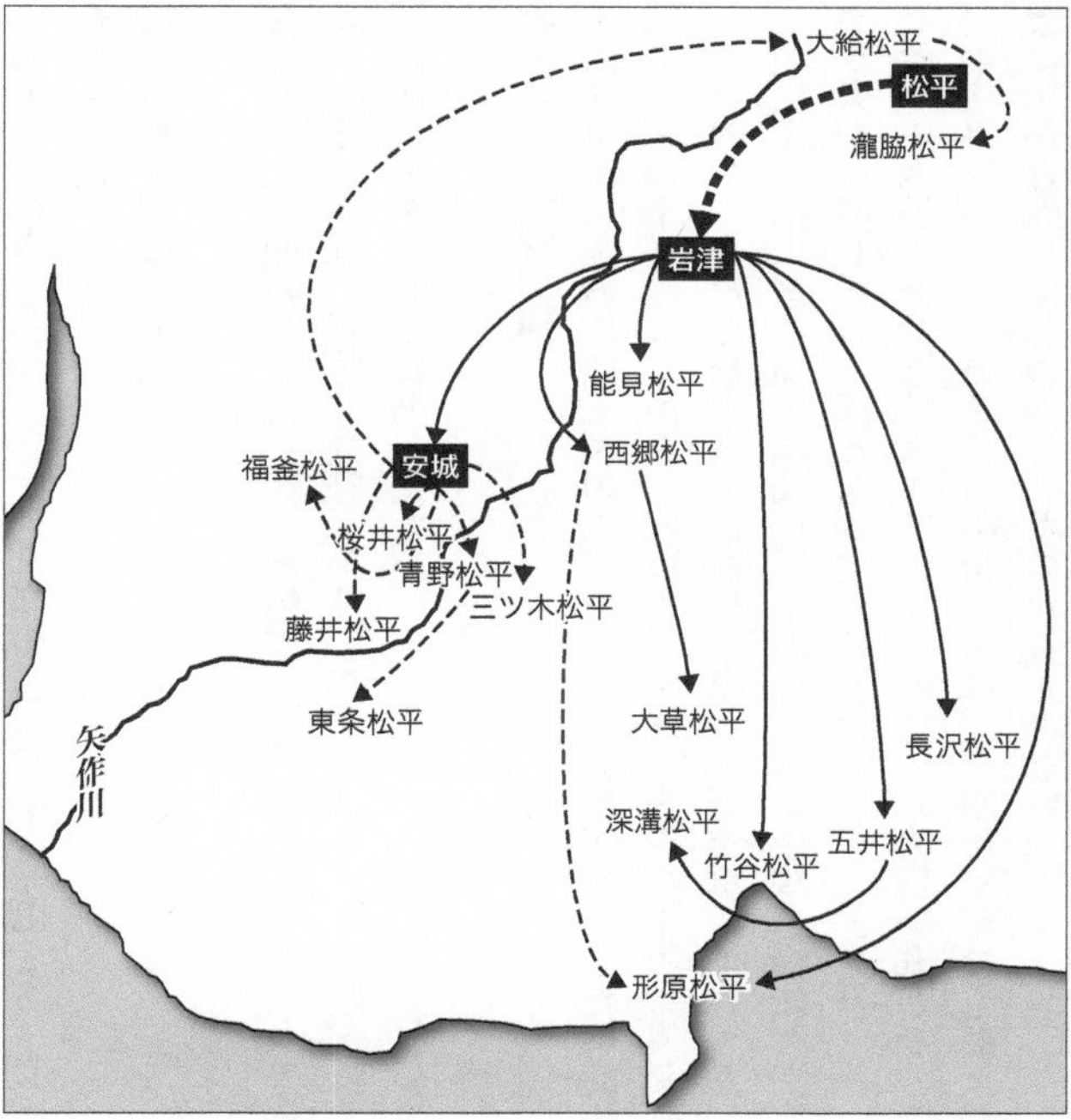
大給松平
松平
瀧脇松平
岩津
能見松平
西郷松平
福釜松平
安城
桜井松平
青野松平
三ツ木松平
藤井松平
東条松平
大草松平
長沢松平
深溝松平
竹谷松平
五井松平
形原松平
矢作川

一深主《ふこうず》（＝深溝）又八《またはち》　五井弥九郎弟、勘解由左衛門《かげゆざえもん》とも、又大炊助《おおいのすけ》とも。其後《そのご》主殿助共云《とのものすけともいう》、座敷無之《これなく》候也。

右之分松平国衆と云也。

ちなみに「十四松平」のうち、『松平記』で国衆クラスとして掲げられた一二家に含まれていない家は、能見《のみ》、瀧脇《たきわき》、福釜《ふかま》、藤井《ふじい》の四家である。この四家は本来庶流に過ぎないのだが、江戸時代に大名・旗本に列したため、「十四松平」に数えられた可能性が高い。

家臣団閨閥の中核

十四松平家の実態は西三河の国衆であり、家康が生まれた岡崎松平家もその一つだった。同クラスの家柄だったから、家康の同父妹は長沢松平家、異父妹は桜井松平家、竹谷松平家に嫁いでおり、それら松平家も他の松平家と婚姻を重ねていった。［図２－６］

その結果、徳川家臣団の閨閥は、十四松平家が中核を構成し、その周辺に「三ご譜代」の家老クラスが位置している図となっている。

なお、十四松平家で図に入っていないのは、大給《おぎゅう》松平家とその庶流と思われる瀧脇《たきわき》松平家、三ツ木松平家の三家である。大給松平家は、十四松平家でも最大規模の動員兵力を持つ家柄で、家康に何か意図したものがあったのかもしれない。

十四松平家の家系については前著『徳川家臣団の謎』で詳述したので、本書では十四松平家の中から、家康との関係が特に強い家系に絞って論考を進めていきたい。

第5節　形原松平家／家康の従兄弟

松平家の中でも家格が高い？

形原《かたのはら》松平家は、信光の四男・**松平佐渡守与副**《さどのかみともすけ》（一説に与嗣《ともつぐ》。実際は光忠《みつただ》だと思われる）が「三河国額田郡中山領の内にして七百貫文の地を領し、そのゝち五十貫文を加へられ、形原（愛知県蒲郡《がまごおり》市形原《かたはら》町）に移り住す」（『寛政重修諸家譜』）ことにはじまるという。

『松平記』によれば、「松平之五人衆・七人衆之次第」では岩津松平家についで記され、「三河岡崎・遠州浜松に至迄正月二日国衆御礼之次第」においても三河国衆の四番目、松平家では桜井松平家（もしくは東条松平家）に次ぐ座敷を与えられている。

十四松平家の中でも、かなり高い家格であることがわかる。その理由は、おそらく当主・紀伊守家忠《いえただ》が家康の従兄弟だったからだろう。

文亀《ぶんき》元（一五〇一）年の「松平一門連判状」には形原左近将監貞光《さこんしょうげんさだみつ》が署名しており、与副の子・**形原松平兵衛大夫貞副**《ひょうえのだいふさだすけ》（?～一五三一）に比定される。この貞光は、西郷松平信貞の実弟らしい。さらに形原松平家の菩提《ぼだい》寺・光忠寺《こうちゅうじ》は西郷松平光重が与副の菩提を弔うために開基したという。これらのことから、形原松平家は西郷松平家の庶流と考えられる。

家広の子女

家康の義伯父にあたる形原松平薩摩守《さつまのかみ》家広《いえひろ》（?～一五七一）は、通称を又七《またしち》、左太郎《さたろう》、左近

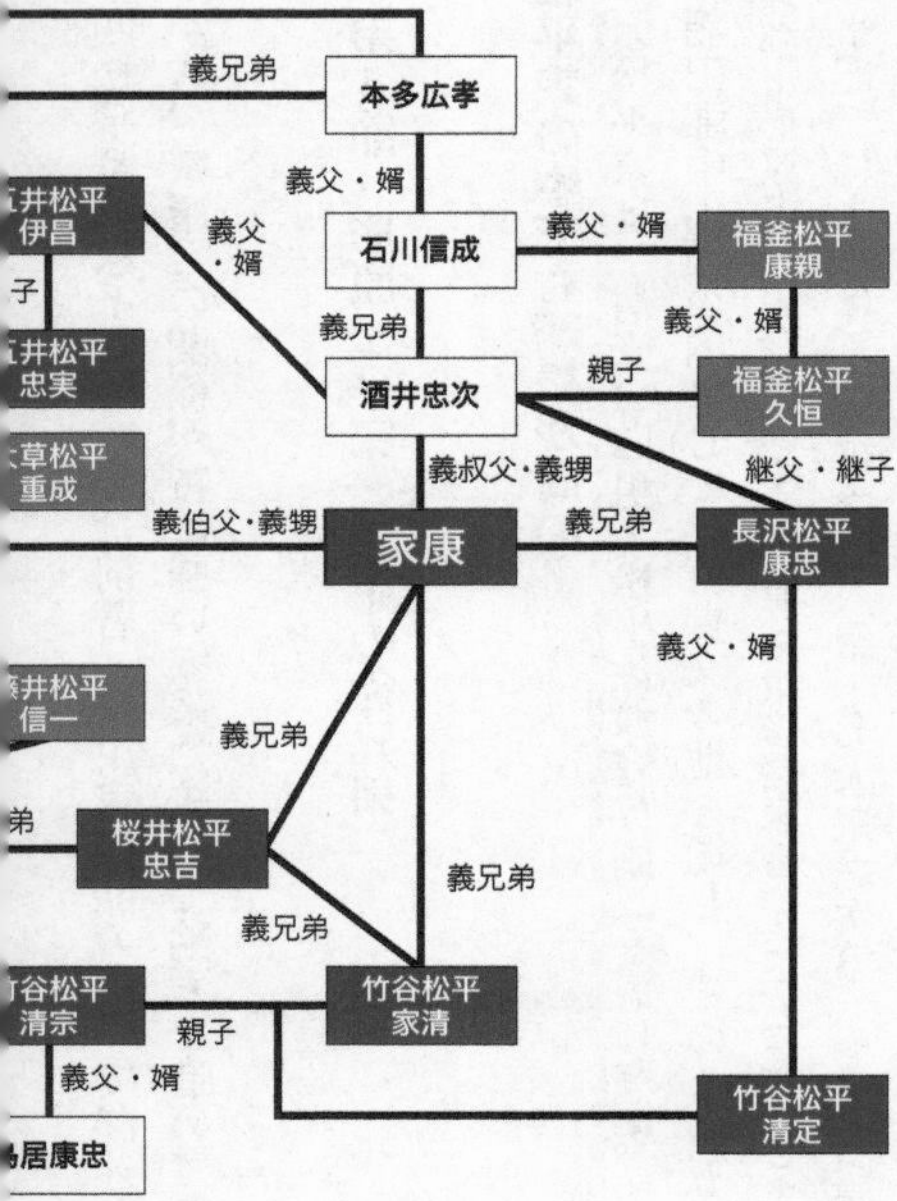

図２－６：十四松平家の婚姻関係

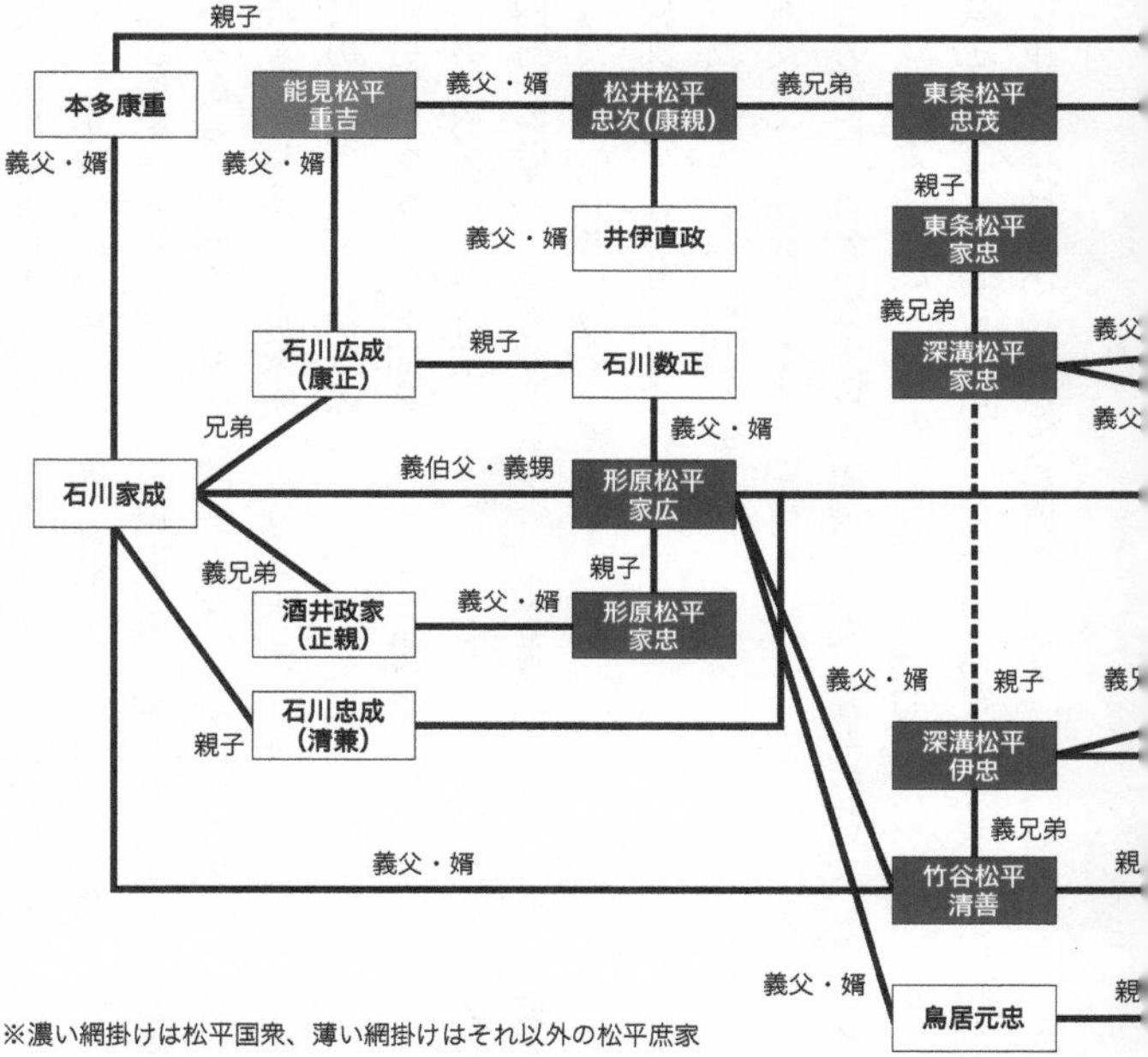

※濃い網掛けは松平国衆、薄い網掛けはそれ以外の松平庶家

将監、薩摩守という（『寛政重修諸家譜』）。永禄三（一五六〇）年に光忠寺宛てに文書を出している「松平又六郎貞広《さだひろ》」（『新編　岡崎市史６　史料　古代中世』）が家広の旧名と思われる。

家広の妻は水野忠政《みずのただまさ》の娘（家康の伯母《おば》）であるが、これは水野忠政の妻が西郷松平信貞の娘であるから、西郷松平家との関係から縁談が進んだのだろう。家広には少なくとも四男四女がいた（家忠は嫡出、他は不明）。［図２-７］

・長男　形原松平紀伊守家忠《いえただ》（一五四七〜一五八二）
・次男　形原松平新七郎《しんしちろう》某（生没年不詳）
・三男　形原松平左近《さこん》某（？〜一五六四）人質として今川方に殺害される。
・四男　形原松平勘右衛門《かんえもん》家房《いえふさ》（生没年不詳）家臣
・長女　石川伯耆守数正《いしかわほうきのかみかずまさ》の妻
・次女　鳥居彦右衛門元忠《とりいひこえもんもとただ》の妻
・三女　小笠原孫三郎《おがさわらまごさぶろう》某の妻
・四女　千賀孫兵衛《せんがまごべえ》（重親《しげちか》）の妻

この他に、竹谷《たけのや》松平備後守清善《びんごのかみきよよし》（一五〇五〜八七）の妻、五井《ごい》松平太郎左衛門信長《たろうざえもんのぶなが》（一五〇三〜五一）の妻が家広の娘だというが、世代的に合わない。家広の姉妹の可能性が高い。

家広の長女・次女は石川数正、鳥居元忠という家康の信頼が厚い人物に嫁いでおり、おそらく家康が従姉妹《いとこ》との縁談を進めたのであろう。

図2－7：形原松平家系図

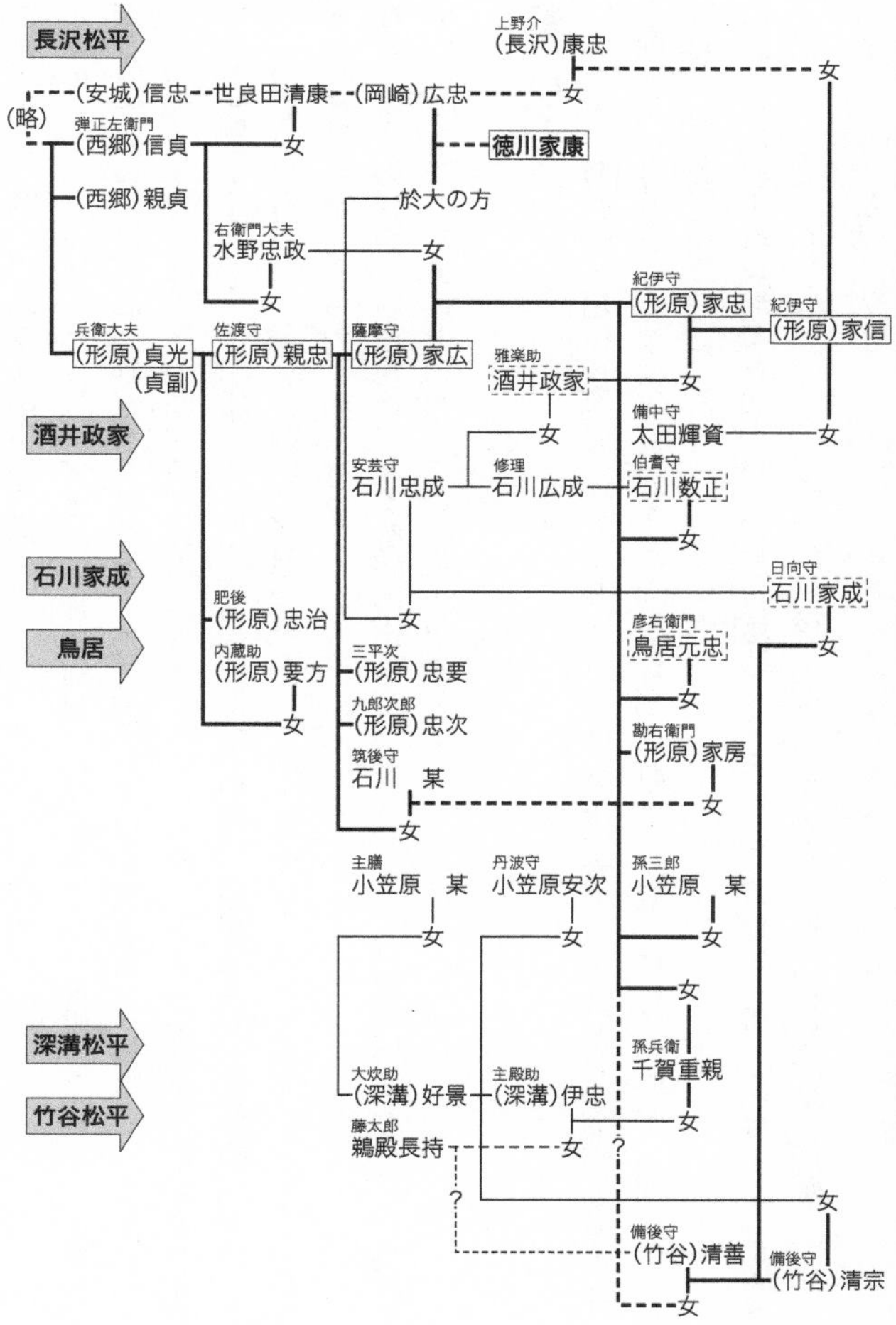
長沢松平
上野介
(長沢)康忠
女
(安城)信忠
世良田清康
(岡崎)広忠
女
(略)
弾正左衛門
(西郷)信貞
女
徳川家康
(西郷)親貞
於大の方
右衛門大夫
水野忠政
女
女
紀伊守
(形原)家忠
紀伊守
(形原)家信
兵衛大夫
(形原)貞光
(貞副)
佐渡守
(形原)親忠
薩摩守
(形原)家広
雅楽助
酒井政家
女
酒井政家
女
備中守
太田輝資
女
安芸守
石川忠成
修理
石川広成
伯耆守
石川数正
女
石川家成
日向守
石川家成
鳥居
肥後
(形原)忠治
女
彦右衛門
鳥居元忠
女
内蔵助
(形原)要方
三平次
(形原)忠要
女
九郎次郎
(形原)忠次
女
勘右衛門
(形原)家房
筑後守
石川　某
女
女
主膳
小笠原　某
丹波守
小笠原安次
孫三郎
小笠原　某
女
女
女
女
深溝松平
孫兵衛
千賀重親
竹谷松平
大炊助
(深溝)好景
主殿助
(深溝)伊忠
女
藤太郎
鵜殿長持
女
?
?
女
備後守
(竹谷)清善
備後守
(竹谷)清宗
女

また、三女・四女の嫁ぎ先が水軍関係になっているところが興味深い。

三女の夫・小笠原孫三郎は、三河国幡豆《はず》郡巨海《こみ》村（愛知県西尾《にしお》市巨海町）を本拠とする小笠原安芸守安元《あきのかみやすもと》の一族と思われ、安元は御船手衆に選ばれている（『家康の臣僚』）。

四女の夫・千賀家は、尾張国知多郡の有力者・佐治《さじ》家の陣代で、知多郡師崎《もろざき》（愛知県知多郡南知多町師崎）を本拠として水軍を率いた。重親は大坂の陣で家康に従い、尾張藩船奉行として一五〇〇石を有した（『士林泝洄』）。形原松平家の本拠・形原村も海岸に面しており、海運の関係から婚姻に至ったものと思われる。

なお、家広の妹婿・石川筑後守《ちくごのかみ》某も師崎の出身だったらしく、『寛政重修諸家譜』の牧野家の項に「毛呂崎《もろさき》の城主石川筑後守」との記述がある。

家忠の子女

家広の子・形原松平紀伊守家忠（一五四七～八二）は家康の従兄弟にあたり、通称を左太郎、又七郎、紀伊守という（『寛政重修諸家譜』）。妻は酒井政家《まさいえ》（一般には正親《まさちか》）の娘。従兄弟・石川日向守《ひゅうがのかみ》家成《いえなり》の義姪にあたる。

家忠は遠江掛川城攻略で武功を表し、馬伏塚砦《まむしづかとりで》を守った。三方原の合戦、長篠の合戦にも参陣。天正一〇（一五八二）年、本能寺の変の後、酒井《さかい》忠次《ただつぐ》とともに甲信侵攻にも活躍したが、わずか三六歳で死去した。

子は長男・形原松平紀伊守家信《いえのぶ》（一五六五～一六三八）のみ。家忠死去の時、家信がまだ一八歳だったため、弟（一説に庶兄）の形原松平勘右衛門家房が後見した。家房は勇猛果敢で「叔父形原」と称された。

家信は父とともに酒井忠次に従い、甲信侵攻で活躍。小牧・長久手の合戦でも酒井忠次の与力として奮戦した。天正一八（一五九〇）年の関東入国で上総国五井にて五〇〇〇石を賜り、元和四（一六一八）年に安房国長狭《ながさ》郡に五〇〇〇石を加増され、合わせて一万石を領した。その後、摂津国高槻《たかつき》藩二万石、下総国佐倉藩四万石に転封。子孫は摂津国高槻藩、丹波国篠山《ささやま》藩を経て、丹波国亀山《かめやま》藩五万石を領した。

第6節　長沢松平家／家康の従兄弟で義弟

長沢松平家／混乱する系図

形原松平家が家康の母方の従兄弟であるならば、父方の従兄弟は長沢松平家である。

長沢松平家は、信光の長男（もしくは八男）の松平 備中守《びっちゅうのかみ》 親則《ちかのり》（一四三七～六一）が三河国宝飯《ほい》郡長沢（愛知県豊川《とよかわ》市長沢町）に分封されたことにはじまる。［図2-8］

文亀元（一五〇一）年の「松平一門連判状」には長沢七郎親清《ちかきよ》が署名しており、親則の孫・

親清に比定される。

長沢松平家の系図は混乱が見られ、不明な部分が多い。『寛永諸家系図伝』では初代（親則？）から七代（康直《やすなお》？）まですべて「某」（諱不明）と記し、親清と勝宗《かつむね》に相当する当主を欠いている。

古文書でその名が記され、歴史上、確かに存在したことが確認できるのは、**長沢松平上野介親広**《こうずけのすけちかひろ》（？～一五七二）からである。

二代にわたる家康との閨閥

親広の子・**長沢松平上野介政忠**《まさただ》（？～一五六〇）は家康の叔母・碓井姫と結婚している。家康の数少ない親族が嫁いでいるのは、長沢松平家が十四松平家の中でも特に有力な家柄だったからであろう。しかし、政忠は永禄三（一五六〇）年に桶狭間の合戦で討ち死にし、碓井姫は酒井忠次に再縁した。
政忠の子・**長沢松平上野介康忠**《やすただ》（一五四六～一六一八）は家康の異母妹・矢田姫と結婚し、岡崎三郎信康に附けられ、家老となったが、築山事件で蟄居《ちっきょ》を余儀なくされた。その後、赦《ゆる》されて長篠の合戦、神君伊賀《いが》越えに付き従い、小牧・長久手の合戦にも参加した。
康忠には四男四女がいた（★は嫡出）。
・長男★長沢松平源七郎康直《げんしちろうやすなお》（一五六九～一五九三）　武蔵深谷藩一万石

図２－８：長沢松平家系図

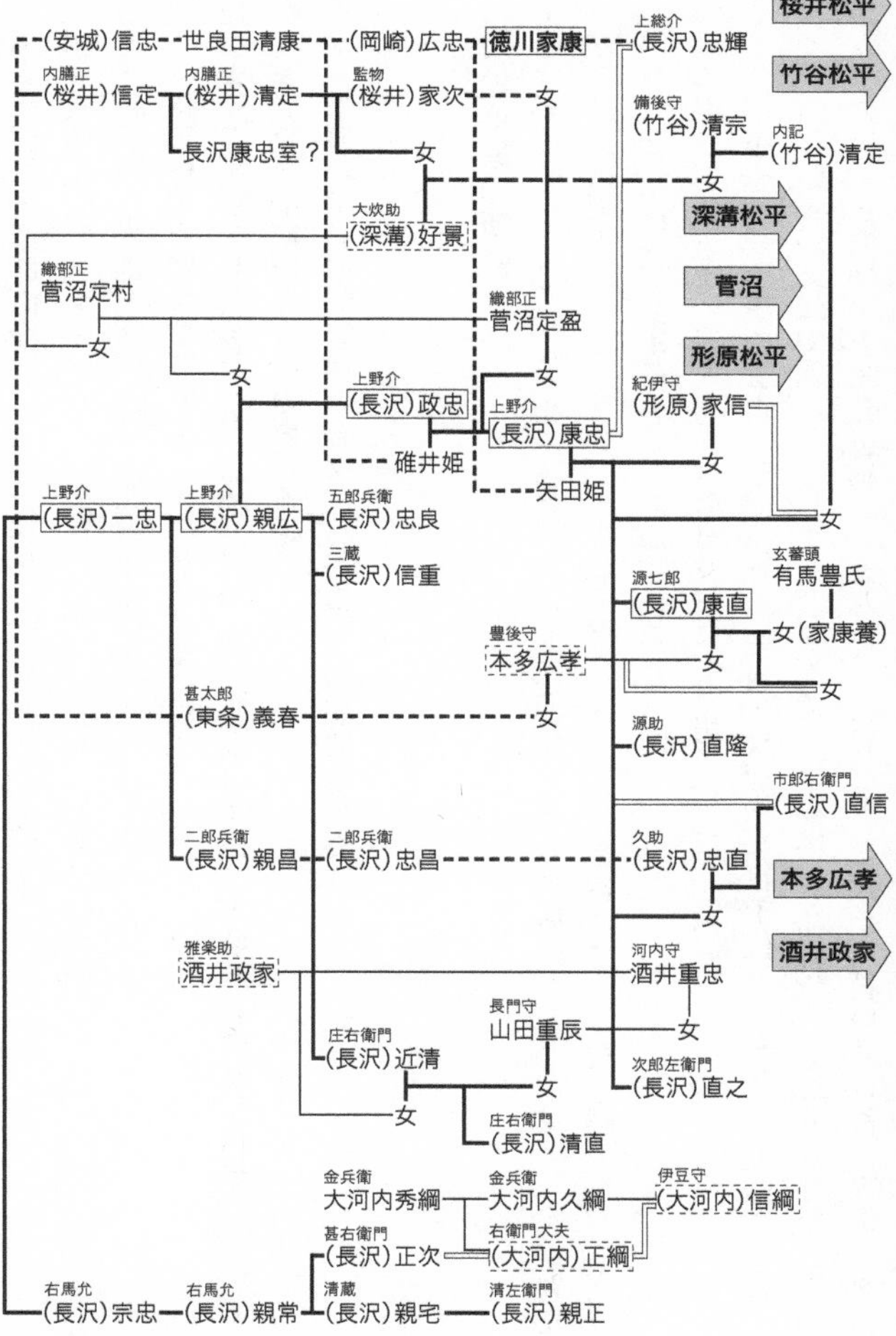
桜井松平
竹谷松平
深溝松平
菅沼
形原松平
本多広孝
酒井政家
(安城)信忠
世良田清康
(岡崎)広忠
徳川家康
上総介
(長沢)忠輝
内膳正
(桜井)信定
内膳正
(桜井)清定
監物
(桜井)家次
女
長沢康忠室？
女
備後守
(竹谷)清宗
内記
(竹谷)清定
女
大炊助
(深溝)好景
織部正
菅沼定村
女
織部正
菅沼定盈
女
女
上野介
(長沢)政忠
上野介
(長沢)康忠
紀伊守
(形原)家信
雅井姫
女
矢田姫
上野介
(長沢)一忠
上野介
(長沢)親広
五郎兵衛
(長沢)忠良
女
三蔵
(長沢)信重
玄蕃頭
有馬豊氏
源七郎
(長沢)康直
女(家康養)
豊後守
本多広孝
女
女
甚太郎
(東条)義春
女
源助
(長沢)直隆
市郎右衛門
(長沢)直信
二郎兵衛
(長沢)親昌
二郎兵衛
(長沢)忠昌
久助
(長沢)忠直
女
雅楽助
酒井政家
河内守
酒井重忠
長門守
山田重辰
女
庄右衛門
(長沢)近清
女
次郎左衛門
(長沢)直之
女
庄右衛門
(長沢)清直
金兵衛
大河内秀綱
金兵衛
大河内久綱
伊豆守
(大河内)信綱
甚右衛門
(長沢)正次
右衛門大夫
(大河内)正綱
右馬允
(長沢)宗忠
右馬允
(長沢)親常
清蔵
(長沢)親宅
清左衛門
(長沢)親正

・次男★長沢松平源助直隆《なおたか》（生没年不詳）
・三男★長沢松平隼人《はやと》直宗《なおむね》（生没年不詳）　酒井忠次の家臣
・四男　長沢松平次郎左衛門《じろうざえもん》直之《なおゆき》（生没年不詳）
・養子　長沢松平市郎右衛門《いちろううえもん》直信《なおのぶ》（康忠長女と忠直の子）
・長女★長沢松平久助《きゅうすけ》忠直《ただなお》の妻、死別の後、酒井忠次の家臣・本多源兵衛某に再縁。
・次女★形原松平紀伊守家信の妻、離婚。
・三女　形原松平紀伊守家信の養女、竹谷松平《たけのやまつだいら》内記《ないき》清定《きよさだ》の妻
・四女　不明

長沢松平家の断絶

康忠は天正一六（一五八八）年に隠居し、子の**長沢松平源七郎康直**（一五六九～九三）が跡を継いだ。康直は天正一八（一五九〇）年の関東入国で武蔵国深谷にて一万石を賜ったが、文禄二（一五九三）年に父・康忠に先んじて死去してしまう。

康直の妻は本多《ほんだ》広孝《ひろたか》の娘で、二女をもうけたが、男子がいなかった。

そこで、康忠は、家康の生まれたばかりの七男・**長沢松平松千代《まつちよ》**（一五九二～九四）を養子に貰《もら》ったが、わずか三歳で死去してしまう。そこで、康忠は再び慶長三（一五九八）年に松千代の双子の兄・**長沢松平上総介《かずさのすけ》忠輝《ただてる》**（一五九二～一六八三）を養子に貰い受けた。天下人を目

前に控えた家康に、こんなわがままを言えるのは、従兄弟でかつ義弟だからであろう。しかし、忠輝は越後国高田藩六〇万石を領したが元和二（一六一六）年に改易されてしまう。

そこで、康忠は外孫の松平市郎右衛門直信を養子として御家再興を図ったが、直信は病弱で出仕することができず、その存在は秘匿された。直信の子・松平市郎右衛門昌興《まさおき》は長沢松平家の嫡流であると幕府に認められ、八代将軍・徳川吉宗に拝謁し、三〇〇石相当の地を与えられて幕臣に列した。ここに、やっと名門・長沢松平家が再興したのである。

大河内松平家は長沢松平家の支流？

なお、「知恵伊豆」で有名な大河内《おおこうち》松平伊豆守信綱《いずのかみのぶつな》（一五九六～一六六二）は、長沢松平家の支流だといわれている。

信綱の叔父・大河内松平右衛門大夫正綱《うえもんだいふまさつな》（一五七六～一六四八）は徳川家の代官職・大河内金兵衛《きんべえ》秀綱《ひでつな》の次男に生まれ、松平甚右衛門《じんえもん》正次《まさつぐ》の養子となったが、この正次が長沢松平家の支流にあたるらしい（なにぶん、長沢松平家の系図は混乱しているので、真相は不明である）。信綱は大河内という苗字では出世が難しいと悟って、叔父・正綱に養子縁組みを要請。その甲斐あって家光の小姓に抜擢《ばってき》され、頭角を現したという。

第7節　桜井松平家／お気に入りの義弟

桜井松平家も系図が混乱

長沢松平康忠は家康の異母妹と結婚したが、異父妹と結婚したのが、桜井松平与一忠正《よいちただまさ》・桜井松平与次郎忠吉《ただよし》兄弟である。

桜井松平家は、松平長忠の三男（次男ともいう）の**桜井松平内膳正《ないぜんのかみ》信定《のぶさだ》**（一四九九?～一五三八?）が、叔父・桜井松平玄蕃助《げんばのすけ》親房《ちかふさ》（随身斎。?～一五三七）の遺領である三河国碧海《あおみ》郡桜井村（愛知県安城市桜井町）に分封されたことにはじまるという。［図2-9］

桜井松平家は安城庶流の筆頭ともいうべき家柄だが、広忠、家康父子に再三叛旗《はんき》を翻している。

信定は天文四（一五三五）年「守山《もりやま》崩れ」が起きると、清康の遺児・広忠を追放し、岡崎城に入城。しかし、天文六（一五三七）年に広忠は岡崎城を奪回。信定は岡崎城から退いている。

また、信定の孫・**桜井松平監物《けんもつ》家次《いえつぐ》**（?～一五六三?）も永禄六（一五六三）年に三河一向一揆が勃発《ぼっぱつ》すると一揆側について家康に叛旗を翻している。『寛政重修諸家譜』によれば、桜井松平家が呈上した家譜では、家次が三河一向一揆の直前に死去したことになっているが、「疑ふべし」と注釈している。

図2－9：桜井松平家系図

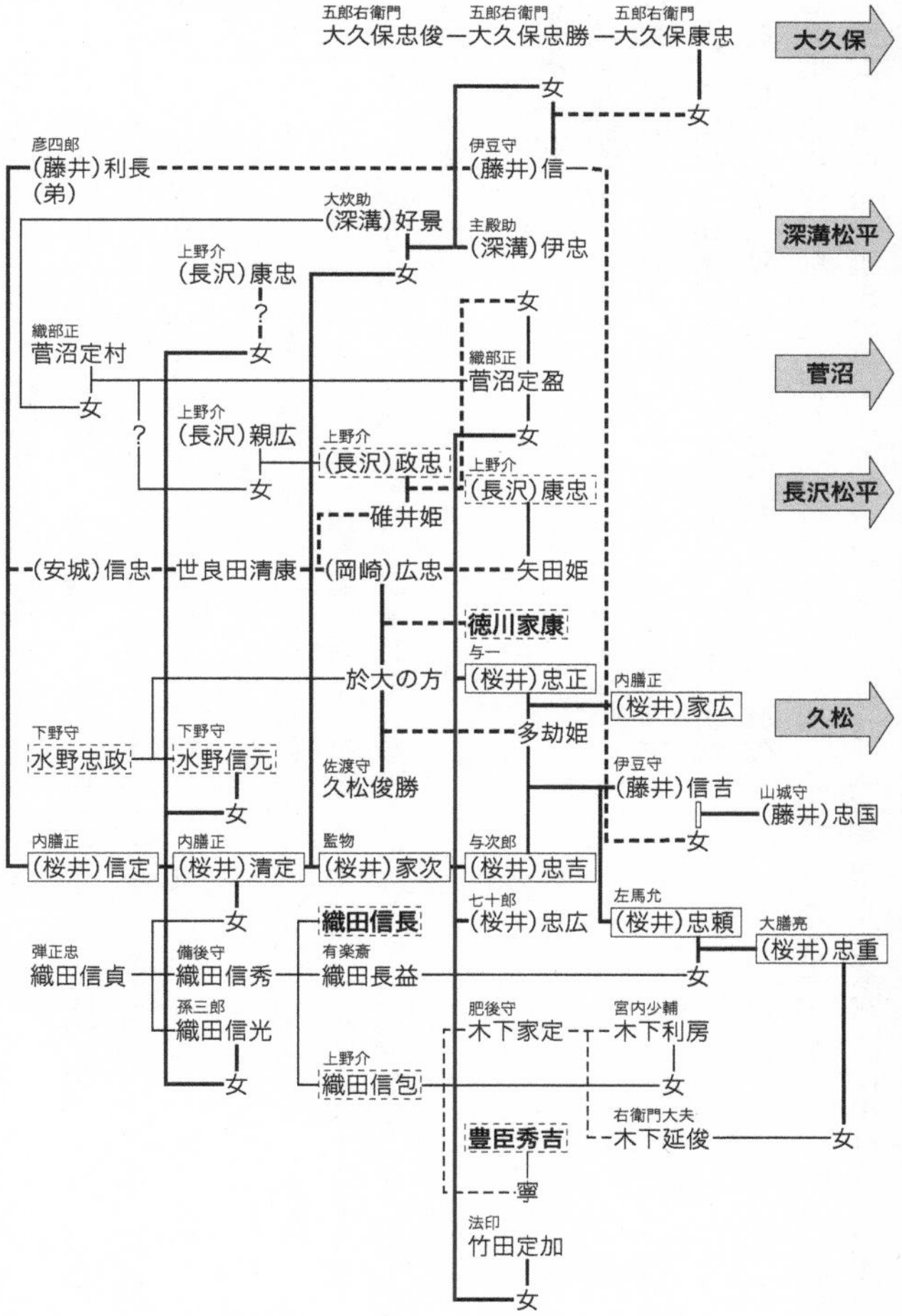

五郎右衛門
大久保忠俊
五郎右衛門
大久保忠勝
五郎右衛門
大久保康忠
大久保
女
女
彦四郎
(藤井)利長
(弟)
伊豆守
(藤井)信一
大炊助
(深溝)好景
主殿助
(深溝)伊忠
深溝松平
上野介
(長沢)康忠
女
?
女
女
織部正
菅沼定村
織部正
菅沼定盈
菅沼
女
女
上野介
(長沢)親広
?
上野介
(長沢)政忠
上野介
(長沢)康忠
長沢松平
女
碓井姫
(安城)信忠
世良田清康
(岡崎)広忠
矢田姫
徳川家康
与一
於大の方
(桜井)忠正
内膳正
(桜井)家広
久松
多劫姫
下野守
水野忠政
下野守
水野信元
佐渡守
久松俊勝
伊豆守
(藤井)信吉
山城守
(藤井)忠国
女
女
内膳正
(桜井)信定
内膳正
(桜井)清定
監物
(桜井)家次
与次郎
(桜井)忠吉
女
織田信長
七十郎
(桜井)忠広
左馬允
(桜井)忠頼
大膳亮
(桜井)忠重
弾正忠
織田信貞
備後守
織田信秀
有楽斎
織田長益
女
孫三郎
織田信光
肥後守
木下家定
宮内少輔
木下利房
女
上野介
織田信包
女
豊臣秀吉
右衛門大夫
木下延俊
女
寧
法印
竹田定加
女

桜井松平家の系図には、それ以外にも疑うべき点は少なくない。

初代・信定と曾孫の忠正《ただまさ》の年齢差は四五歳しかなく、歴代当主が一五歳で男子をもうけないと間に合わない。また、信定、清定《きよさだ》の娘たちの配偶者も世代がまちまちであり、系図の混乱がうかがわれる。さらに、桜井松平家の菩提寺によれば、二代目は清定ではなく、家重というらしい。

後述するように、桜井松平家の当主は若死にしたものが多く、家の歴史が正しく伝えられていなかったのだろう。江戸幕府が『寛政重修諸家譜』編纂などで各家に系図を呈上させた際、桜井松平家は菩提寺などで古文書や史料を探索して家系図をそれなりに整備したようだが、うまく作成できなかったようだ。

信定の子女

『寛政重修諸家譜』によれば、信定には三人の娘がいたという。

・長女　水野下野守信元　（?　～一五七五）の妻
・次女　大給松平和泉守親乗（一五一五～一五七七）の妻
・三女　長沢松平上野介康忠（一五四七～一六一八）の妻

この他に織田孫三郎信光《まごさぶろうのぶみつ》（信長の叔父。?～一五五四）の妻がいたことが知られている。ただし、三女が長沢松平康忠の妻というのは誤りのようだ。『寛政重修諸家譜』によれば、康忠の妻は家康の異母妹・矢田姫であり、年代的にも信定の娘との結婚はありえない。

長沢松平家の系図には桜井松平家との婚姻は記されていないが、そもそも長沢松平家は無嗣廃絶したため、系図にあやふやな点が多く、記載漏れとなった可能性が高い。桜井松平信定の娘が嫁していたとすれば、康忠ではなく、その祖父・長沢松平上野介親広（?～一五七一）もしくは曾祖父・長沢松平上野介一忠（?～一五四三）の誤りだと思われる。

桜井松平家の婚姻の特徴は、第一に岡崎松平家（家康の父祖）の閨閥と張り合っている形跡が見られること、第二に織田家との強い婚姻関係があることである。

まず、一つめであるが、桜井松平家と岡崎松平家は、水野家、大給松平家、長沢松平家とそれぞれ婚姻関係を結んでいる。

・水野家　信元《のぶもと》の妹が広忠の妻　　信元の妻が信定の娘
・大給松平家　乗勝《のりかつ》の妻が清康の養女（信忠の娘）　乗勝の子・親乗《ちかのり》の妻が信定の娘
・長沢松平家　政忠の妻が清康の娘
　　　　　康忠の妻が広忠の娘　　　康忠の妻が信定の娘？

十四松平家の中でも大給松平家・長沢松平家は特に有力な家系であり、桜井松平家が岡崎松平家に張り合って閨閥を形成しようとしたのではないか。

二つめの織田家との婚姻であるが、信定は大永六（一五二六）年以前から尾張守山（名古屋市守山区）に館《やかた》を持ち、安城松平家の対織田家窓口になっていったようだ。その関係が婚姻関係に発展し、信定の嫡男・松平清定が織田信貞《のぶさだ》（信長の祖父）の娘と結婚し、信貞の三男・織田信光が松平信定の娘と結婚した。また、享禄《きょうろく》三（一五三〇）年頃、清康は尾張に出兵して岩《いわ》崎《さき》城（愛知県日進《につしん》市岩崎）、品野《しなの》城（愛知県瀬戸《せと》市品野町）を攻略。品野城を桜井松平信定に与えたという。

家康のご学友・忠正

信定の曾孫といわれている**桜井松平与一忠正**《よいちただまさ》（一五四四〜七七）は、家康が初めて人質として駿河に向かった際の一行に加わっている。人質時代をともにしていたから仲が良いとは限らないが、二歳年下の忠正は家康に気に入られていた可能性が高い。のちに家康の異父妹・多劫姫（久松俊勝の娘）と結婚している。

父の家次は三河一向一揆で家康に叛旗を翻しているが、家康は和解に応じ、国衆クラスで唯一赦《ゆる》されている。おそらくは忠正が父・家次の赦免を請うたのだろう。

しかし、忠正は三四歳の若さで死去。遺児・亀千代（のちの家広《いえひろ》）が生まれたばかりだったので、忠正の実弟・**桜井松平与次郎忠吉**《よじろうただよし》（一五五九〜八二）が多劫姫と再縁して家督を継いだ。ところが、その忠吉も二四歳で死去してしまい、甥の亀千代が六歳で跡を継いだ。

さらに混乱する系図

亀千代改め、**桜井松平内膳正《ないぜんのかみ》家広**（一五七七〜一六〇一）は天正一八（一五九〇）年の関東入国で、わずか一四歳にして武蔵松山《まつやま》にて一万石を賜る。家康の甥であるがゆえの厚遇だろう。ところが、慶長六（一六〇一）年に家広は疾患により、わずか二五歳で死去してしまう（一説には自殺）。

忠吉には二人の男子がいたが、長男・藤井松平伊豆守信吉《いずのかみのぶよし》（一五七五〜一六二〇）が藤井松平家の婿養子になっていたので、次男・**桜井松平左馬允《さまのじょう》忠頼《ただより》**（一五八二〜一六〇九）が家督を継いだ（信吉は多劫姫が忠吉に再縁する前に生まれている。実際は庶子だったから、桜井松平家の家督を継がなかったのだろう）。

忠頼は慶長六（一六〇一）年に遠江国浜松藩五万石に転封した。浜松は家康が居城にした由緒ある土地である。桜井松平家の厚遇ぶりがうかがわれる。ところが、忠頼は水野忠胤《ただたね》の江戸邸で酒宴中に口論となり刺殺され、所領を没収されてしまう。つくづくついていない家系である。

忠頼の遺児・**桜井松平大膳亮《だいぜんのすけ》忠重《ただしげ》**（一六〇一〜三九）は五〇〇〇石を振り出しに遠江掛川藩四万石まで出世し、子孫は信濃飯山《いいやま》藩を経て、摂津尼崎《あまがさき》藩四万石を領した。

第8節　竹谷松平家／ここにも義弟

竹谷松平家

家康には異父妹が三人おり、そのうち一人は竹谷《たけのや》松平家に嫁いでいる。

竹谷松平家は、信光の長男・**松平左京亮《さきょうのすけ》守家《もりいえ》**が三河国宝飯《ほい》郡竹谷《たけのや》（愛知県蒲郡市竹谷町）に分封されたことにはじまる。ただし、竹谷松平家が記した「竹谷先祖書草案」によれば、初代・守家は「はじめ（親氏が攻め取ったといわれる）中山七里のうち蓬生《よもぎゅう》（岡崎市蓬生町）にいたが、土地が狭いので、竹谷に出て七百貫の地を買い求め、竹谷松平家を創立したという」（『竹谷松平氏』。カッコ内の註および傍点は引用者）。［図2－10］

文亀元（一五〇一）年の「松平一門連判状」には竹谷弥七郎秀信《やしちろうひでのぶ》が署名しており、守家の子・**竹谷松平左京亮守親《もりちか》**（一四五九～一五二六）に比定される。

『寛政重修諸家譜』では**竹谷松平玄蕃允《げんばのじょう》親善《ちかよし》**の項に「守家より親善に至るまで三代の間、親忠君より清康君に歴仕し軍忠を励す」と記されてはいるが、竹谷松平家が安城松平家に臣従していたのかは不明である。なお、『蒲郡市史　本文編1　原始古代編・中世編』では、親善の妻を、蒲郡近辺の有力者・鵜殿長祐《うどのながすけ》の娘としている。

竹谷松平備後守《びんごのかみ》清善《きよよし》（一五〇五～八七）は、永禄三（一五六〇）年五月、桶狭間の合戦時に家

図２－10：竹谷松平家系図

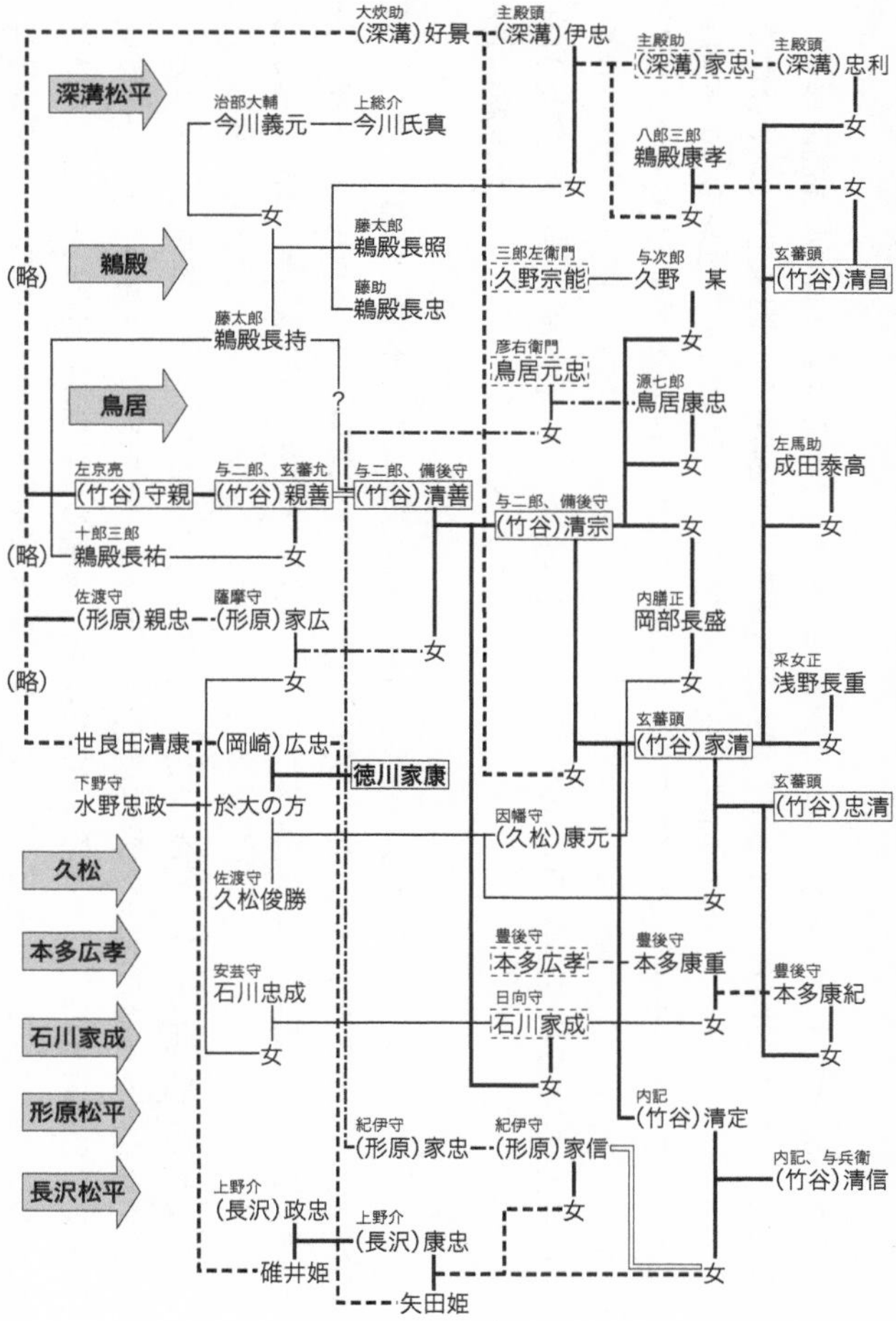

康の丸根《まるね》砦攻めに遊兵として参加。桶狭間の合戦後、家康が今川家から独立しはじめると、今川方についた西郡上之郷城《にしのこおりかみのごう》（蒲郡市）の城主・鵜殿藤太郎長照《うどのとうたろうながてる》と対立。清善は四〇〇ばかりの兵を率いて上之郷城を攻め、敵の首七〇余を取ったが、攻防戦の過程に多くの死傷者を出した。ここに至って、永禄五（一五六二）年二月、家康が自ら援兵を率いて上之郷城を攻め、長照は戦死し、城は陥落した。

長照の子・鵜殿三郎四郎氏長《さぶろうしろうじなが》、孫四郎氏次《まごしろうじつぐ》兄弟は生け捕りにされ、駿河に留め置かれた家康の正室・築山殿と子ども（岡崎信康、亀姫）と人質交換された。鵜殿長照の母は今川義元の妹なので、氏長・氏次兄弟は今川氏真の従兄弟の子にあたるからだ。

実際は鵜殿家？

ここで面妖《めんよう》なのは、『松平記』や『寛政重修諸家譜』などで鵜殿長照が清善の異父兄と記されていることだ。この説に従えば、清善も氏真の従兄弟になってしまう。ところが、清善が家康について今川家に叛旗を翻すと、氏真は人質になっていた清善の娘を串刺《くしざ》しという残酷な方法で処刑する。氏真の行動を見る限り、清善は今川家の縁者ではない。

しかしながら、『松平記』などは清善が鵜殿長照と実の兄弟であるにもかかわらず、家康方について骨肉相喰《あいは》む死闘を繰り返したと力説しているので、兄弟であることは間違いなさそうである。

考えられるのは、清善と鵜殿長照が異父兄弟ではなく、異母兄弟である可能性である。

つまり、清善は鵜殿家の出身で、竹谷松平家の養子に迎えられたのであろう。

竹谷松平・深溝松平・鵜殿家にわたる閨閥

清善の子・竹谷松平備後守清宗《きよむね》（一五三八～一六〇五）の妻は深溝《ふこうず》松平好景《よしかげ》の娘である。好景の子・深溝松平伊忠《これただ》の妻が先述の鵜殿長照の姉妹で、清宗と好景の孫同士が二組も結婚しているので、竹谷松平・深溝松平・鵜殿家は二重三重の婚姻関係を結んでいることになる。

清宗には二男三女がいた（★は嫡出）。

・長男★竹谷松平玄蕃頭家清《げんばのかみいえきよ》（一五六六～一六一〇）三河吉田藩二万六八〇〇石
・次男★竹谷松平内記清定《ないききよさだ》（一五八五～一六〇五）三二〇〇万石
・長女　久野与次郎《くのよじろう》某（久野城主・久野宗能《むねよし》の長男）の妻
・次女　鳥居源七郎康忠《とりいげんしちろうやすただ》（鳥居元忠の子）の妻
・三女　岡部内膳正《おかべないぜんのかみ》　長盛《ながもり》の妻

永禄一一（一五六八）年に家康が遠江に侵攻すると、清宗は石川家成とともに懸川城攻めに従事、落城の後、石川家成を城主として、清宗の妹婿とするように命じた。さらに長女の夫は遠江久野城主・久野宗能の長男、三女の夫は旧今川家臣・岡部次郎右衛門正綱《じろうえもんまさつな》の嫡男で、いずれも遠江侵攻に関係が深い。

これに対して、石川家成の閨閥は、清康以来の「三ご譜代」家臣との婚姻に終始している。家康は、石川家には「三ご譜代」内部の閨閥固めを期待し、竹谷松平家の方が石川家より家格が高く、遠江の国衆などとの政略結婚に打って付けと判断したのだろう。

家康の義弟へ

清宗の子・竹谷松平玄蕃頭家清（一五六六〜一六一〇）は天正九（一五八一）年に家康の命により家康の異父妹・於きんの方（一五六九〜九〇）と結婚した。

「当時家康は、三河、遠江を完全に支配し、駿河もほとんど手中におさめて、東海道筋の大名として勢い盛んな時代であった。それゆえ、おきんの方を竹谷の家清へ（嫁がせる）と話が伝えられたとき、（竹谷）松平家では、同族とはいえ今は家格が隔たりすぎるとして、躊躇した」といわれる（『竹谷松平氏』。カッコ内は引用者）。

家清は天正一八（一五九〇）年の関東入国で武蔵国児玉《こだま》郡八幡山《はちまんやま》にて一万石を賜り、関ヶ原の合戦後の慶長六（一六〇一）年に三河吉田藩三万石に転封した。吉田（愛知県豊橋市）は東海道における東三河の要衝。しかも、三河出身の徳川家臣団にとっては羨望《せんぼう》の地であるから、家康がいかに竹谷松平家を重んじていたかがわかる。

しかし、家清の子・竹谷松平玄蕃頭忠清（一五八五〜一六一二）が無嗣廃絶で所領没収され、弟の竹谷松平玄蕃頭清昌《きよまさ》（一五九二〜一六五五）が新たに五〇〇〇石を賜り、その子孫は旗本となった。

第9節　深溝松平家

実際は山中譜代？

深溝《ふこうず》松平家と竹谷松平・鵜殿家は二重三重の婚姻関係を結んでいる。つまり、同格の家柄であると互いに認めているのだろう。しかし、深溝松平家は五井松平家の支流に過ぎず、そもそもはそんなに良い家柄ではない。どこで家格の上昇が図られたのだろうか。

深溝松平家は、五井松平家の支流が三河国額田郡深溝（愛知県額田郡幸田《こうた》町深溝）に分封されたことにはじまるという。

なお、『寛政重修諸家譜』によれば、歴代当主は以下の通り。［図2－11］

・深溝松平大炊助《おおいのすけ》忠景《ただかげ》（？　　　～一四八五）
・深溝松平大炊助忠定《たださだ》（一四六三？～一五三一）妻は岩津松平親長の娘
・深溝松平大炊助好景《よしかげ》（一五一八　～一五六一）妻は桜井松平清定の娘
・深溝松平主殿助《とのものすけ》伊忠《これただ》（一五三七　～一五七五）妻は鵜殿長持《うどのながもち》の娘
・深溝松平主殿助家忠《いえただ》（一五五五　～一六〇〇）妻は水野忠分《ただちか》の娘

・深溝松平主殿頭忠利《ただとし》（一五八二～一六三二）妻は竹谷松平家清の娘

前著『徳川家臣団の謎』で「筆者は学生時代に『島原市史』か何かで、好景の実父が安城松平左馬助長家《さまのすけながいえ》「親忠の子」だという記事を見た覚えがあるのだが、最近探しても見つからなくて困っている」と書いたのだが、最近購入した和本古書『深溝松平家譜』によれば、忠定が長家の子なのだという。

『寛政重修諸家譜』には忠定の生年を記していないが、『幸田町史』によれば、「深溝記略」は忠定の生没年を「寛正四（一四六三）年癸未《みずのとみ》月日不詳誕生。享禄四（一五三一）年辛卯《かのとう》六月九日逝去、享年六十九」としている。

長家の生年は不詳だが、兄の長忠が一四四六～一四五五年生まれ（一四七三年生まれの説あり）で、長忠と長家の間に三人の兄弟がいると伝わっているので、一四五〇年前後だと推定される。忠定が長家の子で、かつ一四六三年生まれというのは年代的にかなり無理がある。

では、忠定と長家の親子関係が疑わしいかといえば、そうでもない。忠定と子の大炊助好景の年齢差が五五歳というのも信じがたいので、「深溝記略」が記す忠定の生年を疑うべきだろう。

忠定の子女

忠定には六男四女がいた。

図２－11：深溝松平家系図

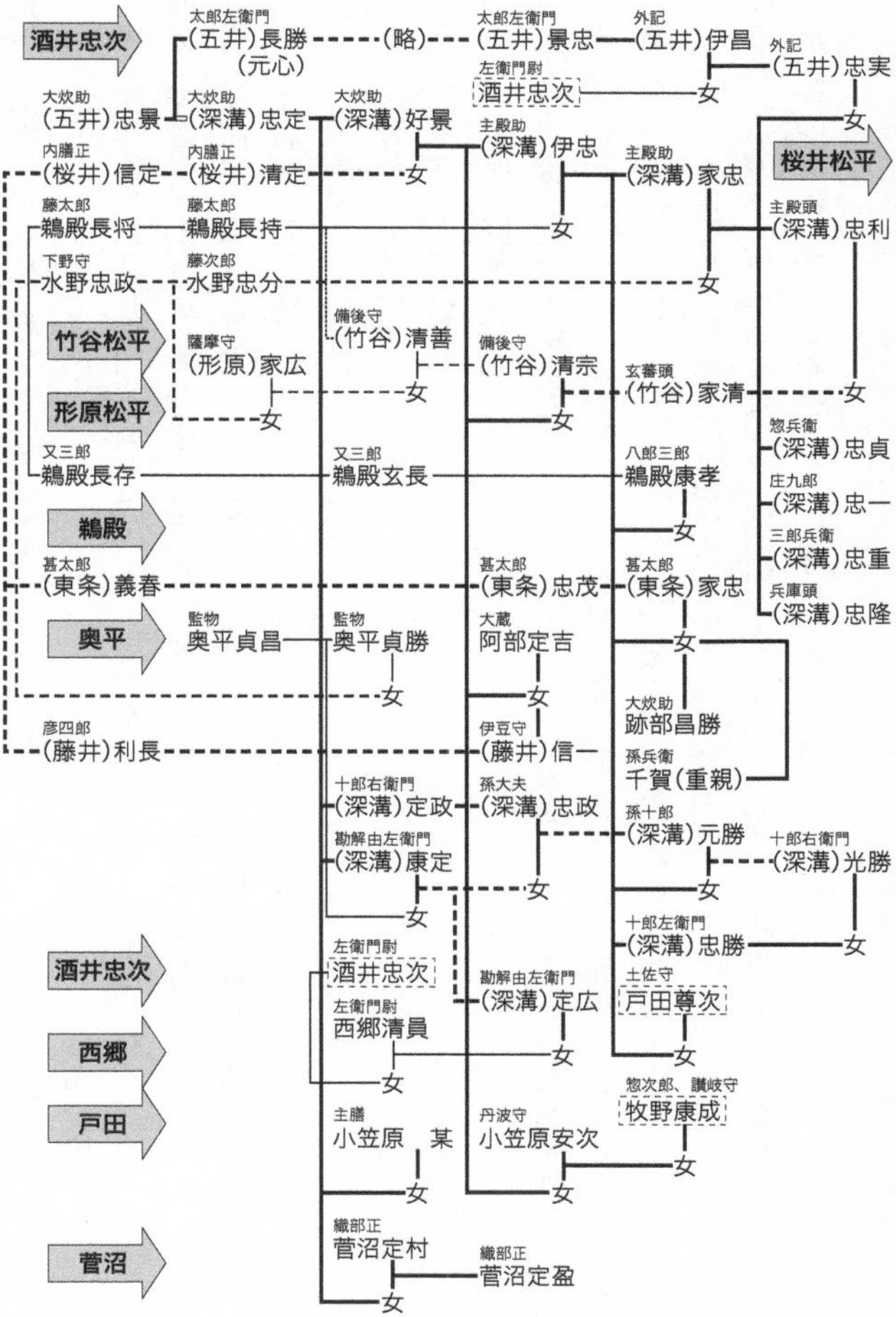

・長男　深溝松平大炊助好景（一五一八～一五六一）
・次男　深溝松平十郎右衛門《じゅうろうえもん》定政《さだまさ》（？～一五六一）子孫は三〇〇〇石の旗本
・三男　深溝松平太郎右衛門《たろうえもん》定清《さだきよ》（？～一五六一）子孫は家臣となる。
・四男　深溝松平勘解由左衛門《かげゆざえもん》康定《やすさだ》（生没年不詳）家臣となる。
・五男　深溝松平久大夫《きゅうだゆう》好之《よしゆき》（？～一五六一）子孫は康定の家系に仕える。
・六男　深溝松平新八郎《しんぱちろう》景行《かげゆき》（？～一五六一）
・長女　三河国衆・菅沼織部正《すがぬまおりべのかみ》定村《さだむら》の妻
・次女　佐野《さの》孫太郎《まごたろう》某の妻
・三女　山本《やまもと》加賀守《かがのかみ》某の妻
・四女　小笠原《おがさわら》主膳《しゅぜん》某の妻

忠定の子・**深溝松平大炊助好景**（一五一八～六一）は家康の命で東条《とうじょう》吉良《きら》義昭《よしあき》と戦い、善明《ぜんみょう》堤《つつみ》の合戦で討ち死にした。この時、四人の弟、および板倉《いたくら》八右衛門《はちうえもん》好重《よししげ》（のちの京都所司代・板倉勝重《かつしげ》の父）・松平内記《ないき》某等、親族二〇余人、家臣三〇余人が討ち死にを遂げたという。

次女が嫁いだ佐野孫太郎某、三女が嫁いだ山本加賀守某がいかなる人物かは不明。

四女が嫁いだ小笠原主膳《しゅぜん》某は、三河国幡豆《はず》郡巨海《こみ》村（愛知県西尾市巨海町）を本拠とする小笠原丹波守《たんばのかみ》安次《やすつぐ》の一族と思われ、安次は好景の娘と結婚している。

好景の子女

好景の妻は桜井松平清定の娘で、二男三女がいた（伊忠は嫡出だが、他は不明）。

・長男　深溝松平主殿助伊忠《とのものすけこれただ》（一五三七〜一五七五）
・次男　深溝松平与五左衛門親定《よござえもんちかさだ》（？　〜一六二四）
・長女　小笠原丹波守安次の妻
・次女　阿部大蔵定吉《あべおおくらさだよし》の妻、のち藤井《ふじい》松平伊豆守信一《いずのかみのぶかず》に再縁
・三女　竹谷松平備後守清宗の妻

好景の子・**深溝松平主殿助伊忠**（一五三七〜七五）は長篠の合戦で酒井忠次に従って鳶巣山《とびのすやま》に参陣し、討ち死にした。伊忠は鳶巣山を死地と考え、別れの杯を交わすが、子の家忠がなかなかその場を離れようとしないので、父子ともに討ち死にするのは忠孝の道に反すると激怒。家忠を遠ざけたという。

伊忠の子女

伊忠の妻は鵜殿長持の娘で、五男四女がいた（★は嫡出）。

・長男★深溝松平主殿助家忠《とのものすけいえただ》（一五五五〜一六〇〇）
・次男★深溝松平十郎左衛門忠勝《じゅうろうざえもんただかつ》（？　〜一六〇九）大久保忠世の与力を経て家臣
・三男★深溝松平新次郎伊長《しんじろうこれなが》（？　〜一五九二）

・四男★深溝松平八郎左衛門玄成《はちろうざえもんはるしげ》（？〜一六三二）紀伊藩家臣
・五男★僧　松意（生没年不詳）遠江鷲津《わしづ》の本興寺《ほんこうじ》の住職
・長女★東条《とうじょう》松平甚太郎《じんたろう》家忠の妻、のち跡部大炊助昌勝《あとべおおいのすけまさかつ》の妻、のち千賀孫兵衛重親《せんがまごべえしげちか》に再縁。
・次女★鵜殿八郎三郎康孝《うどのはちろうさぶろうやすたか》の妻、松平与次郎《よじろう》某に再縁。
・三女★戸田土佐守尊次《とださのかみたかつぐ》の妻
・四女★深溝松平孫十郎《まごじゅうろう》元勝《もとかつ》（定政の孫）の妻

伊忠の子・**深溝松平主殿助家忠**（一五五五〜一六〇〇）は『家忠日記』を残したことでも名高い。天正一八（一五九〇）年の関東入国で武蔵国忍《おし》にて一万石を賜り、慶長五（一六〇〇）年の関ヶ原の合戦に先だち、伏見城で討ち死にした。討ち死に覚悟の防戦で、名のある家臣が八五人討ち死にしたという。

家忠の子・**深溝松平主殿頭忠利**（一五八二〜一六三二）は翌慶長六年に三河深溝藩一万石に転封となった。家忠と同じく伏見城で討ち死にした鳥居家は六万石、内藤家は一万石加増を受けたにもかかわらず、深溝松平家には加増がなかった。実は本多正信《ほんだまさのぶ》が常陸国内での加増を勧めたところ、忠利は加増がなくても構わないので、父祖の地・深溝村への転封を願い出たという。大名として故郷に錦《にしき》を飾り、さぞ誇らしかったに違いない。深溝松平家は父子三代にわたり、家康のために討ち死にしている。その忠義が報われた瞬間である。

このこともあって、慶長一七（一六一二）年に忠利が三河吉田藩に転封となった際、二万石を加増され、三万石を賜った。子孫は三河刈谷藩、丹波福知山《ふくちやま》藩などを経て、肥前島原《しまばら》藩七万石を領した。

第10節　東条松平家と松井松平忠次

東条松平家忠

東条松平家は、長忠の四男・青野《あおの》松平右京亮《うきょうのすけ》義春《よしはる》（生没年不詳）が三河国碧海《あおみ》郡青野（岡崎市上青野町）に分封され、子（実際は孫）の東条《とうじょう》松平甚太郎《じんたろう》家忠《いえただ》（一五五六〜八一）の時、東条（愛知県西尾市）に移り住んだという。［図2－12］

初代・義春は東条吉良《きら》義藤《よしふじ》（東条吉良持清《もちきよ》の父）の跡を継いだというが確かではない。

今川領国時代の弘治二（一五五六）年、日近《ひちか》城主・奥平《おくだいら》久兵衛《きゅうべえ》貞友《さだとも》が今川家に叛旗を翻し、幼主・家康の名代として青野松平義春が同城を攻めたが、討ち死にしたという。

近年の研究では、義春と家忠の間に**青野松平甚太郎忠茂**（?〜一五五六）が欠けており、義春と忠茂の事跡が混乱していると指摘されている。つまり、義春は天文年間（一五三二〜五五）に死去しており、討ち死にしたのは忠茂だということだ。

天正九（一五八一）年、家忠に子がないまま死去したため、その前年に生まれた家康の四

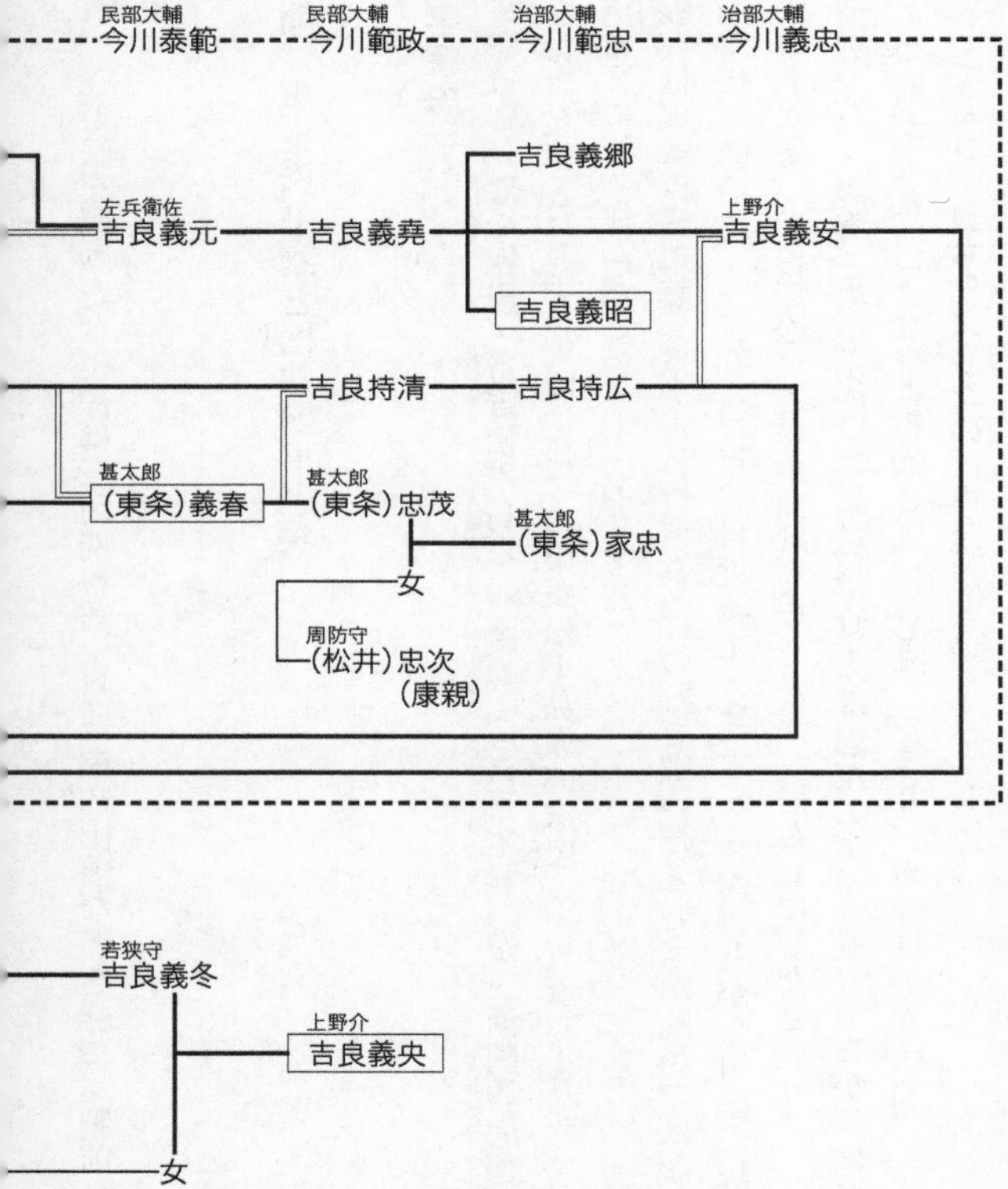
民部大輔
今川泰範
民部大輔
今川範政
治部大輔
今川範忠
治部大輔
今川義忠
吉良義郷
左兵衛佐
吉良義元
吉良義堯
上野介
吉良義安
吉良義昭
吉良持清
吉良持広
甚太郎
(東条)義春
甚太郎
(東条)忠茂
甚太郎
(東条)家忠
女
周防守
(松井)忠次
(康親)
若狭守
吉良義冬
上野介
吉良義央
女

図2−12：吉良家系図

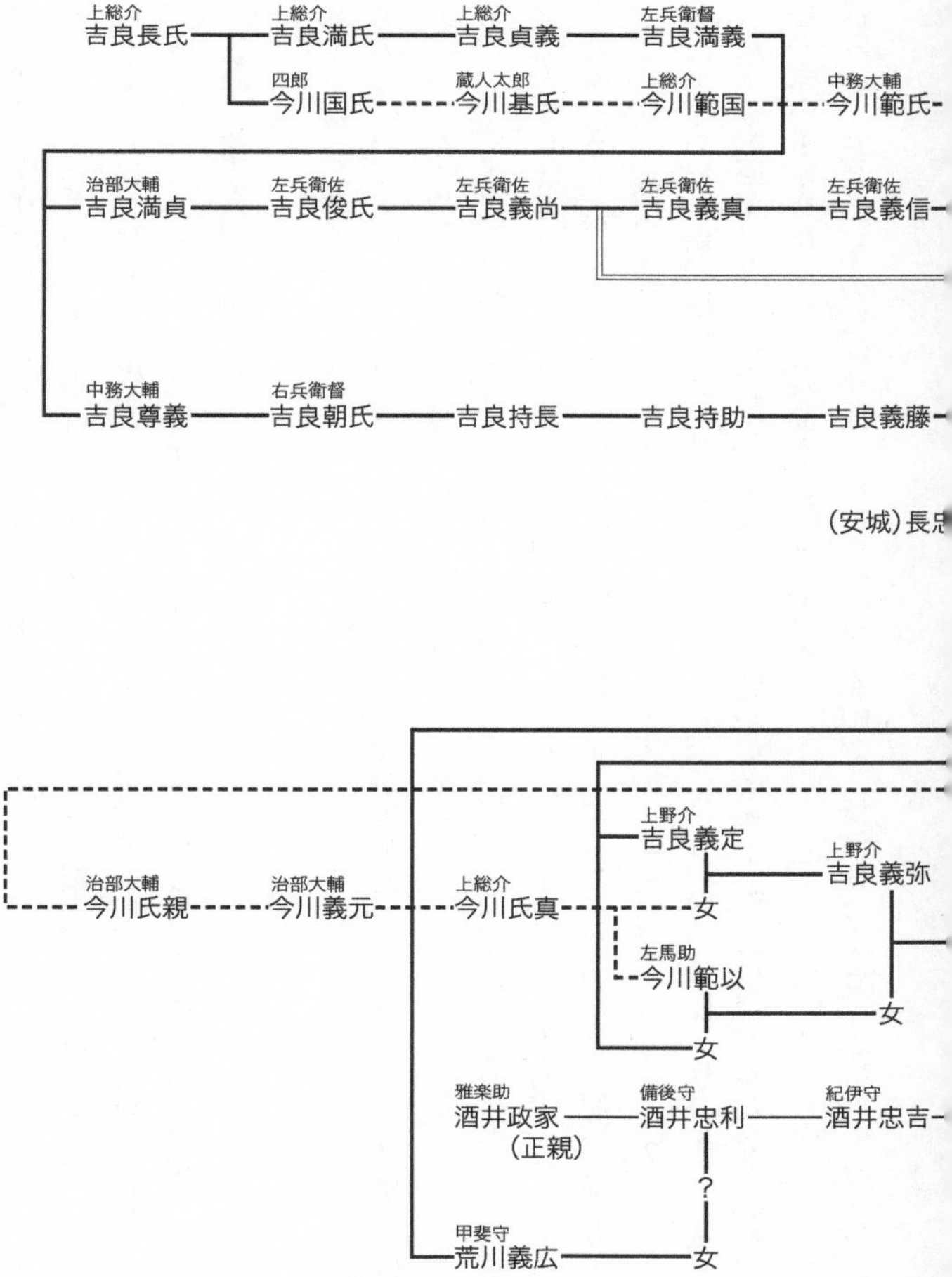

上総介
吉良長氏
上総介
吉良満氏
上総介
吉良貞義
左兵衛督
吉良満義
四郎
今川国氏
蔵人太郎
今川基氏
上総介
今川範国
中務大輔
今川範氏
治部大輔
吉良満貞
左兵衛佐
吉良俊氏
左兵衛佐
吉良義尚
左兵衛佐
吉良義真
左兵衛佐
吉良義信
中務大輔
吉良尊義
右兵衛督
吉良朝氏
吉良持長
吉良持助
吉良義藤
(安城)長忠
治部大輔
今川氏親
治部大輔
今川義元
上総介
今川氏真
上野介
吉良義定
上野介
吉良義弥
女
左馬助
今川範以
女
女
雅楽助
酒井政家
(正親)
備後守
酒井忠利
紀伊守
酒井忠吉
?
甲斐守
荒川義広
女

男・東条松平薩摩守忠吉《さつまのかみただよし》（一五八〇～一六〇七）が跡を継いだ。

翌天正一〇（一五八二）年に忠吉は駿河沼津に四万石を賜り、関ヶ原の合戦では義父・井伊《いい》直政《なおまさ》とともに先鋒《せんぽう》を務めた。慶長六（一六〇一）年に尾張清須藩五七万二〇〇〇石に転封されたが、慶長一二（一六〇七）年に子がないまま死去して無嗣廃絶となり、清須藩は実弟・徳川義直《よしなお》（尾張徳川家の祖）が継いだ。

松井家／東条松平家の代理

家忠が幼かったため、母方の叔父で家老の松井左近忠次《さこんただつぐ》が東条松平家を指揮し、後に松平姓を与えられ、松平周防守《すおうのかみ》と名乗った。いわゆる松井松平家である。

なお、『寛政重修諸家譜』では、天正三（一五七五）年に忠次が家康から偏諱を受け、康親《やすちか》と改名したと伝えるが、柴裕之《しばひろゆき》氏によれば天正六（一五七八）年以降も忠次と名乗っている古文書が確認でき、「家康より『康』の偏諱を賜い、実名を『康親』に改めたとの記述は誤りである」という（『戦国・織豊期大名徳川氏の領国支配』）。本書でもその見解に従う。

松井松平家の祖・松井松平周防守忠次（一五二一～八三）は今川家の重臣・松井家の一族とも、吉良家の家臣だったとも伝わるが定かでない。妹が東条松平家忠の母親だったことから、東条松平家の家宰を任され、青年期の家康を助けた。

永禄六（一五六三）年の三河一向一揆で東条吉良義昭が一揆側につくと、忠次はこれを攻めて一揆の鎮圧に貢献。東条城および五〇〇貫文の地を与えられ、都合三〇〇〇貫文の地を領し、松平姓を与えられた。[図2－13]

家康の遠江侵攻で、忠次は積極的な働きを見せ、特に天正三（一五七五）年八月に武田方の拠点・諏訪原《すわはら》城（静岡県島田市）攻めに功績があった。武田方の城・駿河田中城に隣接する激戦地の城ゆえに城主になる者がいなかったが、松井は自ら城主を志願し、家康を感激させた。

天正九（一五八一）年に東条松平家忠が死去すると、家康の四男・忠吉がその跡を継ぎ、忠次は引き続き後見を頼まれた。

翌天正一〇年に武田家が滅び、家康に駿河が与えられると、忠次は伊豆との国境に三枚橋《さんまいばし》城（静岡県沼津市大手町）を築いて、その城主となった。対北条の先陣を志願した格好で、伊豆韮《にら》山《やま》城主・北条氏規としばしば接戦となり、家臣の多くが討ち死にしたという。天正一一（一五八三）年に死去。享年六三。

忠次の子女

忠次の妻は江原丹波守政秀《えはらたんばのかみまさひで》の娘、のちに能見《のみ》松平次郎右衛門重吉《じろうえもんしげよし》の娘と再婚する。重吉の娘ははじめ石川修理《しゆり》広成《ひろなり》（一般には石川右近大夫《うこんだいふ》康正《やすまさ》、数正の父）に嫁いで五女をもうけ、夫の死別後に家康の御側近く仕え、そののち家康の仰せによって忠次に嫁いだ。

忠次には二男一女がいる（☆は江原氏、★は松平氏の子。この他に石川広成の娘五人が後妻の連れ子として養女になっているが、石川数正の項に記載する)。
・長男★松井松平周防守康重《やすしげ》(一五六八～一六四〇)
・次男★松井松平金七郎忠喬《きんしちろうただたか》(生没年不詳)
・長女☆家康の養女、井伊兵部少輔直政《いいひょうぶのしょうなおまさ》の妻
忠次の長女は天正一〇年に家康の養女となって、天正一二(一五八四)年一月に井伊直政に嫁いだ。

本郷和人氏は、忠次の長女が家康の養女となり、夫・直政が正室に遠慮して庶腹の子に会おうとしなかった逸話を挙げ、「彼女には、家康との血の繋がりがない。家柄も高くない。彼女の実家、松井松平家は、東条松平家の家老すじ。いってみれば、そんな家の娘を、わざわざ養女にしたのはどうして?」と語り、「彼女は家康の、いわば『お手つき』だったんじゃないかなぁ。証拠はありません。でも、そんな気がする。家康には現代風にいうと『ロリコン』の気があって、ローティーンが好きなんです」と推理している(『戦国武将の明暗』)。

しかし、前章の家康四男・忠吉の項で述べた通り、家康は東条松平家とそれに繋がる松井松平家を徳川家の先鋒と考え、井伊直政を松井松平忠次の女婿とすることでその延長線上(先鋒)に置いたと考えられる。つまり、直政にとって、正室・松井氏こそが徳川譜代先鋒の正統性の証《あかし》なので、遠慮せざるをえなかったのだろう。

忠次の長男・**松井松平周防守康重**(一五六八～一六四〇)は幼名を次郎、通称を左近丞《さこんのじょう》、周

図２−13：松井松平忠次系図

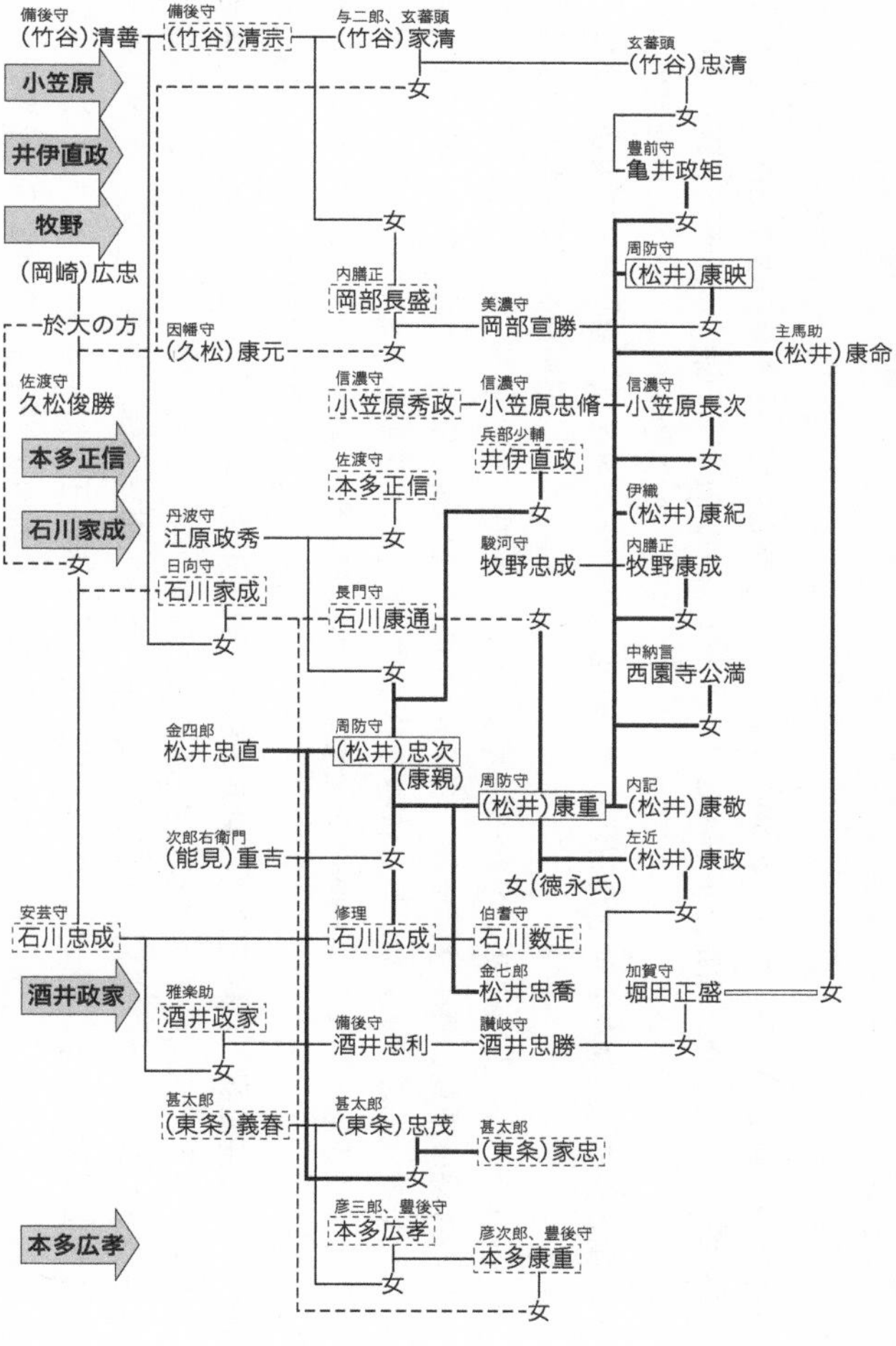

防守。家康から偏諱を賜って康次《やすつぐ》と名乗り、のち康重と改めた。

天正一八（一五九〇）年の関東入国で武蔵国私市《きさい》（騎西）にて二万石を賜り、関ヶ原の合戦後の慶長六（一六〇一）年に常陸笠間《かさま》藩三万石に転封。慶長一三（一六〇八）年に丹波篠山藩五万石に転封された。元和五（一六一九）年に和泉岸和田《きしわだ》藩に転じ、寛永八（一六三一）年に加増され、六万石を賜った。子孫は石見浜田《はまだ》藩、下総古河《こが》藩、三河岡崎藩、陸奥棚倉藩などを経て、武蔵川越《かわごえ》藩八万四〇〇〇余石を領した。

また、本郷氏は「松平康重には、『家康の隠し子』説があります。（中略）松井松平家は『身内にケチ』な家康から5万石の領地をもらい、幕府の要職について幕末まで続く。優遇されている。それが『康重＝隠し子』説に結びつくのでしょうが、唐梅院が家康の寵愛を受けていたとなれば、隠し子などという無茶を設定せずとも、松井松平家の厚遇を説明できるのです」と述べている（『戦国武将の明暗』）。

これも、松井松平家が徳川家の先鋒として、西国に真っ先に遣わされたため、相応の石高を与える必要があったからだと思われる。

たしかに松井松平家は「徳川宗家の家臣（東条松平）のそのまた家来」なのだが、深溝松平家の家臣だった板倉勝重とその子孫が厚遇されていることを考えると、単なる抜擢人事と考えた方が良いと思われる。

第３章　三河譜代の家老クラス

第１節　三河譜代の家老

実は三大派閥の連合体

この章では、三河譜代の家老クラスの婚姻関係を記していくが、その前に三河譜代を構成していた「三ご譜代」について述べておきたい。

大久保彦左衛門忠教《おおくぼひこざえもんただたか》が著した『三河物語』では「お家で、三ご譜代というのは、安城《あんじょう》ご譜代・山中《やまなか》ご譜代・岡崎《おかざき》ご譜代のことである。安城ご譜代と申すのは、信光《のぶみつ》・親忠《ちかただ》・（長忠《ながただ》・）信忠《のぶただ》・清康《きよやす》・広忠《ひろただ》までよりこのかた召しつかわれているご譜代である。山中ご譜代・岡崎と申すのは、清康の十四、五の時、攻めしたがわせた土地の衆である」と述べ、帰属した時期によって徳川・松平家の家臣を「安城譜代」、「山中譜代」、「岡崎譜代」の「三ご譜代」に分類している。［図３－１］

事の発端は、家康の祖父・**世良田次郎三郎清康《せらだじろうさぶろうきよやす》**（一五一一？～三五）の代に遡《さかのぼ》る。

松平家はいくつかの庶流に分かれていたが、擡頭《たいとう》著しかった安城松平家に生まれた清康は、対立する岡崎城主の支城・山中城を攻略して移住。さらに岡崎城に住む西郷松平家を追放して、大永七（一五二七）年頃に岡崎城に居を移した。清康は自らを「安城四代岡崎殿」と称し、安城松平家と西郷松平家を合わせた領地と家臣団で、西三河の過半を制圧するに至った。

そこで、清康が山中城を攻略する以前から安城松平家に仕えていた家臣を「安城譜代」、山中城攻略の前後に仕えはじめた家臣を「山中譜代」、岡崎城攻略後に仕えた家臣を「岡崎譜代」と呼んだ。

清康以降の岡崎松平家は、現代でいえば合併企業のようなもので、しばらくの間、合併企業に特有の派閥争い・人事抗争が存在していたのだ。家康が幼少時に人質時代を過ごしたことは有名だが、家康の実家が清康の死後に弱体化した一因は「三ご譜代」の派閥争いにあったと見ている（詳細は『徳川家臣団の謎』を参照）。

ただし、家康の頃には「三ご譜代」の派閥争いは鳴りを潜め、むしろ「三ご譜代」の重臣たちが互いに婚姻を通わせることによって融合を図っていった可能性が高い。

たとえば、「安城譜代」筆頭の石川《いしかわ》家と「山中譜代」筆頭と思われる酒井雅楽助《さかいうたのすけ》家が婚姻を通じ、さらに「岡崎譜代」家老クラスの内藤《ないとう》家はこの両家と婚姻を通じている。

また、「三ご譜代」の家老クラスは、三河国衆や松平一族とも婚姻を拡げ、家格の上昇を図っていたふしがある。

ドラマや小説で描かれている徳川家臣団は、あたかもサラリーマン社会のように出自の平等

図３－１：松平家臣団の分布

なメンバーが実力に応じて抜擢《ばってき》されている感を与えるが、実際には家格の上下が厳しかったはずだ。そして、それがどのように逆転していったのか、その過程が婚姻関係に表れているのである。

「五人衆」等の家老たち

天文年間（一五三二〜五五）の頃、岡崎松平家では、「五人衆」または「五奉行」と呼ばれる家老職（もしくは奉行衆）があったらしい。

『寛政重修諸家譜』の内藤《ないとう》右京進《うきょうのしん》の項に「（内藤）右京進及び石川左近大夫《さこんのだいぶ》忠輔《ただすけ》、植村《うえむら》新六《しんろく》某（栄康《よしやす》。一般には氏明《うじあき》）、天野《あまの》清《せい》右衛門《えもん》貞有《さだあり》、林藤助《はやしとうすけ》某（忠満《ただみつ》？）等を岡崎の五人衆と称す」と記し、「岡崎領主古記《おかざきりょうしゅこき》」に「天文年中五奉行ト云ハ、石川安芸守《あきのかみ》忠成《ただなり》（一般には清兼《きよかね》。忠輔の子）、青木《あおき》越後守《えちごのかみ》（広忠の外戚《がいせき》）、酒井雅楽助《うたのすけ》政家《まさいえ》（一般には正親《まさちか》）、酒井左衛門尉《さえもんのじょう》忠次《ただつぐ》、天野清右衛門康弘《やすひろ》（貞有）ト有《あり》」との記述がある。

そして、かれらより上級の家臣として「阿部《あべ》大蔵《おおくら》（定吉《さだよし》）は、広忠期に奉行人筆頭の地位にあって、絶大な権限を行使していた」が、「家康が元服すると、松平当主が確定したので、阿部大蔵は代行の地位を辞した」という（『徳川権力の形成と発展』）。

また、家康が若かりし頃まで、酒井忠次の兄（伯父《おじ》ともいう）の酒井将監《しょうげん》忠尚《ただよし》が「筆頭家老だったので、『ご主君様か将監様か』といわれるほどの威勢」（『三河物語』）を誇っており、今川家から独立した後は、酒井忠次、石川家成《いえなり》（忠成の嫡子）、石川数正《かずまさ》（忠成の孫）が実質的に家老職を務めていた。

家老クラスの子孫たち

ただし、これらの家系がすべて家老職（に類する待遇）を世襲していたわけではないようだ。それは、かれら（もしくはかれらの子孫）のすべてが家康によって大名に取り立てられていないことでも示唆される。

【家老クラス	子孫	在所	石高】
・石川忠輔《ただすけ》および忠成	石川康通《やすみち》	美濃大垣	五万石
・酒井政家	酒井重忠《しげただ》	上野厩橋《うまやばし》	三万三〇〇〇石（子、弟も一万石）
・酒井将監および忠次	酒井家次《いえつぐ》	下総臼井《うすい》	三万石
・内藤右京進	内藤政長《まさなが》	上総佐貫《さぬき》	三万石
・植村栄康	植村家政《いえまさ》	上野邑楽《おうら》	五〇〇〇石
・林　忠満	林　忠政《ただまさ》	上総茂原《もばら》	二〇〇〇石
・天野貞有	天野正勝《まさかつ》（尾張藩士　一五〇〇石）		
・阿部定吉	（嗣子・弥九郎《やくろう》が討たれ断絶）		
・青木越後守	（不明）		

この中で家康期に大名に取り立てられたのは、わずかに石川・酒井・内藤の三家に過ぎない。そのことを裏付けるように、石川・酒井・内藤家が互いに婚姻関係を構築しているのに対して、残りの植村・林・天野等とは婚姻関係が希薄であり、関係構築に消極的だったことがわかる。

そこで、この章ではこの三家について述べていく。

また、家老ではないが、むしろそれ以上の家格（「三ご譜代」で唯一の国衆）だった本多《ほんだ》広孝《ひろたか》についても、本章で取り上げたい。

家老たちの婚姻関係

家老クラスの系図について詳細を分析していく前に、かれらの間に形成されている閨閥《けいばつ》について、三つの特徴を述べておこう。

一つめは、「三ご譜代」（「安城譜代」「山中譜代」「岡崎譜代」）の家老クラスで相互に婚姻関係を構築し合い、「三ご譜代」間の融合に努めている姿勢がうかがわれること。

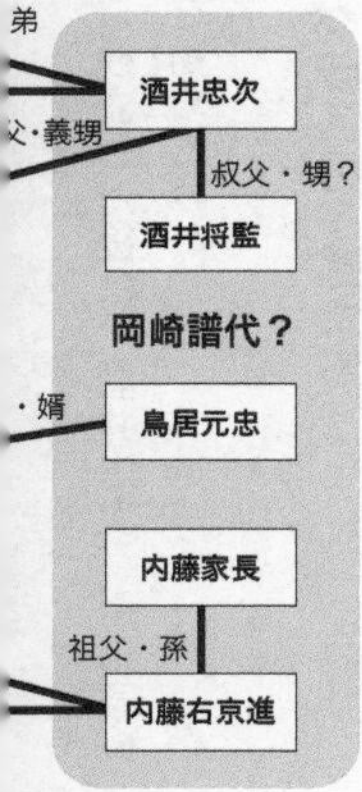

私見によれば、石川家が「安城譜代」、酒井政家（雅楽助家）が「山中譜代」、酒井将監・忠次および内藤家が「岡崎譜代」に属する。このうち、石川家・

図３－２：家老クラスの婚姻関係

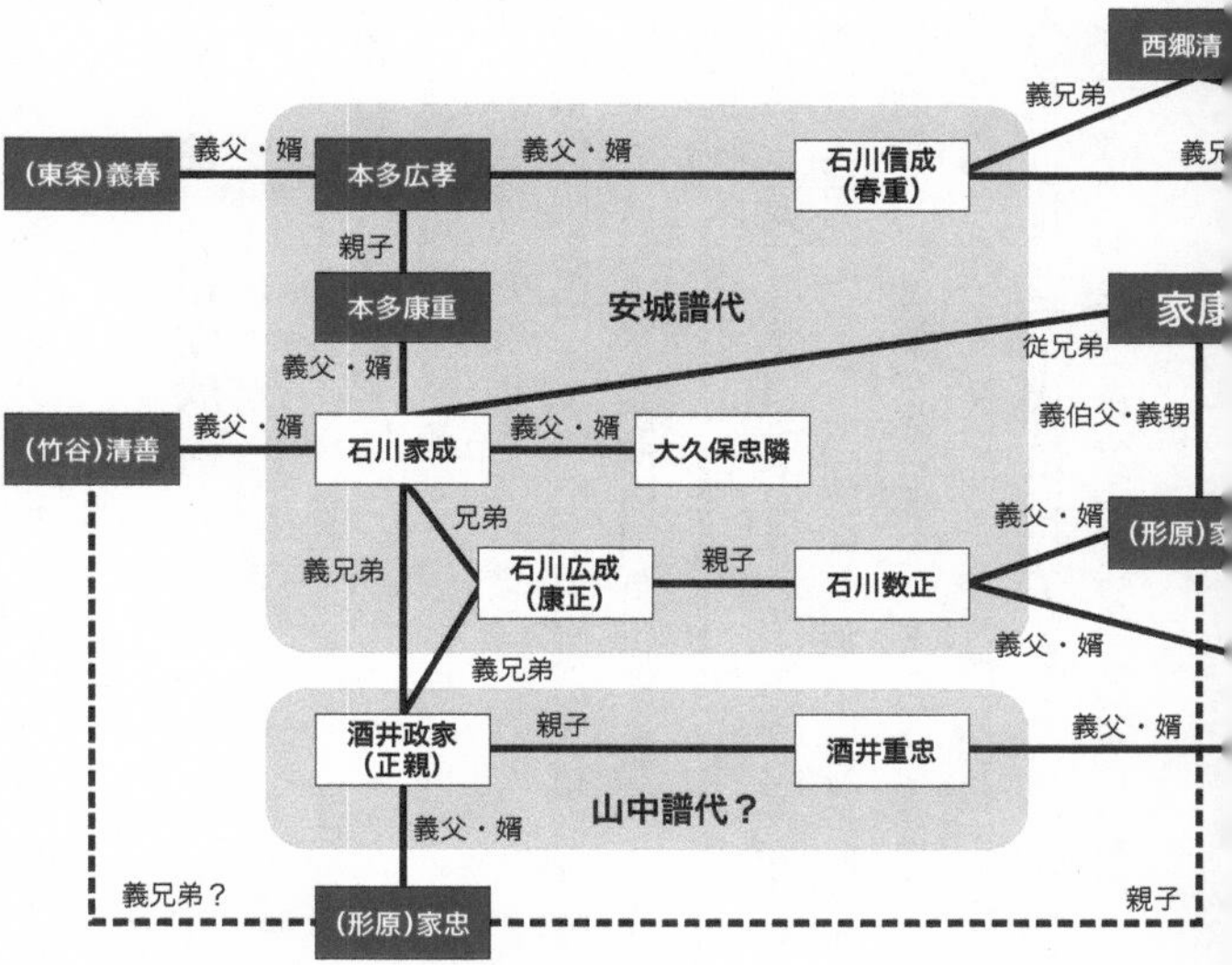

※白抜きの字は三河国衆（松平庶家を含む）

内藤家・酒井家は互いに婚姻を結び、この三家があたかも「三ご譜代」の代表として閨閥を形成しているかのようである。

［図3－2］

二つめに、家老クラスは三河国衆との婚姻を進め、家格の上昇を企図していることがうかがわれること。たとえば、酒井忠次の妹が西郷家に嫁ぎ、石川家成・石川数正がそれぞれ竹谷松平家・形原松平家から妻を娶《めと》っている。

三つめに、この家老クラスの閨閥には、本多《ほんだ》忠勝《ただかつ》・榊原《さかきばら》康《やす》政《まさ》・大久保《おおくぼ》忠世《ただよ》といった武功派の面々が入っていないことである。かれらは家老クラスからワンランク下の家柄であったことが示唆される。

第2節　石川家成

安城譜代の筆頭家老

石川家は安城譜代の筆頭家老である。一向宗の有力門徒として、碧海《あおみ》郡小川《おがわ》村（愛知県安城市小川町）を中心に発展した。

『寛政重修諸家譜』によれば、石川家の先祖は源陸奥六郎義時《みなもとのむつろくろうよしとき》（八幡太郎義家《はちまんたろうよしいえ》の弟）の子孫で、義時の子・「武蔵守義基《むさしのかみよしもと》が河内国石川郡を領せしより」石川を称したという。［図3－3］

その子孫は下野国小山《しもつけのくにおやま》（栃木県小山市）に住み、母方の姓を名乗って小山《おやま》を称したが、下野権守政康《しもつけごんのかみまさやす》は本願寺蓮誉《れんよ》（蓮如《れんにょ》の誤りか？）が下野国に浄土真宗《じょうどしんしゅう》を広めに来た時、その指示を受けて三河国に赴き、三河国碧海郡小川村に移り住み、石川に復姓。政康は松平家の四代・親忠に請われ、「政康が男一人をめされて家老となさるべきむね仰せありしにより、三男源三郎某《げんざぶろうなにがし》をまいらす」という。こうして源三郎親康《ちかやす》が安城松平家の家老となったという。

新行紀一氏は「石川氏は出自はともかく、十五世紀前半の三河守護であった一色《いっしき》氏の被官であったようである。一色分国の丹後守護代に石川氏があり、永享十二年五月、一色義貫《よしつら》（義《よし》

図３－３：石川信成系図

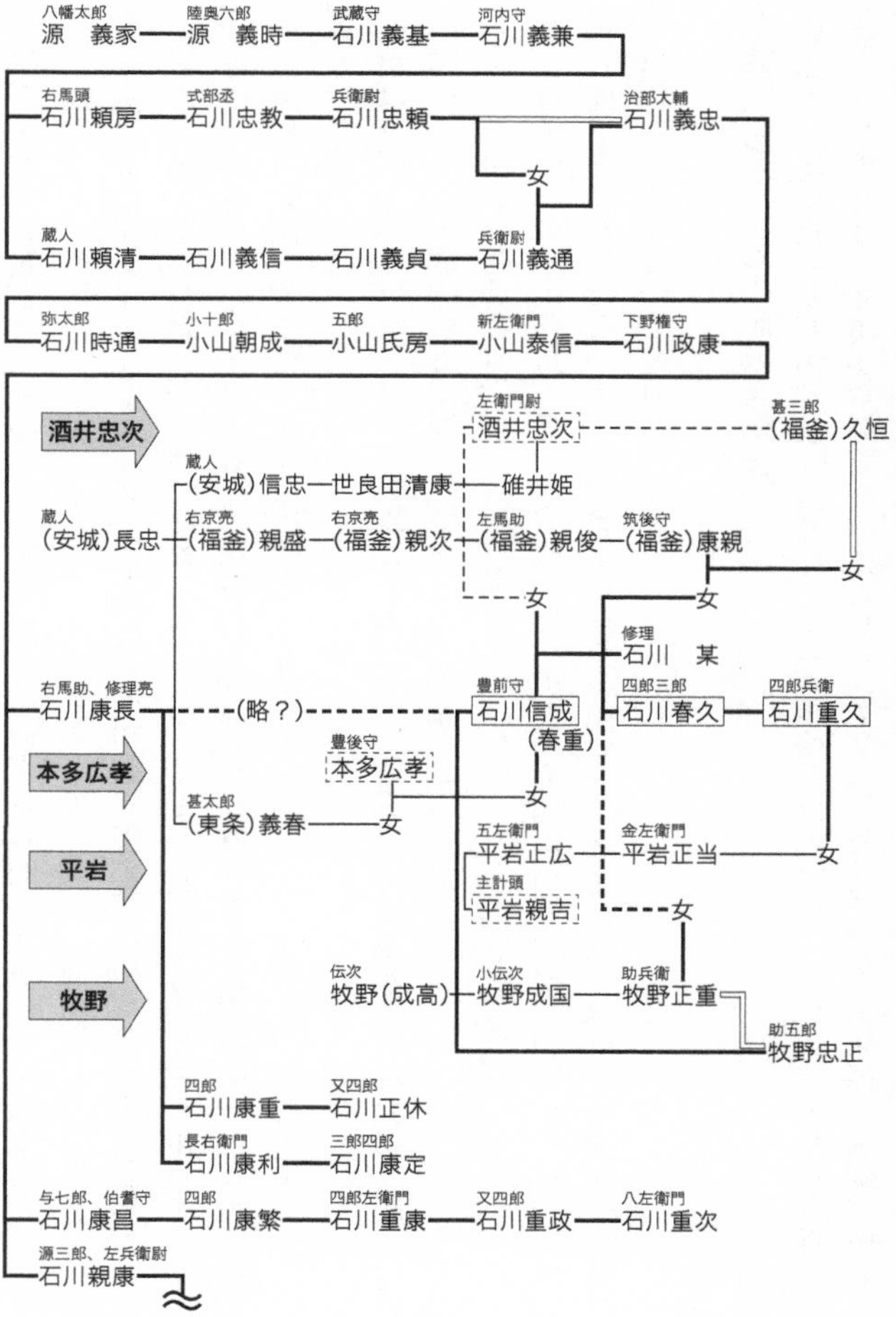
八幡太郎
源　義家
陸奥六郎
源　義時
武蔵守
石川義基
河内守
石川義兼
右馬頭
石川頼房
式部丞
石川忠教
兵衛尉
石川忠頼
治部大輔
石川義忠
女
蔵人
石川頼清
石川義信
石川義貞
兵衛尉
石川義通
弥太郎
石川時通
小十郎
小山朝成
五郎
小山氏房
新左衛門
小山泰信
下野権守
石川政康
酒井忠次
左衛門尉
酒井忠次
甚三郎
（福釜）久恒
蔵人
（安城）信忠
世良田清康
碓井姫
蔵人
（安城）長忠
右京亮
（福釜）親盛
右京亮
（福釜）親次
左馬助
（福釜）親俊
筑後守
（福釜）康親
女
女
女
修理
石川　某
右馬助、修理亮
石川康長
（略？）
豊前守
石川信成
（春重）
四郎三郎
石川春久
四郎兵衛
石川重久
本多広孝
豊後守
本多広孝
女
甚太郎
（東条）義春
女
平岩
五左衛門
平岩正広
金左衛門
平岩正当
女
主計頭
平岩親吉
女
牧野
伝次
牧野（成高）
小伝次
牧野成国
助兵衛
牧野正重
助五郎
牧野忠正
四郎
石川康重
又四郎
石川正休
長右衛門
石川康利
三郎四郎
石川康定
与七郎、伯耆守
石川康昌
四郎
石川康繁
四郎左衛門
石川重康
又四郎
石川重政
八左衛門
石川重次
源三郎、左兵衛尉
石川親康

範《のり》）が将軍義教《よしのり》に誅殺された後の京都屋敷受渡しをめぐる戦闘の死者に石川氏がある。また『応仁記』にも一色家臣石川氏の存在を伝えている」としている（『一向一揆の基礎構造』）。

松平・徳川家臣団の居住地を記述した地誌に、愛知県立図書館蔵の「諸士出生記」、『参河志』採録の「諸士姓名目録」がある。それらの地誌を見ると、石川家は碧海郡小川村を中心として、その南の木戸《きど》村（安城市木戸町）、東側の坂崎《さかざき》村（愛知県額田郡幸田町坂崎）に勢力を拡げ、さらに小川村の北側の大友《おおとも》村（愛知県岡崎市東大友町、西大友町）に至るまで分布していることがわかる。［図3-4］

小川村は安城の南ほぼ八キロメートルにある村で、安城松平の分家がある桜井村、藤井村のほぼ中間にある。地理的にも安城譜代であったことがうかがえる。

ちなみに石川家は碧海郡野寺《のでら》村（安城市野寺町）の本証寺《ほんしょうじ》との繋がりが深い。本証寺は下野国の小山靭負佐兼光《ゆきえのすけかねみつ》が出家して、天台《てんだい》僧性空《しょうくう》となり、後に親鸞《しんらん》に帰依して慶円《けいえん》と改称し同寺を創建したという。石川家が祖先を小山家に求めるのは、本証寺の開祖との結び付きを僭称《せんしょう》してのことかもしれない。

広忠期の家老・石川忠成（清兼）

広忠期に家老を務めた石川安芸守清兼は、『寛政重修諸家譜』に「初忠成《はじめ》」通称は「助十郎《すけじゅうろう》安芸守」としており、清康から偏諱を与えられたことを示唆させるが、『新編　岡崎市史6

図3－4：石川家の分布

在所	氏名
①碧海郡小川村	石川右近将監(忠成(清兼))
②碧海郡小川村	石川日向守(家成)
③碧海郡小川村	石川伯耆守(康輝(数正))
④碧海郡小川村	石川四郎三郎(信成(春重))
⑤碧海郡小川村	石川孫助(吉成)
⑥碧海郡木戸村	石川式部丞(信実)
⑦碧海郡木戸村	石川伝次郎(一勝)
⑧碧海郡木戸村	石川伝太郎(元成(一政))
⑨碧海郡藤井村	石川太郎五郎
⑩碧海郡在家村	石川八左衛門(重次)
⑪碧海郡三ツ木村	石川半三郎(正俊)
⑫碧海郡古井村	石川惣兵衛
⑬碧海郡大友村	石川三蔵(忠勝)
⑭碧海郡大友村	石川右衛門八
⑮碧海郡大友村	石川三郎左衛門
⑯額田郡土呂村	石川源右衛門
⑰額田郡坂崎村	石川源左衛門(正信?)
⑱額田郡坂崎村	石川十郎左衛門
⑲額田郡坂崎村	石川新九郎
⑳額田郡坂崎村	石川善左衛門
㉑額田郡生田村	石川又四郎
㉒額田郡能見村	石川刑部

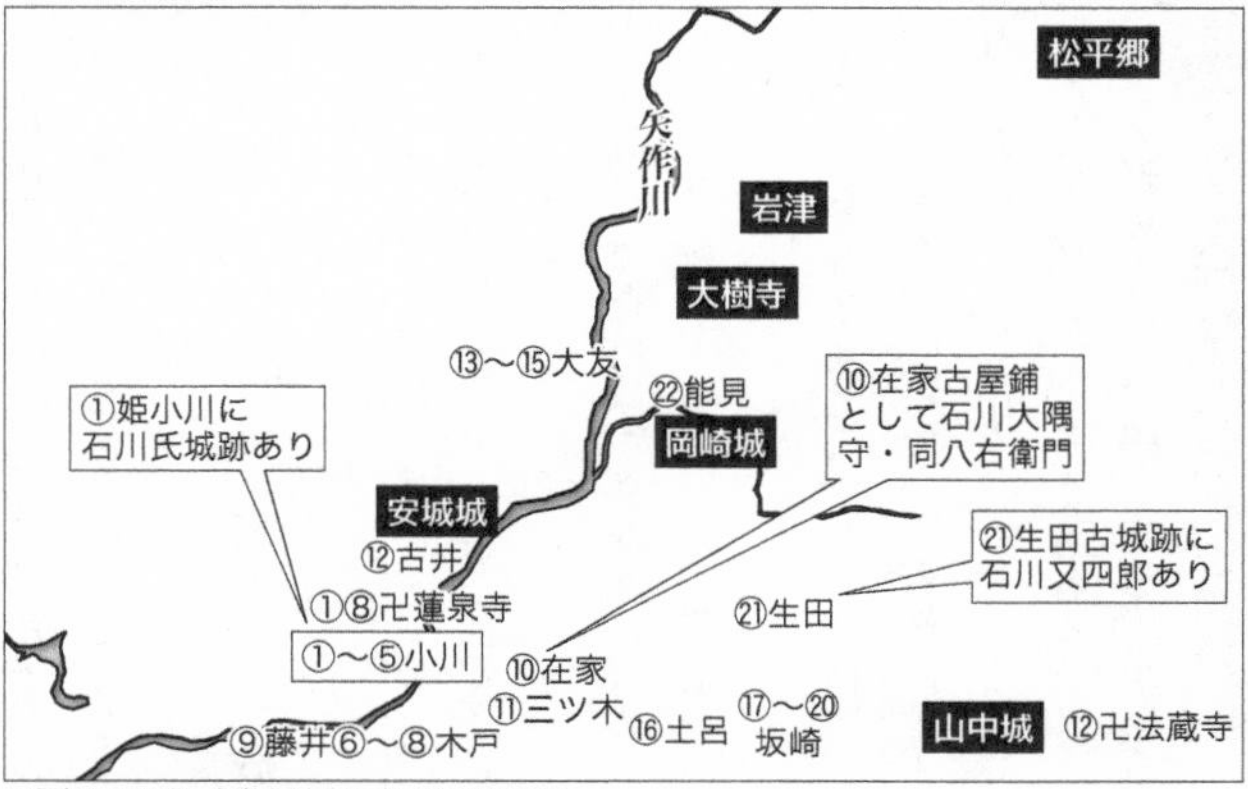

※「諸士出生記」「諸士姓名目録」等より作成。

史料　古代中世』に採録された古文書では天文二四（一五五五）年五月に「石川安芸守忠成」と署名しており、「清兼」と名乗った古文書は掲載されていない。「清兼」と名乗ったこと自体が怪しまれる。したがって、本書では「忠成」と記載する。

忠成の妻は、尾張国知多郡緒川城主・水野《みずの》下野守《しもつけのかみ》忠政《ただまさ》の娘（妙西尼《みょうせいに》）で、家康の母・於大《おだい》の方の姉妹にあたる。［図3-5］

『寛政重修諸家譜』では於大の方を次女、忠成の妻を三女としているが、於大の方が一五歳（数え年）で家康（一五四二生まれ）を産み、忠成の子・家成がその八歳年上（一五三四生まれ）なので、忠成の妻の方が於大の方より年長と考えるべきであろう。

忠成は遅くとも天文二（一五三三）年に結婚している。当時はまだ清康が存命だったので、清康が両家（清康の勢力範囲でほぼ西端に位置する家臣・石川家と、尾張・三河の国境の有力者・水野家）の縁談を進めたのかもしれない。

なお、妙西尼の子は末男の石川家成のみで、長男・広成の子どもと同世代である。当然、後妻だったと考えられる。ここで興味深いのが、『士林泝洄』の天野家の項で、天野《あまの》伝四郎《でんしろう》正信《まさのぶ》（?～一五九六）に二人の叔母《おば》がおり、それぞれ「天野甚右衛門《じんえもん》妻」「石川安芸守妻」と記されていることである（「天野甚右衛門」とは、天野康景《やすかげ》の父・天野甚右衛門景隆《かげたか》と考えられる）。

さらに興味深いことに、その系図には正信を清右衛門（天野貞有?）の弟とする説があると註釈している。忠成の先妻は、「山中譜代」でも有力家系である天野家の可能性が高い。

図３－５：石川家成系図

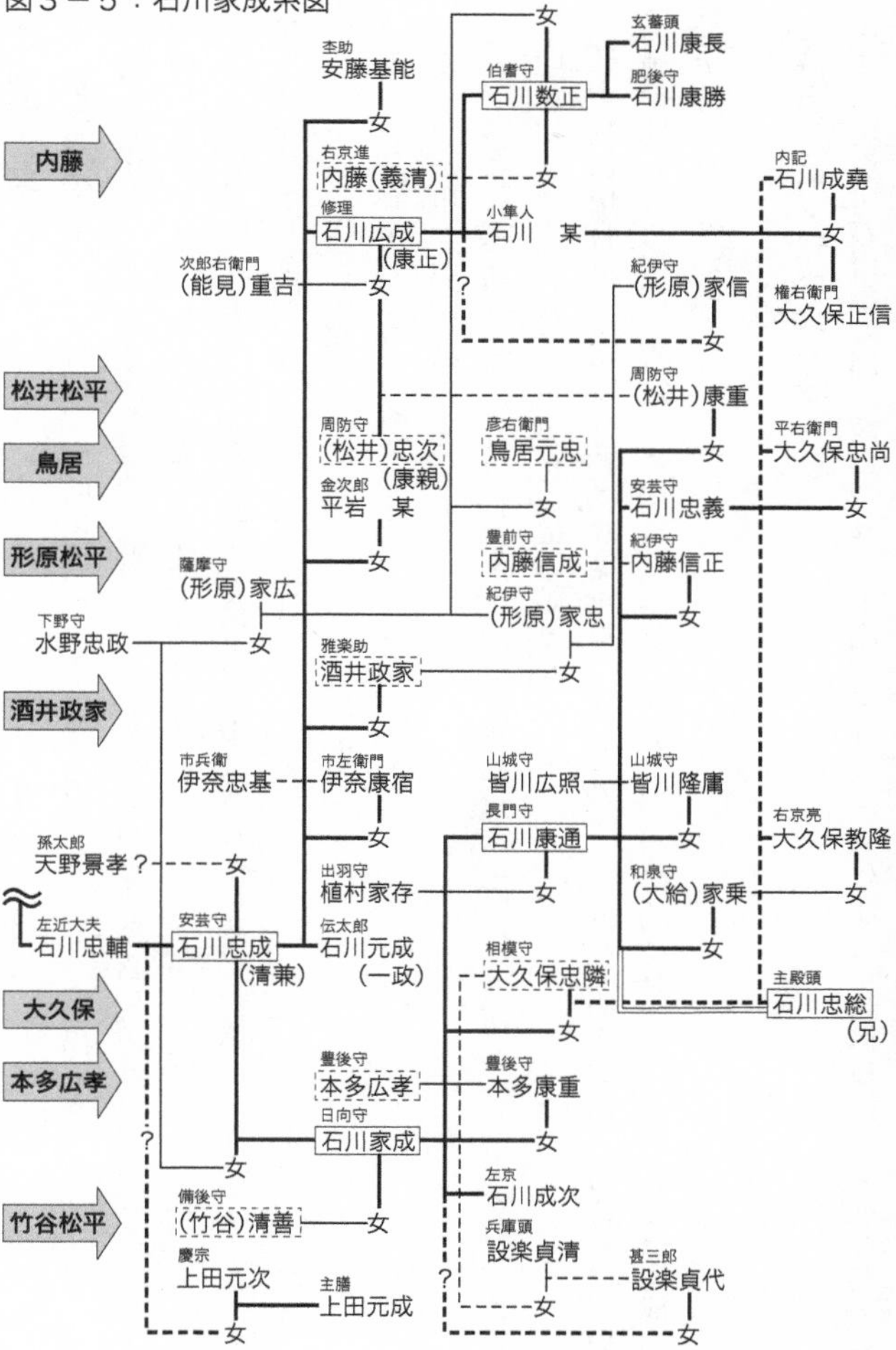

内藤
松井松平
鳥居
形原松平
酒井政家
大久保
本多広孝
竹谷松平
女
玄蕃頭 石川康長
肥後守 石川康勝
伯耆守 石川数正
杢助 安藤基能
女
右京進 内藤(義清)
女
内記 石川成堯
修理 石川広成 (康正)
小隼人 石川　某
女
次郎右衛門 (能見)重吉
女
?
紀伊守 (形原)家信
権右衛門 大久保正信
女
周防守 (松井)康重
周防守 (松井)忠次 (康親)
彦右衛門 鳥居元忠
女
平右衛門 大久保忠尚
金次郎 平岩　某
女
安芸守 石川忠義
女
女
豊前守 内藤信成
紀伊守 内藤信正
薩摩守 (形原)家広
紀伊守 (形原)家忠
女
下野守 水野忠政
女
雅楽助 酒井政家
女
女
市兵衛 伊奈忠基
市左衛門 伊奈康宿
山城守 皆川広照
山城守 皆川隆庸
長門守 石川康通
女
女
右京亮 大久保教隆
孫太郎 天野景孝？
女
出羽守 植村家存
女
和泉守 (大給)家乗
女
左近大夫 石川忠輔
安芸守 石川忠成 (清兼)
伝太郎 石川元成 (一政)
女
相模守 大久保忠隣
主殿頭 石川忠総 (兄)
女
豊後守 本多広孝
豊後守 本多康重
日向守 石川家成
女
?
女
左京 石川成次
備後守 (竹谷)清善
女
兵庫頭 設楽貞清
甚三郎 設楽貞代
慶宗 上田元次
主膳 上田元成
?
女
女
女

忠成の子女

『寛政重修諸家譜』によれば、忠成には少なくとも三男四女がいた（嫡出は★）。

・長男　石川右近大夫《うこんだいふ》康正《やすまさ》（生没年不詳）　妻は能見《のみ》松平重吉《しげよし》の娘
・次男　石川伝太郎《でんたろう》一政《かずまさ》（一五一一～一五四九）
・三男★石川日向守《ひゅうがのかみ》家成（一五三四～一六〇九）　妻は竹谷《たけのや》松平清善《きよよし》の娘
・長女　安藤《あんどう》杢助《もくすけ》基能《もとよし》の妻
・次女　平岩《ひらいわ》金次郎《きんじろう》某の妻
・三女　酒井雅楽助政家（一般には正親）の妻
・四女　伊奈《いな》市左衛門《いちざえもん》康宿《やすしゅく》の妻

なお、『寛政重修諸家譜』では、右記以外に上田織部《おりべ》元次《もとつぐ》（慶宗《けいそう》。一四九三～一五六七）、都築《つづき》弥十郎正秋《やじゅうろうまさあき》（?～一五八二）の妻を忠成の娘としている。

都築正秋の場合は、三男・都築善兵衛《ぜんべえ》正重《まさしげ》（一五七九～一六五六）の生年から考えるに、忠成の娘が嫁した可能性は否定できないが、元次の場合は、年齢的に合致せず、その妻は忠成の姉妹である可能性が高い。

忠成の次男・元成（一政）

忠成の次男・石川伝太郎一政（一五一一～四九）は、広忠に仕え、木戸村にて采地《さいち》を与えられ、「天文十八年七月十八日同（三河）国小川村にをいて尾張の兵と合戦のとき討死す」という（『寛政重修諸家譜』）。おそらく、同年一一月（もしくは三月）に織田信広《のぶひろ》（信長の庶兄）が守る安城城を今川軍が総攻撃した合戦、もしくはその前哨戦《ぜんしょう》で討死したのだろうか（あるいは一一月を七月と誤記してしまったのだろうか）。

天文一八（一五四九）年四月七日に作成された「本証寺門徒連判状」に「木戸（村）石河伝六郎元成《もとなり》」の署名があり、一政というのは子孫が申告した系図上の名前で、実際の名前は元成だったと思われる。石川数正の子孫を僭称《せんしょう》したのかもしれない。

忠成の三男・家成

石川家の家督は、忠成の三男・**石川日向守家成**（一五三四〜一六〇九）が、家康の命により継いだ。通称は彦五郎、日向守。諱《いみな》の「家」の字は、家康から偏諱《へんき》を与えられたのだろう。家康が改名したのは永禄六（一五六三）年七月で、家成はそれ以前に元服しているだろうから、前名があるはずで、「本証寺門徒連判状」に署名している「岡崎　石河助十郎忠次」あたりと想定されるが、定かでない。

家成の母・妙西尼は、徳川家康の母・於大の方の姉にあたり、家成は家康より八歳年上の従《い》兄弟《とこ》にあたる。

家成は永禄元（一五五八）年に家康が寺部《てらべ》城攻めで初陣を果たすとその先鋒《せんぽう》を務めた。永禄三（一五六〇）年の桶狭間の合戦で家康が丸根砦を攻める際、家成は酒井忠次とともに全軍を指揮。桶狭間の合戦後、家康が三河統一を進めると、家成は永禄四（一五六一）年の長沢城攻略で先鋒を務めた。また、永禄六（一五六三）年の三河一向一揆では、宗旨を改めて家康につき、山中城を守って東三河の今川勢と対峙《たいじ》した。

永禄九（一五六六）年頃の三備改革では、家成は西の旗頭を務めた。東の旗頭である酒井忠次と並ぶ重臣と認められたわけである。永禄一二（一五六九）年の遠江攻略で徳川家康は懸川城を攻め、和議を結んで開城させると、家成を懸川城主に任じた。天正八（一五八〇）年に家成は隠居し、嫡男・石川長門守康通《いしかわながとのかみやすみち》がその跡を継いだ。

家成の子女

『寛政重修諸家譜』によれば、家成には二男二女、および二人の養子がいた。

- 長男　石川長門守康通（一五五四〜一六〇七）妻は植村家存《いえまさ》の娘
- 次男　石川左京成次《さきょうなりつぐ》（一五九六〜？）
- 長女　本多《ほんだ》豊後守康重《ぶんごのかみやすしげ》の妻
- 次女　大久保相模守忠隣《さがみのかみただちか》の妻
- 養子　石川主殿頭忠総《とものかみただふさ》（一五八三〜一六五〇）忠隣の次男。妻は堀尾《ほりお》可晴《よしはる》の娘
- 養子　石川内記成堯《ないきなりたか》（？〜一六一五）忠隣の五男。妻は石川小隼人《こはやと》某の娘

なお、右記以外に設楽《したら》甚三郎《じんざぶろう》貞代《さだよ》（一五八八～一六三八）の妻が家成の娘だという。年代的には合致しないが、次男・成次が慶長元（一五九六）年生まれなので、その同母姉妹であれば、可能性がある。

長男・**石川長門守康通**（一五五四～一六〇七）は天正一八（一五九〇）年の関東入国で上総鳴渡二万石を賜り、慶長六（一六〇一）年に美濃大垣五万石に転封された。大垣は名古屋近郊の要衝の地で、石川家への期待の高さが示唆される。

康通には一男四女があり、嗣子・**石川安芸守忠義**《あきのかみただよし》（一五九九～？）がいたものの、慶長一二（一六〇七）年に康通が死去すると、家成の外孫・**石川主殿頭忠総**（一五八三～一六五〇）が家督を継いだ（忠義はその後、家康の勘気にふれて蟄居《ちっきょ》）。

忠総は家康のお気に入りで、慶長五年冬に「東照宮（家康）の仰《おおせ》により、大久保をあらためて石川を称す」という（『寛政重修諸家譜』）。家康としては石川家の家督を継がせる気満々だったのだろう。

慶長一九（一六一四）年一月に実父・大久保忠隣《おおくぼただちか》が失脚し、忠総は謹慎を余儀なくされるが、同年冬に大坂冬の陣が起こると、家康は「忠総は石川家の家督を継いでいるので、忠隣に連座させてはならぬ」と参陣を許している。その後、下総佐倉藩七万石、近江膳所《ぜぜ》藩に転封となった。子孫は山城淀《よど》藩、備中松山藩を経て、伊勢亀山藩六万石を領した。支藩として常陸下館《しもだて》藩二万石がある。

次男・石川左京亮成次（初名・重成）は、父・家成が六三歳の時に生まれた子で、忠総が家督を継いだため、浪人して三河にいたが、寛永一一（一六三四）年に将軍・家光が上洛《じようらく》する際に直訴して御家人に取り立てられたという。

第3節　石川数正

忠成の長男・広成（康正）

石川忠成の長男・石川右近大夫康正《うこんだいふやすまさ》（生没年不詳）は、『寛政重修諸家譜』によれば、広忠が死去した「天文十八（一五四九）年より阿倍大蔵某とおなじく岡崎の城代をつとむ」という。

三河徳川家研究者の煎本増夫《いりもとますお》氏は、永禄六（一五六三）年に勃発《ぼつぱつ》した三河一向一揆の首謀者「石川修理広成《しゆりひろなり》」こそ、石川康正のことだと比定している（『戦国時代の徳川氏』）。

なお、天文一八（一五四九）年四月七日の「本証寺門徒連判状」に「岡崎石河与八郎《よはちろう》広成」の署名があり、康正を名乗る署名はない。康正の実際の諱は広成で、康正という諱は子の数正《かずまさ》から創った偽名だと思われる。

煎本氏は『寛政重修諸家譜』の石川清兼の項に「嫡孫伯耆守（数正）」という記述があることに注目し、その父・広成（康正）は石川家の嫡男であったが、三河一向一揆の首謀者となったために廃嫡され、三男の家成が家督を相続したのだと推測している。

豊臣家に奔った石川数正

広成の子・石川伯耆守《ほうきのかみ》数正（一五三三?～九二）は家康の重臣で、小牧・長久手の合戦の後に秀吉の許《もと》に奔《はし》ったことでも有名である。

数正の通称は「助四郎」とされているが、永禄年間は「石川内記《ないき》頼正《よりまさ》」と名乗り、天正に入って「石川伯耆守数正　出雲守」、天正一三年頃に家康から偏諱を受け、石川伯耆守康輝《やすてる》と改名。さらに秀吉から偏諱を受けて石川出雲守吉輝《よしてる》と改名した（本書では紛らわしいので、数正に表記を統一する）。『断家譜』では数正のことを「与七郎康昌《よしちろうやすまさ》」と記しているが、父を康正とする系図があることから、諱を混同している可能性が高い。

数正の生年は不明。一説に天文二（一五三三）年で、叔父《おじ》・家成と一歳しか違わない。

天文一八（一五四九）年に家康が今川家の人質になった時、数正はその従者となった。

永禄四（一五六一）年頃、家康が織田信長と同盟を組んだ際に、その使者として尾張清須城に派遣されたという説がある。永禄五（一五六二）年の鵜殿兄弟と家康の妻子（築山殿と岡崎信康、亀姫）との人質交換では、数正が交渉に赴き、成功に導いている。外交手腕が高かったということだろう。

永禄一二（一五六九）年に叔父の石川家成が懸川城主に就任するにともない、西の旗頭を引き継ぎ、元亀元（一五七〇）年の姉川《あねがわ》の合戦、元亀三（一五七二）年の三方原の合戦、天正三（一五七五）年の長篠の合戦で先鋒を務めた。

天正七（一五七九）年に築山事件が起こり、岡崎城主・岡崎三郎信康が自刃させられると、数正が岡崎城代を務めた。

天正一〇（一五八二）年の本能寺の変で、数正は家康の伊賀越えに従った。

天正一二（一五八四）年の小牧・長久手の合戦では小牧山の本陣を守り、合戦後には豊臣秀吉との交渉役となった。外交手腕の高さが評価されての人選であろう。ところが、これが裏目に出る。翌天正一三年一一月、数正は家康に背いて徳川家から出奔し、豊臣秀吉についてしまうのだ。

天正一八（一五九〇）年に小田原北条氏が秀吉に降伏すると、石川数正は信濃深志《ふかし》城八万石を与えられ、文禄二（一五九三）年に死去した。

広成の妻子

広成の妻は能見《のみ》松平《まつだいらじ》次郎右衛門《ろうううえもん》重吉《しげよし》の長女で、「康正《やすまさ》（広成）死して後、東照宮の御側ちかくつかへ《え》たてまつり、其のちおほせ《お》によりて（松井）松平周防守《すおうのかみ》康親《やすちか》（忠次《ただつぐ》）が室となる」という（『寛政重修諸家譜』。カッコ内は引用者註）。ちなみに、忠次の嫡男・松井松平周防守康重《やすしげ》は永禄一一（一五六八）年生まれなので、その前年までには忠次に再縁した計算になる。

『寛政重修諸家譜』の康正（広成）の項には、広成の子として二男一女が記されているが、松井松平康親（忠次）の項に、広成未亡人の連れ子として五女が記されており、計二男六女がいた計算になる（●は広成未亡人の連れ子）。なお、数正、小隼人《こはやと》某、娘（家信《いえのぶ》の妻）はいずれも嫡出子ではないという。

・長男　石川伯耆守数正　（一五三三？〜九二）　妻は内藤右京進《うきょうのしん》某の娘
・次男　石川小隼人某　（生没年不詳）
・長女　形原《かたのはら》松平紀伊守家信（一五六五〜一六三八）の妻
・次女●大岡《おおおか》忠右衛門《ちゅうえもん》忠政《ただまさ》の妻
・三女●大塚《おおつか》平右衛門《へいえもん》忠次《ただつぐ》（合歓木《ねむのき》村在住）の妻
・四女●松井松平家臣・高橋《たかはし》長門《ながと》重信《しげのぶ》（坂崎村在住？）の妻
・五女●松井松平家臣・竹尾《たけお》但馬《たじま》包教《かねのり》の妻
・六女●松井松平家臣・石川三郎左衛門《さぶろうざえもん》正弘《まさひろ》（大友村在住）の妻

注目すべきは、石川家と形原松平家のねじれた関係である。

石川家側の記録では、数正の姉妹が形原松平家信に嫁いだと記しているが、形原松平家の記録では、家信の「室は松平上野介康忠が女、離婚す。継室は太田備中守輝資が女」であって、数正の姉妹が嫁いだ記録はない。世代的にも、数正は家信の親の世代に属するので、誤記だと思われる。

一方、形原松平家の記録によれば、家信の叔母が「石川伯耆守数正が室」となっているが、石川家の記録にはない。数正の妻は、上野下村城（愛知県豊田市上郷町）を拠点とする内藤家とされている。両家には何らかの婚姻関係があったことは間違いないが、具体的な関係は不詳というほかない。

『寛政重修諸家譜』の小笠原家の項によれば、三河国幡豆郡巨海村を本拠とする小笠原新九郎広勝《ひろかつ》（一五六六？～一六〇二）の妻が「石川右近大夫某が女」という。数正の姉妹である可能性がある。なお、形原松平家信の叔母が小笠原孫三郎某の妻となっている。孫三郎と広勝の具体的な関係は不明だが、広勝が家信と軍事行動をともにしており、その一族であることはほぼ間違いない。ここでも石川家と形原松平家の関連がうかがわれる。

数正の子女

数正には三人の子息がいた。

・長男　石川玄蕃頭康長《げんばのかみやすなが》（生没年不詳）　父の遺領　六万石を受け継ぐ。
・次男　石川肥後守康勝《ひごのかみやすかつ》（？～一六一五）　父の遺領のうち一万五〇〇〇石を分知される。
・三男　石川紀伊守康次《きいのかみやすつぐ》（生没年不詳）　父の遺領のうち五〇〇〇石を分知される。

数正が秀吉の許に出奔したため、それ以後、石川家は豊臣系大名と認識されたようだが、慶長五（一六〇〇）年に関ヶ原の合戦が起きると、康長は家康方につき、所領を安堵《あんど》された。しかし、慶長一八（一六一三）年に大久保長安《ちょうあん》の事件に連座し、二人の弟とともに改易されてしまう（康長の娘が長安の子に嫁いでいたからだという）。

『断家譜』によれば、康長の妻は佐野修理大夫政綱《まさつな》（信吉《のぶよし》）の姉という。信吉は富田左近将監《とみたさこんしょうげん》知信《とものぶ》の五男で、佐野房綱《ふさつな》の婿養子であるが、佐野家にも富田家にも石川家に嫁いだ女性の記録はなく、詳細は不詳である。

弟・康勝は大坂夏の陣で秀頼方につき大坂城に籠城《ろうじょう》。元和元（一六一五）年に討ち死にしたとも、落ち延びて京都に移住したともいわれる（『大坂の陣　豊臣方人物事典』）。

第4節　石川信成（春重）

もう一人の実力者・信成

「本証寺門徒連判状」には一一五名の武士が名を連ねているが、そのトップが「石河右近将監《うこんしょうげん》忠成《ただなり》（清兼《きよかね》）」で、ナンバー2が「石河四郎三郎信成《しろうさぶろうのぶなり》」である。意外に知られていないが、この信成はかなりの大物らしい。

これまで見てきたように、『寛政重修諸家譜』に掲載されている石川家の人物は諱が正しく伝えられていない。そこで、『寛政重修諸家譜』で「石川四郎三郎」という人物を探していくと、石川四郎三郎春久《はるひさ》（一五六九～九六）という人物に行き当たる。ただし、この春久は当時まだ生まれていないので、四郎三郎という通称名が世襲されていると仮定し、その父「石川春《はる》重《しげ》四郎、豊前守《ぶぜんのかみ》」を「石河四郎三郎信成」と比定しよう。

この春重を、新行紀一氏は岡崎三郎信康の傅役《もり》の一人・石川豊後守《ぶんごのかみ》（豊前守の誤りか）と見なしている（『新編　岡崎市史2　中世』）。「岡崎領主古記」の記事にある、信康の傅役《もりやく》（兼家老）三人「平岩七之助《ひらいわしちのすけ》　石川豊後守　鳥居伊賀守《とりいいがのかみ》」のうちの一人だというのだ。

天正三（一五七五）年四月に信康家臣の岡崎町奉行・大岡弥四郎《おおおかやしろう》（一般には大賀《おおが》弥四郎）が岡崎町奉行・松平新右衛門《しんえもん》や山田八蔵重英《やまだはちぞうしげひで》らと共謀して武田勝頼と通じ、謀反を企《たくら》んでいたことが露見。弥四郎は捕らえられて鋸引《のこぎりび》きに処され、新右衛門が切腹させられる。ここで、信康家臣団の筆頭家老ともいうべき「小河城主石川修理亮《しゅりのすけ》・子豊前守也、一同切腹被仰付候《おおせつけられそうろう》」（『新編　岡崎市史2　中世』「岡崎東泉記」の引用）。

『寛政重修諸家譜』によれば、信成の長男は「修理」というから、これを以《もっ》て、石川豊前守信成・修理父子が切腹を命じられたと解釈されているのだ（父子が逆になっているが）。

信成の子女

『寛政重修諸家譜』によれば、信成の「妻は酒井左衛門尉《さえもんのじょう》忠善《ただよし》が女。また本多《ほんだ》豊後守広孝《ぶんごのかみひろたか》が女を娶る」という（ただし、酒井家の系図では、酒井忠次の兄を忠善として、信成の妻を忠次の姉

[忠善の妹]としている)。いずれも徳川家臣の重鎮であり、信成もまた重臣であることを示唆させる。

ちなみに、忠次の姉に「渡里《わたり》久兵衛某の妻」がいるのだが、これは渡村の鳥居久兵衛のこと

であろう。久兵衛もまた、大岡弥四郎事件の関係者と伝えられている。

信成には二男一女がいた(★は酒井氏の子)。

・長男　石川修理某　　　　(?　～一五七五)　父とともに切腹

・次男★石川四郎三郎春久　(一五六九～一五九六)　旗本二〇〇石

・長女　福釜《ふかま》松平筑後守康親《ちくごのかみやすちか》　(一五六七～一六一七)　の妻

なお、この他に牧野助兵衛正重《まきのすけべえまさしげ》の妻になった娘がいたようだ。正重の妻は「石川豊前守某が女」で、子がなかったため、信成の実弟・牧野助兵衛忠正《ただまさ》(正忠《まさただ》ともいう)が養子になっている。

第5節　酒井政家(正親)

二つの酒井家

酒井家は三河譜代筆頭の家柄として知られ、二つの流れがある。[図3-6]

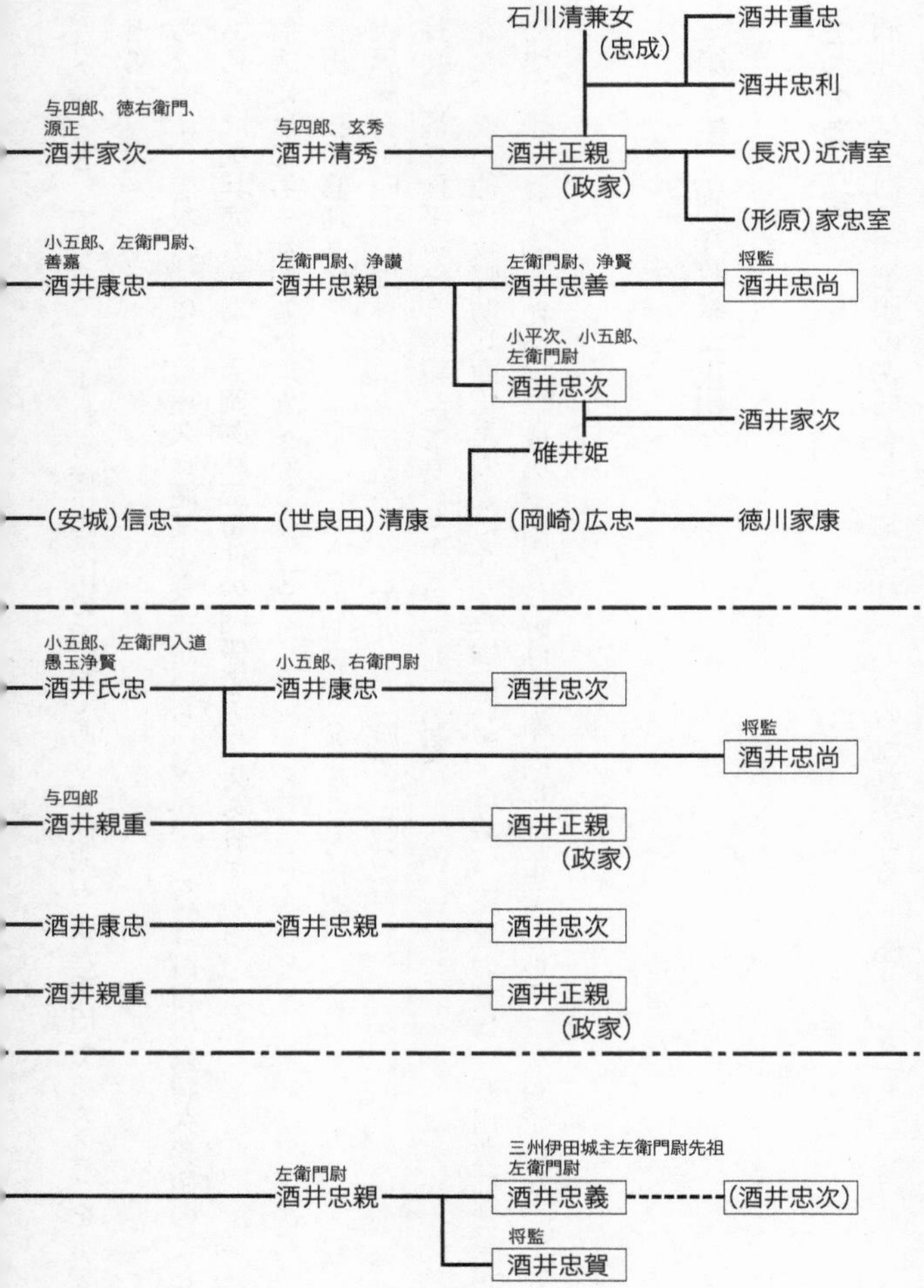
石川清兼女
（忠成）
酒井重忠
酒井忠利
与四郎、徳右衛門、
源正
酒井家次
与四郎、玄秀
酒井清秀
酒井正親
（政家）
（長沢）近清室
（形原）家忠室
小五郎、左衛門尉、
善嘉
酒井康忠
左衛門尉、浄讃
酒井忠親
左衛門尉、浄賢
酒井忠善
将監
酒井忠尚
小平次、小五郎、
左衛門尉
酒井忠次
酒井家次
碓井姫
（安城）信忠
（世良田）清康
（岡崎）広忠
徳川家康
小五郎、左衛門入道
愚玉浄賢
酒井氏忠
小五郎、右衛門尉
酒井康忠
酒井忠次
将監
酒井忠尚
与四郎
酒井親重
酒井正親
（政家）
酒井康忠
酒井忠親
酒井忠次
酒井親重
酒井正親
（政家）
左衛門尉
酒井忠親
三州伊田城主左衛門尉先祖
左衛門尉
酒井忠義
（酒井忠次）
将監
酒井忠賀

図３－６：酒井家系図

『寛政重修諸家譜』をもとに作成

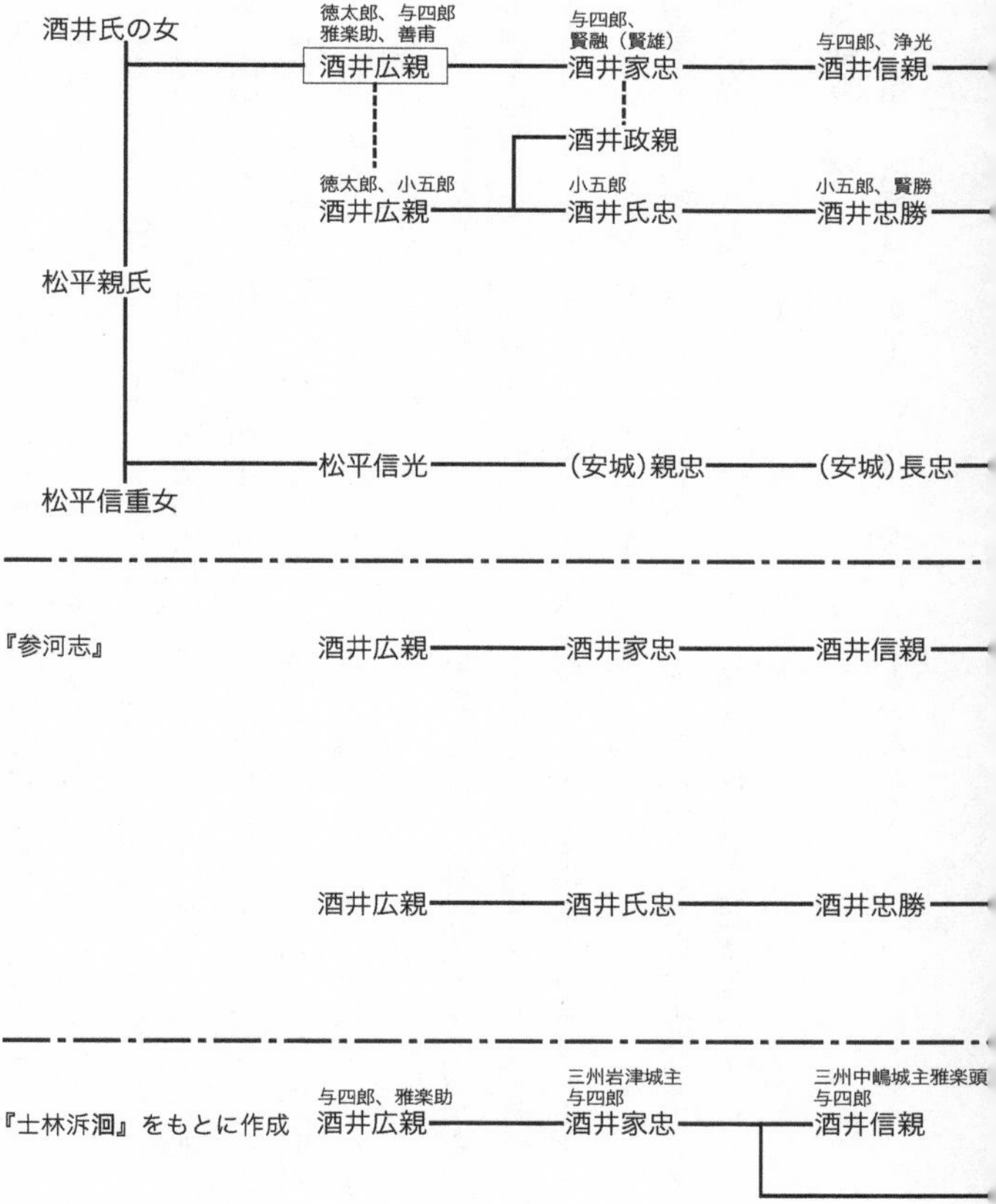

雅楽助《うたのすけ》家　政家《まさいえ》（一般には正親《まさちか》）が有名　子孫は播磨姫路藩一五万石など
左衛門尉《さえもんのじょう》家　忠次《ただつぐ》が有名　子孫は出羽鶴岡《つるおか》藩一七万石など

『寛政重修諸家譜』編纂《へんさん》時（一七九九～一八一二年）に酒井左衛門尉家が江戸幕府に呈上した系譜によれば、酒井家の家祖・酒井雅楽助《うたのすけ》広親《ひろちか》に二人の子があり、長男・酒井小五郎《こごろう》氏忠《うじただ》の子孫が左衛門尉家であり、二男・政親の子孫が雅楽助家だと述べている。ただし、雅楽助家では、広親の子に酒井与四郎家忠しか掲げておらず、この家忠と政親が同一人物なのか不明だという。そこで、折衷案として、雅楽助家の系図を主として広親の次男に氏忠を載せ、その子孫に左衛門尉家の系図を続けるのが一般的になっている。

もっとも、『寛永諸家系図伝』（一六四一～四三年編纂）では、雅楽助家は広親から政家まで繋《つな》げた系図を掲載していたものの、左衛門尉家は忠次の父・某（忠親？）から記述をはじめ、それ以前を記していない。左衛門尉家は、『寛政重修諸家譜』を編纂するまでのおよそ一五〇年の間に、雅楽助家系図に繋がる系図を作成したのであろう。

雅楽助家と左衛門尉家は、家祖・広親の二子からそれぞれ分かれた家柄と称しているが、実際はもっと近親だった可能性がある（詳細は前著『徳川家臣団の謎』に譲る）。

先祖は誰なのか

酒井家の家祖・広親は、松平家の初代・親氏《ちかうじ》の子といわれる。

親氏が松平家に婿入りする前に、三河国幡豆郡《はずぐん》酒井村の酒井与右衛門《よえもん》（一説に五郎左衛門）の婿養子となり、一子をもうけたが、妻と死別したため、さらに放浪して松平邸に迎えられた。その遺児・広親が、酒井家の家祖だというのだ（名前については、雅楽助広親、小五郎親清《ちかきよ》、忠《ただ》広《ひろ》との説もある。また、親氏の義妹の子という説もある）。無理矢理、松平家との縁故を作ったような話で、にわかには信じがたい。なにしろ、幡豆郡には酒井村という地名がなく、家伝というより伝説に近い。

筆者は「浪合記《なみあいき》」の「酒井与四郎忠則《よしろうただのり》、三州鳴瀬《なるせ》ニ住ス。後大浜ノ下宮ニ蟄居。成瀬《なるせ》七郎忠《しちろうただ》房《ふさ》、太郎左衛門忠親《たろうざえもんただちか》ハ正行寺《しょうぎょうじ》ニ居ス。此三人ハ兄弟ナリ。新田ノ一族、大館《おおだて》ノ裔《すえ》、大館又太郎《またたろう》宗氏子《むねうじのこ》ナリ」という記述を信じ、清康が酒井家から新田系図を譲り受けて世良田氏を名乗り、両家が同族と吹聴《ふいちょう》したことが酒井家庶子説のもとになったと推測している。

ちなみに正行寺（岡崎市島町）は西郷松平家が本拠とする旧岡崎城（明大寺《みょうだいじ》）の北、一キロメートル以内に位置する。「諸士出生記」「諸士姓名目録」らの地誌を見ると、酒井家は井田《いだ》村（岡崎市井田町）を中心に、その北西に居住している。つまり、正行寺から岩津、井田近辺に居住範囲を拡げ、岩津松平家の家人になり、その後に西郷松平家の家臣になったのだろう。［図3－7］

また、岡崎城の南、針崎《はりさき》村（岡崎市針崎町）に忠次の祖父と伝えられる酒井左衛門尉（氏《うじ》忠《ただ》？）の「屋敷跡壱丁五反程」があり、成瀬家の先祖・浄勇《じょうゆう》（成瀬重左衛門政直《じゅうざえもんまさなお》、法名・浄運《じょううん》のことか）も近隣に住んでいたという。

山中譜代筆頭の家柄？

「諸士出生記」「諸士姓名目録」には三河出身の徳川家臣がほぼ採録されているが、雅楽助系の酒井清秀《きよひで》・政家父子の名が見えない。『参河志』の山中古城の項に「酒井与四郎（雅楽頭正親なり）此処《ここ》を領するか」との記事がある。

筆者は、清康が山中城を攻め落とした時の山中城主が酒井清秀だと考えている。いわゆる「山中譜代」に属し、清康の岡崎城攻略を積極的に支援することで重臣にされたのだろう。ただし、三河譜代筆頭の酒井雅楽助家が敵将だったということが憚《はばか》られたため、記録から抹殺されたのではないか。

「山中譜代」の多くは「岡崎譜代」に一族がおり、その庶流だった可能性が高い。それは家紋からも類推できる。酒井左衛門尉家の家紋が丸に酢漿草《かたばみ》、雅楽助家の家紋が丸に剣《けん》酢漿草なのである。家紋は分家筋の方が複雑になる傾向を考えると、「岡崎譜代」の左衛門尉家が嫡流で、「山中譜代」の雅楽助家が庶流である可能性が高い。

西尾城主の酒井政家（正親）

雅楽助家の主要人物に、清康～家康期に活躍した重臣・酒井雅楽助政家がいる。

図3－7：酒井家の分布

在所	氏名
①加茂郡松平村	酒井与四郎(広親?)
②額田郡井田村	酒井左衛門尉(忠次)
③額田郡生田村	酒井彦四郎
④額田郡針崎村	酒井三十郎
⑤額田郡針崎村	酒井左衛門尉(屋敷)
⑥碧海郡押鴨村	酒井将監(忠尚)
⑦碧海郡北野村	酒井金弥
⑧碧海郡境村	酒井与左衛門
⑨碧海郡舳越村	酒井作右衛門(頼次)
⑩碧海郡安城村	酒井小四郎(信家)

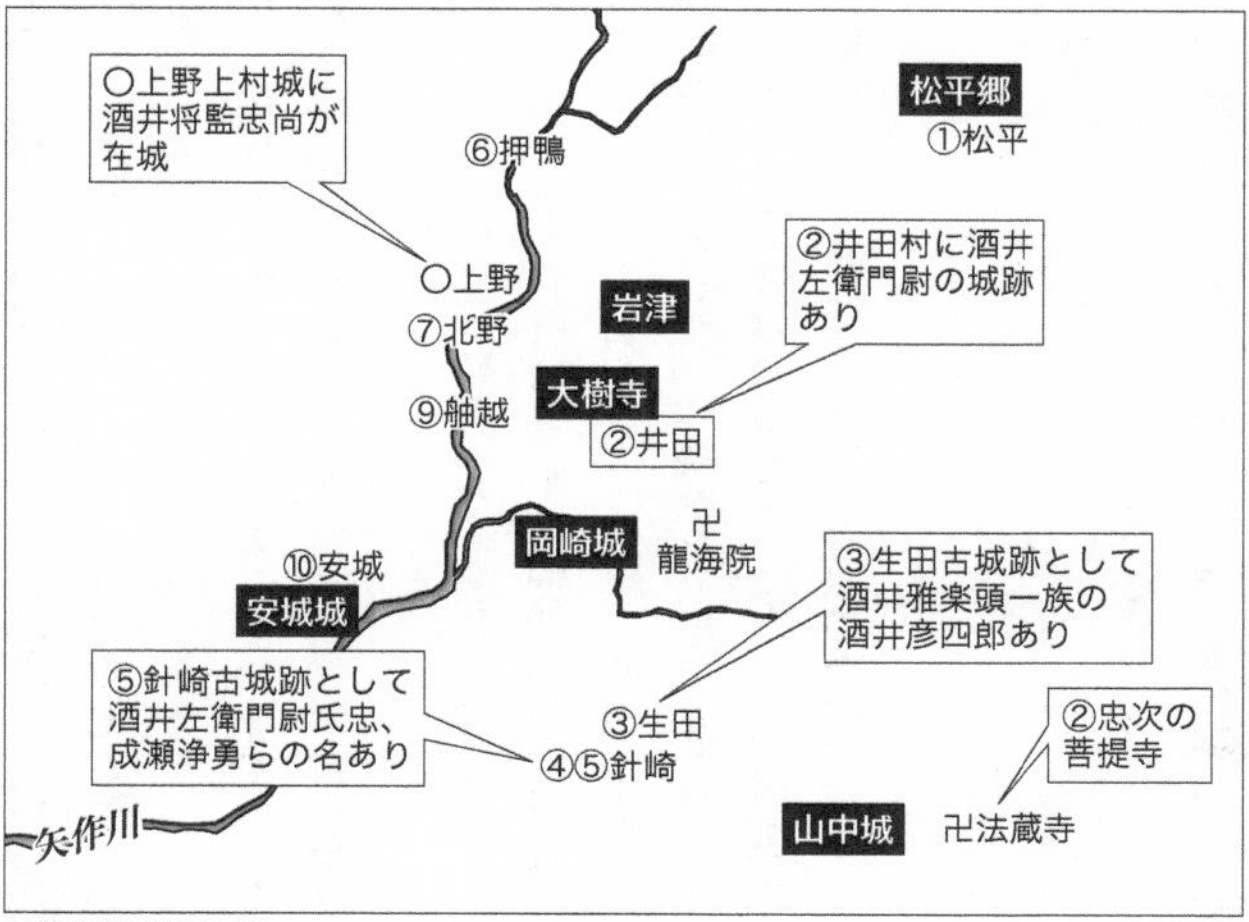

※⑧境村は場所不明。

『寛政重修諸家譜』では諱を「正親《まさちか》」「初政家《まさいえ》」と記述しているが、発給文書は概《おおむ》ね「政家」(もしくは正家)になっている。おそらく永禄六(一五六三)年七月に主《あるじ》が家康と改名したので、「家」の字を憚って改名したのであろう。

政家は清康期以来の重臣で、広忠の岡崎帰還に功があった。また、家康の出産にあたって、政家が胞刀《ほうとう》の役、石川忠成《ただなり》が蟇目《ひきめ》の役を務め、家康が今川家の人質になると、政家は従者に加わっている。

政家は永禄元(一五五八)年に家康が寺部城攻めで初陣を果たすとその先鋒を務め、永禄三(一五六〇)年の桶狭間の合戦に御馬廻《まわり》として従った。桶狭間の合戦後、政家は永禄四(一五六一)年の西条城《さいじょう》(愛知県西尾市)攻めの主力として活躍。同城が陥落すると、家康は麾下《きか》の士・一二人を与力に付け、政家を城主とした(西条城を西尾城と改称)。

永禄六(一五六三)年の三河一向一揆では家康方として、荒川義広等と戦い、永禄一二(一五六九)年の懸川城攻め、元亀三(一五七二)年の三方原の合戦、天正三(一五七五)年の長篠の合戦に参加した。

政家の子女

政家の妻は石川安芸守忠成(一般に清兼)の三女である。

『寛政重修諸家譜』によれば、政家には三男三女がいた(★は嫡出)。[図3-8]

図３－８：酒井政家系図

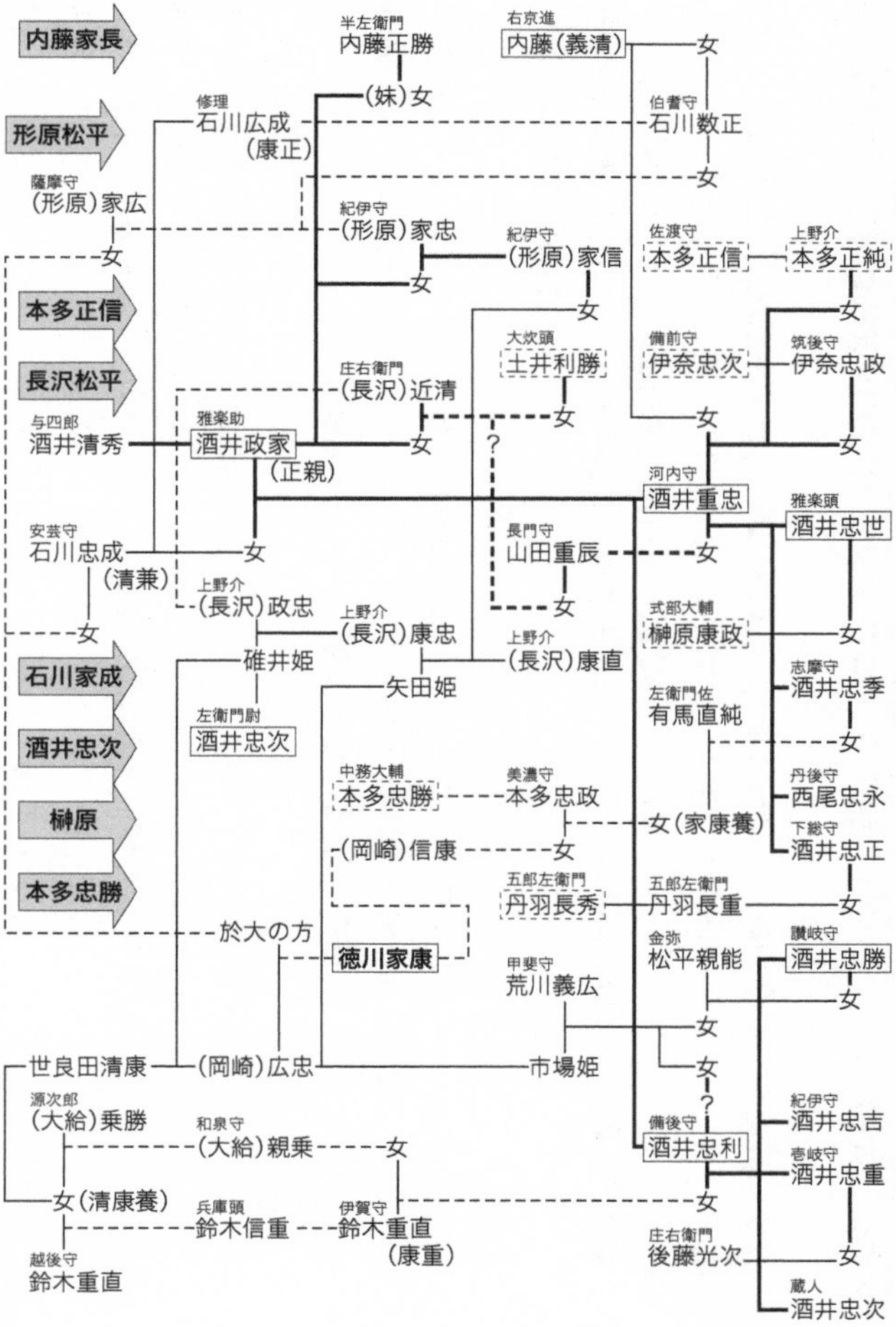
内藤家長
形原松平
本多正信
長沢松平
石川家成
酒井忠次
榊原
本多忠勝
半左衛門
内藤正勝
(妹)女
右京進
内藤(義清)
女
伯耆守
石川数正
女
修理
石川広成
(康正)
薩摩守
(形原)家広
女
紀伊守
(形原)家忠
紀伊守
(形原)家信
女
女
佐渡守
本多正信
上野介
本多正純
女
大炊頭
土井利勝
女
備前守
伊奈忠次
筑後守
伊奈忠政
庄右衛門
(長沢)近清
女
?
女
女
与四郎
酒井清秀
雅楽助
酒井政家
(正親)
河内守
酒井重忠
雅楽頭
酒井忠世
安芸守
石川忠成
(清兼)
女
長門守
山田重辰
女
女
女
上野介
(長沢)政忠
上野介
(長沢)康忠
上野介
(長沢)康直
式部大輔
榊原康政
女
碓井姫
矢田姫
志摩守
酒井忠季
左衛門尉
酒井忠次
左衛門佐
有馬直純
女
中務大輔
本多忠勝
美濃守
本多忠政
丹後守
西尾忠永
女(家康養)
(岡崎)信康
女
下総守
酒井忠正
五郎左衛門
丹羽長秀
五郎左衛門
丹羽長重
女
於大の方
徳川家康
金弥
松平親能
讃岐守
酒井忠勝
甲斐守
荒川義広
女
女
女
世良田清康
(岡崎)広忠
市場姫
?
源次郎
(大給)乗勝
和泉守
(大給)親乗
女
備後守
酒井忠利
紀伊守
酒井忠吉
壱岐守
酒井忠重
女(清康養)
女
兵庫頭
鈴木信重
伊賀守
鈴木重直
(康重)
庄右衛門
後藤光次
女
越後守
鈴木重直
蔵人
酒井忠次

・長男　酒井常陸《ひたち》常永《つねなが》（生没年不詳）　子孫、家臣となる。
・次男★酒井河内守《かわちのかみ》重忠《しげただ》（一五四九～一六一七）妻は山田《やまだ》長門守《ながとのかみ》重辰《しげたつ》の娘
・三男★酒井備後守《びんごのかみ》忠利（一五五九～一六二七）妻は鈴木《すずき》伊賀守《いがのかみ》重直《しげなお》の娘
・長女　形原《かたのはら》松平紀伊守家忠《いえただ》の妻
・次女　長沢《ながさわ》松平庄右衛門《しょうえもん》近清《ちかきよ》の妻
・三女　家臣・内藤《ないとう》半左衛門《はんざえもん》正勝《まさかつ》の妻

天正四（一五七六）年に政家が死去すると、嫡男・**酒井河内守重忠**（一五四九～一六一七）が跡を継いだ。重忠は天正一八（一五九〇）年の関東入国で武蔵川越一万石を賜り、関ヶ原の合戦後の慶長六（一六〇一）年に上野　厩橋《うまやばし》藩三万三〇〇〇石に転封された。

三河譜代筆頭の家柄へ

酒井雅楽助家は、井伊家と並ぶ譜代の重臣であり、四人の大老を輩出している。井伊家はもともと遠江国衆なので、三河譜代としては筆頭の家柄となる。

家康期の酒井雅楽助家の所領が三万三〇〇〇石しかなかったにもかかわらず、幕末には西国の要衝・播磨姫路一五万石を領し、若狭小浜《おばま》藩一〇万三五〇〇石など四家の分家大名を築き上げた。

その秘訣《ひけつ》は、岡崎松平家（徳川家）の子弟には、「山中譜代」からご学友が選ばれる風習があったためと推測される（『徳川家臣団の謎』）。家康の祖父・清康は山中城を攻め落とした後、山中城にとどまり、そこで家康の父・広忠が生まれた。当然、広忠幼時の側近は「山中譜代」から選ばれ、それが既得権化したようだ。

重忠の嫡男・**酒井雅楽頭忠世**《うたのかみただよ》（一五七二〜一六三六）は秀忠の小姓となってその信頼を得、慶長六年に父とは別に上野那波《なは》郡のうちで一万石を賜り、元和二（一六一六）年に二万三〇〇〇石を加増された。翌元和三年に父・重忠が死去すると、その遺領を合わせて八万五〇〇〇石、その後も加増を重ねて上野厩橋藩一二万二五〇〇石余を領した。元和九（一六二三）年には家光附きの家老となり、寛永一三（一六三六）年に大老となった。「下馬将軍」酒井忠清《ただきよ》は忠世の孫にあたる。子孫は播磨国姫路藩一五万石を領し、分家として上野国伊勢崎《いせさき》藩二万石がある。

忠利（重忠の弟）の子・**酒井讃岐守忠勝**《さぬきのかみただかつ》（一五八七〜一六六二）は家光附きから出世して寛永一五（一六三八）年に大老となり、武蔵川越三万七〇〇〇石から加増を重ねて若狭小浜藩一〇万三五〇〇石を領した。分家として、越前国敦賀《つるが》藩一万石、安房国勝山《かつやま》藩一万二〇〇〇石がある。

第6節　酒井忠次・家次

筆頭家老・酒井将監忠尚

左衛門尉家の主要人物には酒井将監忠尚《ただよし》、酒井左衛門尉忠次がいる。［図3－9］

酒井将監忠尚は初名を忠賀《ただよし》と伝え、『三河物語』によれば、「筆頭家老だったので、『ご主君様か将監様か』といわれるほどの威勢」を誇っていたのだという。

酒井将監はしばしば家康に対して反抗的な態度を取り、永禄六（一五六三）年頃には上野上村城（豊田市上郷《かみごう》町）に立て籠《こ》もっていた。同年に三河一向一揆が起きると、一揆方に与《くみ》して家康に叛旗《はんき》を翻したが、翌永禄七（一五六四）年に上野上村城は落城。忠尚は駿河に去ったという。

『寛政重修諸家譜』では、酒井将監忠尚を酒井忠次の甥《おい》にしている。忠次の兄に左衛門尉忠善を載せ、その忠善の子に忠尚を繋げているのだ。しかし、活動時期から考えると、忠尚の方が忠次より年長と考えられ、忠尚が忠次の甥というのは信憑《しんぴょう》性に欠ける。

新行紀一氏は、旗本・酒井半三郎家の系図を掲げて、忠次を忠尚の甥（忠尚の弟に忠善を載せ、その子に忠次を繋げる）とする説を採用している（『新編　岡崎市史2　中世』）。

酒井将監の妻子は定かでない。『寛政重修諸家譜』では、小栗《おぐり》左京進正重《まさしげ》の娘を養女として、

図３－９：酒井忠次系図

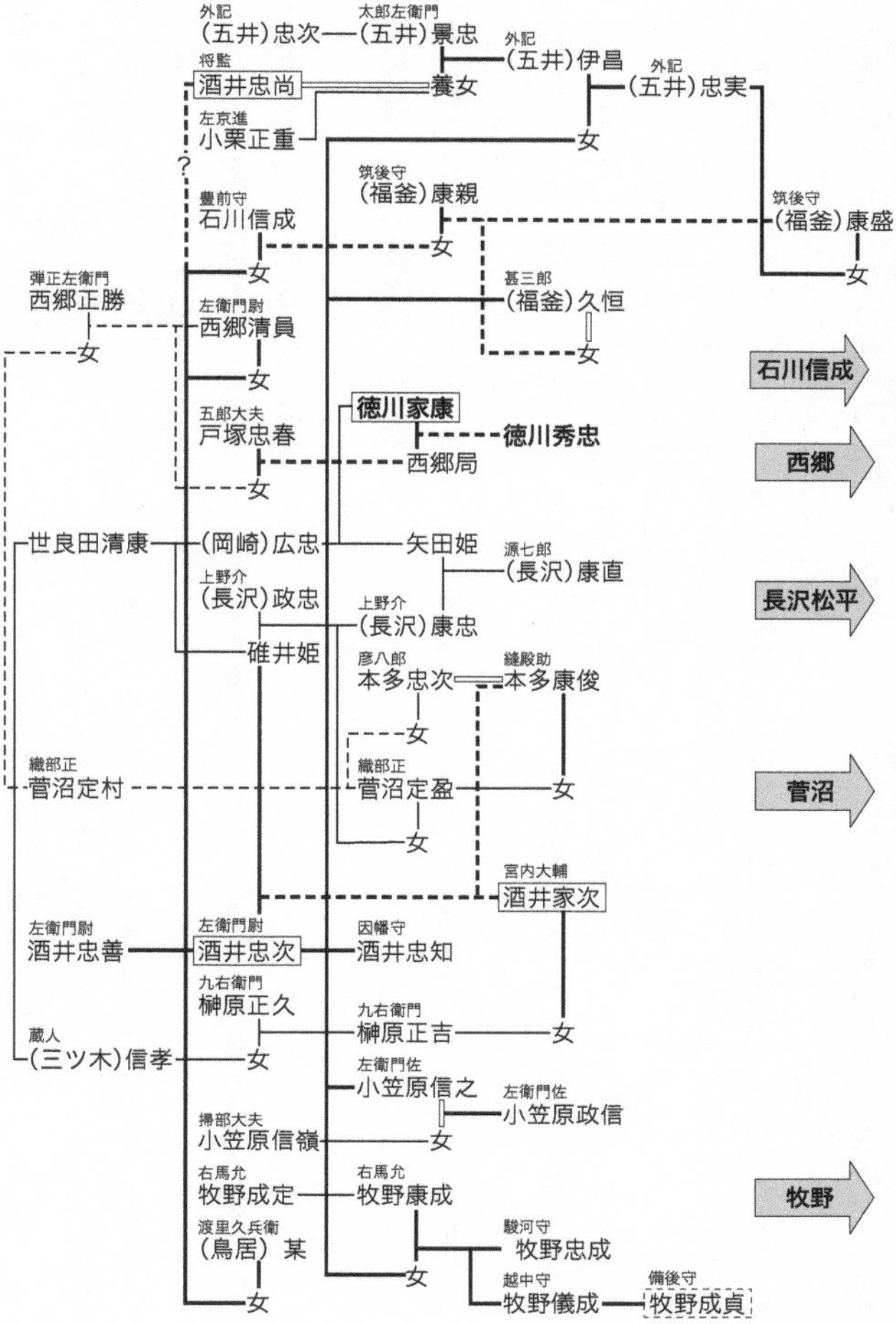

外記
(五井)忠次
太郎左衛門
(五井)景忠
外記
(五井)伊昌
外記
(五井)忠実
将監
酒井忠尚
養女
左京進
小栗正重
女
?
筑後守
(福釜)康親
筑後守
(福釜)康盛
豊前守
石川信成
女
女
女
弾正左衛門
西郷正勝
甚三郎
(福釜)久恒
左衛門尉
西郷清員
女
女
女
石川信成
徳川家康
五郎大夫
戸塚忠春
徳川秀忠
西郷局
西郷
女
世良田清康
(岡崎)広忠
矢田姫
源七郎
(長沢)康直
上野介
(長沢)政忠
長沢松平
上野介
(長沢)康忠
碓井姫
彦八郎
本多忠次
縫殿助
本多康俊
女
織部正
菅沼定村
織部正
菅沼定盈
女
菅沼
女
宮内大輔
酒井家次
左衛門尉
酒井忠善
左衛門尉
酒井忠次
因幡守
酒井忠知
九右衛門
榊原正久
九右衛門
榊原正吉
女
蔵人
(三ツ木)信孝
女
左衛門佐
小笠原信之
左衛門佐
小笠原政信
掃部大夫
小笠原信嶺
女
右馬允
牧野成定
右馬允
牧野康成
牧野
渡里久兵衛
(鳥居)某
駿河守
牧野忠成
女
越中守
牧野儀成
備後守
牧野成貞
女

五井松平太郎左衛門景忠の妻としているが、小栗家と酒井家の関係がわからない。通常であれば、将監の娘か姉妹が正重に嫁いで、その娘が養女となることが多いのだが、小栗家の系図にそれに類する記述が一切ないので、どうにもわからないといった状況なのだ（ちなみに、この小栗家は、小栗上野介《こうずけのすけ》忠順《ただまさ》とは全く別の系統である）。

また、『寛政重修諸家譜』に将監の末裔《まつえい》を騙《かた》る家系があり、そこでは将監の遺児に酒井作之《さくの》右衛門《うえもん》尚昌《なおよし》を掲げているが信用できない。

東の旗頭・酒井左衛門尉忠次

酒井左衛門尉忠次（一五二七～九六）は、家康が若かりし頃の筆頭家老ともいうべき重臣で、「徳川四天王」の一人に数えられた。

永禄六（一五六三）年に三河一向一揆が起きると、忠次は近親の酒井将監忠尚が籠もる上野上村城を攻めた。永禄七（一五六四）年に東三河の今川家の拠点・吉田城（愛知県豊橋市今橋《いまはし》）が陥落すると、忠次は吉田城城代に抜擢される。

永禄九（一五六六）年頃の軍制改革（三備）で東の旗頭に任ぜられ、国衆や松平一族を率いた。のみならず「酒井忠次は寺領安堵や不入権《ふにゅうけん》付与という、いわば大名権力に属するような権限」を与えられていた（『徳川権力の形成と発展』）。

元亀元（一五七〇）年の姉川の合戦、元亀三（一五七二）年の三方原の合戦、天正三（一五七五）年の長篠の合戦で先鋒を務めた。長篠の合戦では、織田信長に鳶巣山砦《とびすとりで》への奇襲を進言、三〇〇〇の兵を率いて奇襲を成功させ、勝利に貢献した。

天正一〇（一五八二）年の本能寺の変で、忠次は家康の伊賀越えに従い、三河に帰参。家康は帰途で山崎《やまざき》の合戦の報を聞いて甲斐・信濃経略に舵《かじ》を切り、忠次に三〇〇〇の兵を預けて信濃攻めの先鋒を命じ、忠次は信濃経略の最高責任者となった。また、小牧・長久手の合戦では森《もり》武蔵守長可《ながよし》の軍を奇襲で破る功績をあげた。

天正一六（一五八八）年に家督を嫡男・酒井宮内大輔《くないだゆう》家次《いえつぐ》に譲って隠棲《いんせい》し、慶長元（一五九六）年に死去。享年七〇。

忠次の兄弟

『寛政重修諸家譜』によれば、忠次の兄弟は三男四女であるが、兄とされている忠善が父の可能性もあり、系図の混乱が見え、定かではない。

・長男　酒井左衛門尉忠善《ただよし》（？　　～一五三六）
・次男　酒井左衛門尉忠次（一五二七～一五九六）
・三男　酒井下総守《しもうさのかみ》恒城《つねもと》（？　　～一六一六）
・長女　信康の家老・石川豊前守《ぶぜんのかみ》信成《のぶなり》（一般には春重《はるしげ》）の妻
・次女　渡里《わたり》（鳥居）久兵衛《きゅうべえ》某の妻

・三女　山岡半左衛門《やまおかはんざえもん》某の妻

・四女　三河国衆・西郷左衛門尉清員《きよかず》の妻

次女の夫・渡里久兵衛某であるが、三河譜代に渡里姓の人物はいない。ただし、鳥居忠吉《とりいただよし》の先祖が「三河国矢作《やはぎ》庄にいたり、渡里（岡崎市渡《わたり》町）に住しこれより渡里伝内忠氏《でんないただうじ》と称す」（『寛政重修諸家譜』）という記述があり、渡里久兵衛も鳥居忠吉の一族だと考えられる。

また、三女の夫・山岡半左衛門であるが、忠次が山岡対馬守景佐《つしまのかみかげすけ》の娘を養女としているので、その一族（近江勢田《せた》の国人・山岡家）と考えられる。ただし、山岡家の系図には半左衛門を名乗る人物が見当たらず、具体的には誰なのか不明である。

忠次の姉妹は、安城譜代の重鎮・石川家、岡崎譜代の奉行・鳥居家、三河国衆の西郷家に嫁ぎ、バランスの取れた閨閥だということができる。

忠次の妻は家康の叔母

忠次の正室は清康の娘・碓井姫《うすいひめ》（?〜一六一二。於久、臼井姫、吉田姫ともいう）である。碓井姫ははじめ長沢松平政忠《まさただ》に嫁いで康忠《やすただ》を産み、永禄三（一五六〇）年の桶狭間の合戦で政忠が討ち死にすると、酒井忠次に再縁した。

再縁した年は不明だが、嫡男・酒井家次が永禄七（一五六四）年生まれなので、その前年には再婚していたと考えられる。おそらく永禄六（一五六三）年の三河一向一揆で酒井忠尚が追放され、忠次が家督を継いだ時に再縁したのではないか。生年は不詳で、『寛政重修諸家譜』にも生年・享年の記載はないが、『三河　松平一族』では「享年七七」「慶長十年（一六〇五）十月十七日に没した」と記している。この説に従えば、碓井姫は享禄二（一五二九）年生まれとなり、一八歳で長沢松平康忠を生んで、四一歳で本多康俊を産んだことになる。少々疑問に思えなくもない。一方、忠次が長男・家次をもうけたのが三八歳ということになり、これもかなり遅いといわざるを得ない。おそらく忠次も初婚ではなかったのだろう。

忠次の子女

『寛政重修諸家譜』によれば、忠次には五男二女および養女一人がいた（★は嫡出）。

・長男★酒井宮内大輔《くないだゆう》家次《いえつぐ》　（一五六四〜一六一八）　妻は榊原九右衛門正吉《さかきばらきゅうえもんまさよし》の娘
・次男★本多縫殿助《ぬいのすけ》康俊《やすとし》　（一五六九〜一六二一）　三河国衆・本多忠次《ただつぐ》の養子
・三男　小笠原左衛門佐《さえもんのすけ》信之《のぶゆき》　（一五七〇〜一六一四）　信濃国衆・小笠原信嶺《のぶみね》の養子
・四男　福釜《ふがま》松平甚三郎《じんざぶろう》久恒《ひさつね》　（一五八四〜一六五二）　福釜松平康親《やすちか》の養子
・五男　酒井因幡守《いなばのかみ》忠知《ただとも》　（一五九二〜一六七六）　一五〇〇石→一五〇〇俵
・長女　五井《ごい》松平外記《げき》伊昌《これまさ》の妻
・次女　三河国衆・牧野《まきの》右馬允《うまのじょう》康成《やすなり》の妻
・養女　山岡対馬守景佐の娘。本郷勝三郎《ほんごうしょうざぶろう》頼泰《よりやす》の妻、のち曾我《そが》又左衛門《またざえもん》尚祐《なおすけ》に再縁する。

いだ。天正一八（一五九〇）年の関東入国で下総臼井三万石を賜り、関ヶ原の合戦後の慶長九（一六〇四）年に上野高崎《たかさき》藩五万石、元和元（一六一五）年の大坂夏の陣後に越後高田藩一〇万石に転封となった。子孫は信濃松代《まつしろ》藩を経て、出羽鶴岡藩（通称・庄内《しょうない》藩）一七万石を領した。支流として出羽松山藩二万五〇〇〇石がある。

次男以下はいずれも名門家系の養子に迎えられた。忠次の声望を示すものであろう。

忠次の次男・**本多縫殿助康俊**（一五六九〜一六二一）は、三河国衆・本多彦八郎《ひこはちろう》忠次の養子となった。本多家といっても数多くあるが、中でも最も有力だったのが本多忠次の家系で、三河国宝飯《ほい》郡伊奈《いな》村（愛知県豊川市伊奈町）付近を領する国衆である。

康俊は天正三（一五七五）年の長篠合戦の折に、人質として信長の下に預けられ、三河に帰参後、天正八（一五八〇）年に家康の命で、子のない本多忠次の養子となった。天正一七（一五八九）年に家督を継ぎ、翌天正一八年の小田原合戦の際に、今度は秀吉へ人質に差し出されている。天正一八（一五九〇）年の関東入国で下総小篠《こざさ》に五〇〇〇石を賜り、慶長五（一六〇〇）年の関ヶ原の合戦で後詰めを務め、翌慶長六年に三河西尾藩二万石を賜った。大坂冬の陣では近江膳所の守衛を務め、元和三年には近江膳所藩三万石に転封となった。子孫は三河西尾藩三万五〇〇〇石、伊勢亀山藩五万石を経て、近江膳所藩六万石を領した。支流として伊勢神《かん》戸《べ》藩一万五〇〇〇石、三河西端《にしばた》藩一万五〇〇〇石がある。

忠次の三男・**小笠原左衛門佐信之**（一五七〇〜一六一四）は、信濃国衆・小笠原掃部大夫《かもんだいふ》信嶺の養子となった。

信嶺は信濃国伊那《いな》郡松尾《まつお》城主で、天正一〇（一五八二）年に酒井忠次が信濃に攻め入ると妻子を人質に出して家康に降った。天正一六（一五八八）年に家康の命で信之を婿養子に迎え、天正一八（一五九〇）年の関東入国で武蔵本庄《ほんじょう》に一万石を賜った。

慶長三（一五九八）年に信嶺が死去し、信之が家督を継承。慶長五（一六〇〇）年の関ヶ原の合戦では秀忠に従い、美濃岩村《いわむら》城の抑えとして信濃妻籠《つまご》城に駐留した。慶長一七（一六一二）年に下総古河藩二万石に転封。子孫は下総関宿藩二万二七〇〇石、美濃高須藩を経て、越前勝山藩を領した。

忠次の四男・**福釜《ふかま》松平甚三郎久恒**（一五八四〜一六五二）は『寛政重修諸家譜』によれば、十四松平家の一つ・福釜松平左《さ》馬助親俊《まのすけちかとし》（?〜一五八一）の養子になったと記されている。しかし、実際には、久恒は「文禄二年八歳の時、三州福釜の松平左馬助の養子となったが、その後、左馬助に男子が生まれたので、慶長五年福釜の息女を連れて実家に帰り、養父左馬助の希望で松平姓を名乗ることとした」という（『三百藩家臣人名事典』）。

文禄二（一五九三）年に左馬助親俊は既に死去しているので、久恒は親俊の子・福釜松平筑後守康親（一五六七〜一六一七）の婿養子で、慶長六（一六〇一）年に康親に男子（福釜松平筑後守康盛［一六〇一〜七一］）が生まれたため、酒井家に戻り家臣となったと理解すべきだろう。

第7節　内藤家長

三つの内藤家

内藤家は藤原秀郷の末裔で、鎌倉幕府に仕えていた御家人の子孫が、応仁《おうにん》の頃に三河国に移住したのだという。内藤家には三つの流れがあるが、いずれも内藤右京進《うきょうのしん》義清《よしきよ》を家祖としている。[図3－10]

上野村の弥次右衛門《やじうえもん》家（内藤弥次右衛門家長《いえなが》、子孫は日向国延岡《のべおか》藩七万石など）

姫小川村の三左衛門《さんざえもん》家（内藤豊前守《ぶぜんのかみ》信成《のぶなり》、子孫は越後国村上《むらかみ》藩五万石）

芦谷村の甚五左衛門《じんござえもん》家（内藤甚五左衛門、子孫は信濃国高遠《たかとお》藩三万三〇〇〇石など）

「諸士出生記」「諸士姓名目録」などの地誌を見ると、内藤家は碧海郡姫小川《ひめおがわ》村（安城市姫小川町）、額田郡上野村（豊田市上郷《かみごう》町）、額田郡芦谷村（額田郡幸田町）を中心として、それぞれ碧海郡野畑村（岡崎市野畑町）、幡豆郡羽角《はすみ》村（西尾市上羽角町、下羽角町）、幡豆郡野場《のば》村（額田郡幸田町）などに勢力を拡げていることがわかる。[図3－11]

内藤右京進

『寛政重修諸家譜』では内藤家の家祖を内藤右京進（?～一五三七）とし、「信忠君及び清康君に奉仕し、三河国上野城をたまふ」としているが、戦国時代では足利将軍家から偏諱を賜らないと「義」の字を付けることができないので、「義清」という諱は後世に付会したものと考えられる（本書では内藤右京進と表記する）。［図3－12］

『寛政重修諸家譜』に「右京進及び石川左近大夫忠輔、植村新六某、天野清右衛門貞有、林藤助某等を岡崎の五人衆と称す」との記述があり、松平家の重臣を務めていたらしい。

右京進には二男三女がいた。

・長男　内藤弥次右衛門清長《きよなが》（？　～一五六四）妻は松平弥右衛門某の娘
・次男　内藤甚五左衛門忠郷《たださと》（一五一一～一五八〇）
・長女　嶋田久右衛門景信《きゅうえもんかげのぶ》の妻
・次女　酒井河内守重忠（一五四九～一六一七）の妻
・三女　石川伯耆守数正（一五三三？～一五九二）の妻

右京進は家老だっただけあって、娘の二人は同じく家老の酒井家、石川家に嫁いでいる。ただし、『寛政重修諸家譜』の酒井重忠の項では「室は上総介忠輝朝臣の家臣山田長門守重辰の女」としか記述がなく、内藤右京進の娘との婚姻関係は掲載されていない。年齢的にも合致しないが、いったん信じておこう。

--(越後村上藩５万石)

左京大夫
内藤頼長--------------（日向延岡藩７万石）

帯刀
内藤忠興

主殿頭
（遠山）頼直 ------------(陸奥湯長谷藩１万 5000 石)

兵部少輔
内藤政晴----------------------------(三河挙母藩２万石)

久五郎
内藤直政

右京進
安藤重長----------------------------(陸奥磐城平藩３万石)

--(信濃高遠藩３万 3000 石)

--(志摩鳥羽藩３万 3000 石：改易)

平八郎
内藤正勝----------------------------(信濃岩村田藩１万 5000 石)

図３－10：内藤家系図

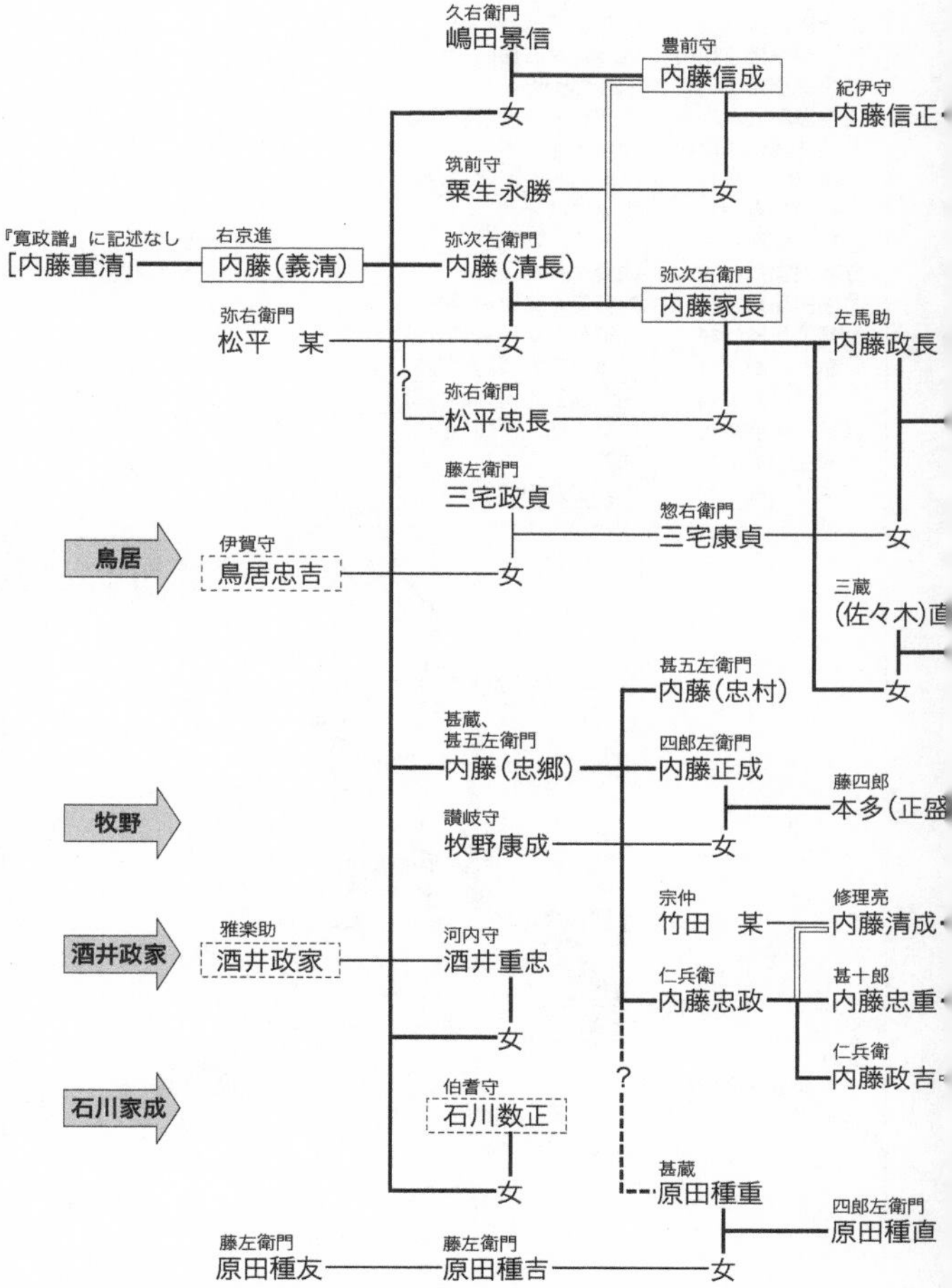

久右衛門
嶋田景信
豊前守
内藤信成
紀伊守
内藤信正
女
筑前守
粟生永勝
女
『寛政譜』に記述なし
[内藤重清]
右京進
内藤(義清)
弥次右衛門
内藤(清長)
弥次右衛門
内藤家長
弥右衛門
松平　某
女
左馬助
内藤政長
?
弥右衛門
松平忠長
女
藤左衛門
三宅政貞
惣右衛門
三宅康貞
女
鳥居
伊賀守
鳥居忠吉
女
三蔵
(佐々木)直
甚五左衛門
内藤(忠村)
女
甚蔵、
甚五左衛門
内藤(忠郷)
四郎左衛門
内藤正成
藤四郎
本多(正盛
牧野
讃岐守
牧野康成
女
宗仲
竹田　某
修理亮
内藤清成
酒井政家
雅楽助
酒井政家
河内守
酒井重忠
仁兵衛
内藤忠政
甚十郎
内藤忠重
女
?
仁兵衛
内藤政吉
石川家成
伯耆守
石川数正
女
甚蔵
原田種重
四郎左衛門
原田種直
藤左衛門
原田種友
藤左衛門
原田種吉
女

図3－11：内藤家の分布

在所	氏名
①碧海郡姫小川村	内藤右京進(義清)
②碧海郡姫小川村	内藤弥次右衛門(清長)
③碧海郡姫小川村	内藤弥十郎
④碧海郡姫小川村	内藤三左衛門(信成)
⑤碧海郡姫小川村	内藤平左衛門
⑥額田郡上野村	内藤弥次右衛門(家長)
⑦碧海郡野畑村	内藤半右衛門
⑧額田郡芦谷村	内藤佐七(政俊)
⑨額田郡芦谷村	内藤左平(政勝)
⑩額田郡芦谷村	内藤新右衛門尉(勝重)
⑪額田郡芦谷村	内藤与左衛門尉(重政)
⑫額田郡蔵前村	内藤弥次右衛門(家長)
⑬幡豆郡野場村	内藤甚五左衛門(忠郷)
⑭幡豆郡羽角村	内藤四郎左衛門(正成)
⑮幡豆郡貝福村	内藤孫十郎
⑯加茂郡松平村	内藤三左衛門

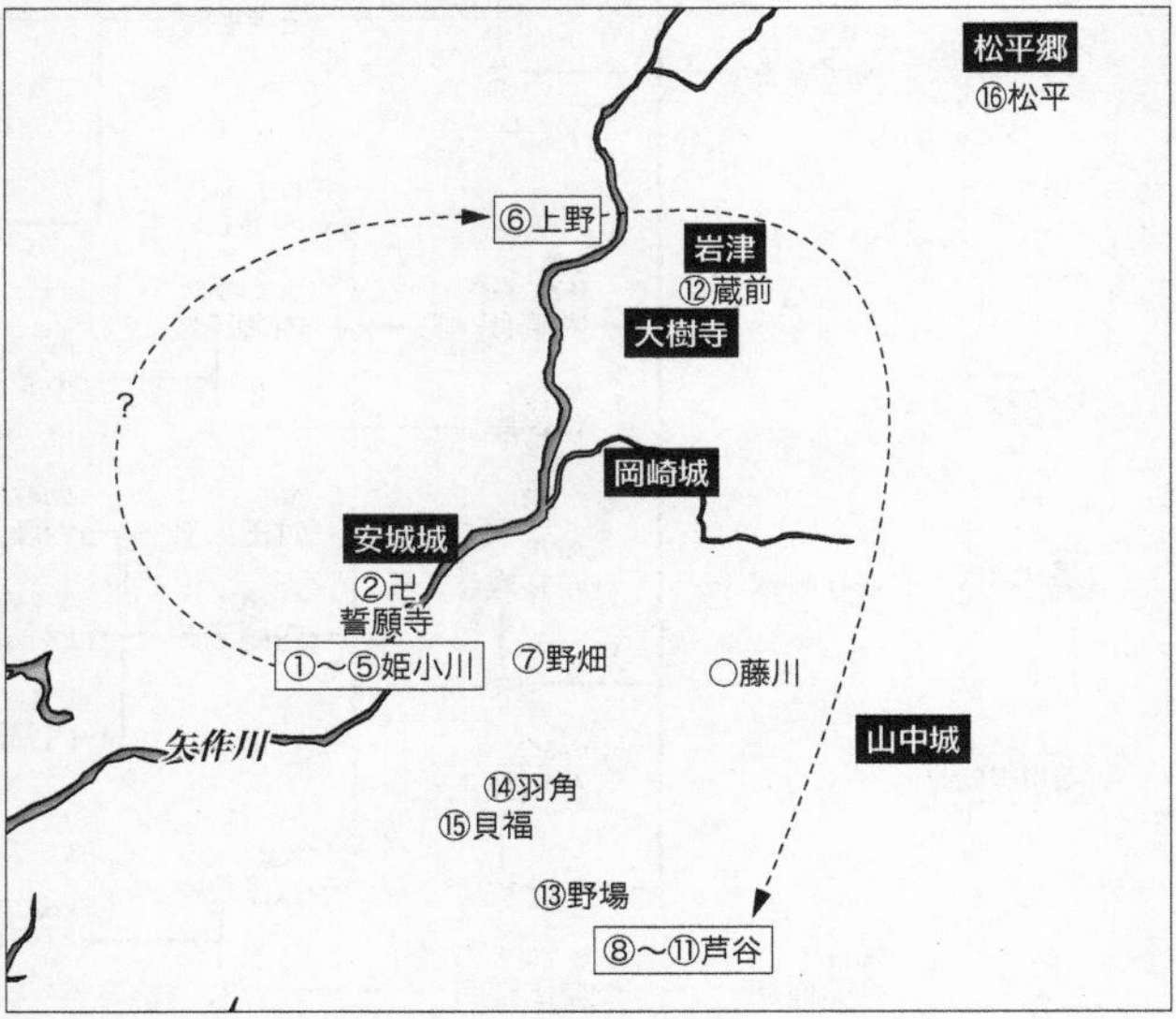

図３−12：内藤家長・信成系図

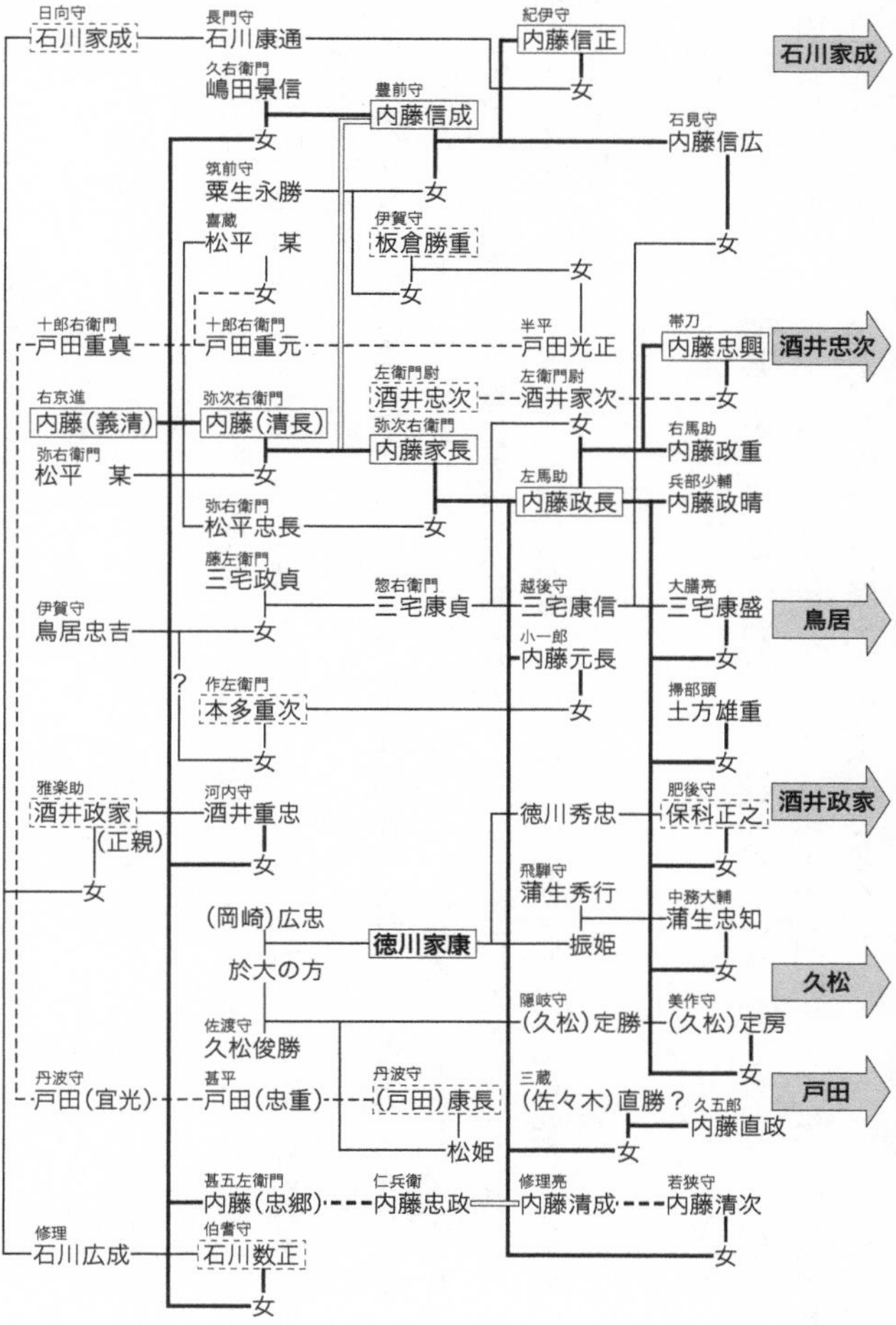

弓矢の達人・内藤家長

清長の子・内藤弥次右衛門家長（一五四六～一六〇〇）は家康より四歳年少で、膂力《りょりょく》にすぐれ、弓矢の達人として知られた。従兄弟の内藤四郎左衛門正成《しろうざえもんまさなり》も弓に秀でており、いわば内藤一族の御家芸といったところだろう。

家長は永禄九（一五六六）年頃の三備改革で石川家成《いえなり》附属となり、永禄一二（一五六九）年の懸川城攻め、元亀元（一五七〇）年の姉川の合戦、天正三（一五七五）年の長篠の合戦に従い、弓矢の腕を褒賞される。

天正七（一五七九）年に築山事件が起こると、岡崎三郎信康に附けられた家臣のうち二五人を家長の与力とするように命じられた。さらに小牧・長久手の合戦後、天正一三（一五八五）年に石川数正が出奔すると、数正の兵八〇騎を与力に加えた。家長は天正一八（一五九〇）年の関東入国で上総佐貫二万石を賜り、慶長五（一六〇〇）年、関ヶ原の合戦に先だつ伏見城の籠城《ろうじょう》戦で討ち死にした。

家長の妻子

家長の母は松平弥右衛門某の娘、妻は松平弥右衛門忠長の娘である。おそらく忠長は松平弥右衛門某の子であろう。松平家は幾つもの流れがある。「諸士出生記」によれば、忠長は欠村《かけ》（岡崎市欠町）在住のようだが、どの系統に属するかは不明である。

『寛政重修諸家譜』によれば、天正三（一五七五）年の二俣城攻めで、忠長の子・彦九郎が討ち死にしたので、家康は家長に松平弥右衛門家を継ぎ、松平姓を名乗ることを勧めたが、家長は固辞したという。松平弥右衛門家は名門だったのだろう。

なお、家長には二男四女がいた（★は嫡出）。

・長男★内藤左馬助《さまのすけ》政長《まさなが》（一五六八〜一六三四）妻は三宅《みやけ》惣右衛門《そうえもん》康貞《やすさだ》の娘
・次男★内藤小一郎《こいちろう》元長《もとなが》（一五八五〜一六〇〇）妻は本多作左衛門《さくざえもん》重次《しげつぐ》の娘
・養子　内藤久五郎《きゅうごろう》直政《なおまさ》（？〜一六三五）長女の子。妻は戸田又七《またしち》直次《なおつぐ》の娘
・長女★佐々木《ささき》松平三蔵《さんぞう》直勝《なおかつ》の妻
・次女★内藤若狭守《わかさのかみ》清次《きよつぐ》の妻、離縁の後、里見家家臣・正木《まさき》淡路《あわじ》康盛《やすもり》に再縁する。
・三女★石野《いしの》八兵衛《はちべえ》氏置《うじおき》の妻
・四女★家臣・宿屋求馬《きゅうま》利長《としなが》の妻

嫡男・**内藤左馬助政長**（一五六八〜一六三四）は一六歳で小牧・長久手の合戦に参陣して武功を上げ、天正一七年に豊臣秀吉に拝謁して豊臣姓を与えられた。父の死後、遺領を継ぎ、慶長七年に一万石を加増され、さらに度々の加増を受け、元和八（一六二二）年に陸奥国磐城平《いわきたいら》藩七万石に転封。子孫は日向国延岡藩七万石を領した。分家として陸奥国湯長谷《ゆながや》藩一万五〇〇〇石、三河国挙母《ころも》藩二万石がある。

次男・内藤小一郎元長（一五八五〜一六〇〇）は父とともに伏見城で討ち死にした。

長女は佐々木松平三蔵直勝に嫁いだ。佐々木松平家は、松平泰親の子・松平備中守《びっちゅうのかみ》久親《ひさちか》の子孫（『参河志』）とも、能見《のみ》松平家の支流（『寛政重修諸家譜』）とも伝えられるが定かでない。直勝の兄・佐々木松平三左衛門《さんざえもん》忠倫《ただとも》（?～一五四七）は、広忠が叔父・三ツ木松平蔵人《くろうど》信孝《のぶたか》と対立した時に、信孝とともに織田信秀に与して上和田《かみわだ》城に立て籠もった。反広忠軍の主力と見られ、天文一六年に広忠の密命を受けた筧平三郎重忠《かけいへいざぶろうしげただ》によって暗殺された。

直勝は別名を忠就《ただなり》、信次《のぶつぐ》ともいい、三河一向一揆の際に家康に叛旗を翻し、大草城に立て籠もったが、一揆の鎮圧後に出奔した。そのため、直勝の遺児は内藤家で育てられ、家長の養子となったという（ただし、直勝については所伝が混乱しているので、どこまで本当かは定かでない）。

次女は一族の内藤若狭守清次に嫁いだが、離縁の後、里見《さとみ》家の家臣・正木淡路《あわじ》康盛に再縁した。家康の側室・蔭山《かげやま》殿（紀伊徳川頼宣《よりのぶ》、水戸徳川頼房《よりふさ》の母）の実家が正木家なので、その近親と思われる。

三女が嫁いだ石野八兵衛氏置《うじおき》は、播磨赤松《あかまつ》氏の支流で、父・石野和泉守氏満《いずみのかみうじみつ》は三木《みき》城主・別所長治《べっしょながはる》に仕え、落城後に前田利家《まえだとしいえ》に仕えた。氏置は外祖父・有馬中務少輔《ありまなかつかさのしょうのり》則頼《より》に育てられ、文禄元年に肥前名護屋城で家康に請われて近習となったという。

第8節　内藤信成

広忠のご落胤？

三左衛門家の祖・**内藤豊前守信成**（一五四五〜一六一二）は通称を三左衛門《さんざえもん》といい、嶋田久右衛門景信の次男として生まれた。母は内藤右京進の娘である。

『寛政重修諸家譜』によれば、従兄弟・内藤家長の養子になるが、家長に実子が生まれたため、分家を興したという。ただし、信成は家長より年上であることから、家長の父・清長の養子となったが、翌年清長に実子・家長が生まれたので、別家を興したのではないかといわれている。また、信成は広忠の落胤《らくいん》で、家康の異母弟という噂がある。

信成は一三歳で家康（当時は松平元信）から一字を賜って信成と称した（ちなみに従兄弟の家長も家康から偏諱を賜っている）。

信成は永禄元（一五五八）年の広瀬《ひろせ》城攻めに従い、永禄三（一五六〇）年の桶狭間の合戦の丸根城攻めに御馬廻《まわり》として参加。永禄六（一五六三）年の三河一向一揆では酒井将監が籠もる上野上村《かみむら》城攻めに功績があり、三河国中嶋に所領を賜ったという。

永禄一二（一五六九）年の懸川城攻め、元亀元（一五七〇）年の姉川の合戦、元亀三（一五七二）年の三方原の合戦、天正三（一五七五）年の長篠の合戦に参加した。

信長から長篠の合戦での戦上手ぶりを「誠に先駆の猛将、奇異の勇士なり」面頬《めんぼお》を脱がせて顔が見たいと激賞。その場にいた家康も「（武功を褒め称《たた》えた）感状を与えるべきであるが、信成の武勇はいつものことなので、今さら必要ない」と賞賛した。

天正一八（一五九〇）年の関東入国で伊豆韮山《にらやま》一万石を賜り、関ヶ原合戦後の慶長六（一六〇一）年に駿河駿府藩四万石を賜る。関東転封では関東への玄関口の守将を任され、関ヶ原の合戦後には家康の旧城・駿府城を与えられており、家康からの強い信頼感が伝わってくる。慶長一一（一六〇六）年に上方の警固のため、近江長浜《ながはま》藩に転封され、慶長一七（一六一二）年に死去した。享年六八。

信成の子女

信成の妻は粟生筑前守《あおうちくぜんのかみ》長勝《ながかつ》（永勝）の娘。粟生家は三河国額田郡秦梨《はだなし》村（岡崎市秦梨町）の在地領主で、京都所司代として有名な板倉《いたくら》伊賀守《がのかみ》勝重《かつしげ》が同じく長勝の娘と結婚している。

・長男★内藤紀伊守《きいのかみ》信正《のぶまさ》（一五六八～一六二六）　妻は石川長門守《ながとのかみ》康通《やすみち》の娘

・次男★内藤石見守《いわみのかみ》信広《のぶひろ》（一五九二～一六四九）　妻は三宅《みやけ》越後守《えちごのかみ》康信《やすのぶ》の娘

・長女　公卿《くぎょう》・（正親町《おおぎまち》）三条《さんじょう》中将《ちゅうじょう》（実教《さねのり》？）の妻

・次女　井出《いで》藤左衛門《とうざえもん》正信《まさのぶ》の妻

・三女　家臣・遠藤《えんどう》八左衛門《はちざえもん》俊春《としはる》の妻

・四女　丹羽六大夫定明《にわろくだゆうさだあき》の妻、死別後、家臣・横山甚右衛門貞正《よこやまじんえもんさだまさ》に再縁する。

長男・**内藤紀伊守信正**（一五六八～一六二六）は、小牧・長久手の合戦に参陣して武功を上げ、天正一四（一五八六）年にわずか一九歳にして大番頭に任ぜられる。小田原合戦、関ヶ原の合戦に参陣。元和元（一六一五）年に摂津高槻藩に転封され、元和三（一六一七）年に伏見城代となり、一万石を加増される。子孫は陸奥棚倉藩、駿河田中藩を経て、越後村上藩五万石を領した。

次男・内藤石見守信広（一五九二～一六四九）も慶安《けいあん》元年に加増され、一万一〇〇〇石を領したが、知らずにキリスト教信者を部下として隊列に加えていたことが落ち度とされ、五〇〇〇石に減封され、子孫は旗本寄合に列した。なお、兄・信正と二四歳差でありながら同母弟とされているが、これは不自然だろう。

第9節　本多広孝／三河譜代唯一の国衆

五つの本多家

本多家は、「徳川四天王」の一人・本多平八郎忠勝《へいはちろうただかつ》、家康の側近・本多佐渡守正信《さどのかみまさのぶ》、三河三奉行の一人といわれる本多作左衛門重次を輩出している徳川家臣団屈指の名門家系である。

『寛政重修諸家譜』によれば、本多家は藤原兼通《かねみち》（道長《みちなが》の伯父）の子・左大臣顕光《あきみつ》の子孫にあたり、「右馬允助秀《すけひで》豊後国本多に住す。よりて称号とす」とある。助秀の子・右馬允助定《すけさだ》は足利尊氏《たかうじ》に従い、建武《けんむ》三（一三三六）年に粟飯原《あいはら》の志村某を討ち取り、その功により翌建武四（一三三七）年に尾張国横根《よこね》（大府《おおぶ》市横根町）、粟飯原《あいはら》の二郷を宛行《あてが》われたという。その子孫がいつ頃か三河に拠点を移したものと推測される。

本多家には幾つかの流れがある。［図3-13］

①洞《ほら》村の平八郎家　（本多平八郎忠勝、子孫は三河岡崎藩五万石など）
②伊奈郷《いなごう》の彦八郎家　（本多縫殿助《ぬいのすけ》忠次、子孫は近江膳所藩六万石）
③大平《おおひら》村の作左衛門家　（本多作左衛門重次、子孫は越前丸岡《まるおか》藩四万六三〇〇石）
④土井《どい》村の彦三郎家　（本多豊後守広孝、子孫は信濃飯山藩二万石）
⑤西城《さいじょう》村の弥八郎家　（本多佐渡守正信、子孫は加賀藩家老）

「諸士出生記」「諸士姓名目録」などの地誌を見ると、本多家は三河国内に広く分布しており、④土井村（岡崎市土井町）を中心として南西部に広がった家系と、①洞《ほら》村（岡崎市洞町）、③大平村（岡崎市大平町）近辺を本拠とする家系、②伊奈郷（愛知県豊川市伊奈町）から東北東に広がった家系に三分類できよう。こうした背景もあって、これら本多家が同族意識を持って行動していたとは考えにくい。［図3-14］

本多家は一般に安城譜代に分類されるが、実際はそれぞれの流れで松平家に仕えた時期が異なる。『寛永諸家系図伝』を見ると、安城譜代に属するのは土井村の彦三郎家だけで、洞村、大平村、西城村の本多家は清康時代から仕えたと記述している。ただし、西城村は碧海《あおみ》郡小川村（安城市小川町）近辺を指すらしいので、弥八郎家も安城譜代だと推察される。

家臣の中でも別格だった広孝

『松平記』の巻五に掲載されている「三河岡崎・遠州浜松に至迄《いたるまで》正月二日国衆《くにしゅう》御礼之次第」および「同正月二日夜御謡初《おうたいはじめ》 座敷次第」では、本多忠次《ただつぐ》と本多広孝《ひろたか》が国衆として正月行事に列席している。

　忠次は東三河の国衆で、家康以前は岡崎松平家の家臣ではなかったようだ。広孝は「三ご譜代」の中で唯一の国衆であり、家臣の中でも特別待遇だった可能性が高い。

『寛政重修諸家譜』では、広孝の曾《そう》祖父・**本多豊後守秀清**《ぶんごのかみひできよ》（?〜一四九八）が「長親君につかへ、明応六年三河国碧海郡土井の郷をたまふ」と記すが、この時期から安城松平家に仕えていたかは定かでない。土井城跡は東西五〇メートル、南北八〇メートルと伝えられ、酒井《さかい》忠次《ただつぐ》の居城・井田城跡（東西三〇メートル、南北五〇メートル）の倍以上の規模を誇り、安城松平家臣の中でも群を抜いて大身だったと考えられる。

左兵衛　忠書　右馬允　兵庫頭
—藤原光助—藤原助俊—藤原助清—藤原清家—

清康に仕う
平八郎　平八郎　平八郎
—本多忠豊—本多忠高—本多忠勝--（三河岡崎藩５万石）

清康に仕う
縫殿助　助大夫　縫殿助
--（本多正忠）--本多忠俊—本多忠次--（近江膳所藩６万石）

大平村に住し、
清康・広忠に仕う
次郎大夫　孫左衛門　丹波守
--（本多重正）--本多重富—本多富正---（越前藩家老）

作左衛門　飛騨守
本多重次—本多成重---（越前丸岡藩４万6300石）

信忠・清康に仕う　広忠・家康に仕う
彦三郎　豊後守　豊後守
—本多信重—本多広孝—本多康重---（信濃飯山藩２万石）

清康・広忠に仕う
弥八郎　佐渡守　上野守
—本多俊正—本多正信—本多正純---（下野宇都宮藩15万5000石）

安房守
本多政重---（加賀藩家老）

大隅守
本多忠純---（下野皆川藩２万8000石）

三弥左衛門
本多正重-----------------（駿河田中藩４万石）

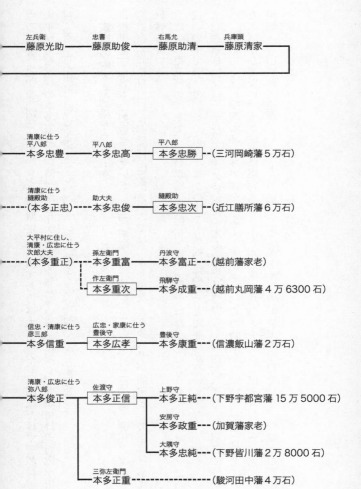

図３−13：本多家系図

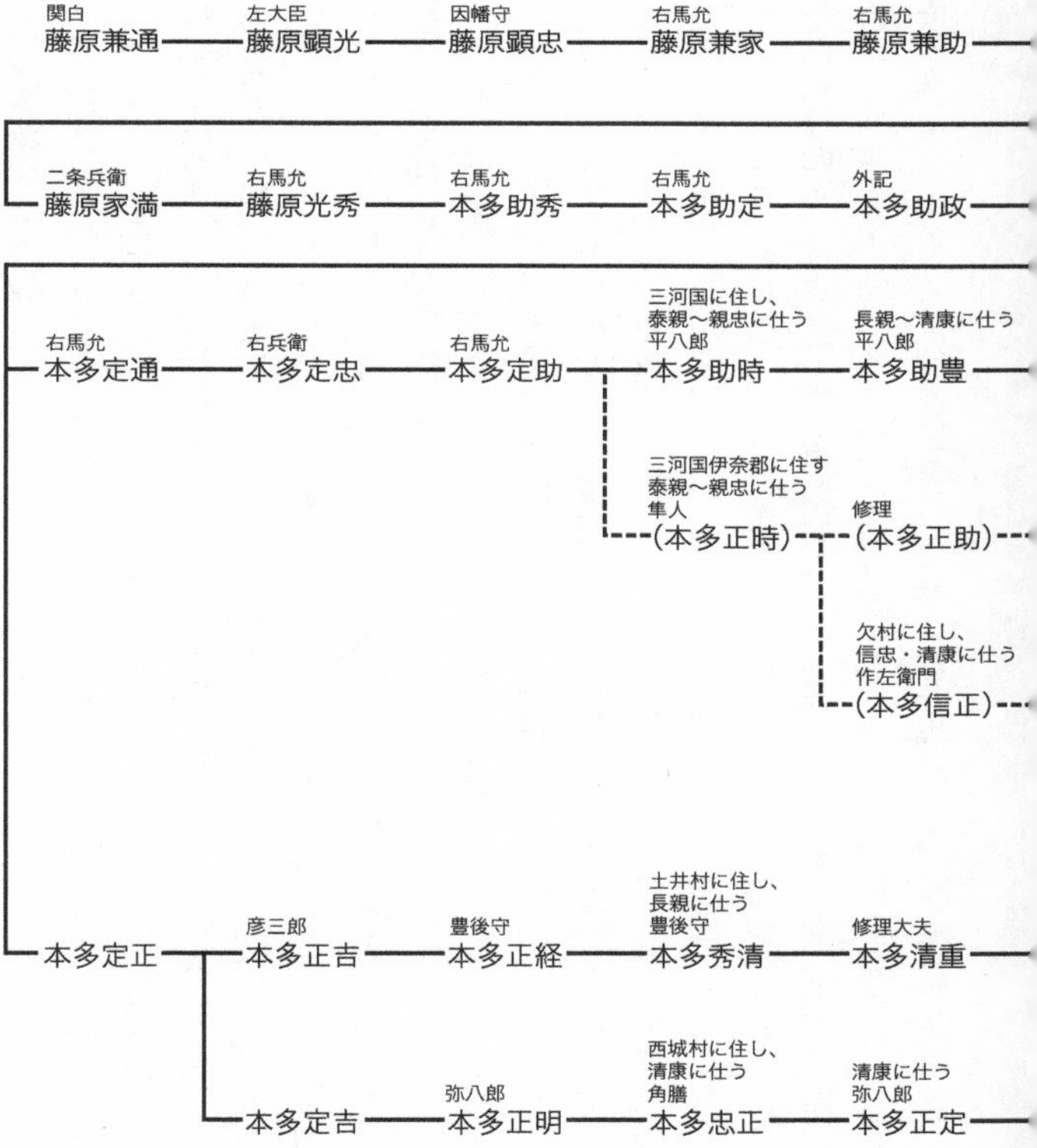

※系図の破線、およびカッコ書きの人物は『寛永諸家系図伝』に記載がなく、
『寛政重修諸家譜』の時に追記された箇所

天皇も叡覧した系図

本多豊後守広孝（一五二七～九六）は、通称を彦三郎《ひこさぶろう》、豊後守、のちに越前守《えちぜんのかみ》を称す。天正一一（一五八三）年に従五位下《じゅごいげ》・右兵衛佐《うひょうえのすけ》に叙任されたが、豊後守の通称を改めなかったという。次章で後述するが、豊後は本多家発祥の地だから特別な思い入れがあったのかもしれない。なお、叙任の際、太政大臣《だじょう》・近衛前久《このえさきひさ》から氏素性を尋ねられ、「ほう、兼通《かねみち》の子孫なのか、珍しい！」ということになり、家系図を提出。天皇も叡覧《えいらん》したという。煎本増夫氏は「系図を朝廷にさしだしているところからみると、本多一族の宗家かもしれない」と推察している（『徳川家康家臣団の事典』）。［図３－15］

さて、広孝は二歳にして父を亡くした。享禄二（一五二九）年に父・本多彦三郎信重《のぶしげ》（一五〇七～二九）が清康の吉田城攻めに従い、御油《ごゆ》で討死したのだ。

広孝は「幼穉《ようち》なりといへども父に継《つい》で土井の城に住し、広忠卿に仕《え》へたてまつり、御諱字をたまはり広孝と称す」（『寛政重修諸家譜』）。幼主のまま、家督を維持できたのは、大身の家柄ゆえに支える家臣がいたからであろう。また、三河の諸将が織田・今川に日和《ひよ》った時も広忠に忠誠を尽くしたといわれる。これも家臣の判断に違いない。持つべきものは良い部下である。

広孝は永禄四（一五六一）年の東条城攻めの先鋒を務めるなど、初期の家康を大いに助けた。永禄六（一五六三）年の三河一向一揆では、土井城が一揆側の主要拠点である三ヶ寺（野寺の本証寺、佐々木の上宮寺《じょうぐうじ》、針崎《はりさき》の勝鬘寺《しょうまんじ》）に囲まれた場所にあり、苦戦を強いられた。

図３－14：本多家の分布

在所	氏名
①額田郡洞村	本多平八郎（忠勝）
②額田郡欠村	本多肥後守（忠真）
③額田郡大平村	本多孫左衛門（重富）
④額田郡大平村	本多作左衛門（重次）
⑤額田郡大平村	本多九蔵（重玄）
⑥額田郡大平村	本多次郎九郎（重正）
⑦額田郡大平村	本多藤平（重定）
⑧額田郡坂崎村	本多甚七
⑨碧海郡土井村	本多豊後守（広孝）
⑩碧海郡土井村	本多彦四郎
⑪碧海郡中ノ郷村	本多刑部
⑫碧海郡安城村	本多市郎兵衛尉
⑬碧海郡姫小川村	本多三弥（正重）
⑭碧海郡西城村	本多弥八郎（正信）
⑮碧海郡野寺村	本多伴四郎（信光）
⑯碧海郡梯崎村	本多金左衛門
⑰幡豆郡永良村	本多嘉蔵

在所	氏名
⑱幡豆郡寄住村	本多新一郎（秀貞）
⑲幡豆郡寄住村	本多新左衛門尉（秀家）
⑳宝飯郡一宮村	本多百助（信俊）
㉑宝飯郡大崎村	本多四郎左衛門（貞近）
㉒宝飯郡伊奈村	本多助大夫（忠俊）
㉓宝飯郡伊奈村	本多彦八郎（忠次）

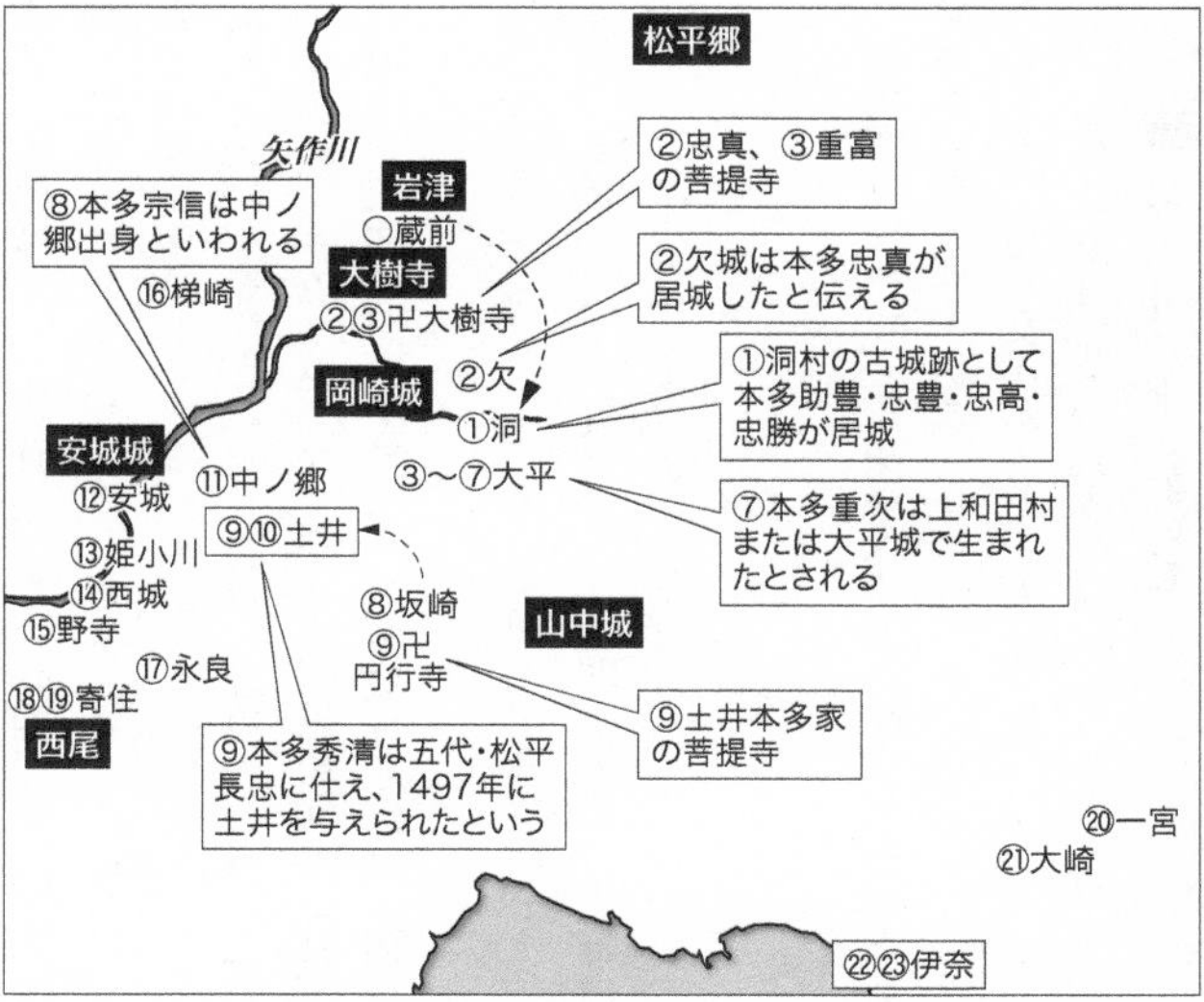

翌永禄七年の三河国田原城攻めで功績を挙げ、田原城を与えられた。この時期、三河国内で家康から拠点となる城を任された家臣は、酒井政家《まさいえ》（一般に正親《まさちか》）、酒井忠次と本多広孝だけであり、このことからも家康の信頼が厚かったことが示唆される。

遠江経略では久能城の内訌《ないこう》の収拾に功があり、久能城を任された。また、姉川の合戦、三方原の合戦、長篠の合戦で武功をあらわした。天正四（一五七六）年に遠江犬居《いぬい》城を陥落させ、遠江に二〇〇〇貫文の土地を賜った。これを機に、三河の旧領を長男・本多豊後守康重に譲って五一歳で隠棲した。

しかし、ひとたび合戦が起きれば参陣し、天正一〇（一五八二）年の甲斐・信濃攻略をはじめ、小牧・長久手の合戦、小田原合戦にも参戦。天正一八（一五九〇）年の関東入国で上野白《しろ》井《い》に隠居料一万二五〇〇石を賜った。慶長元（一五九六）年死去。享年七〇。

広孝の子女

広孝の妻は東条（青野）松平甚太郎《じんたろう》義春《よしはる》の娘である。ただし、東条松平家の系図は義春と家忠の間に、忠茂《ただしげ》が欠けているので、忠茂の娘である可能性がある。

『寛政重修諸家譜』によれば、広孝には少なくとも三男一女があった（★は嫡出）。

・長男★本多豊後守康重（一五五四～一六一一）　妻は石川日向守《ひゅうがのかみ》家成《いえなり》の娘

・次男★本多藤六郎《とうろくろう》重純《しげすみ》（生没年不詳）　妻は奥平《おくだいら》九八郎《くはちろう》貞能《さだよし》の娘

図３－15：本多広孝系図

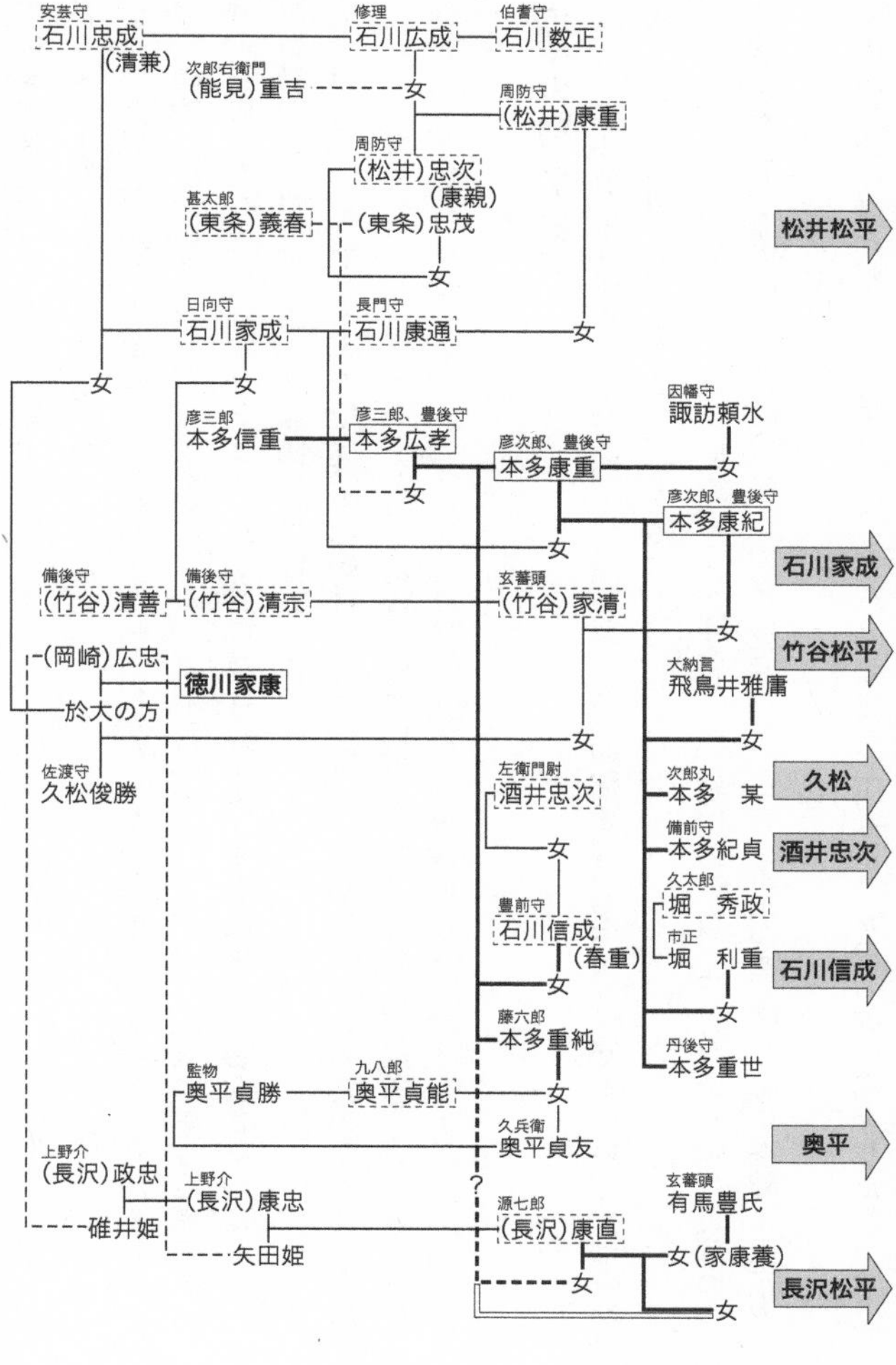
安芸守
石川忠成
（清兼）
修理
石川広成
伯耆守
石川数正
次郎右衛門
（能見）重吉
女
周防守
（松井）康重
周防守
（松井）忠次
（康親）
甚太郎
（東条）義春
（東条）忠茂
女
松井松平
日向守
石川家成
長門守
石川康通
女
女
女
因幡守
諏訪頼水
彦三郎
本多信重
彦三郎、豊後守
本多広孝
彦次郎、豊後守
本多康重
女
女
彦次郎、豊後守
本多康紀
女
石川家成
備後守
（竹谷）清善
備後守
（竹谷）清宗
玄蕃頭
（竹谷）家清
女
竹谷松平
（岡崎）広忠
徳川家康
於大の方
大納言
飛鳥井雅庸
女
女
佐渡守
久松俊勝
左衛門尉
酒井忠次
次郎丸
本多　某
久松
備前守
本多紀貞
酒井忠次
女
久太郎
堀　秀政
豊前守
石川信成
（春重）
市正
堀　利重
石川信成
女
女
藤六郎
本多重純
丹後守
本多重世
監物
奥平貞勝
九八郎
奥平貞能
女
久兵衛
奥平貞友
奥平
上野介
（長沢）政忠
?
上野介
（長沢）康忠
玄蕃頭
有馬豊氏
源七郎
（長沢）康直
碓井姫
矢田姫
女（家康養）
女
長沢松平
女

・三男★本多庄蔵《しょうぞう》 某　（生没年不詳）

・長女★石川豊前守信成（一般には春重）の後妻

なお、長沢松平源七郎康直《げんしちろうやすなお》（一五六九〜九三）の妻が「本多豊後守広孝が女」と記されており、この他に娘がいたらしい。康直がわずか二五歳で死去すると、妻と二人の娘は広孝の許に帰り、その長女は家康の養女として有馬玄蕃頭豊氏《ありまげんばのかみとようじ》と結婚、次女は広孝の養女となったというが、『寛政重修諸家譜』の本多家側には記述がない。

広孝の次男・重純と奥平信昌の妹の結婚は、長篠合戦に先立つ奥平家の内応の条件で、家康の長女・亀姫と奥平信昌の結婚とともにあげられていたという。東三河の国衆（奥平家）は広孝が徳川家臣でも別格で、自分と釣り合いの取れる家系と認識していたのだろう。

広孝の嫡男・康重

長男・本多豊後守康重（一五五四〜一六一一）は、通称を彦次郎、豊後守といい、妻は安城譜代の重鎮・石川日向守家成の娘である。

永禄一二（一五六九）年に懸川城攻めで初陣を飾り、姉川の合戦、三方原の合戦、長篠の合戦、遠江犬居城・遠江高天神城攻め、小牧・長久手の合戦、小田原合戦などに参陣。天正五（一五七七）年に家督を継いだ。

家康からの信頼が厚く、天正一三（一五八五）年に石川数正が秀吉の許に出奔した際、家臣がみな家康に対して人質を出したため、康重が三男・次郎八《じろうはち》（のちの本多備前守紀貞《びぜんのかみのりさだ》）を人質に出そうとしたところ、「汝《なんじ》が家累世《るいせい》の忠節うたがふこと絶《たえ》てあるべからず、なむ《ん》ぞ質《しち》を求むや（お前の家の代々の忠節は疑ったことがない。なんで人質を求めようか）」といわれ、人質を出さずに済んだという。

天正一八（一五九〇）年の関東入国で上野白井二万石を賜り、関ヶ原の合戦後の慶長六（一六〇一）年に三河国岡崎藩五万石に転封された。三河岡崎は徳川家臣団の父祖の地であり、その地を与えられたことは、家康からかわいがられていたことを物語っている（さらに本多家の父祖の地・土井村を所管することを任されている）。

康重の曾孫《ひまご》・本多越前守利長《としなが》は遠江国横須賀《よこすか》藩五万石に転じたが、治政が悪く改易され、出羽国村山郡で一万石を与えられた。子孫は越後国糸魚川藩を経て、信濃国飯山藩二万石を領した。

第4章　その他の三河譜代

第1節　家老以下クラスの三河譜代

家老以下クラスの婚姻関係

家老以下クラスの閨閥《けいばつ》には、家老クラスほど明確な特徴がない。［図4－1］

まず、「三ご譜代」（「安城譜代」「山中譜代」「岡崎譜代」）の間に婚姻事例が一部存在するものの、全体としては進んでいない。図に掲載された家系では、石川・大久保・植村・本多（正信）が「安城譜代」、酒井・平岩が「山中譜代」、それ以外が「岡崎譜代」と思われるが、「岡崎譜代」同士の婚姻が目に付くくらいで、まだ融合されていない感を受ける。また、図示していないが、三河国衆との婚姻も限定的である。

つまり、従来の階層内部、近所での縁談の域を出ていなかったということだ。

様相が一変するのは、一五五〇年代以降に生まれた家臣の婚姻である。

大久保忠隣《おおくぼただちか》（一五五三年生まれ）、本多正純《ほんだまさずみ》（一五六五年生まれ）は家老クラスと婚姻している。同様に大久保忠世《おおくぼただよ》が女婿に迎えた三河国衆・設楽貞清《したらさだきよ》も一五五〇年以降の生まれ（一五六五年

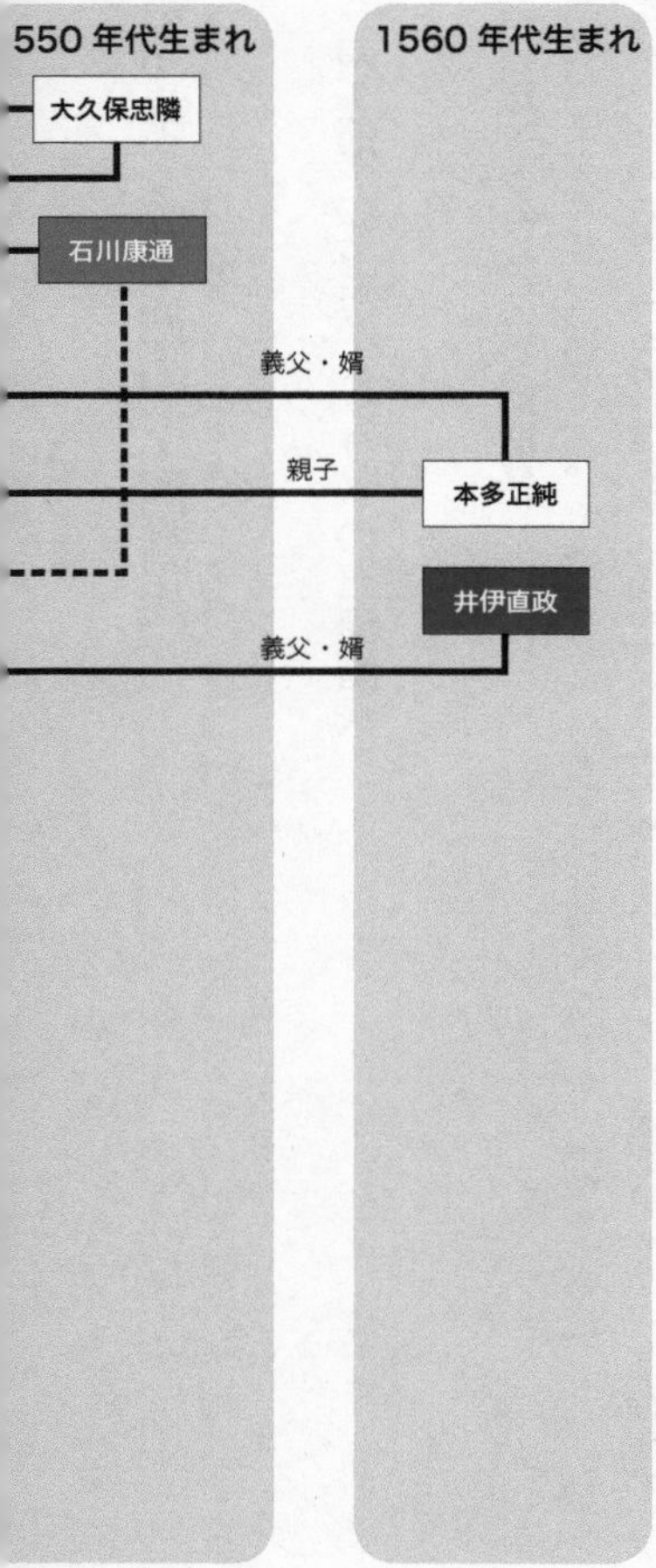

生まれ）である。子どもの生年から逆算すると、忠隣は父・忠世《ただよ》が二俣城主になった頃、正純は父・正信《まさのぶ》が甘縄城主になって以降に結婚したようだ。かれらの父親が城主クラスに出世したことを受けての身分上昇だろう。

後述するが、本多《ほんだ》忠勝《ただかつ》は信濃国衆・真田《さなだ》信之《のぶゆき》（一五六六年生まれ）を女婿に迎えている。主君・家康が五ヶ国領有の大大名になるにしたがって、主要家臣の対外的な名声が高まり、家老クラスをも凌《しの》ぐ閨閥を築くことになるのだ。

図4－1：家老クラス以下の婚姻関係

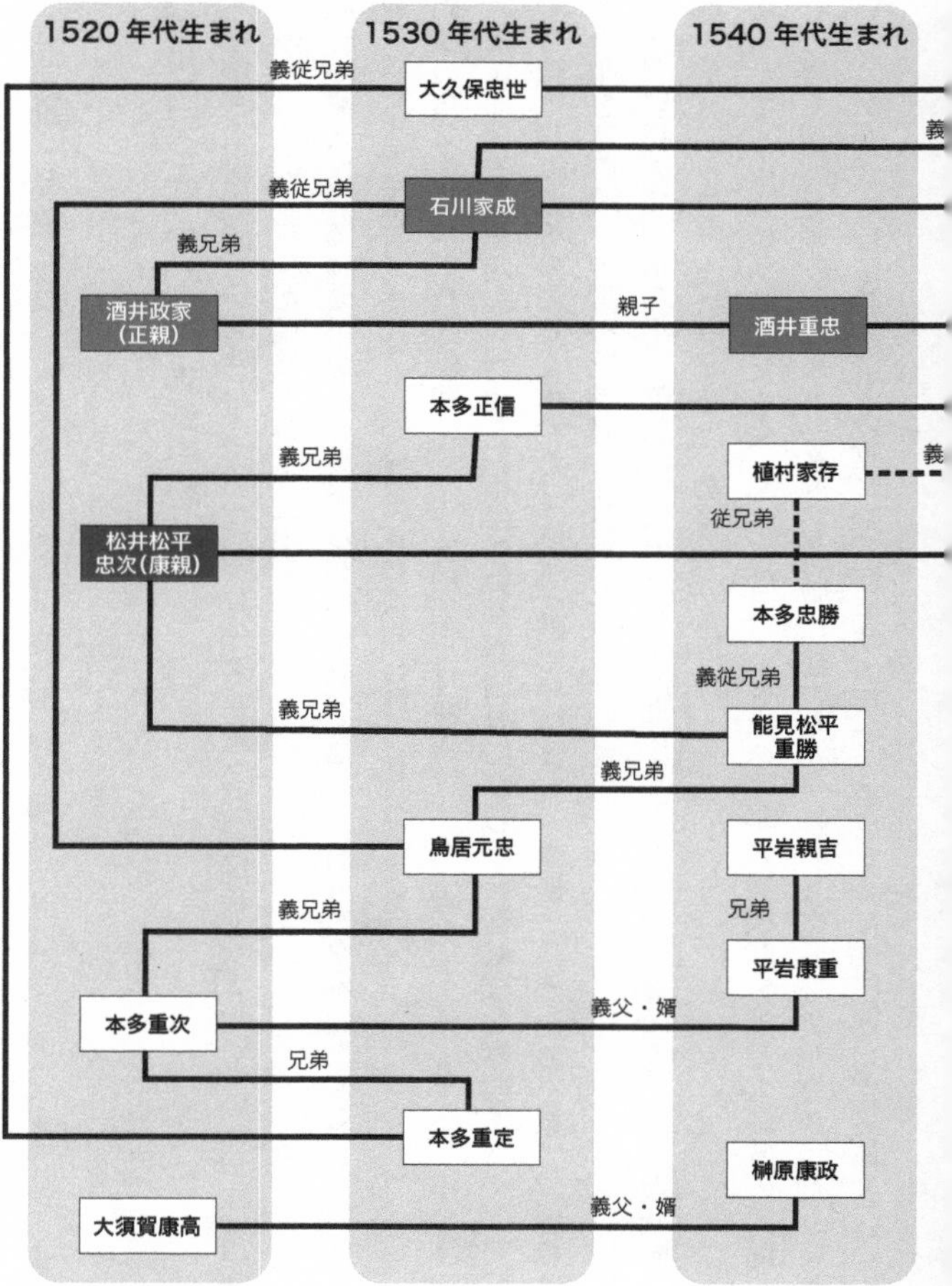

※白抜きの字は家老、国衆クラス。

第2節　本多忠勝

「徳川四天王」の一人・本多忠勝

本多中務大輔忠勝《なかつかさだゆうただかつ》（一五四八〜一六一〇）は幼名を鍋之助《なべのすけ》、通称を平八郎《へいはちろう》といい、「徳川四天王」の一人に数えられた猛将である。［図4－2］

忠勝の家系は、岡崎城の東に位置する額田郡洞村《ほら》（岡崎市洞町）を本拠とするとも、元は蔵前村《くらまえ》（岡崎市西蔵前町）に住し、忠勝の代に洞村に移り住んだともいう。

忠勝の祖父・本多平八郎忠豊《ただとよ》（？〜一五四五）は清康に仕え、享禄三（一五三〇）年の宇利城《うり》攻めに参加。天文一四（一五四五）年に広忠が織田方に奪われた安城城を奪還すべく、安城清畷《あんじょうせいなわて》で合戦に及ぶとその先鋒《せんぽう》を承った。広忠が敵に挟撃され、窮地に陥ったのを見て、忠豊は広忠の馬印《うまじるし》を奪い取って敵を欺き討ち死にした。

また、忠勝の父・本多平八郎忠高《ただたか》（一五二八〜四九）も天文一八（一五四九）年の安城城攻撃（一説に小豆坂《あずきざか》の合戦）で討ち死にした。

かくして、忠勝は幼時に父を失い、永禄三（一五六〇）年の桶狭間合戦で大高城《おおたか》の兵糧入れに一三歳で初陣を飾り、以後五〇数度の合戦に従ったが、かすり傷一つ負わなかったといわれている（が、『寛政重修諸家譜』の牧野讃岐守康成《さぬきのかみやすしげ》の項で、康成がまだ今川側の部将だった時、永禄

図４－２：本多忠勝系図

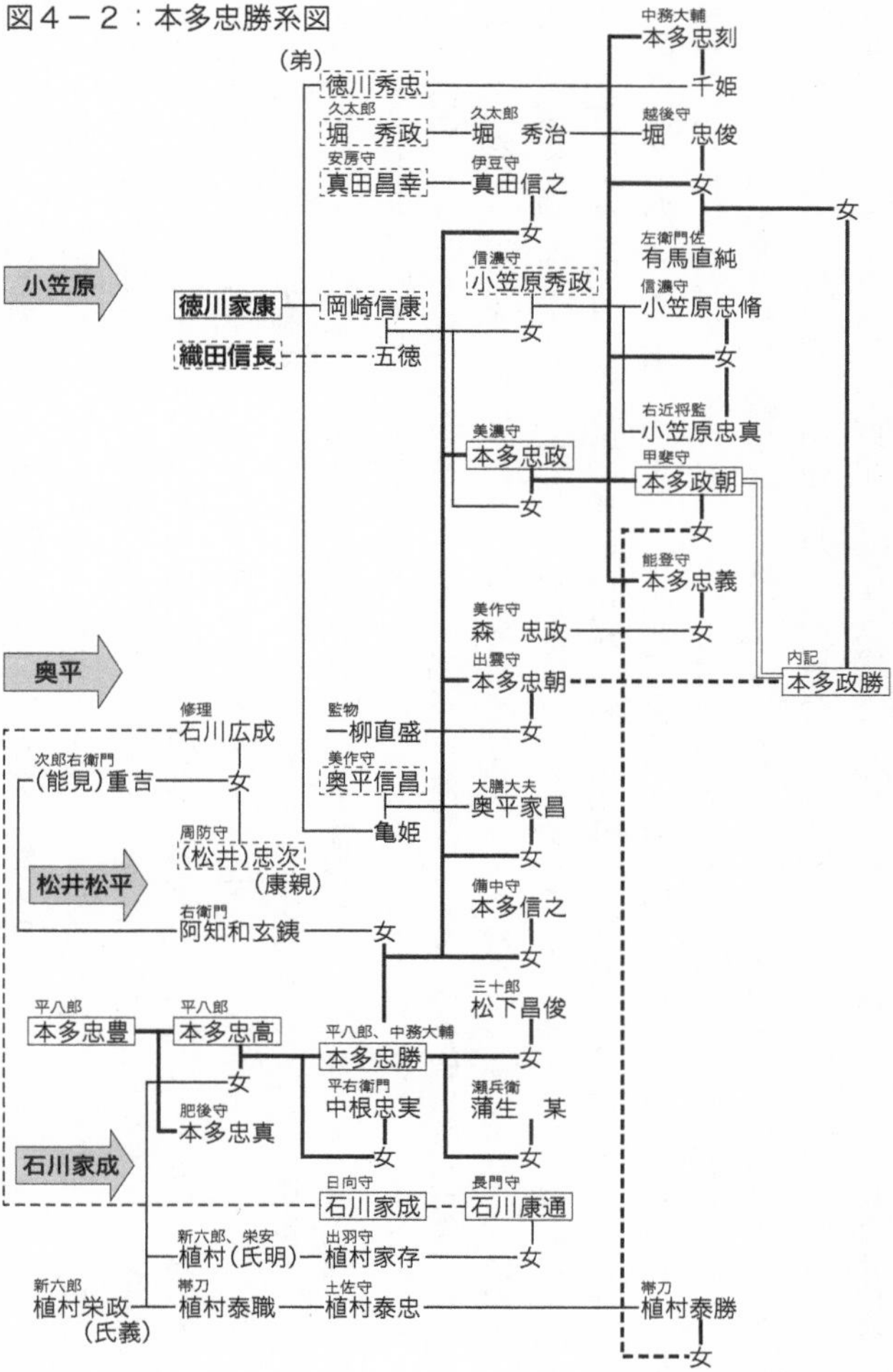

小笠原
奥平
松井松平
石川家成
中務大輔
本多忠刻
(弟)
徳川秀忠
千姫
久太郎
堀　秀政
久太郎
堀　秀治
越後守
堀　忠俊
安房守
真田昌幸
伊豆守
真田信之
女
女
女
左衛門佐
有馬直純
信濃守
小笠原秀政
信濃守
小笠原忠脩
徳川家康
岡崎信康
女
織田信長
五徳
女
右近将監
小笠原忠真
美濃守
本多忠政
甲斐守
本多政朝
女
女
能登守
本多忠義
美作守
森　忠政
女
出雲守
本多忠朝
内記
本多政勝
修理
石川広成
監物
一柳直盛
女
次郎右衛門
(能見)重吉
女
美作守
奥平信昌
大膳大夫
奥平家昌
亀姫
周防守
(松井)忠次
(康親)
女
備中守
本多信之
右衛門
阿知和玄銕
女
女
三十郎
松下昌俊
平八郎
本多忠豊
平八郎
本多忠高
平八郎、中務大輔
本多忠勝
女
女
平右衛門
中根忠実
瀬兵衛
蒲生　某
肥後守
本多忠真
女
女
日向守
石川家成
長門守
石川康通
新六郎、栄安
植村(氏明)
出羽守
植村家存
女
新六郎
植村栄政
(氏義)
帯刀
植村泰職
土佐守
植村泰忠
帯刀
植村泰勝
女

七年の合戦で「忠勝と力戦し、ともに創《きず》をかうぶり《こうむり》」という一節がある）。

翌永禄四年、忠勝は長沢城攻略に参加。叔父《おじ》・本多肥後守忠真《ひごのかみただざね》が敵兵を突き倒して、忠勝に首を取るように促すと、「我なんぞ人の力を借りて、武功をたてんや」とてすなわち敵軍に馳入り」首を取ったと伝えられる。この逸話は、忠勝の勇猛果敢さを物語るとともに、当時本多家が指揮官クラスではなく、まだ一兵卒に過ぎなかったことを示唆している。

家康が「三備」軍制改革を行うと、永禄九（一五六六）年に忠勝は一九歳で旗本「一之手衆」の将に抜擢《ばってき》され、五五騎の与力を附けられ、一端《いっぱし》の部将となった。その後、遠江懸川城攻め、井伊谷《いいのや》城攻略、姉川の合戦等に参陣。

元亀三（一五七二）年に甲斐武田軍と遠江国袋井《ふくろい》（静岡県袋井市）で合戦に及んだ際、忠勝は形勢不利を悟って家康の退却を勧め、自ら殿軍《しんがり》を務めた。その鮮やかな進退ぶりに、武田軍から「家康に過ぎたるものが二つあり、唐の頭（高価な兜《かぶと》の飾り）と本多平八」と謳《うた》われた。さらに三方原の合戦、長篠の合戦、遠江犬居城・駿河田中城・遠江高天神城攻めなどに参陣。天正一〇（一五八二）年、信長の甲斐武田攻めでも遠江・駿河の諸城攻略に武功をあらわし、信長から「これは三河の本多平八郎という花も実も兼ね備えた勇士である」と絶賛されたという。

同年六月の本能寺の変の際には、堺《さかい》見物から伊賀越えに至るまで、家康に付き従った。その後、小牧・長久手の合戦、上田城攻め、小田原合戦に参陣。

天正一八（一五九〇）年の関東入国で上総国大多喜《おおたき》に一〇万石を賜った。石高は井伊直政の一二万石に次ぎ、榊原康政と同列で、徳川家臣団のナンバー2に位置づけられた。

慶長五（一六〇〇）年の関ヶ原の合戦では軍監として家康本隊に参加。翌慶長六年に伊勢国桑名藩に転封となった。本多正信は五万石の加増を助言したが、忠勝はこれを固辞し、次男・忠朝《ただとも》に旧領・大多喜に五万石を賜った。慶長一五（一六一〇）年死去。享年六三。

忠勝の近親・妻

徳川家臣団のナンバー2になった忠勝ではあるが、近親には有力者がおらず、わずかに母が植村新六郎栄政《うえむらしんろくろうよしまさ》（一般には氏義《うじよし》）の娘というくらいである。

忠勝には妹が二人いるが、末の妹の経歴は不明。今一人の妹は小野某に嫁いだのち、家臣・中根平右衛門忠実《へいうえもんただざね》に再縁した。中根家は額田郡 箱柳《はこやなぎ》村に住み、『寛政重修諸家譜』では忠実を「忠元《ただもと》」として「叔父正照の養子となり、岡崎三郎信康君に附属せられ、のち仰《おおせ》をかうぶりて忠勝に属すといふ《う》」と記している。

忠勝の妻は阿知和玄鉄《あちわげんてつ》の娘である。玄鉄は能見《のみ》松平伝七郎重親《でんしちろうしげちか》の子で、能見松平次郎右衛門《じろうえもん》重吉《しげよし》の実兄にあたる。忠勝が早くに父を亡くしたことから、玄鉄が父親代わりとなって忠勝を養育し、女婿にしたらしい。玄鉄が住む阿知和村（岡崎市西阿知和町）は、洞村の北北西およそ四キロメートルに位置し、地理的にそう近くもないが、忠勝の父祖が代々住んでいたという蔵前村に接している。あながち嘘でもあるまい。

忠勝の子女

『寛政重修諸家譜』によれば、忠勝には二男五女がいる（★は嫡出）。

・長男★本多美濃守《みののかみ》忠政《ただまさ》（一五七五～一六三一）　妻は家康の孫（岡崎信康《のぶやす》の次女）
・次男★本多出雲守《いずものかみ》忠朝（一五八二～一六一五）　妻は豊臣家臣・一柳《ひとつやなぎ》直盛《なおもり》の娘
・長女★真田伊豆守《いずのかみ》信之《のぶゆき》の妻（小松姫）
・次女★奥平大膳大夫《だいぜんだいふ》家昌《いえまさ》の妻
・三女★本多　備中守《びっちゅうのかみ》　信之の妻
・四女　家臣・松下三十郎《まつしたさんじゅうろう》　昌俊《まさとし》の妻
・五女　家臣・蒲生《がもう》瀬《せ》兵衛《びょうえ》某の妻

忠勝の長女・小松姫は、真田信之の妻として著名である。

「婚姻の時期と彼女の年齢については諸説あり、いずれについても確定されていない。ただし、婚姻は、真田昌幸が羽柴秀吉に上洛・出仕し、家康の与力として付属された天正十五年以降であることは間違いない（中略）婚約は前年の天正十六年十二月に成立し、それから準備がすすめられて同十七年九月の入輿となったとするものである。確定はできないが、時期的な状況からすると、その可能性は高いとみられる。（中略）さらに小松殿に関しては、家康の養女かどうかについても確定されているものではない。（中略）家康と養子契約を結んだ正式な養女ではなかったにしても、養女の体裁がとられたことは信じて良いように思われる」（『真田信之』）。

また、注目すべきは、家康が孫娘（岡崎三郎信康の次女）を忠勝の嫡男・忠政に嫁がせていることだ。天正一八（一五九〇）年のことだという。その年、忠勝は初めて城主（上総大多喜城）となり、一〇万石を与えられた。閨閥の乏しい本多家に箔《はく》をつけようとしたのだろう。次いで、忠勝の次女が家康の外孫・奥平家昌《おくだいらいえまさ》に嫁いでいる。

四女・五女の夫は一転して家臣となる。『寛政重修諸家譜』に四女の夫は「家臣　松下三十郎重綱《しげつな》」とあるが、実際は松下与兵衛《よへえ》重綱の弟・松下三十郎昌俊《まさとし》の誤りと思われる（松下加兵衛《かへえ》之綱《ゆきつな》の子・松下石見守《いわみのかみ》重綱とは別人）。重綱は旗本の大番組頭であるが、昌俊は「本多中務大輔家臣　松下河内《かわち》元綱《もとつな》が養子」とある。ちなみに元綱は昌俊の叔父にあたる。

五女の夫・蒲生瀬兵衛某は、蒲生氏郷《うじさと》の一族、もしくは旧臣と思われるが定かでない。

また、三女の夫・本多備中守信之については全く不明。続群書類従完成会編『新訂　寛政重修諸家譜』は豊富な索引が付いていることで定評があるが、本多姓で「備中守」もしくは「信之」と名乗る人物は見当たらなかった。

忠勝の子孫

忠勝の長男・**本多美濃守忠政**（一五七五〜一六三一）は、小田原合戦で初陣を迎え、敵将・妹尾《せのお》下総守《しもうさのかみ》某と槍《やり》を合わせて首級をあげたが、父と同様、疵《きず》一つなかったという。関ヶ原の合戦では秀忠に従う。大坂夏の陣でも奮戦し、本多家は二五三の首級をあげる。元和三（一六一七）年に播磨姫路藩一五万石に転封した。
忠政の長男・**本多中務大輔忠刻**《ただとき》（一五九六～一六二六）は千姫《せんひめ》（家康の孫、元豊臣秀頼《とよとみひでより》の正室）と結婚したことで有名。父とは別に播磨国内に一〇万石を賜ったが、三一歳の若さで死去し、無嗣廃絶となった。遺領は弟の本多能登守忠義《のとのかみただよし》に四万石、甥《おい》・小笠原信濃守長次《しなののかみながつぐ》に六万石が与えられた。

忠刻が若くして亡くなったため、本多家の家督は忠政の次男・**本多甲斐守政朝**《かいのかみまさとも》（一五九九～一六三九）が継いだ。子孫は大和郡山藩、陸奥福島藩へ転封したのち、播磨姫路藩に戻った。曾孫・忠国《ただくに》の遺児・**本多吉十郎忠孝**《きちじゅうろうただたか》（一六九八～一七〇九）は七歳だったので、越後国村上藩へ転封されるが、宝永《ほうえい》六（一七〇九）年にわずか一二歳で死去してしまう。通常、無嗣廃絶となるところ、忠朝の曾孫・**本多監物忠良**《けんもつただよし》（一六九〇～一七五一）を支藩から迎え、五万石に減封することで存続を許された。忠良は老中に登用され、三河国刈谷藩に転封。子孫は石見国浜田藩を経て、三河国岡崎藩五万石を領した。支流として、播磨国山崎藩一万石、陸奥国泉《いずみ》藩二万石がある。

第3節　本多正信・正純

謀臣・本多正信

稀代《きたい》の謀臣・本多佐渡守正信《さどのかみまさのぶ》（一五三八～一六一六）は、通称を弥八郎、佐渡守。諱《いみな》ははじめ正保《まさやす》、正行、のち正信と名乗った。

『寛政重修諸家譜』によれば、本多広孝の家系の支流にあたり、正信の曾《そう》祖父・本多弥八郎忠《ただ》正《まさ》は「清康君に仕へたてまつり、三河国西城《さいじょう》に住し」と伝えられる。［図４‐３］

正信は一向宗の熱心な信者で、永禄六（一五六三）年の三河一向一揆《いっき》で追放され、加賀に移住したが、家康は高木《たかぎ》九助広正《きゅうすけひろまさ》を遣わして帰参を促した。

家康は一向宗側についた家臣の帰参を原則として許さず、多くは陪臣（他の家臣の家来）となったので、家康自ら使者を派遣して帰参を促すというのは、よほど正信を買っていたのだろう。正信と家康は妙に馬が合い、あたかも親友のように語り合い謀略を巡らしたという。

姉川の合戦などに参陣し、天正一〇（一五八二）年六月の本能寺の変の際には、堺見物から伊賀越えに至るまで、家康に付き従った。その後、甲斐・信濃計略が進むと、奉行として武田旧臣へ数十通の宛行状《あてがい》を発給。四国の長曾我部《ちょうそがべ》家や安房の里見家にも外交文書を送るなど外交面でも活躍した。天正一八（一五九〇）年の関東入国で相模甘縄《たまなわ》一万石を賜り、関ヶ原の合戦には秀忠軍に参加した。

慶長一〇（一六〇五）年に秀忠に将軍職を譲ると、家康は正信を秀忠に附け、自らの側近には正信の嫡男・本多上野介《こうずけのすけ》正純《まさずみ》を置いた。父子で権力の中枢を占め、のちに正信は大久保忠《ただ》隣《ちか》と対立し、政争に発展。忠隣が重用した金山奉行・大久保長安《ちょうあん》に不正があったとして、慶長一九（一六一四）年に忠隣を失脚させる。元和二（一六一六）年四月に家康が死去すると、その後を追うように同年六月に死去した。享年七九。

正信の妻子

『寛政重修諸家譜』によれば、正信の妻は「某氏が女」と記され、詳細は不明である。

ところが、『士林泝洄』の江原《えはら》家の項に、江原丹波《たんば》政秀《まさひで》の娘に「本多佐渡守正信妻」を掲げている。その姉は「松平周防守《すおうのかみ》康親《やすちか》（忠次《ただつぐ》）妻」である。

ちなみに、正信の次男・政重《まさしげ》は「はじめ倉橋長右衛門《くらはしちょうえもん》某が養子」になっていたのだが（『寛政重修諸家譜』）、松井松平周防守忠次の後妻の義弟（能見《のみ》松平次郎右衛門《じろうえもん》重吉《しげよし》の次女の夫）が倉橋長右衛門政範《まさのり》なのである。松井松平家を介して養子縁組みが進んだとも考えられる。

正信には三男があった。

・長男　本多上野介正純　（一五六五～一六三七）　妻は徳川重臣・酒井重忠《しげただ》の娘
・次男　本多安房守《あわのかみ》政重　（一五八〇～一六四七）　妻は上杉《うえすぎ》家臣・直江《なおえ》兼続《かねつぐ》の娘

図４－３：本多正信・正純系図

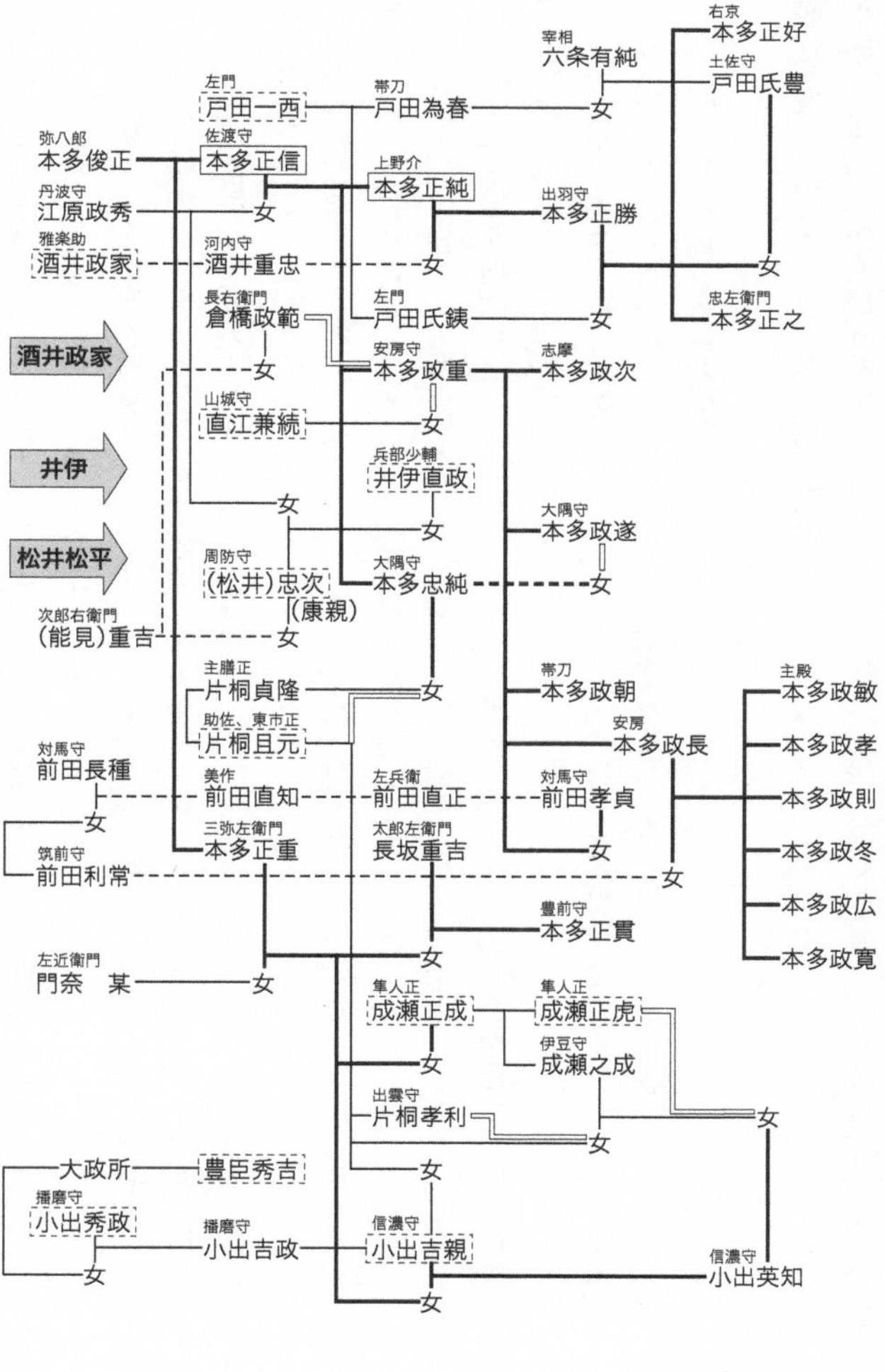

・三男　本多大隅守《おおすみのかみ》　忠純《ただずみ》（一五八六～一六三一）　妻は豊臣家臣・片桐且元《かたぎりかつもと》の養女

正信の息子たちの婚姻関係はバラエティーに富んでいる。

正信の長男・**本多上野介正純**（一五六五～一六三七）は通称を弥八郎、上野介と称した。妻は酒井雅楽助《うたのすけ》政家《まさいえ》（一般には正親《まさちか》）の孫娘で、本多正信・正純父子が家老クラスと婚姻関係を結ぶほど徳川家臣団で認められていたことを示している。正純は慶長一二（一六〇七）年に下野小山藩三万三〇〇〇石を賜り、元和五（一六一九）年に下野宇都宮藩一五万五〇〇〇石に転封。幕閣の中核を占めたが、元和八（一六二二）年に失脚。巷間《こうかん》では、日光参詣《にっこうさんけい》の帰りに宇都宮城に宿泊する三代将軍・家光の暗殺未遂計画が露見したためと噂された（宇都宮釣天井《つりてんじょう》事件）。正純は出羽由利《ゆり》（秋田県由利本荘《ゆりほんじょう》市）に配流され、横手《よこて》（秋田県横手市）に一〇〇〇石を賜った。孫・**本多忠左衛門《ちゅうざえもん》正之《まさゆき》**（一六三〇～八八）が赦免され、一〇〇〇石を賜り、旗本に列した。子孫は三〇〇〇石まで加増を受けた。

正信の三男・**本多大隅守忠純**（一五八六～一六三一）は、大坂夏の陣で武功を上げ、下野皆川二万八〇〇〇石を賜ったが、養子の**本多大隅守政遂《まさもろ》**（一六一三～三八）の嫡子・犬千代（一六三六～四〇）が死去して無嗣廃絶となった。

直江兼続の養子になった次男・政重

正信の次男・本多安房守政重（一五八〇～一六四七）は、はじめ倉橋長右衛門某（政範？）の養子となり、倉橋長五郎と称したが、慶長二（一五九七）年に戸田帯刀為春《たてわきためはる》とともに岡部庄八《おかべしょうはち》（秀忠乳母の子、もしくは甥）を討ち果たして伊勢に逐電《ちくでん》。正木左兵衛《まさきさへえ》と名乗り、大谷吉継《おおたによしつぐ》、次いで慶長四（一五九九）年に宇喜多秀家《うきたひでいえ》に仕えて二万石を賜った。翌慶長五年に関ヶ原の合戦で秀家が改易されると、福嶋正則《ふくしままさのり》に転仕し、慶長七（一六〇二）年に前田利長《まえだとしなが》（利家の子）に仕えて三万石を賜った。さらに慶長九（一六〇四）年に上杉景勝《うえすぎかげかつ》に仕え、筆頭家老・直江《なおえ》山城《やましろ》守《のかみ》兼続《かねつぐ》の婿養子となり、直江大和守勝吉《やまとのかみかつよし》、本多安房守政重と改名。慶長一六（一六一一）年に再び加賀藩前田家に仕え、筆頭家老として五万石を領した。

政重には四男二女があり、長男・本多志摩政次《しままさつぐ》は早世。次男・本多大隅守政遂は、叔父・本多大隅守忠純の養子。三男・**本多帯刀政朝《たてわきまさとも》**（一六二〇〜六一）は将軍・家光に仕えて五〇〇〇石を賜って旗本寄合となり、四男・**本多安房政長《あわまさなが》**（?〜一七〇八）の子孫が加賀藩家老を世襲した。

大名として残った正信の弟・正重の家系

正信は四人兄弟である。

・長男　青野藤左衛門重貞《あおのとうざえもんしげさだ》（生没年不詳）　青野八左衛門《はちざえもん》の養子
・次男　本多佐渡守正信（一五三八〜一六一六）
・三男　本多十助《じゅうすけ》某（生没年不詳）

・四男　本多三弥左衛門正重《さんやざえもん》（一五四五～一六一七）下総相馬《そうま》一万石

正信の弟・**本多三弥左衛門正重**（一五四五～一六一七）は三河一向一揆で追放された後に帰参し、姉川の合戦、三方原の合戦に従った。長篠の合戦の後、徳川家から離れ、諸国を渡り歩き、瀧川一益《たきがわいちます》や前田利家、蒲生氏郷《がもううじさと》に仕えたが、慶長元（一五九六）年に再び徳川家に帰参した。兄に似て知謀に長《た》け、大坂冬・夏の陣で軍略を働かせた功で元和二（一六一六）年に下総国相馬一万石を賜った。妻は門奈左近衛門《もんなさこんえもん》某の娘という。

正重の長男・**本多平四郎正氏**《へいしろうまさうじ》（一五七〇～九五）は家康に仕えた後、豊臣秀次《ひでつぐ》に転じ、秀次に殉死した。次男・**本多千介某**《せんすけ》（一五九二～一六〇八）も父に先立って死去したため、長女の子・**本多豊前守正貫**《ぶぜんのかみまさつら》（一五九三～一六七二）を養子とした。正貫が養子相続するにあたり、二〇〇〇石が収公され、いったん八〇〇〇石の旗本となったが、正貫の孫・**本多伯耆守正永**《ほうきのかみまさなが》（一六四五～一七一一）が老中に登用されて上野沼田《ぬまた》藩四万石に出世し、子孫は駿河田中藩四万石を領した。

片桐且元との濃い婚姻関係

意外なことに、秀吉の死後、大坂城の家老になった片桐且元《かたぎりかつもと》と正信の間には二重三重の婚姻関係がある。正信は婚姻関係で、且元を籠絡《ろうらく》しようと考えていたのかもしれない。

まず、正信の三男・忠純が片桐且元の養女（且元の弟・片桐貞隆《さだたか》の長女）と結婚している。且元の養女に子はないが、忠純の庶長子・本多大学忠次《だいがくただつぐ》（一六一〇～二六）が慶長一五年生まれであることを考えると、大坂冬の陣の前に縁談が成立したのではないか。本多正信が片桐且元に縁談を持ちかけたが、且元には妙齢の娘がおらず、姪《めい》を養女にして嫁がせた――そんなところであろう。

また、且元の長女が成瀬隼人正正成《なるせはやとのかみまさなり》の次男・成瀬伊豆守之成《いずのかみゆきなり》（一五九六～一六三四）の後妻になっているが、正成の後妻が正信の姪なので、その縁から縁談が進んだのだろう。

さらに正信の今一人の姪が小出信濃守吉親《こいでしなののかみよしちか》の後妻となり、その子・小出信濃守英知《ふさとも》が且元の孫娘と結婚している。ちなみに吉親の前妻は且元の娘である。

第４節　榊原康政

二つの榊原家

榊原《さかきばら》家といえば、「徳川四天王」の一人・榊原式部大輔康政《しきぶだゆうやすまさ》が有名である。

康政の祖父・榊原七郎右衛門清長《しちろうえもんきよなが》が伊勢国（三重県）から三河国額田郡上野《うえの》下《しも》村（豊田市上《かみ》郷《ごう》町）に移り住んだ比較的新参の家系で、代々通称を孫十郎《まごじゅうろう》、七郎右衛門と称した。

これとは別に羽栗《はぐり》村（岡崎市羽栗町）の榊原家がある。この榊原家も南北朝時代に伊勢国から移り住んだ家系で、松平家の初代・親氏《ちかうじ》に仕えたというが疑わしい。代々孫七郎《まごしちろう》、平七郎《へいしちろう》と称し、官途は主計頭《かずえのかみ》、摂津守《せっつのかみ》と称した。

康政の家系は清和源氏仁木《にっき》家の子孫と称している。『寛政重修諸家譜』によれば、「仁木義長《よしなが》が後胤《こういん》、勢州壱志《いちし》郡榊原の里に住す。のち三州にうつりて居住す。（中略）義長が六代の孫次《じ》郎七郎利長《ろうしちろうとしなが》伊勢国壱志郡榊原村に住せしより、家号とす。清長は利長が三世の孫なり」という。仁木義長は足利家庶流の南北朝時代の武将で、三河国加茂《かも》郡仁木村（岡崎市仁木町）を本貫地とする。ただし、榊原家の先祖が本当に仁木義長かといえば、甚だ疑問である。康政が生まれた上野下村は、仁木村の西隣に位置しており、距離的にも極めて近い。そのため、仁木家の子孫を僭称《せんしょう》したのではないか。［図4-4］

一方、羽栗村の榊原家は藤原氏佐藤流を称するが、家紋は同じ源氏車を使い、同族と思われる。

「徳川四天王」の一人・榊原康政

康政の祖父・**榊原七郎右衛門清長**《しちろうえもんきよなが》（?～一五四五）は「広忠卿につかへたてまつり」、父・**榊原七郎右衛門長政**《ながまさ》（?～一五六二）も「東照宮につかへたてまつり」と記すのみで、具体的な功績は伝わっていない。つまり、榊原家は康政個人の力量で大抜擢された家柄なのだ。

榊原式部大輔康政（一五四八～一六〇六）は幼名・亀《かめ》、通称を小平太《こへいた》といい、長政の次男に生まれた。康政は、はじめ酒井将監《しょうげん》忠尚《ただよし》の小姓でしかなかったが、永禄三（一五六〇）年に一三歳で家康に召し出されて側近となり、永禄六（一五六三）年に三河一向一揆で酒井将監忠尚が籠《こ》もる上野上村城《うえのかみむらじょう》攻めに従った。

翌永禄七（一五六四）年に三人の与力を附けられ、永禄九（一五六六）年頃の三備改革で、康政は一九歳で旗本「一之手衆」に抜擢された。

姉川の合戦、三方原の合戦、長篠の合戦に参陣。天正一〇（一五八二）年の本能寺の変で、康政は家康の伊賀越えに従い、三河に帰国すると甲斐侵攻を命じられ、康政は大須賀《おおすが》五郎左衛《ごろうざえ》門康高《もんやすたか》とともに豆生田《まめおだ》の砦《とりで》を攻めた。ちなみに康政は遠江攻略以来、大須賀康高と行動をともにすることが多く、その娘と結婚している。

天正一二（一五八四）年、小牧・長久手の合戦では、秀吉軍の戦意をくじくため、「秀吉は信長から受けた君恩を忘れて、信長の子・信雄《のぶお》と兵を構えるなど、その悪逆非道さは甚だしい。秀吉に従う者は、みな義を知らない者だ」と檄《げき》文を触れ回した。

秀吉は激怒して、康政を討ったものには望み次第恩賞を与えると叫んだというが、小牧・長久手の合戦が終結し、天正一四（一五八六）年に康政が上京すると、秀吉はわざわざ来訪して「小牧の合戦で檄文を見たときは、怒りに堪えられず、何とか汝《なんじ》の首を取ってやろうと思ったが、今では遺恨が散じ、却って主君への忠義心に感服するばかりだ」と語り、康政の労をねぎらったという。秀吉の「人たらし」面目躍如を伝える逸話である。

天正一八（一五九〇）年の関東入国で上野《こうずけ》館林一〇万石を賜った。石高は井伊直政の一二万石に次ぎ、本多忠勝と同列で、徳川家臣団のナンバー2に位置づけられた。

文禄元（一五九二）年の文禄の役の戦時体制で家康が肥前名護屋に赴いた際、康政は江戸に残って秀忠に附けられた。慶長五（一六〇〇）年の関ヶ原の合戦では、秀忠とともに東山道《とうさんどう》（中山道《なかせんどう》）をのぼり、真田《さなだ》昌幸《まさゆき》が籠もる信濃上田城攻めに手こずって関ヶ原の決戦に遅れるという大失態を演じた。康政が秀忠を庇《かば》って家康との間を取りなしたため、秀忠は榊原家の安泰を遺命したとも伝えられているが定かではない。慶長一一（一六〇六）年に死去。享年五九。

康政の兄弟

『寛政重修諸家譜』によれば、康政は二男三女の兄弟だったという。［図4－5］

・長男　榊原七郎右衛門清政《きよまさ》（一五四六～一六〇七）妻は大原左近右衛門《おおはらさこんえもん》某の娘
・次男　榊原式部大輔康政（一五四八～一六〇六）
・長女　山内玄規《やまうちげんき》某の妻
・次女　大竹六郎左衛門《おおたけろくろうざえもん》某の妻
・三女　小笠原長左衛門義信《おがさわらちょうざえもんよしのぶ》の妻

長女・次女の夫は詳細が不明である。三女の夫・小笠原義信は、高天神城主・小笠原家の一族で、「東照宮のおほせにより、榊原七郎右衛門長政が女を娶り」という（『寛政重修諸家譜』）。

図4－4：榊原家の分布

在所	氏名
①額田郡羽栗村	榊原隼之助(忠政)
②額田郡羽栗村	榊原甲之助
③額田郡羽栗村	榊原三郎左衛門
④額田郡羽栗村	榊原三右衛門
⑤額田郡羽栗村	榊原七右衛門
⑥額田郡羽栗村	榊原孫大夫
⑦碧海郡上野村	榊原七郎右衛門(清政)
⑧碧海郡上野村	榊原七郎右衛門(長政)
⑨碧海郡上野村	榊原五郎右衛門(一徳)
⑩額田郡丸山村	榊原式部大輔(康政)
⑪額田郡岡崎	榊原与三左衛門(広康)
⑫幡豆郡市子村	榊原主計助(久重)
⑬幡豆郡市子村	榊原宗八郎(正信)
⑭幡豆郡野場村	大須賀五郎左衛門(康高)

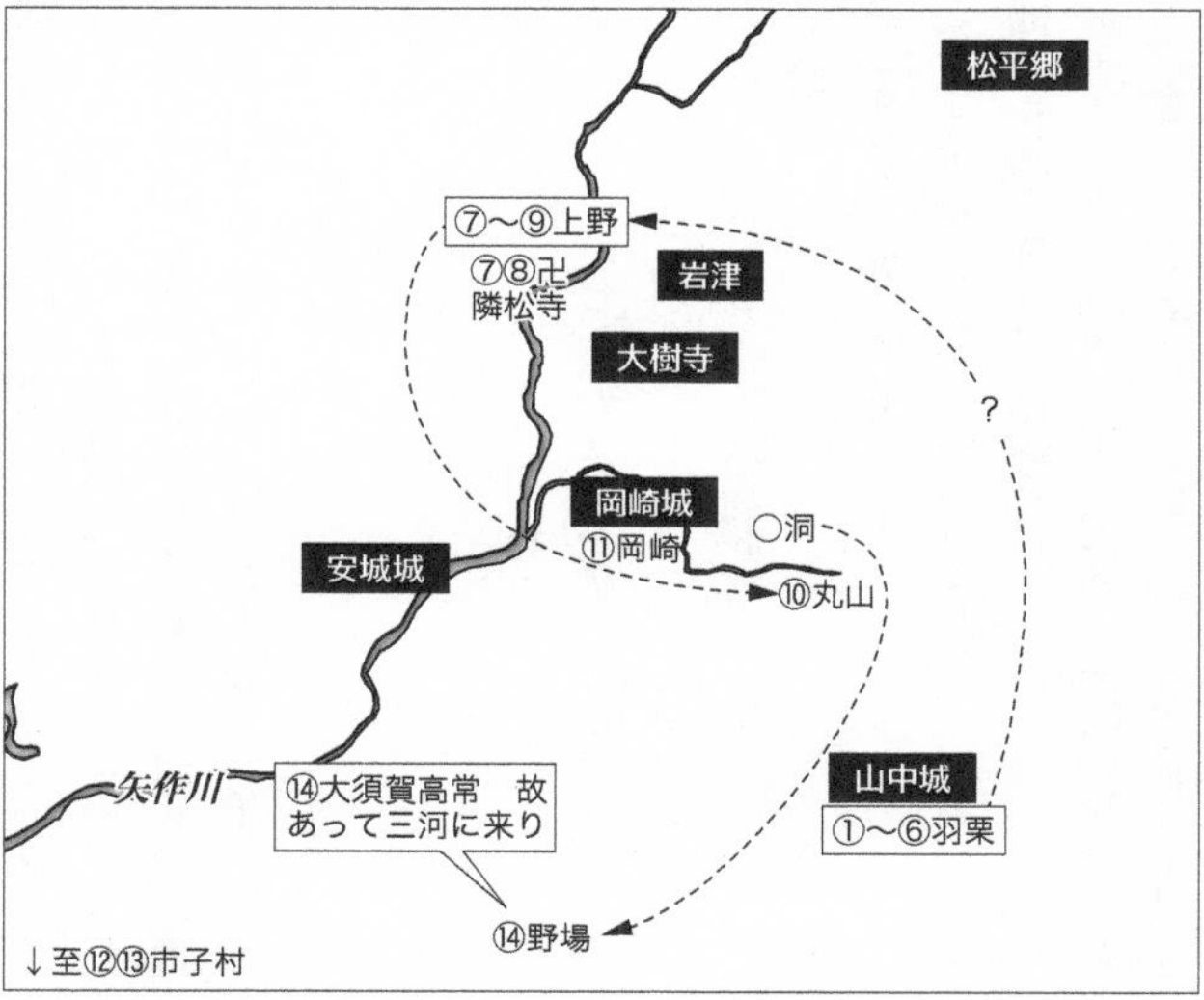

総じて、閨閥というにはほど遠く、康政の生まれが小身だったことをうかがわせる。

康政の兄・**榊原七郎右衛門清政**（一五四六〜一六〇七）は岡崎三郎信康に附けられ、築山事件の後、弟・康政のもとで閉居したが、のちに久能山の守衛を任される。清政の死後、次男・**榊原内記照久**《ないきてるひさ》（一五八四〜一六四六）が駿河国有渡《うど》郡に一八〇〇石を賜り、子孫は久能山の管理を所管した。

康政の子女とその子孫

『寛政重修諸家譜』によれば、康政には三男二女がいた（★は嫡出）。

・長男★大須賀《おおすが》松平出羽守忠政《でわのかみただまさ》（一五八一〜一六〇七）妻は久松《ひさまつ》松平康元《やすもと》の娘
・次男★榊原伊予守忠長《いよのかみただなが》（一五八五〜一六〇四）
・三男　榊原　遠江守《とおとうみのかみ》　康勝《やすかつ》（一五九〇〜一六一五）　妻は加藤清正《きよまさ》の娘
・長女★酒井雅楽頭忠世《さかいうたのかみただよ》（政家《まさいえ》の孫）の妻
・次女★秀忠の養女、池田武蔵守利隆《むさしのかみとしたか》（輝政の長男）の妻

康政の長女が酒井雅楽助政家（一般には正親《まさちか》）の孫と結婚しており、旧勢力の家老クラス（酒井家）と新興勢力の榊原家が婚姻関係を結んでおり、興味深い。

慶長一一（一六〇六）年に康政が死去すると、三男・**榊原遠江守康勝**が家督を継いだ。長男・出羽守忠政は外祖父の大須賀松平康高の養子となり、次男・伊予守忠長は早世していたか

図4－5：大須賀康高・榊原康政系図

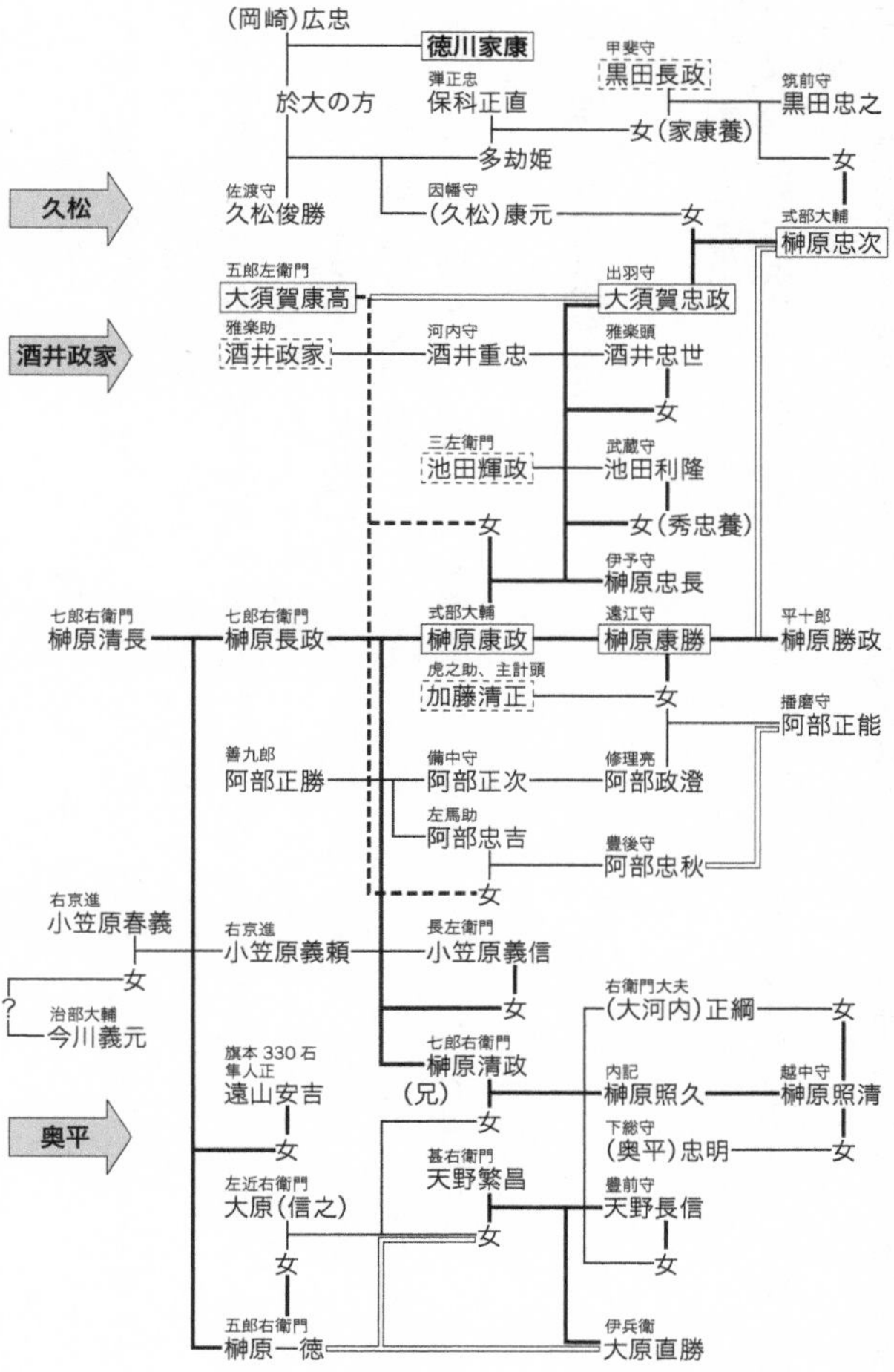

らである。

ところが、康勝は嗣子がないまま、二六歳で死去してしまう。そこで、家康は忠政の長男（のちの榊原式部大輔忠次《ただつぐ》。一六〇五～六五）に大須賀松平家を継ぐか、榊原家に戻るか希望を訊《き》いたという。結局、忠次が榊原家に戻り、大須賀松平家は無嗣廃絶となった。

忠次は陸奥白河藩を経て、播磨姫路藩一五万石を領した。孫の榊原式部大輔政倫《まさとも》（一六六五～八三）がわずか三歳で家督を継がざるを得なかったため、越後村上藩に転封されたが、その養子・榊原式部大輔政邦《まさくに》（一六七五～一七二六）が播磨姫路藩に復帰した。

政邦の養孫・榊原式部大輔政岑《まさみね》（一七一三～一七四三）は吉原《よしわら》の花魁《おいらん》・高尾《たかお》太夫《だゆう》を身請けして遊興にふけったと噂され、不行状のため蟄居《ちっきょ》。越後高田藩一五万石に転封された。

第5節　大須賀松平康高

不詳の家・大須賀家

大須賀《おおすが》五郎左衛門《ごろうざえもん》康高《やすたか》（一五二八～八九）は家康に仕えて「康」の字を与えられ、のちに松平姓を賜ったという。

ただし、大須賀家は『寛政重修諸家譜』に掲載されていない。元和元（一六一五）年に、大須賀五郎左衛門忠次が実家・榊原家を継いでしまい、廃絶してしまったからである。

大須賀家は鎌倉幕府の功臣・千葉常胤《ちばつねたね》の四男、大須賀四郎胤信《しろうたねのぶ》の子孫と伝えるが、康高の父が誰で、いつ頃から松平（徳川）家に仕えはじめたのか、どこに住んでいたのか、詳細は不明である。

『寛永諸家系図伝』によれば、康高は三河国「洞里《ほらのさと》」（洞村のことか。岡崎市洞町）に生まれたといい、「諸士出生記」によれば、額田郡野崎村（額田郡幸田町永野《ながの》）に居住していたという。

一方、『愛知県の地名』（額田郡幸田町野場《のば》の項）では「当村の古城主として伝える大須賀氏は『寛政重修諸家譜』では『大須賀高常《たかつね》故《ゆえ》あって三河に来り野場に住す』とある」としているが、冒頭に述べた通り、大須賀家は『寛政重修諸家譜』に掲載されていないので、出典は不明である。高常が康高の先祖なのか、康高の旧名なのかも不明である。

また、あまり信用できる書物ではないが、「参河故事」に「康高ハ本三州ノ人ナリ。若年ノ比《ころ》酒井将監《しょうげん》ニ仕へ」といい、榊原康政と同様、酒井将監に仕えていたという。案外そんなところなのかもしれない。

中年の星・大須賀康高

大須賀康高の名が現れるのは、永禄一二（一五六九）年の懸川城攻めの頃からで、当時、康高は四三歳。いかにも遅咲きであるが、ここからの頑張りがすごい。

懸川城主に収まった石川家成に代わって、康高は遠江攻略の中心的な役割を演じた。

この頃の遠江は、甲斐武田家と対峙《たいじ》する激戦地で、元亀三（一五七二）年九月に要衝の地・高天神城が武田家により陥落。一二月に三方原の合戦で家康は武田家に敗北を喫する。しかし、翌元亀四（一五七三）年四月、武田信玄が病気により信濃国駒場《こまば》（長野県阿智《あち》村）で死去し、武田軍は甲斐に帰陣。

家康は遠江国での巻き返しを図り、同天正元（一五七三）年八月、浜松城と高天神城の間に馬伏塚《まむしづか》城を築き、その城主に大須賀康高を登用した。遠江国で三河出身者が城主に取り立てられるのは、石川家成《いしかわいえなり》に次いで二人目という快挙である。

天正三（一五七五）年五月に長篠の合戦で武田家を破ると、家康は勝ちに乗じて遠江の武田勢力を駆逐していった。かくして天正五（一五七七）年には遠江国で武田方の拠点はわずかに高天神城と駿河境にある小山《こやま》城を残すのみとなった。

そこで、家康は天正六（一五七八）年七月に高天神城と馬伏塚城の間に横須賀城を築いて、高天神城奪還の拠点とした。守将には馬伏塚城と同じく大須賀康高を置いた。

康高は天正九（一五八一）年の高天神城攻略に功績があり、褒美として遠江国横須賀城、および遠江国城東《きとう》郡を賜った。また、本能寺の変後に、家康が甲斐国に侵攻すると、康高はその先陣を任された。松井《まつい》松平忠次《ただつぐ》（一般には康親《やすちか》）と同様、とにかく強気で押しまくる人物だったようだ。

康高の子女

康高には男子がなく、長女が榊原式部大輔康政、次女が阿部左馬助忠吉《あべさまのすけただよし》に嫁いだ。康政とは遠江攻略の頃から行動をともにすることが多く、家康が「康政、康高を見倣《みなら》え」といった感じで縁談を勧めたのだろう。また、康高は阿部善九郎正勝《ぜんくろうまさかつ》に信頼を寄せ、よく相談事をしたことから、その次男・忠吉を天正一四（一五八六）年に婿に迎えたという。

そして、康高は康政の長男・出羽守忠政（一五八一～一六〇七）を養子に迎えた。長男を養子に出すということは、実家・榊原家より養子先の大須賀家の方が当時は格上だったことを示している。［図4－5］

忠政は天正一八（一五九〇）年の関東入国で上総久留里《くるり》に三万石を賜り、関ヶ原の合戦後の慶長六（一六〇一）年に遠江横須賀藩六万石に転封された。康高が城主を務めた思い出の地である。家康は、お気に入りの家臣にはこうした粋《いき》なマネをする。

榊原家は三男・榊原遠江守康勝が家督を継いだが、わずか二六歳で死去してしまった。実は庶子・榊原平十郎勝政《かつまさ》（一六一三～六七）がいたのだが、康勝の正室（加藤清正の娘）に遠慮して幕府に報告していなかったため、無嗣廃絶の可能性があった。

結局、忠政の長男・榊原式部大輔忠次が榊原家に戻って家督を継いだため、大須賀松平家は跡継ぎがいなくなり、無嗣廃絶となってしまった。

第6節　大久保忠世・忠佐

急成長した一族

大久保家は俗に「大久保党」とも呼ばれ、勇猛果敢な武将を多く輩出した。

しかし、その一族の拡がりは、先祖代々積み重ねてできたものではない。清康に仕えた宇津《うづ》左衛門五郎忠茂《さえもんごろうただしげ》の子孫が大久保姓を名乗ってから、爆発的に一族が増えた結果で、それ以前に分かれた一族はほとんどない。

「諸士出生記」「諸士姓名目録」などの地誌を見ても、大久保家はわずかに上和田《かみわだ》村と羽根《はね》村近辺に居住するのみで、地域的な拡がりを見せていない。酒井、石川、本多家といった家系は代を重ねていくごとに、近辺の村々に分家を拡げていったが、大久保家はそうではないのである。

『寛政重修諸家譜』によれば、大久保家は「はじめ宇都宮と称す。泰道《やすみち》がときより宇津（今の呈譜、宇都《うつ》に作り。忠茂がとき宇津にあらたむといふ）と名のり、忠俊《ただとし》が代に大久保にあらたむ」という。

大久保家は鎌倉時代中期に下野国《しもつけのくに》（栃木県）の宇都宮左衛門尉《うつのみやさえもんのじょう》泰宗《やすむね》の孫・左近将監泰藤《さこんしょうげんやすふじ》（？〜一三五二）が三河国上和田《かみわだ》妙国寺の前に住し、その孫・左衛門佐《さえもんのすけ》泰道が宇津《うづ》と改姓。その子・宇津弾正左衛門泰昌《だんじょうざえもんやすまさ》（一四二〇～一四九二）が「三河国松平郷に来り、信光君につかふ」（泰昌という諱は、法名・道昌《どうしょう》から創った系図上の名前だと思われる）のが松平家に仕えはじめた由縁という。［図４－６／ａ］

泰昌の子・**宇津八郎右衛門昌忠**《はちろうえもんまさただ》（一四六一～一五〇〇）は「はじめ父にしたがひて三河国伊賀野に狩す。ときに信光君もまたこゝに放鷹せらる。（中略）やがて君臣の約をなし、父子したがひ《い》たてまつりて、岩津郷にいたる。これを岩津譜代といふ」と自らを松平家創業時期からの旧臣であると記している（が、虚偽だと思われる）。

昌忠の孫・**宇津左衛門五郎忠茂**（一四七六～一五四七）は清康に仕え、山中城調略を進言し、成功に導いたとされる。忠茂の孫・大久保彦左衛門忠教《ただたか》（一五六〇～一六三九）はその著『三河物語』で忠茂の功績を大々的に記している。

忠茂は四男二女に恵まれ、家督は長男・五郎右衛門《ごろうえもん》忠俊（一四九九～一五八一）が継いだ。この忠俊の代から一族は大久保姓を名乗ったらしい。

その由来について『寛政重修諸家譜』は「曽《かつ》て越前の人大窪藤五郎《おおくぼとうごろう》某武者修行して三河国に来り、我名字を残すべきものは忠俊なり。名乗べきやといふ。忠俊その言をもつて清康君につけ申のところ、かの藤五郎はきこゆる驍勇《ぎょうゆう》の士なり、渠《かれ》が望にしたがふべしとありしかば、これより忠俊兄弟みな大窪と名のり、後大久保にあらたむ」と記している。

武者修行で三河を訪れた武士から名字をもらうという逸話は、マンガチックでにわかには信

図４－６／a：大久保忠俊系図

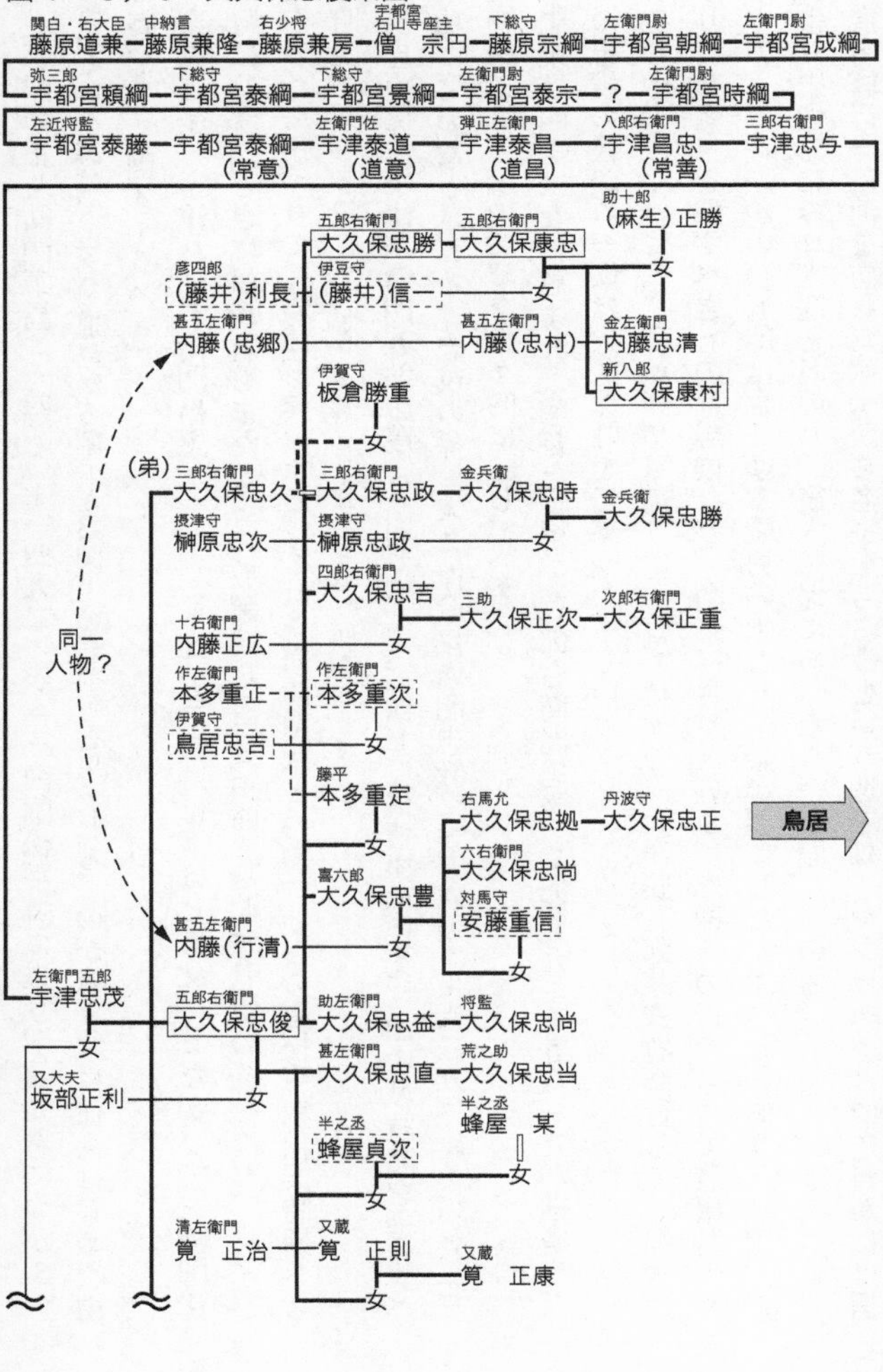

図4−6／b：大久保忠世・忠隣系図

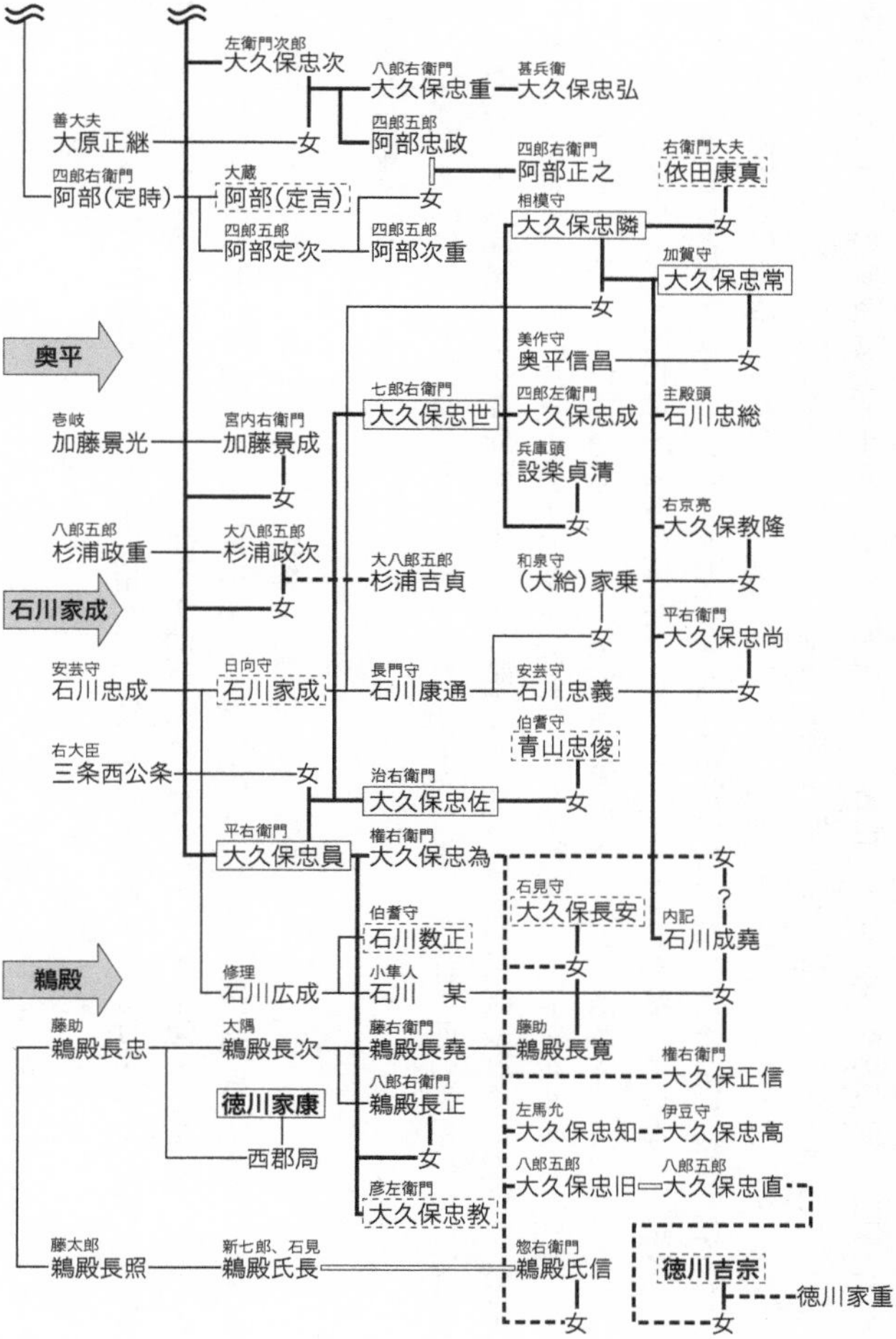

じがたい。そもそも宇都宮氏の子孫を名乗っているのは、旧姓・宇津が宇都宮に似ているからだと容易に想像が付く。泰宗が三河守だったから、その子孫と僭称《せんしょう》したのだろう。

新行紀一氏は『姓氏家系大辞典』を引用し、「おそらく大久保はもとは宇津で、後に宇都宮庶流に大久保氏があるのを知って、宇津を宇都宮と解して、宇都宮→宇津としたものであろうとする。（中略）ただし、宇津氏の出自は不明で、駿河出身の和邇部《わにべ》姓宇津（宇都）ともいうが容易に信じられない」と記している（『新編　岡崎市史2　中世』）。

実は山中譜代？

大久保彦左衛門は『三河物語』で忠茂の功績を称《たた》えているが、それ以前の先祖については触れていない。大久保家で確かな先祖は忠茂から始まり、それ以前の系図や歴史は捏造《ねつぞう》されたものと考えてよさそうだ。歴代当主の生没年を列記すると、忠茂（一四七六年生まれ）が父・忠《ただ》与《とも》（一四八五年生まれ）より年長であることに気づく。偽系図だからであろう。

大久保家の拠点・上和田村は岡崎城の南に二、三キロメートルしか離れていない土地で、すぐ北に隣接する六名《むつな》村には、鳥居家、成瀬家など岡崎譜代（旧西郷松平家家臣）が住んでいた。ここに安城松平家の家臣が住んでいたとは考えがたい。［図4-7］

「浪合記」では、大久保家の先祖について「宇津十郎忠照《うづじゅうろうただてる》、三州前木《まいぎ》ニ住ス。桐山和田《きりやまわだ》ノ大久保ノ祖也。元ハ駿河国富士郡住人、宇津越中守《えっちゅうのかみ》二男《じなん》也。宇津宮甚四郎忠成《うつのみやじんしろうただなり》、同国大久保《おおくぼ》に住ス」。つまり、桐山村と和田村の大久保家の先祖は、駿河から来た宇津氏で、同国大久保にちなんで改名したという異説を載せている。

宇津忠茂の菩提寺《ぼだいじ》・長福寺《ちょうふくじ》が、額田郡舞木村《まいぎ》（岡崎市舞木町）近くの額田郡尾尻村《おじり》（岡崎市竜泉寺町《りゅうせんじ》）にあるため、宇津・大久保家ははじめ舞木村に住んでいたと考えられる。注目すべきは、この舞木村が山中城（岡崎市舞木町）にきわめて近接した土地であることだ。忠茂は山中城に土地勘があったから、山中城調略を進言することができたのであろう。

おそらく、忠茂は舞木村に住む旧西郷松平家家臣だったが、安城松平家に寝返って、清康に山中城調略を献策したのであろう。つまり、「山中譜代」だったと思われる。

宇津家が上和田村に移住したのは、清康が岡崎城に入ってからではないか。

ちなみに、「諸士出生記」では、宇津左衛門五郎（忠茂）を六ツ名村（岡崎市上六名町《むつな》近辺）在住とし、その子孫を上和田村在住としている。その記述を信じれば、まず忠茂が六名村に移転し、子の代になって和田村を与えられたか、もしくは和田村に住む大久保家（そんな家系が実在したかは定かではないが）の養子になったと考えるのが無難だろう。

なお、六名村は「松平清康が安祥城（現安城市）から岡崎に入った後は、岡崎城の南の守りと矢作川渡河点の備えのために、六名には松平宗家の中下級家臣が集住した」（『愛知県の地名』）といわれた土地である。忠茂もまた清康に従って六名村に移住したに違いない。

忠茂の子女

大久保家は事実上、清康家臣の宇津左衛門五郎忠茂から歴史がはじまった。

しかし、それからの興隆が凄《すさ》まじかった。大久保家は子だくさんで、武威に優れた男子が多かったからである。忠茂には四男二女があった。さらに長男・忠俊に八男五女、次男・忠次《ただつぐ》に八男一女、三男・忠員に一〇男二女、四男・忠久《ただひさ》に二女と、ネズミ算の如く一族を増やしていったのだ。

・長男　大久保五郎右衛門忠俊《ごろうえもんただとし》（一四九九〜一五八一）　妻は坂部又大夫正利《さかべまただゆうまさとし》の娘
・次男　大久保左衛門次郎忠次《さえもんじろうただつぐ》（？〜一五六九）　妻は大原善大夫正継《おおはらぜんだゆうまさつぐ》の娘
・三男　大久保平右衛門忠員《へいえもんただかず》（一五一〇〜一五八二）　妻は公家《くげ》・三条西公条《さんじょうにしきんえだ》の娘
・四男　大久保三郎右衛門忠久《さぶろうえもんただひさ》（？〜一五四八）
・長女　家臣・加藤宮内右衛門景成《かとうくないうえもんかげなり》の妻
・次女　杉浦大八郎五郎政次《すぎうらだいはちろうごろうまさつぐ》の妻

しかし、大久保家の閨閥は貧弱だった。忠茂の孫の代まで見渡しても、家老クラスとの婚姻関係は見当たらない。『寛政重修諸家譜』では、忠茂の三男・忠員の妻を三条西公条の娘としているが疑わしい。NHK大河ドラマ『真田丸』では、真田昌幸《さなだまさゆき》の妻が公家・菊亭晴季《きくていはるすえ》の娘であるというのは嘘《うそ》で、昌幸が上洛《じょうらく》した際に連れてきた侍女という設定にしていたが、忠員の妻も同様なのではないか。

図４－７：大久保家の分布

在所	氏名
①碧海郡六名村	宇津左衛門五郎(忠茂)
②碧海郡上和田村	大久保常源(忠俊)
③碧海郡上和田村	大久保平右衛門(忠員)
④碧海郡上和田村	大久保八郎右衛門(忠重)
⑤碧海郡上和田村	大久保左衛門次郎(忠次)
⑥碧海郡上和田村	大久保五郎右衛門(忠勝)
⑦碧海郡上和田村	大久保助左衛門(忠益)
⑧碧海郡上和田村	大久保彦左衛門(忠教)
⑨碧海郡上和田村	大久保三郎右衛門(忠久)
⑩碧海郡上和田村	大久保治右衛門(忠佐)
⑪碧海郡上和田村	大久保勘助
⑫碧海郡上和田村	大久保新蔵
⑬額田郡羽根村	大久保七郎右衛門(忠世)
⑭額田郡羽根村	大久保甚九郎(忠長)
⑮額田郡羽根村	大久保七郎右衛門(正次)
⑯碧海郡卜部村	大久保荒之助(忠直)

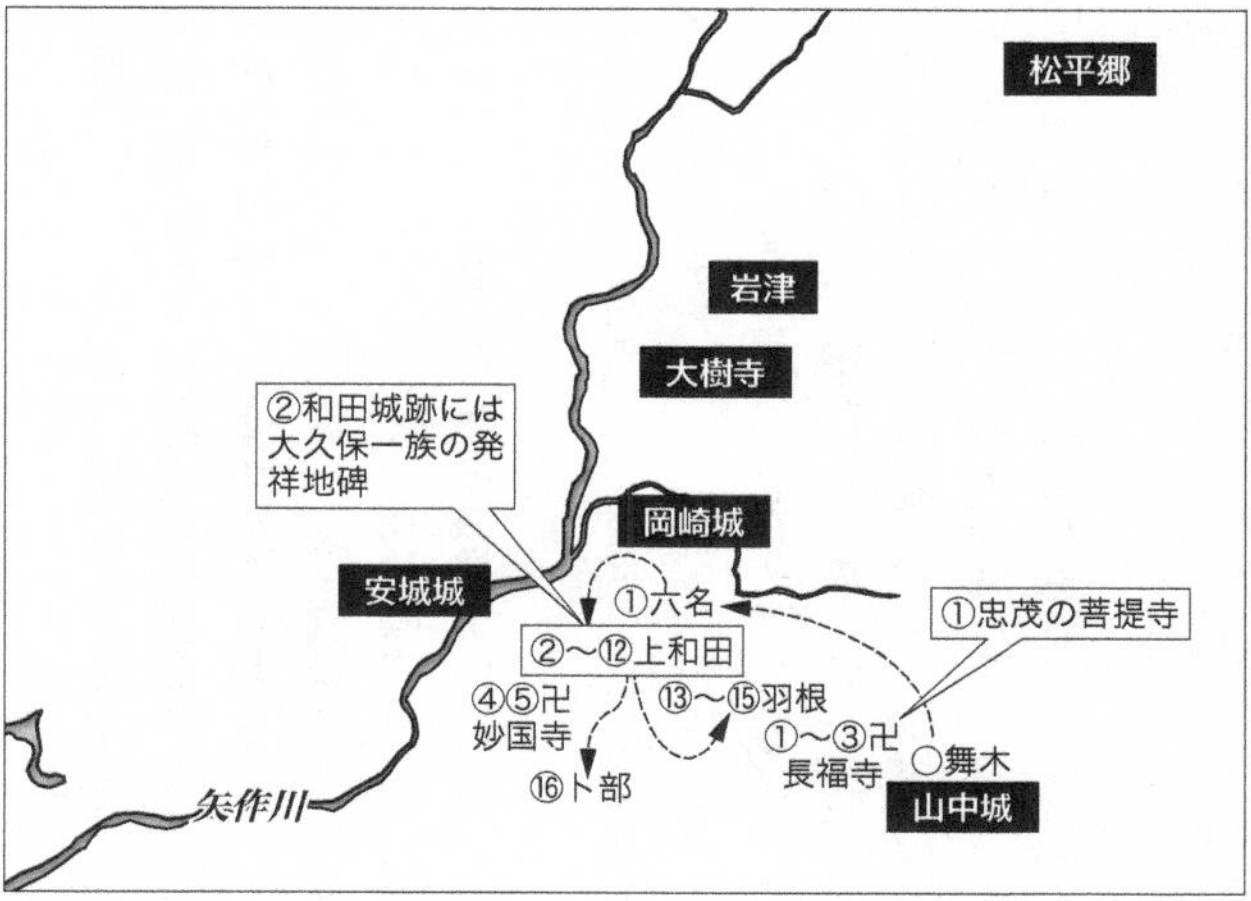

忠茂の長男・忠俊とその子孫

忠茂の長男・**大久保五郎右衛門忠俊**（一四九九～一五八一）は清康から家康まで三代に仕え、広忠の三河還住に功があった。また、三ツ木松平信孝《のぶたか》との合戦（耳取縄手《みみとりなわて》の合戦）、織田信広が籠もる安城城攻略、桶狭間の合戦、三河一向一揆の鎮圧でも武功をあらわした。

忠俊の長男・**大久保五郎右衛門忠勝**《ただかつ》（一五二四～一六〇一）は広忠・家康に仕え、弘治元（一五五五）年の尾張蟹江《かにえ》城攻めで「蟹江七本槍」の一人と謳われ、桶狭間の合戦、三河一向一揆の鎮圧でも武功をあらわした。しかし、天正三（一五七五）年の駿河小山城攻めで家康の指揮に従わずに蟄居。

忠勝の長男・**大久保五郎右衛門康忠**《やすただ》（一五四九～一六二二）は永禄六年に家康から偏諱《へんき》を賜って康忠と名乗り、子孫は代々「康」の字を通字とした。

康忠の妻は藤井《ふじい》松平伊豆守信一《いずのかみのぶかず》の娘で、大久保一族も忠茂の曾孫《ひまご》の代に至って、やっと重臣クラスとの閨閥に仲間入りしたことになる。ところが、康忠は姉川の合戦、小牧・長久手の合戦の後、病気にかかって蟄居を余儀なくされる。大久保家の嫡流として、家康と同世代（七歳年下）の康忠が蟄居に追い込まれたことは、大久保一党にとって不運だったろう。その結果、康忠の嫡男・**大久保新八郎康村**《しんぱちろうやすむら》（一五八四～一六三二）は一三〇〇石を領するにとどまった。

忠茂の次男・忠次とその子孫

忠茂の次男・**大久保左衛門次郎忠次**《さえもんじろう》（?～一五六九）は清康から家康まで三代に仕え、広忠の三河還住、安城城攻略、桶狭間の合戦、三河一向一揆の鎮圧に武功をあらわした。

忠次の長男・**大久保八郎右衛門忠重**《はちろうえもんただしげ》（一五三一～九五）は家康に仕え、三河一向一揆の鎮圧、三方原の合戦、高天神城攻略に武功をあらわした。天正二（一五七四）年頃から、従兄弟《いとこ》の大久保忠世《ただよ》の指揮下に入り、遠江犬居《いぬい》の合戦で名をあげた。

忠重の長男・**大久保甚兵衛忠弘**《じんべえただひろ》（生没年不詳）は身の丈《たけ》六尺余り（一八〇センチメートル以上）、膂力《りょりょく》にすぐれていたから、気が強く、他人を見下すことが多かった。そのため、家康の勘気に触れ、又従兄弟《またいとこ》・大久保忠隣《ただちか》預かりとなって、子どもたちは水戸藩に仕え、旗本の列を離れた。

忠茂の三男・忠員とその子孫

忠茂の三男・**大久保平右衛門忠員**《ただかず》（一五一〇～八二）は広忠の三河還住に功があり、三ツ木松平信孝が叛旗《はんき》を翻すと、信孝附きの家臣を離反させた。弘治元（一五五五）年の尾張蟹江城攻めでは、長男・忠世、次男・忠佐とともに「蟹江七本槍」の一人と謳われ、三河一向一揆の鎮圧でも武功をあらわした。天正一〇（一五八二）年に死去。享年七三。

妻を三条西公条の娘としているが疑わしいと既述した。なお、忠員には一〇男二女があった（★は嫡出）。［図4-6/b］

・長男★大久保七郎右衛門忠世《ただよ》（一五三二～一五九四）相模小田原四万五〇〇〇石
・次男★大久保治右衛門《じえもん》忠佐《ただすけ》（一五三七～一六一三）駿河沼津二万石
・三男　大久保大八郎《だいはちろう》（忠包《ただかね》）（一五三九～一五六〇）藤波縄手の合戦で討ち死に
・四男　大久保新蔵《しんぞう》（忠寄《ただより》）（一五四七～一五七二）三方原の合戦で討ち死に
・五男　大久保勘七郎《かんしちろう》（忠核《ただざね》）（一五五一～一五七四）遠江犬居の合戦で討ち死に
・六男　大久保権右衛門《ごんえもん》忠為《ただため》（一五五四～一六一六）
・七男★大久保甚右衛門《じんえもん》忠長《ただなが》（一五六四？～一六〇六）享年誤りか。
・八男　大久保彦佐衛門《ひこざえもん》忠教《ただたか》（一五六〇～一六三九）『三河物語』の著者
・九男　大久保弥太郎《やたろう》忠元《ただもと》（生没年不詳）
・一〇男　大久保九郎右衛門《くろうえもん》某（生没年不詳）
・長女　大河内《おおこうち》善兵衛《ぜんべえ》正綱《まさつな》（大河内松平正綱とは同名異人）の妻
・次女　鵜殿《うどの》平蔵《へいぞう》長重《ながしげ》（＝鵜殿八郎右衛門《はちろうえもん》長正《ながまさ》のことか？）の妻

四天王に次ぐ大久保忠世

忠員の長男・大久保七郎右衛門忠世（一五三二～九四）は、一五歳で初陣に及び、弘治元年の尾張蟹江城攻めで「蟹江七本槍」の一人と謳われ、三河一向一揆の鎮圧に武功をあらわした。

永禄九（一五六六）年頃に家康が「三備」軍制改革を実施すると、忠世は一之手衆に選ばれ、遠江攻略に活躍した。天正二（一五七四）年四月に家康は遠江犬居城の天野宮内右衛門景貫《くないうえもんかげつら》を攻めたが、豪雨で渡河できずに引き返すと、天野軍の追撃に遭った。忠世は殿軍《しんがり》として奮戦したが、家臣二〇余人を失った。

天正三（一八七五）年五月、長篠の合戦で信長から忠世・忠佐兄弟は「さて家康はよい者を配下にもっている。わたしは彼らほどの者をもっていない。彼らはよい膏薬《こうやく》だ。敵にべったりとついて離れぬ」と褒められたという（『三河物語』）。

同年六月、遠江二俣城《ふたまた》（静岡県浜松市天竜区）を攻め、忠世に城を囲むように命じた。ほどなくして城主・依田下野守《よだしもつけのかみのぶもり》信守が病死し、その子・依田右衛門信蕃《うえもんのぶしげ》は一二月に降伏。忠世が二俣城主となった。

天正一〇（一五八二）年六月、本能寺の変の後、忠世は酒井忠次《さかいただつぐ》らとともに信濃攻略に加わり、信濃佐久《さく》郡から進軍。諏訪小太郎頼忠《すわこたろうよりただ》、小笠原掃部信嶺《おがさわらかもんのぶみね》らを降伏せしめた。天正一二（一五八四）年に信濃小諸《こもろ》城を陥落させその城将となる。翌天正一三年に鳥居元忠《とりいもとただ》、平岩親吉《ひらいわちかよし》らと信濃上田城の真田安房守昌幸《さなだあわのかみまさゆき》を攻めるが敗れる。

天正一八（一五九〇）年の小田原合戦に参陣し、関東入国で相模小田原四万五〇〇〇石を賜る。また、忠世とは別に、弟・忠佐が上総茂原に五〇〇〇石（のち二万石）、嫡男・大久保相模《さがみの》守忠隣《かみただちか》が武蔵羽生《はにゅう》二万石を賜った。徳川一族以外で、これほど采地《さいち》を賜った一族は他にない。

俗に「徳川四天王」とは、酒井忠次、本多忠勝、榊原康政、井伊直政をいうが、忠次を除いて大久保忠世を加える場合もある。

忠世の弟・忠佐も大名に

忠員の次男・大久保治右衛門忠佐《ただすけ》（一五三七〜一六一三）は、弘治元（一五五五）年の尾張蟹江城攻めで「蟹江七本槍」の一人と謳われ、三河一向一揆の鎮圧に武功をあらわした。また、永禄七（一五六四）年の御油《ごゆ》合戦、永禄一二（一五六九）年の懸川城攻め、姉川の合戦、三方原の合戦などに参陣。長篠の合戦で、信長から「髭《ひげ》多き武者は誰なるや」と問われるほどの活躍を示した。

天正一八年の関東入国で上総国茂原に五〇〇〇石を賜った。関ヶ原の合戦後、慶長六（一六〇一）年に駿河沼津藩二万石に転封となる。

嫡男・大久保因幡守忠兼《いなばのかみただかね》（一五九九〜一六一三）が父に先んじて死去したため、弟・大久保彦左衛門忠教を養子に迎えようとするが、「他人の武功で得た知行を受け取る気はない」と断られ、無嗣廃絶となった。三女の夫はのちの老中・青山伯耆守忠俊《あおやまほうきのかみただとし》である。

忠世の子・忠隣は幕閣の中核へ

文禄三（一五九四）年に忠世が死去すると、嫡男・大久保相模守忠隣《ただちか》（一五五三〜一六二八）が父の遺領を合わせて相模小田原六万五〇〇〇石を領した。

忠隣は執務能力が高く文武に秀で、江戸幕府の老中に就任。人望が厚かった。しかし、徐々に本多佐渡守正信《さどのかみまさのぶ》と対立するようになり、忠隣が金山奉行に抜擢した大久保長安《ちょうあん》の不正蓄財が発覚すると、慶長一九（一六一四）年に改易され、近江国での蟄居を命じられた。正信の讒言《ざんげん》だといわれている。

忠隣の嫡孫・**大久保加賀守忠職**《かがのかみただもと》（一六〇四〜七〇）は祖父に連座して蟄居したが、のちに赦《ゆる》されて武蔵私市《きさい》（騎西）藩二万石を賜り、子孫は美濃加納藩五万石、播磨明石《あかし》藩七万石、肥前唐津《からつ》藩八万三〇〇〇石、下総佐倉藩九万三〇〇〇石を経て、相模小田原藩一〇万三〇〇〇石を領した。支藩として下野烏山《からすやま》藩三万石がある。

忠世の弟・彦左衛門は『三河物語』を書く

忠員の八男・**大久保彦左衛門忠教**（一五六〇〜一六三九）は一六歳で家康に仕え、遠江国犬居城攻めで初陣を飾る。関ヶ原の合戦では甥・忠隣らとともに秀忠に従い、忠隣の領地のうち武蔵国埼玉郡に二〇〇〇石を知行する（＝忠隣の家臣に組み込まれる）。

慶長一九（一六一四）年に忠隣が改易されると、直参として三河国額田郡一〇〇〇石を賜り、御槍奉行として大坂冬の陣、夏の陣に従った。寛永九（一六三二）年に御旗奉行に転じ、翌寛永一〇年に一〇〇〇石を加増され、都合二〇〇〇石を領した。

元和八（一六二二）年頃から著書『三河物語』を書き始め、大久保一族の武勲を誇る一方、現在の不遇を嘆き、官吏化する旗本・御家人の姿を子孫への訓戒として痛烈に批判した。講談では「天下のご意見番」と呼ばれる。

忠茂の四男・忠久とその子孫

忠茂の四男・大久保三郎右衛門忠久《さぶろうえもんただひさ》（?～一五四八）は広忠に仕え、兄とともに広忠の三河還住に尽力。その後、三ツ木松平信孝に附けられたが、信孝が広忠に叛旗を翻すと、信孝の許《もと》を離れた。天文一七（一五四八）年の耳取縄手の合戦で討ち死にした。

忠久には二女があり、男子がいなかったため、次女に婿養子を迎えた。ちなみに長女は板倉伊賀守勝重に嫁いだと『寛政重修諸家譜』に記述があるが、板倉家ではそのような記述がなく、詳細は不明である。

婿養子の大久保三郎右衛門忠政《さぶろううえもんただまさ》（一五二八～九〇）は、大久保忠俊の次男に生まれ、広忠の命により忠久の家跡を継いだ。家康に仕え、三河一向一揆の鎮圧、姉川の合戦、遠江犬居の合戦に武功をあらわした。天正一〇（一五八二）年に駿河久能城の城代に就いた。

忠政の長男・大久保金兵衛忠時《きんべえただとき》（一五五七～一六〇七）は父とともに駿河久能城に在番し、のちに大番組頭を務め、五五〇石を領した。

なお、幕末の外国奉行として有名な子爵・大久保忠寛《ただひろ》（一翁《いちおう》。一八一八～八八）は、忠政の三男・大久保三郎右衛門忠重《さぶろうえもんただしげ》の子孫だという。

第7節　鳥居忠吉・元忠

先祖は熊野鈴木氏？

『寛政重修諸家譜』によれば、鳥居家の「先祖は穂積《ほづみ》氏にして紀伊国熊野権現の臣農見大臣重《しげ》高《たか》の苗裔鈴木某が末葉なり、世々神職の業を嗣。道観重氏《しげうじ》が時にいたりて法眼《ほうげん》に叙す。よりて重氏、熊野山に一の鳥居を建、これより世人《せじん》呼《よん》で鳥居法眼と称す」という。

新行紀一氏は「鳥居忠吉は忠氏の一六代目にあたるが、そこにいたる系図は具体的記事は皆無で、渡における社会的地位等もまったく不明である。（中略）おそらく忠景の代に矢作宿へ来住したのであり、熊野の鳥居云々は後世の付会とみるべきであろう。付会をなすにあたって、一五世紀に広く流布していた熊野信仰をふまえて、熊野鳥居氏に結びつけたのではなかろうか」と推測している（『新編　岡崎市史2　中世』）。

「諸士出生記」「諸士姓名目録」などの地誌を見ると、鳥居家はほぼ渡村（岡崎市渡町）に居住するのみで、さほど栄えた家柄でなかったことがわかる。［図4－8］

老臣・忠吉

『寛政重修諸家譜』の**鳥居伊賀守忠吉**《いがのかみただよし》（一四九〇頃～一五七二）の項に「先祖より代々譜代の

御家人たり」と記されているが、忠吉の時に清康に従い、それ以前は西郷松平家に仕えていたと思われる。[図4-9]

天文一八(一五四九)年の安城城攻めで織田信広(信長の庶兄)を生け捕りするのに功績があった。今川領国下では岡崎城代(阿部《あべ》大蔵定吉《おおくらさだよし》、石川修理《しゅり》広成《ひろなり》)の下で、能見《のみ》松平次郎右衛門重吉《じろうえもんしげよし》とともに惣《そう》奉行を務めた。

鳥居家は「いわゆる商人的な武士で財力があった」ため、今川家の人質となった家康に衣類などを送って支援したという(『徳川家康家臣団事典』)。また、弘治二(一五五六)年、家康が一時的に岡崎に帰還した際、蔵に蓄えた米銭を見せ、「岡崎城主になられた折には、これで多くの将兵を集め、威名を全国に知らしめてほしい」と二人で涙したと伝えられる。

永禄三(一五六〇)年の桶狭間の合戦に御馬廻《まわり》として参加。永禄六(一五六三)年の三河一向一揆では岡崎城に籠もって、一族とともに家康方として戦った。

股肱の忠臣・元忠

『寛政重修諸家譜』によれば、忠吉には四男三女がいる。

・長男　鳥居源七郎忠宗《げんしちろうただむね》　(?〜一五四七)
・次男　僧・本翁意伯　(生没年不詳)
・三男　鳥居彦右衛門元忠《ひこえもんもとただ》　(一五三九〜一六〇〇)　妻は形原《かたのはら》松平家広《いえひろ》の娘

図4－8：鳥居家の分布

在所	氏名
①碧海郡渡村	鳥居伊賀守（忠吉）
②碧海郡渡村	鳥居鶴之助（元忠）
③碧海郡渡村	鳥居橘次郎（信家）
④碧海郡渡村	鳥居源七郎（忠資）
⑤碧海郡渡村	鳥居次郎右衛門尉（親重）
⑥碧海郡渡村	鳥居四郎左衛門（忠広）
⑦碧海郡渡村	鳥居弥平次（信茂（吉清））
⑧碧海郡渡村	鳥居又右衛門（重正）
⑨碧海郡渡村	鳥居又兵衛
⑩碧海郡渡村	鳥居久兵衛
⑪碧海郡渡村	鳥居中務
⑫碧海郡渡村	鳥居彦右衛門
⑬碧海郡筒針村	鳥居甚右衛門
⑭碧海郡上野村	鳥居金五郎

・四男　鳥居四郎左衛門忠広《しろうざえもんただひろ》（生没年不詳）
・長女　三河国衆・三宅藤左衛門政貞《とうざえもんまささだ》の妻
・次女　三河国衆・三宅藤左衛門政貞の後妻
・三女　能見松平大隅守《のみおおすみのかみしげかつ》重勝の妻

この他に『寛政重修諸家譜』の本多作左衛門重次《さくざえもんしげつぐ》の項では、重次の妻を忠吉の娘とする。三女の夫・能見松平大隅守重勝は、忠吉とともに今川占領期の奉行職を務めた能見松平次郎《じろう》右衛門重吉《えもんしげよし》の末男である。

また、長女・次女が嫁いだ三宅家は岡崎の北に拠点を置く国衆で、鳥居家の家格が上昇していることを示唆させる縁組みである。

忠吉の長男・鳥居源七郎忠宗は天文一六（一五四七）年の合戦で討ち死にし、次男は出家したため、三男の**鳥居彦右衛門元忠**（一五三九～一六〇〇）が家督を継いだ。

元忠は家康より三歳年長で、一三歳の時に駿河で人質となっている家康の従者となった。永禄元（一五五八）年の寺部城攻めで家康とともに初陣を果たし、永禄三（一五六〇）年の桶狭間の合戦に御馬廻として参加した。

永禄九（一五六六）年頃の軍制改革（三備）で旗本「一之手衆」の将に抜擢され、永禄一二（一五六九）年の懸川城攻め、元亀元（一五七〇）年の姉川の合戦、元亀三（一五七二）年の三方原の合戦、天正三（一五七五）年の長篠の合戦で武勲をあげた。同天正三年の遠江諏訪《すわ》原《はら》城

図４－９：鳥居家系図

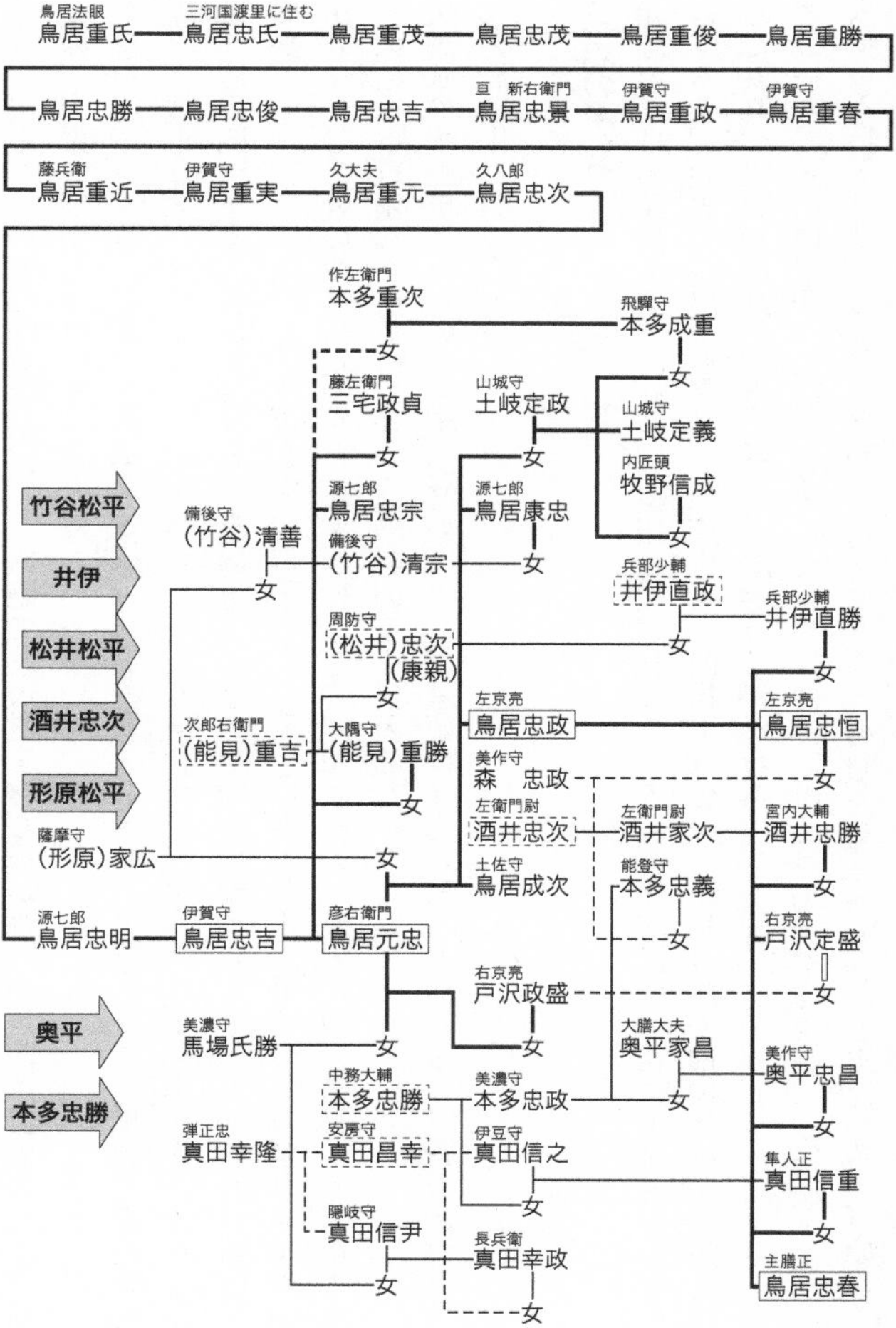

鳥居法眼
鳥居重氏
三河国渡里に住む
鳥居忠氏
鳥居重茂
鳥居忠茂
鳥居重俊
鳥居重勝
鳥居忠勝
鳥居忠俊
鳥居忠吉
亘　新右衛門
鳥居忠景
伊賀守
鳥居重政
伊賀守
鳥居重春
藤兵衛
鳥居重近
伊賀守
鳥居重実
久大夫
鳥居重元
久八郎
鳥居忠次
作左衛門
本多重次
飛騨守
本多成重
女
藤左衛門
三宅政貞
山城守
土岐定政
山城守
土岐定義
女
内匠頭
牧野信成
竹谷松平
井伊
松井松平
酒井忠次
形原松平
備後守
(竹谷)清善
源七郎
鳥居忠宗
源七郎
鳥居康忠
備後守
(竹谷)清宗
兵部少輔
井伊直政
兵部少輔
井伊直勝
周防守
(松井)忠次
(康親)
左京亮
鳥居忠政
左京亮
鳥居忠恒
次郎右衛門
(能見)重吉
大隅守
(能見)重勝
美作守
森　忠政
左衛門尉
酒井忠次
左衛門尉
酒井家次
宮内大輔
酒井忠勝
薩摩守
(形原)家広
土佐守
鳥居成次
能登守
本多忠義
源七郎
鳥居忠明
伊賀守
鳥居忠吉
彦右衛門
鳥居元忠
右京亮
戸沢定盛
右京亮
戸沢政盛
奥平
美濃守
馬場氏勝
大膳大夫
奥平家昌
美作守
奥平忠昌
本多忠勝
中務大輔
本多忠勝
美濃守
本多忠政
弾正忠
真田幸隆
安房守
真田昌幸
伊豆守
真田信之
隼人正
真田信重
隠岐守
真田信尹
長兵衛
真田幸政
主膳正
鳥居忠春

（静岡県島田市）攻めで先鋒を務めたが、鉄砲で左の股《もも》を撃ち抜かれ、左足が不自由となる。そのため、家康の前でも正座することがなかったという。

天正一〇（一五八二）年、本能寺の変後に家康が甲斐信濃を攻略すると、甲斐国郡内地方（山梨県都留《つる》市など）を与えられ、天正一八（一五九〇）年の関東入国で下総国矢作《やはぎ》四万石を賜った。徳川四天王や大久保忠世に次ぐ高禄《こうろく》で、家康の信頼が厚かったことがうかがわれる。

慶長五（一六〇〇）年、関ヶ原合戦の前哨《ぜんしょう》戦として、西軍・石田三成ら一〇万余りの軍勢が、徳川方一八〇〇人の籠もる京都伏見城を総攻撃して落城させた。元忠は内藤家長、深溝《ふこうず》松平家忠、大給《おぎゅう》松平近正《ちかまさ》らと伏見城を守り、激戦の末、自刃した。享年六二。

伏見城の徳川軍は討ち死に覚悟の籠城だった。家康は元忠に籠城を命じると、夜分まで人質時代の思い出を語り合ったという。

元忠の子女

元忠の妻は形原松平家広の娘で、家康の従姉妹《いとこ》にあたる。家康が股肱《ここう》の臣に従姉妹を嫁がせたのだろう。元忠の長男・鳥居源七郎康忠《げんしちろうやすただ》も十四松平家の一つ・竹谷《たけのや》松平備後守清宗《びんごのかみきよむね》の娘と結婚しており、家康が縁談に配慮していた跡がうかがわれる。

その一方、元忠は甲斐に領地を与えられると、武田旧臣・馬場美濃守氏勝《みののかみうじかつ》（「武田四天王」の一人である信房、別名・信春に仮託しているらしい）の娘をちゃっかり側室に迎え、家康から

「お前も隅に置けないな」とからかわれたらしい。

なお、元忠には六男二女がいた（★は嫡出、☆は馬場氏の子）。

・長男★鳥居源七郎康忠　（？　　～一五九〇）妻は竹谷松平備後守清宗の娘
・次男★鳥居左京亮《さきょうのすけ》忠政《ただまさ》（一五六六～一六二八）妻は瀧川下総守《たきがわしもうさのかみ》雄利の娘
・三男★鳥居土佐守《とさのかみ》成次《なりつぐ》（一五七〇～一六三一）徳川忠長の家老、三万五〇〇〇石
・四男☆鳥居左近《さこん》忠勝《ただかつ》（生没年不詳）　　家臣となる
・五男☆鳥居美濃守忠頼《ただより》（一五九〇～一六五三）旗本寄合一五〇〇石
・六男☆鳥居伯耆守《ほうきのかみ》忠昌《ただまさ》（生没年不詳）　　家臣となる
・長女★土岐《とき》山城守《やましろのかみ》定政《さだまさ》の妻
・次女☆戸沢《とざわ》右京亮《うきょうのすけ》政盛《まさもり》の妻

長男・鳥居源七郎康忠（？～一五九〇）が二〇代の若さで死去したため、次男・**鳥居左京亮忠政**（一五六六～一六二八）が家督を継いだ。忠政は秀吉に気に入られ、豊臣家臣・瀧川下総守雄利の婿養子になるように命じられたという。

瀧川下総守雄利は、旧姓を木造《こづくり》といい、伊勢の名門・北畠《きたばたけ》家の支流で、織田信長の次男・信《のぶ》雄《お》が北畠家を継ぐと、その家老となった。信長の家臣・瀧川一益から瀧川姓を与えられ、さらに天正一一（一五八三）年に秀吉から羽柴《はしば》姓を賜り、信雄改易の後には秀吉の直臣に取り立てられている。よくよく有力者から気に入られる（もしくは利用価値のある）人物だったようだ。

忠政は雄利の娘（一説に養女、生駒家長《いこまいえなが》の娘ともいう）を娶《めと》ったものの、その婿養子となって徳川家臣団から離れることは拒んだ。父・元忠が伏見城で討ち死にを遂げると、忠政は六万石を加増され、慶長七（一六〇二）年に陸奥磐城平《いわきだいら》藩一〇万石に転封され、その後も加増されて出羽山形藩二二万石を領した。

本郷和人氏は「この22万石という数字は、譜代では彦根の井伊家（当時は25万石。のち35万石）に次ぐものでした。しかも同時に新庄（山形県新庄市）藩主となった戸沢政盛（6万石）は忠政の妹婿、庄内（山形県鶴岡市）藩主となった酒井忠勝（13万8000石）は娘婿でしたから、現在の山形県の過半を占める『鳥居グループ』が出現したのです。鳥居家は伊達政宗など、東北諸大名の監視が命じられたといいます」（『戦国武将の明暗』）と指摘する。

一説によれば、幕府は前例主義なので、仮想敵国である仙台藩伊達家の近くに鳥居家、薩摩藩島津家の近くに内藤家を置いたという。ともに先祖が伏見城で討ち死にしたので、「同じように敵を足止めして討ち死にしろ」ということらしい。

まったくもってひどい話だが、前例主義にはメリットもあった。それだけの名家ともなると、幕府首脳も簡単には潰《つぶ》すに潰せない。通常ならば、バッサリ改易される場合でも敗者復活がゆるされるのだ。

忠政の子・鳥居左京亮忠恒《ただつね》（一六〇四〜三六）が病で錯乱して改易されると、改めて弟・鳥居主膳正《しゅぜんのかみ》忠春《ただはる》（一六二四〜六三）が信濃高遠藩三万二〇〇〇石を賜った。しかし、忠春、およびその嫡子・**鳥居左京亮忠則**《ただのり》（一六四六〜八九）は暗愚で、不行状により再び改易されてしまう。ここでもまた忠吉・元忠の勲功によって、忠則の子・**鳥居伊賀守忠英**《ただてる》（一六六五〜一七一六）が能登下村《しもむら》藩一万石を賜った。忠英は若年寄に出世し、下野壬生《みぶ》藩三万石まで回復。子孫は同地を領した。

第8節　平岩親吉

弓削連《ゆげのむらじ》の子孫

『寛政重修諸家譜』によれば、平岩家は弓削《ゆげ》氏（物部《もののべ》氏の末裔《まつえい》）の子孫と伝えられ、南北朝の頃、右衛門尉照氏《てるうじ》は新田義興《よしおき》（義貞の子）に仕え、三河国碧海郡の上野城に住み、上野姓を名乗った。その子孫・隼人正氏貞《はやとのかみうじさだ》（重氏）は「今川家に属す」といい、額田郡坂崎村（愛知県額田郡幸田町坂崎）に移り住み、巨石（平岩）の近くに館《やかた》を建てたことから、平岩姓を名乗ったという。［図4-10］

妙源寺《みょうげんじ》（岡崎市大和町《だいわ》）には建武三（一三三六）年に物部熈氏《ひろうじ》が三河国平田荘桑子《くわご》（岡崎市大和町）の屋敷・畠地を寄進した古文書が所蔵されている。この「熈氏」こそ『寛政重修諸家譜』にある照氏であろう。妙源寺には永正三（一五〇六）年に駿河の今川氏親《うじちか》が三河に侵攻した際の禁制が残っており、平岩氏貞（重氏）が「今川家に属す」というのは一時的に今川氏に降伏・従属したことを示しているのかもしれない。

氏貞の曾孫・平岩五郎《ごろう》右衛門《えもん》重益《しげます》（?～一五三〇）は松平信光・親忠・長忠に仕え、その子・平岩左衛門《さえもん》親重《ちかしげ》（?～一五七七）が長忠・信忠・清康に仕えた（「安城譜代」に該当する）というが、にわかには信じがたい。

家康の親友・平岩親吉

親重の子・平岩主計頭《かずえのかみ》親吉《ちかよし》（一五四二～一六一一）は通称を七之助《しちのすけ》といい、家康と同い年で、尾張・駿河の人質時代をともに過ごした（なお、叔父《おじ》・平岩助右衛門《すけえもん》親長《ちかなが》、弟・平岩五左衛門《ござえもん》正広も家康の人質時代に付き従っている）。

人質時代をともにしたからといって、家康と仲がよいとは限らない。特に家康より年長だった阿部新四郎《しんしろう》重吉《しげよし》、内藤与《よ》三兵衛《そうべえ》正次《まさつぐ》ら二〇歳前後の家臣は、その後も全く出世していない。これに対し、家康と同年代だった平岩親吉、鳥居《とりい》元忠《もとただ》、桜井《さくらい》松平忠正《ただまさ》らは後に厚遇されている。

中でも親吉と家康は親しかったようだ。三河一向一揆で、一揆方の筧助《かけひすけ》大夫《だゆう》正重《まさしげ》が親吉に矢を射かけ、倒れた親吉の首級を取ろうとしたところ、はるか遠くで見ていた家康が馬を進めて筧を叱責《しっせき》したため、親吉は九死に一生を得たという。

元亀元（一五七〇）年に家康が浜松城に移転し、家康の長男・岡崎三郎信康に岡崎城を譲る

図4－10：平岩家の分布

在所	氏名
①額田郡坂崎村	平岩七之助親吉
②額田郡坂崎村	平岩五左衛門正広
③額田郡坂崎村	平岩善十郎康重
④額田郡坂崎村	平岩助六郎康長
⑤額田郡坂崎村	平岩新左衛門親重
⑥額田郡坂崎村	平岩彦次郎親基
⑦額田郡坂崎村	平岩助右衛門親長
⑧額田郡坂崎村	平岩小三郎親弘
⑨幡豆郡友国村	平岩瀬兵衛

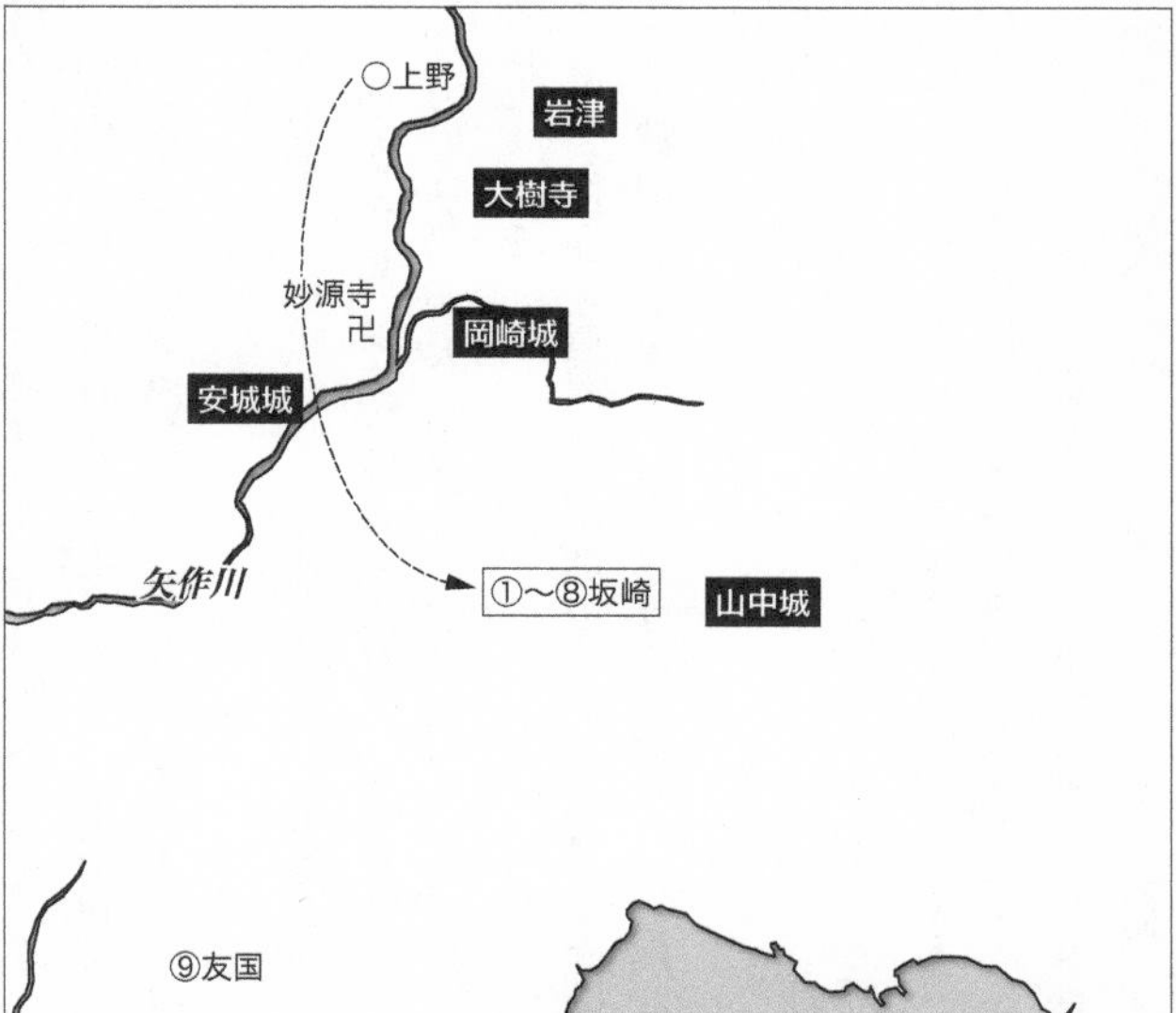

と、親吉は三人の傅役《もりやく》（兼家老）の一人に選ばれた。三人の傅役は「安城譜代」の石川豊前守《ぶぜんのかみ》信成《のぶなり》（一般には春重《はるしげ》）、「岡崎譜代」の鳥居又右衛門重正《またえもんしげまさ》、そして「山中譜代」の平岩親吉という、「三ご譜代」のバランスを取った人事だったが、親吉に関していえば、親友に子どもの後見を頼んだような感じだったのだろう。

天正七（一五七九）年に「築山事件」が起こり、信康を切腹させることが決まると、親吉は自らの命と引き替えに信康の助命を嘆願したが聞き入れられず、蟄居した。

しかし、その後、信康の与力のうち一四人を預けられ、翌天正八年には駿河田中・持舟《もちふね》城攻め、遠江高天神城攻めに参陣している。

天正一〇（一五八二）年に家康が甲斐・信濃経略を進めると、親吉は甲斐国の郡代を命じられる。家康にとって、崇拝する武田信玄の本拠・甲斐には特別な思い入れがあったようで、親吉に対する信頼がうかがわれる。

小牧・長久手の合戦では甲斐を守衛し、天正一三（一五八五）年には信濃上田城に真田昌幸を攻めるが、敗退した。天正一八（一五九〇）年の関東入国で上野厩橋《うまやばし》三万三〇〇〇石を賜った。徳川家臣団ではナンバー6。酒井忠次《ただつぐ》の嗣子・家次《いえつぐ》よりも石高が多かった。

子がなかったので、慶長四（一五九九）年に家康の八男・**平岩仙千代《せんちよ》**（一五九五〜一六〇〇）を養子に迎えたが、その翌年に死去した。家康が息子を家臣の養子に出した唯一の事例である。

慶長五（一六〇〇）年の関ヶ原の合戦では、上杉軍の抑えとして厩橋城（前橋市）を守ったが、翌慶長六年に三万石を加増されて甲斐府中藩に転封となった。慶長八（一六〇三）年、家康の九男で仙千代の同母弟・五郎太《ごろうた》（のちの尾張徳川義直《よしなお》）がわずか四歳で甲斐府中藩二五万石を与えられると、親吉はその傅役となって藩政を代行した。

慶長一二（一六〇七）年に家康の四男・東条《とうじょう》松平忠吉《ただよし》が嗣子なきまま死去すると、義直はその後継として尾張清須五三万九五〇〇石に転じ、親吉は尾張犬山十二万三千石余に加増された。慶長一六（一六一一）年に死去。享年七〇。

親吉には子がなく、仙千代が死去した後に養子を迎えなかったので、無嗣廃絶となった。ただし、その一族の多くは尾張藩士に取り立てられた。

親吉の妻

親吉の妻は「石川源左衛門正信《げんざえもんまさのぶ》が女《むすめ》」である。

源左衛門は石川家成の一族だと思われるが、具体的な関係は不明である。

『士林泝洄』によれば、石川源左衛門は木戸村に住み、土呂《とろ》村（岡崎市福岡町）の大橋善五左衛門《おおはしぜんござえもん》の婿養子として、その家督を継いだが、故あって大橋姓は名乗らず、石川を名乗ったという。善五左衛門には男子がなく、二人の娘がおり、長女が石川源左衛門、次女が天野三郎兵衛《あまのさぶろうべえ》に嫁いだ。天野三郎兵衛といえば、岡崎の奉行として有名な天野三郎兵衛康景がいるが、この天野三郎兵衛が康景と同一人物かどうかは定かでない。

源左衛門には少なくとも三男四女がおり、長女の夫が親吉、次女の夫が「松平清蔵《せいぞう》」である。親吉とともに岡崎信康に仕えていた人物に、長沢《ながさわ》松平清蔵親宅《ちかいえ》（一五三四～一六〇四）がおり、『寛政重修諸家譜』によれば、その妻は「大橋善五左衛門芳重《よししげ》が女」だという。おそらく、善五左衛門の孫娘を誤って伝えたのだろう。ちなみに親宅の末男・松平善左衛門正勝《ぜんざえもんまさかつ》も尾張藩士に取り立てられている。信康に附けられ、一族が尾張藩士に採用されるというのは、親吉の縁故があってのことだろう。

親吉の兄弟

『寛政重修諸家譜』によれば、親吉は四男四女の兄弟だった。［図4-11］

・弟　平岩五左衛門正広　（一五四〇～一六一二）尾張藩士
・弟　平岩善十郎《ぜんじゅうろう》康重《やすしげ》（生没年不詳）尾張藩士
・弟　平岩助六郎《すけろくろう》康長《やすなが》（？　～一五九〇）妻は本多作左衛門重次の娘。子は尾張藩士。
・妹　山田《やまだ》半右衛門《はんえもん》某の妻
・妹　平岩真野左衛門《まのざえもん》某の妻。子は尾張藩士。
・妹　尾張藩家老・渡辺忠右衛門守綱《わたなべちゅうえもんもりつな》の妻
・妹　山田内右衛門《うちえもん》某の妻。子は尾張藩士。

次弟・平岩五左衛門正広（一五四〇～一六一二）は親正《ちかまさ》ともいい、家康の命で家督をその

図４－11：平岩家系図

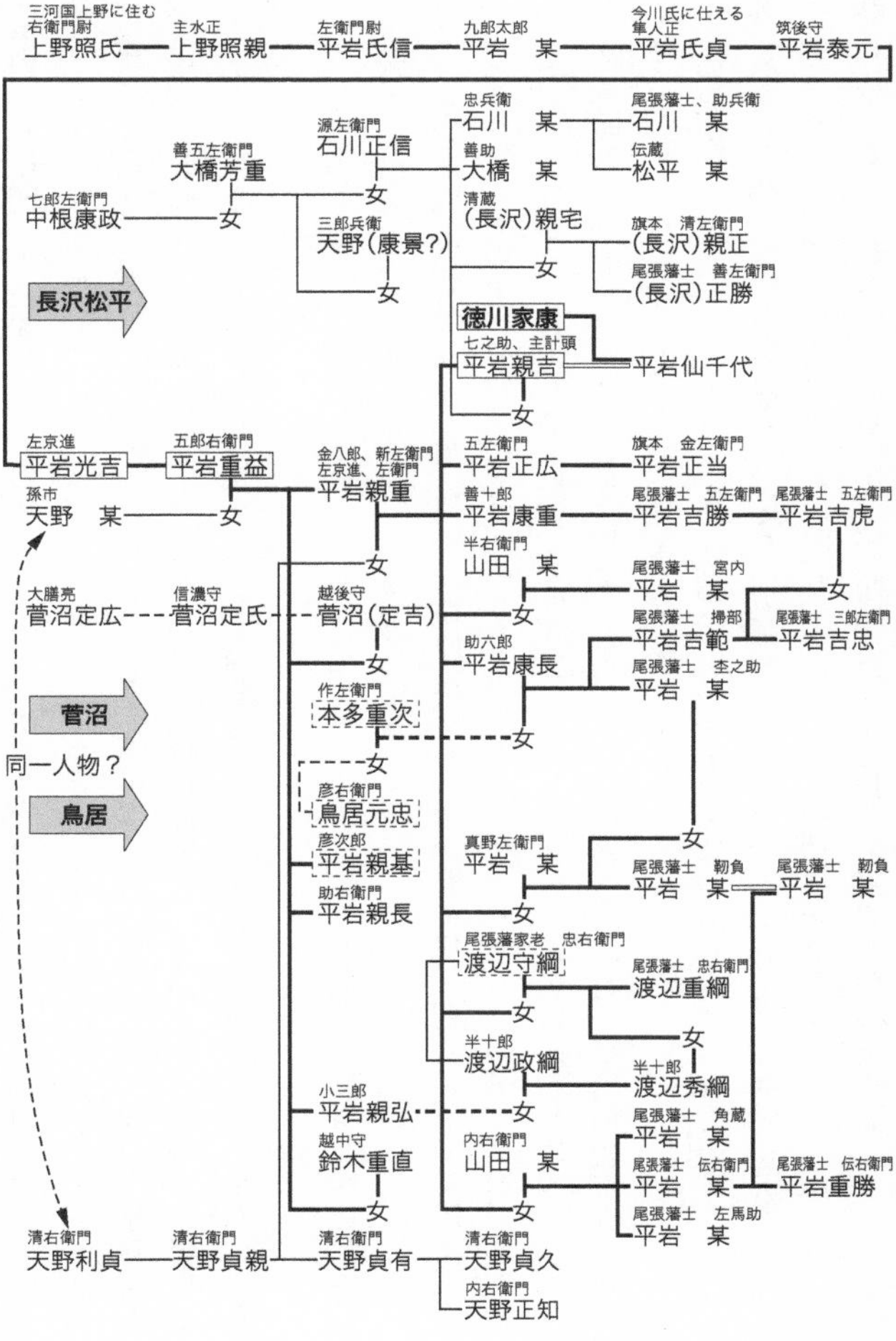

三河国上野に住む 右衛門尉
上野照氏
主水正
上野照親
左衛門尉
平岩氏信
九郎太郎
平岩　某
今川氏に仕える 隼人正
平岩氏貞
筑後守
平岩泰元
忠兵衛
石川　某
尾張藩士、助兵衛
石川　某
源左衛門
石川正信
善助
大橋　某
伝蔵
松平　某
善五左衛門
大橋芳重
女
七郎左衛門
中根康政
女
清蔵
(長沢)親宅
三郎兵衛
天野(康景?)
旗本　清左衛門
(長沢)親正
女
尾張藩士　善左衛門
(長沢)正勝
長沢松平
女
徳川家康
七之助、主計頭
平岩親吉
平岩仙千代
女
左京進
平岩光吉
五郎右衛門
平岩重益
金八郎、新左衛門 左京進、左衛門
平岩親重
五左衛門
平岩正広
旗本　金左衛門
平岩正当
孫市
天野　某
女
善十郎
平岩康重
尾張藩士　五左衛門
平岩吉勝
尾張藩士　五左衛門
平岩吉虎
女
半右衛門
山田　某
尾張藩士　宮内
平岩　某
女
大膳亮
菅沼定広
信濃守
菅沼定氏
越後守
菅沼(定吉)
女
尾張藩士　掃部
平岩吉範
尾張藩士　三郎左衛門
平岩吉忠
女
助六郎
平岩康長
尾張藩士　杢之助
平岩　某
作左衛門
本多重次
菅沼
女
同一人物?
女
彦右衛門
鳥居元忠
鳥居
女
彦次郎
平岩親基
真野左衛門
平岩　某
尾張藩士　靭負
平岩　某
尾張藩士　靭負
平岩　某
助右衛門
平岩親長
女
尾張藩家老　忠右衛門
渡辺守綱
尾張藩士　忠右衛門
渡辺重綱
女
女
半十郎
渡辺政綱
半十郎
渡辺秀綱
小三郎
平岩親弘
女
尾張藩士　角蔵
平岩　某
越中守
鈴木重直
内右衛門
山田　某
尾張藩士　伝右衛門
平岩　某
尾張藩士　伝右衛門
平岩重勝
女
女
尾張藩士　左馬助
平岩　某
清右衛門
天野利貞
清右衛門
天野貞親
清右衛門
天野貞有
清右衛門
天野貞久
内右衛門
天野正知

子・平岩金左衛門正当《きんざえもんまさあつ》（親当《ちかあつ》。一五六五〜一六二五）に譲り、自らは兄弟・親吉の与力を経て尾張藩士となった。慶長一七（一六一二）年に死去し、享年「七十三」。今の呈譜七十」（『寛政重修諸家譜』）という。逆算すると兄・親吉より二歳年長になってしまうため、後日、享年を七〇歳と申告し直した。単なる誤記かもしれないが、実際には正広の方が兄で、親吉に家督を譲ったため、弟にされてしまった可能性が高い。家督を譲られた子の正当は旗本として八〇〇石を領した。

三弟・平岩善十郎康重（生没年不詳）の事跡は不明。子の平岩五左衛門吉勝《ござえもんよしかつ》は、犬山に四〇〇石を賜って伯父《おじ》・親吉の同心とされた。子孫は尾張藩士。

四弟・平岩助六郎康長（?〜一五九〇）は榊原康政と仲違《なかたが》いして兄・親吉の下で蟄居。天正一八（一五九〇）年の小田原合戦にて武蔵岩槻《いわつき》城攻めで討ち死にした。その子・平岩掃部吉範《かもんよしのり》（?〜一六一九）は伯父・親吉が名古屋城で政務を行うにあたって、親吉の代わりに犬山城に在城した。尾張藩士として二〇〇〇石を領した。弟の平岩縫《ぬい》殿が三〇〇石、平岩伯耆《ほうき》が五〇〇石、平岩杢之助《もくのすけ》が五〇〇石を賜り、尾張藩士となっている。

親吉の兄弟は、弟たちだけではなく、妹の子も尾張藩に高禄で取り立てられている。

妹（次女・上総）は「容貌醜《ようぼうみにくし》」ながら、成瀬六左衛門《ろくざえもん》の兄・平岩真野左衛門（馬野左衛門ともいう）に嫁ぎ、尾張藩にて五〇〇石を賜り、その子・平岩靭負《ゆきえ》が継承した。

妹（四女）も「容貌醜」ながら山田内右衛門に嫁ぎ、長男・平岩角蔵《かくぞう》は尾張藩にて一五〇〇石を賜り、次男・平岩伝右衛門《でんえもん》は四〇〇石、三男・平岩左馬助《さまのすけ》も四七〇石を賜った。

また、妹（三女）は尾張藩家老の渡辺忠右衛門守綱《もりつな》（一五四二～一六二〇）の妻である。守綱は初名を半蔵《はんぞう》といい、「徳川十六神将」の一人に数えられる猛将である。永禄五（一五六二）年の八幡の合戦で、味方が総崩れになった際、槍を手にして一人踏みとどまり、見事殿軍《しんがり》を務めた。「これより世人、槍半蔵と称す」と絶賛された。父とともに一揆側に与《くみ》したが、のちに赦されて帰参した。姉川の合戦、三方原の合戦、長篠の合戦、小牧・長久手の合戦等に参陣。天正一八（一五九〇）年の関東入国で武蔵比企《ひき》三〇〇〇石を賜った。慶長五（一六〇〇）年の関ヶ原の合戦では旗本として参陣し、翌慶長六年に九〇〇〇石に加増された。義兄・平岩親吉の関係からか、守綱は尾張藩に附けられ、一万四〇〇〇石を領した。

守綱の長男・**渡辺忠右衛門重綱**《しげつな》（一五七四～一六四八）の息子は次々と早世し、四男・**渡辺飛驒守治綱**《ひだのかみはるつな》（一六〇六～五七）が家督を継いだ。子孫は尾張藩家老となり、明治三三（一九〇〇）年に男爵に列した。また、五男・**渡辺丹後守吉綱**《たんごのかみよしつな》（一六一一～六八）は秀忠に仕えて武蔵野本《のもと》藩一万三五〇〇石を領し、子孫は和泉大庭寺《おおばでら》藩を経て和泉伯太《はかた》藩主となった。

第5章　三河国衆その他

第1節　三河国衆

国衆とは何か

NHK大河ドラマ『真田丸』で、草刈正雄《くさかりまさお》演じる真田《さなだ》安房守《あわのかみ》昌幸《まさゆき》は、周辺の有力者を集め、自らを「国衆《くにしゅう》」と呼んでいた。

平山優《ひらやままさる》氏は「国衆とは、室町期の国人《こくじん》領主とは性格を異にする領域権力として成長を遂げた、戦国期固有の地域的領主を指す学術用語である」と評し、黒田《くろだ》基樹《もとき》氏の業績を総括して、国衆は「一円領として地域的・排他的な支配領域を確立していることである。それは郡規模であることが多く、『領』と呼ばれるが、同時に『国』として捉えられていた」。「国衆の支配領域は独立しており、平時においては基本的に大名の介入を受けない」。「国衆は、大名と起請文《きしょうもん》を交換し、証人（人質）を提出することで従属関係を取り結ぶが、独立性は維持されたままである」。「戦国大名は、国衆を従属させ、その支配領域たる『領』の安堵と存続を認める代わりに、奉公（軍役《ぐんやく》、国役《くにやく》等の負担）を行わせる」などの特徴をあげている（『戦国大名と国衆』）。

家康は三河を統一し、遠江、駿河、甲斐、信濃と領土を拡げていく過程で、在地領主である国衆を傘下に組み込んでいった。

三河国衆とは

家康が生まれた岡崎松平家（旧安城松平家）が領有していた土地は、現在の愛知県岡崎市・安城市およびその周辺、いわゆる西三河である。主に東三河の在地領主である「国衆」は、家康が三河を統一する過程で従属するものの、その時々の状況に応じて今川家や武田家に靡《なび》く独立性の高い存在であった。［図5－1］

『松平記』では、「正月元日は近習《きんじゅう》衆御礼、二日は国衆の御礼也。同心衆は両日外、何れにても不定」との記述があり、毎年一月二日に国衆が家康のもとに正月の挨拶《あいさつ》に来ていたことを記している。その夜には御謡《おうたい》があり、その席次は左記の通りだったという。

「　同正月二日夜御謡初座敷次第

　左方

一鵜殿八郎三郎《うどのはちろうさぶろう》（康俊《やすとし》）

一松平甚太《じんた》か内膳《ないぜん》か

（東条《とうじょう》松平家忠《いえただ》または桜井《さくらい》松平忠正《ただまさ》）

一松平紀伊守（形原《かたのはら》松平家忠《いえただ》）

　右方

一西郷孫九郎《さいごうまごくろう》（家員《いえかず》）

一設楽甚三郎《したらじんざぶろう》（貞道《さだみち》）

一松平和泉守《いずみのかみ》（大給《おぎゅう》松平真乗《さねのり》）

図５－１：三河国衆の分布

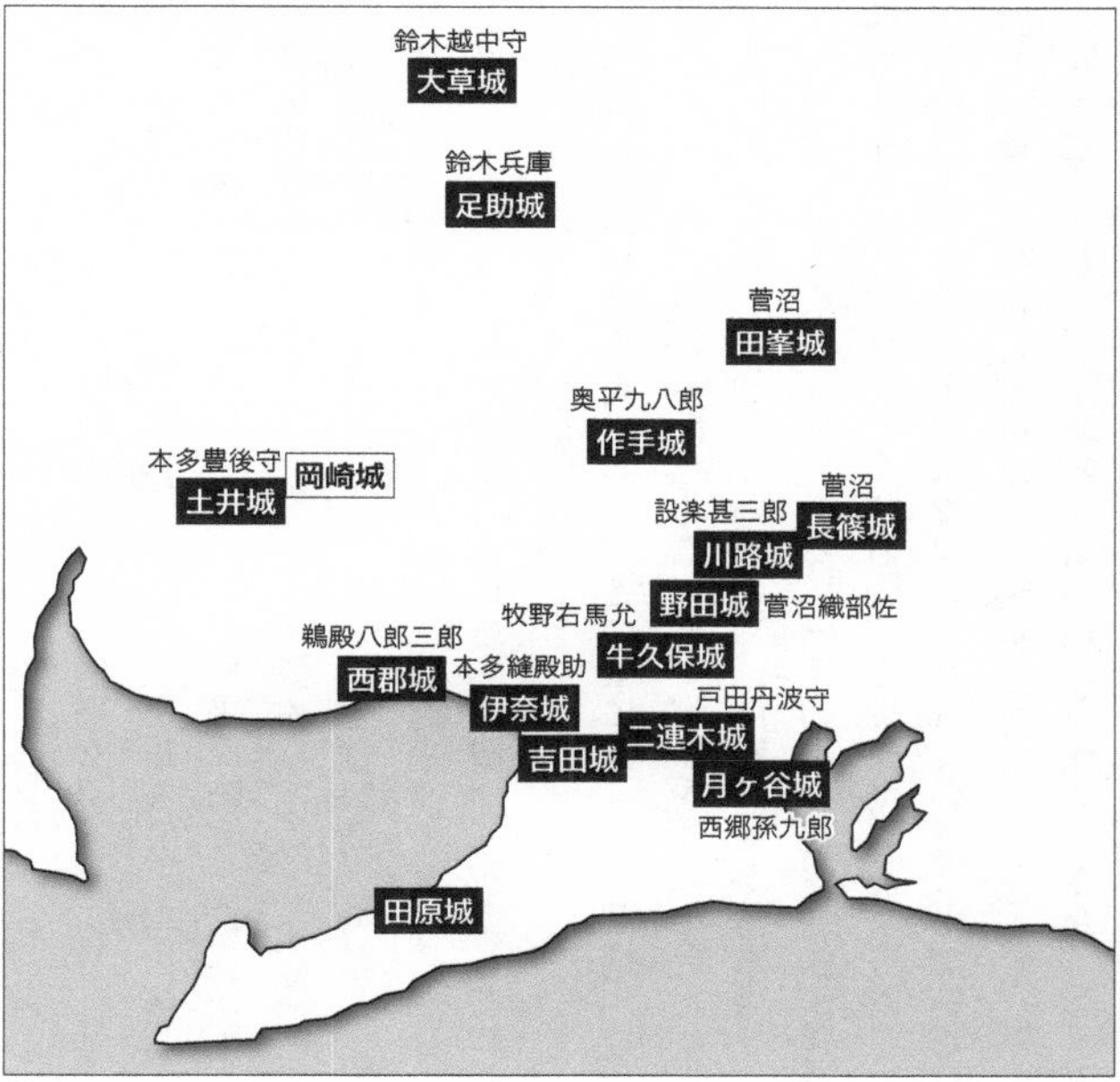

鈴木越中守
大草城
鈴木兵庫
足助城
菅沼
田峯城
奥平九八郎
作手城
本多豊後守
岡崎城
土井城
菅沼
設楽甚三郎
長篠城
川路城
野田城
菅沼織部佐
牧野右馬允
牛久保城
鵜殿八郎三郎
西郡城
本多縫殿助
伊奈城
戸田丹波守
二連木城
吉田城
月ヶ谷城
西郷孫九郎
田原城

一松平外記《げき》（五井《ごい》松平景忠《かげただ》）
一松平主殿助《とのものすけ》（深溝《ふこうず》松平伊忠《これただ》）
一本多《ほんだ》豊後守《ぶんごのかみ》（広孝《ひろたか》）
一菅沼《すがぬま》織部佐《おりべのすけ》（定盈《さだみつ》）
一鈴木《すずき》兵庫（信重《のぶしげ》）
一奥平《おくだいら》 九《く》八郎《はちろう》（貞能《さだよし》）
（一松平上野介《こうずけのすけ》［長沢松平康忠《やすただ》］）
一松平玄蕃《げんば》（竹谷《たけのや》松平清宗《きよむね》）
一松平丹波守《たんばのかみ》（戸田《とだ》康長《やすなが》）
一松平周防守《すおうのかみ》（松井《まつい》忠次《ただつぐ》［一般に康親《やすちか》］）
一鈴木 越中守《えっちゅうのかみ》（重愛《しげよし》）
一本多縫殿助《ぬいのすけ》（忠次《ただつぐ》）
一牧野《まきの》右馬允《うまのじょう》（康成《やすなり》）」

つまり、家康はここに掲げた人物を「国衆」と認識していたわけだ。

以下、幾つか特徴を列記していこう。

一つめは三河偏重主義である。この項には「三河岡崎・遠州浜松に至迄《いたる》正月二日国衆御礼之次第」と記され、浜松城時代もこのメンバーを国衆としていたようであるが、井伊、松下、久野などの遠江国衆が参列していない。三河衆偏重が基本スタンスだったのだろう。

二つめは松平一族の存在である。国衆の中に松平一族が包含されている。家康は松平一族を一族ではなく、苗字《みょうじ》を同じくする国衆と捉《とら》えていたようだ。

三つめに本多広孝が国衆にカウントされていることである。先述した通り、これら国衆は、家康の父祖の時代から徳川家（岡崎松平家）に仕えてきた家系ではない。唯一人、本多広孝のみが安城譜代として、家康の父祖の代から仕えてきた。関ヶ原の合戦後、東海地方を奪還した家康が、父祖の地・岡崎城に広孝の嗣子を置いたのは、国衆でありながら仕えてきてくれた本多家に対する感謝の意を表したのだろう。

三河国衆の婚姻関係

通常、婚姻関係は同一階層内部で形成されるので、三河国衆同士の婚姻が多い。

東三河の菅沼家と奥平・西郷・設楽家、奥平家から鵜殿家などの繋《つな》がりが確認できる。

家康は母方の水野家を介して奥平家と遠縁にあたる一方、叔母《おば》・碓井姫の娘を菅沼家に嫁がせている。それ以外の三河国衆との血縁的な繋がりは、奥平信昌《のぶまさ》を女婿にしていること、鵜殿・西郷家から側室を迎えていることだ。［図5－2］

先述した国衆の席次は、一番が鵜殿家、二番が西郷家である。側室の実家だからという見方もあるが、有力な国衆から側室を迎えたという考え方もできる（家康ならやりかねない）。

第2節　戸田家

三つの戸田家

戸田家は現在の豊橋市から渥美《あつみ》半島、および知多半島西岸に勢力を誇っていた三河国衆で、

嫡流は松平姓を賜り、二つの支流がある。［図5－3］

田原の丹波守《たんばのかみ》家　（戸田松平丹波守康長。子孫は信濃松本藩六万石）

吉田の左門《さもん》家　（戸田左門一西《かずあき》。子孫は美濃大垣藩一〇万石など）

佐々木の三郎右衛門《さぶろうえもん》家　（戸田三郎右衛門忠次。子孫は下野宇都宮藩七万石余など）

実のところ、支流を名乗る二家が、本当に嫡流の戸田家と血縁関係があるかは定かではない（十四松平家が徳川家と本当に血縁関係があるか不確かであるのと同様の理屈である）。

『寛政重修諸家譜』によれば、戸田家は公家・三条家の子孫だという。三条家の支流にあたる正親町三条《おおぎまちさんじょう》権大納言《ごんだいなごん》公治《きんはる》（一四四〇～一四九五）の嫡子・右中将《うちゅうじょう》実興《さねおき》（一四五七～一四八一）が故あって近江国に寓居《ぐうきょ》し、その子・戸田三郎実光《さねみつ》が三河国に移り住んで、母方の姓「十田」を名乗り、のちに戸田に改めたという。

戸田家の事実上の家祖・戸田弾正左衛門《だんじょうざえもん》宗光《むねみつ》（？～一四九九？）は、その戸田三郎実光の子という。ただし、『寛政重修諸家譜』の編者は、曾《そう》祖父にあたる正親町三条公治と宗光が同時代の人物であることから「疑《う》ふべし」と考察している。

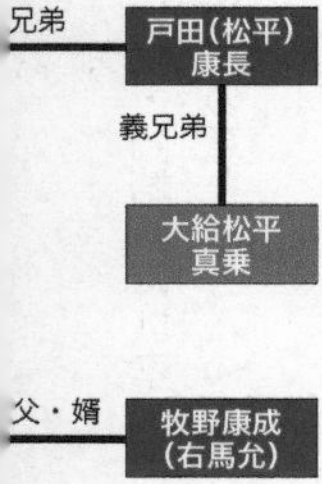

戸田家は「正親町三条家の所領であった碧海郡上野荘（豊田市上郷町）の荘官であった」（『東三河の戦国時代』）ため、その子孫を僭称《せんしょう》したと思われる。

図5－2：三河国衆の婚姻関係

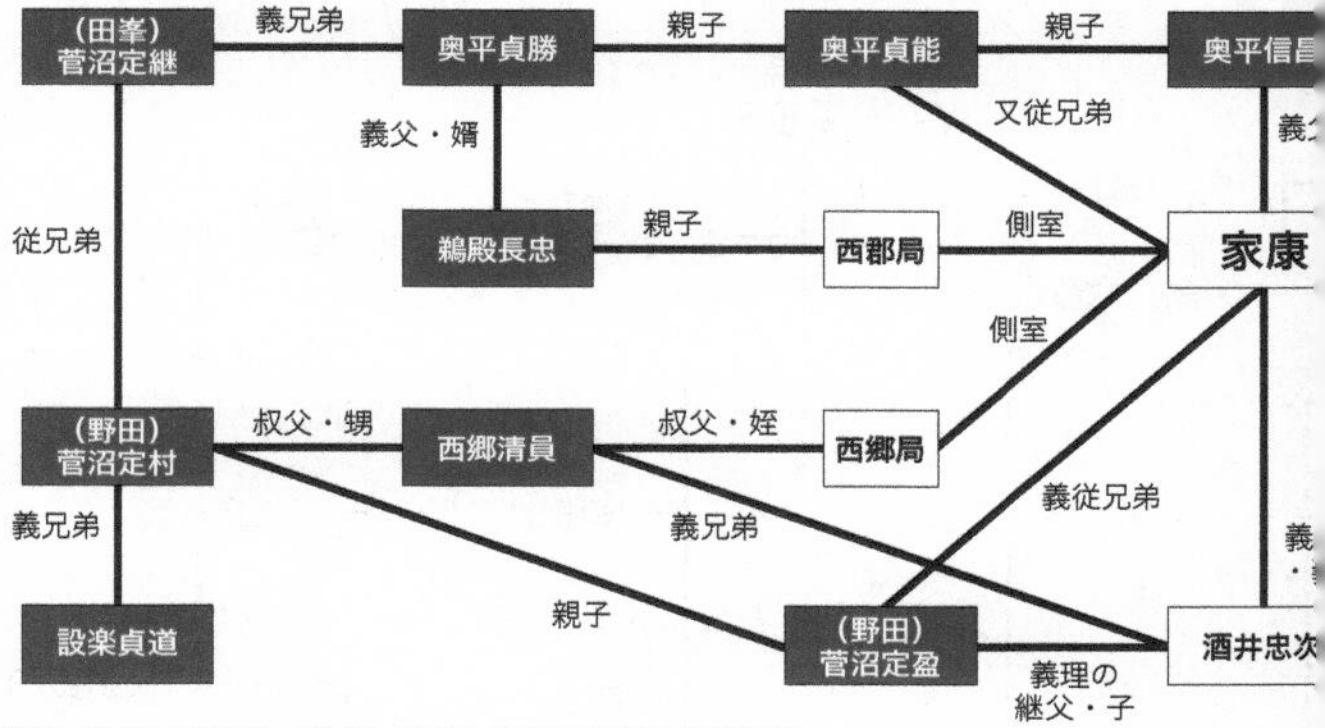

※薄い網掛けは松平一族、濃い網掛けはそれ以外の三河国衆

豊田市から豊橋市へ

寛正二（一四六一）年頃には既に、戸田宗光は渥美半島に勢力を伸ばしつつあった（『豊橋市史　第一巻』）。そして、宗光は室町幕府による一揆《いっき》討伐で武功を上げ、渥美半島で擡頭《たいとう》していった。

寛正六（一四六五）年に東条吉良家の浪人たちが三河国額田郡井口（岡崎市井《い》ノ《の》口《くち》町）で一揆を起こした。室町幕府は一色氏の被官だった牧野出羽守、守護仁木氏の被官・西郷六郎兵衛に討伐を命じたが、一揆の殲滅《せんめつ》に至らなかった。そこで、第二陣として政所《まんどころ》執事の伊勢氏の被官・松平和泉守信光（家康の先祖）と戸田弾正左衛門宗光が討伐軍に起用されたのだ。

松平信光がこの一揆討伐で頭角を現し、家康に続く松平家繁栄の基礎を築いたことは有名であるが、それは戸田宗光の場合も同じだった。

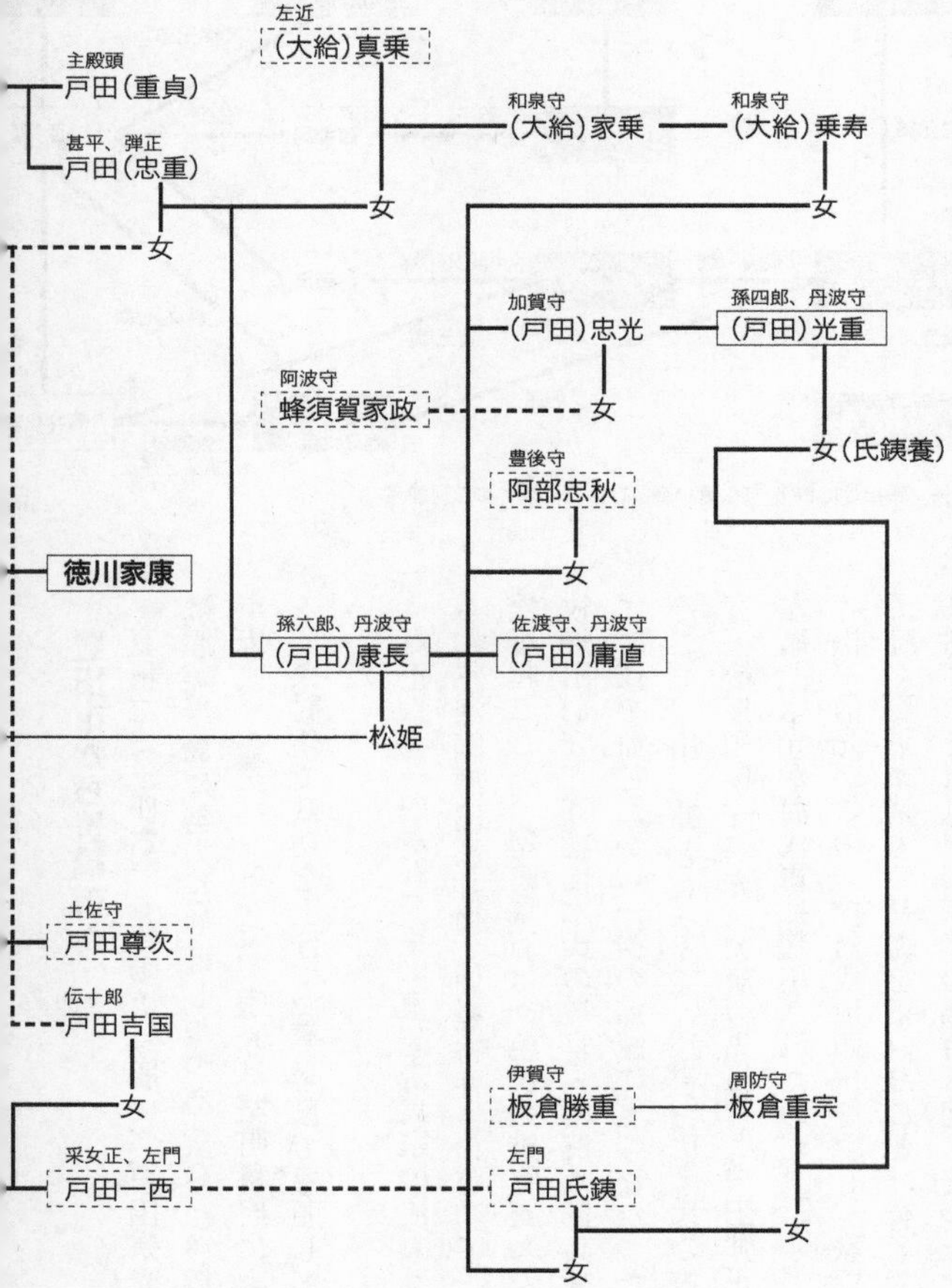

左近
(大給)真乗
主殿頭
戸田(重貞)
甚平、弾正
戸田(忠重)
和泉守
(大給)家乗
和泉守
(大給)乗寿
女
女
女
加賀守
(戸田)忠光
孫四郎、丹波守
(戸田)光重
阿波守
蜂須賀家政
女
女(氏鐵養)
豊後守
阿部忠秋
女
徳川家康
孫六郎、丹波守
(戸田)康長
佐渡守、丹波守
(戸田)庸直
松姫
土佐守
戸田尊次
伝十郎
戸田吉国
女
伊賀守
板倉勝重
周防守
板倉重宗
采女正、左門
戸田一西
左門
戸田氏鐵
女
女

図5－3：戸田家系図

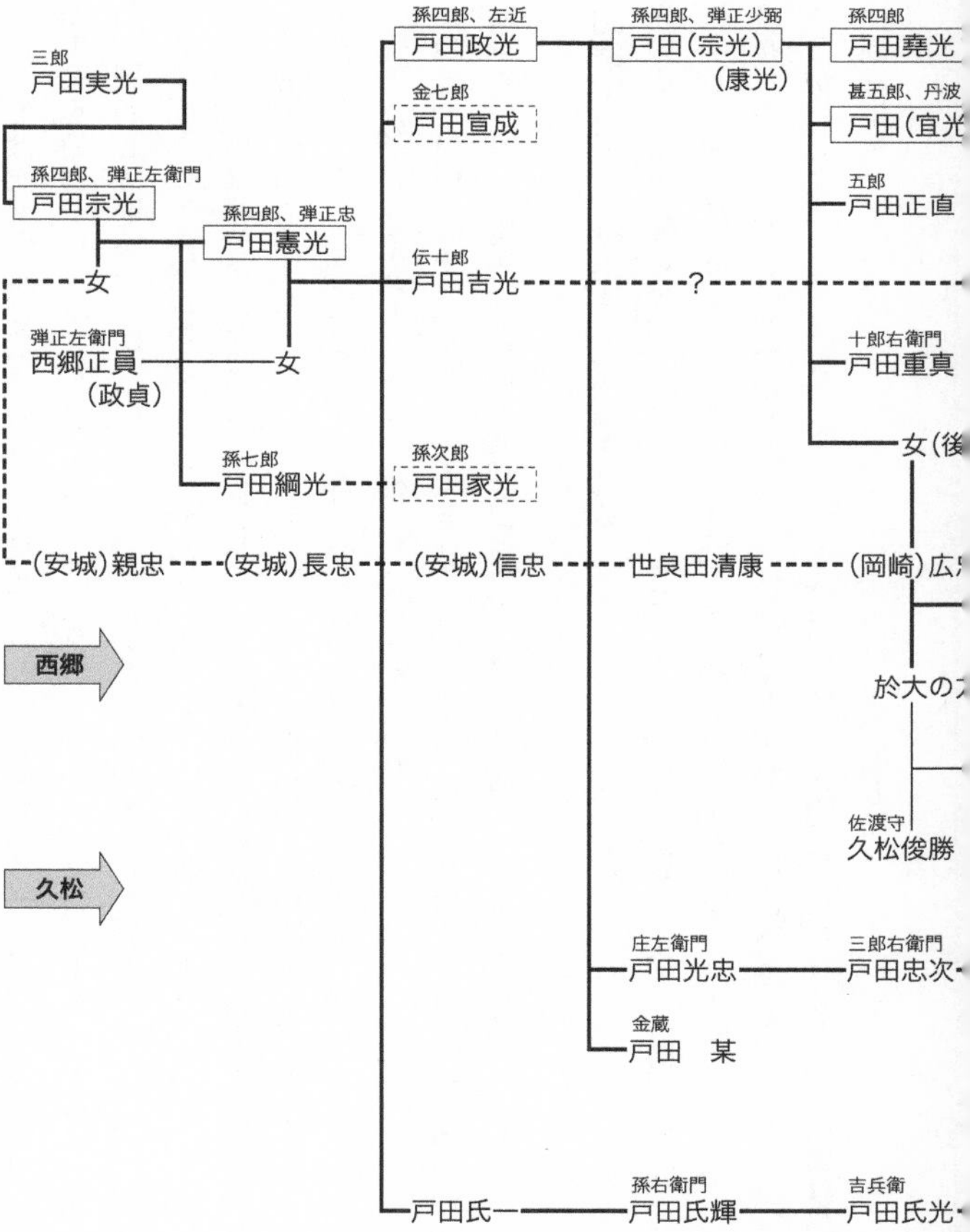

三郎
戸田実光
孫四郎、弾正左衛門
戸田宗光
女
弾正左衛門
西郷正員
（政貞）
孫四郎、弾正忠
戸田憲光
女
孫七郎
戸田綱光
孫四郎、左近
戸田政光
金七郎
戸田宣成
伝十郎
戸田吉光
?
孫次郎
戸田家光
（安城）親忠
（安城）長忠
（安城）信忠
世良田清康
（岡崎）広
西郷
久松
戸田氏一
孫四郎、弾正少弼
戸田（宗光）
（康光）
庄左衛門
戸田光忠
金蔵
戸田　某
孫右衛門
戸田氏輝
孫四郎
戸田堯光
甚五郎、丹波
戸田（宜光
五郎
戸田正直
十郎右衛門
戸田重真
女（後
於大の
佐渡守
久松俊勝
三郎右衛門
戸田忠次
吉兵衛
戸田氏光

戸田宗光の妻は松平信光の娘である。文亀元（一五〇一）年八月一六日、家康の先祖にあたる安城松平親忠《ちかただ》の初七日に記された「松平一門連判状《れんぱんじょう》」という古文書がある。そこに、松平一族一六名が署名しているのだが、戸田家の田原孫次郎家光が署名している。ただし、戸田家系図に孫次郎家光という人物は掲載されておらず、宗光の子か孫と推定されている。

戸田宗光は渥美半島の西部とその対岸に位置する知多半島に勢力を伸ばし、隣国・遠江の三《み》ヶ日《かび》（静岡県浜松市北区三ヶ日町）周辺まで勢力を拡げた結果、今川家と対立。明応《めいおう》八（一四九九。一説にその翌年）年に舟形山《ふながたやま》（豊橋市雲谷《うのや》町）砦《とりで》の攻略中に討ち死にした（『寛政重修諸家譜』では宗光の死を永正五［一五〇八］年としているが、誤りだという）。

宗光の子・戸田弾正忠《だんじょうのちゅう》憲光《のりみつ》（?〜一五二七?）以降、戸田家は豊川市周辺に興った牧野家と今橋《いまはし》城（のちの吉田城、豊橋城。愛知県豊橋市今橋《いまはし》町）をめぐって抗争を繰り返した。

織田家につき、今川家に殲滅される

憲光の孫・戸田弾正少弼《だんじょうしょうひつ》宗光《むねみつ》（?〜一五四七）の代に、家康の祖父・清康が擡頭して西三河を統一して東三河に勢力を拡大。宗光は清康と和議を結んだ。東三河山間部の菅沼・奥平・設楽家などの三河国衆も清康に従い、東三河は清康が定めた秩序の下で支配された。

ところが、天文四（一五三五）年一二月に清康が尾張守山で暗殺されると（森山崩れ）、戸田宗光は混乱に乗じて天文六（一五三七）年に吉田城を奪回した。

宗光の長男・**戸田孫四郎堯光**《まごしろうたかみつ》（?〜一五四七）は天文一四（一五四五）年に姉の真喜姫《まきひめ》を岡崎城主・松平広忠の後妻に送り込み、西三河との連携を深めた。広忠の先妻・於大の方（家康の母）は、実家の水野家が当主の交代によって今川家から尾張織田家に鞍替《くらが》えしたため、離縁されたからだ。

しかし、堯光もまた、尾張織田家へ急接近していった。

天文一六（一五四七）年八月に岡崎城主・松平広忠の長男・竹千代（のちの徳川家康）が今川家の人質として護送される途中、戸田宗光・堯光父子は竹千代を掠《かす》め取り、尾張の織田信秀に渡してしまった。

これに怒った今川家は、同天文一六年九月に天野景貫《あまのかげつら》を差し向けて田原城を攻め落とさせ、戸田宗光・堯光父子は討ち死にした。『寛政重修諸家譜』では宗光の死を弘治二（一五五六）年としているが、天文一六年に討ち死にしたと見られている（『田原町史　上巻』）。

宣光／今川家につき延命

宗光の次男・**戸田甚五郎宣光**《じんごろうよしみつ》（宣光《のぶみつ》ともいう。生没年不詳）は父や兄に従わず、終始今川方につくことによって難を免れた。

宣光の長男・**戸田主殿頭重貞**《とのものかみしげさだ》（?〜一五六四）は永禄七（一五六四）年五月に家康が今川家の三河拠点・吉田城を攻めた時、その先鋒《せんぽう》を務め、同年一一月に討ち死にした。

重貞には子がなかったらしく、弟の戸田甚平忠重《じんぺいただしげ》（?〜一五六七）が家督を継いだが、永禄一〇（一五六七）年に死去した。

忠重の妻は、戸田伝十郎吉光《でんじゆうろうよしみつ》の娘というが、系図の上で吉光は忠重の曾祖父・政光《まさみつ》の弟にあたる。つまり、祖父の従姉妹と結婚したわけだ。世代的に考えられず、系図に混乱がある。そもそも、戸田家の嫡流が殲滅されたことに乗じて、支流の重貞・忠重兄弟（の子孫）が嫡流に系図を繋げ、あたかも嫡流の流れを汲《く》んでいるように創作したのではないか。

なお、忠重には三男一女がいた（★は嫡出）。

・長男★戸田松平丹波守康長《たんばのかみやすなが》（一五六二〜一六三二）
・次男★戸田孫二郎宣直《まごじろうのぶなお》（生没年不詳）
・三男★戸田甚五郎《じんごろう》某（生没年不詳）
・長女　大給《おぎゆう》松平左近真乗《さこんさねのり》の妻

戸田松平康長／家康の義弟

戸田松平丹波守康長（一五六二〜一六三二）は幼名を虎千代《とらちよ》、通称を孫六郎《まごろくろう》という。

父・忠重が死去した時、康長はわずか六歳だった。早くに両親と別れた家康は、康長を不憫《ふびん》に思い、松平姓を与えて異父妹・松姫（一五六五〜八八）と婚約させた。そして、天正二（一五七四）年に元服させ、偏諱《へんき》を与えて康長と名乗らせた。

康長は長篠の合戦、高天神城攻めに（家臣が奮戦して）軍功が多かった。天正一二（一五八四）年の小牧・長久手の合戦では酒井忠次に従い、自ら槍《やり》を持って武功を上げた。

天正一八（一五九〇）年の家康の関東入国で武蔵深谷に一万石を賜った。

慶長五（一六〇〇）年の関ヶ原の合戦では水野勝成《かつなり》らとともに大垣城攻めで家臣の多くが討ち死にした。その功により、翌慶長六年に上野白井藩二万石に加増され、慶長七（一六〇二）年には下総古河藩に転封となった。その後、一万石の加増を経た後、大坂夏の陣で武功を上げ、元和二（一六一六）年に上野高崎藩五万石、翌元和三年に信濃松本藩七万石に転封となった。

分家／吉田の戸田左門家

美濃大垣藩の戸田家は、戸田政光の弟・戸田氏一《うじかず》から分かれた家だという。

その子孫・戸田左門《さもん》一西《かずあき》（一五四一～一六〇一）は通称を新二《しんじ》郎《ろう》、十兵衛《じゆうべえ》、采女正《うねめのかみ》、左門といい、諱《いみな》は政成《まさなり》、信世《のぶよ》、康次《やすつぐ》を経て一西と称したという。

一西は、天正三（一五七五）年五月に吉田城近辺で起こった長篠の合戦の前哨《ぜんしよう》戦で武功をあらわした。さらに長篠の合戦では酒井忠次の下で鳶巣山砦の攻略に参陣した。また、小牧・長久手の合戦、小田原合戦に参陣した。

天正一八（一五九〇）年の家康の関東入国で武蔵鯨井《くじらい》に五〇〇〇石を賜った。

慶長五（一六〇〇）年の関ヶ原の合戦では秀忠軍に従い、上田城攻めの軍議での発言が家康に評価され、翌慶長六年に近江大津藩三万石に転封となった。しかし、一西は大津が要害の地ではないと、膳所《ぜぜ》に城を築いて移り住んだ。

『寛政重修諸家譜』によれば、一西の妻は真木助兵衛氏常《まきすけべえうじつね》の娘で、五男三女がいた（★は嫡出）。

・長男★戸田左門氏鉄《うじかね》（一五七六～一六五五）妻は戸田松平丹波守康長の長女
・次男　戸田四郎左衛門正直《しろうざえもんまさなお》（生没年不詳）家臣となる。
・三男　戸田帯刀為春《たてわきためはる》（生没年不詳）外孫・戸田土佐守氏豊は高家一〇〇〇石。
・四男　戸田半之丞勝興《はんのじょうかつおき》（生没年不詳）殺害事件を起こし蟄居《ちっきょ》、子孫は家臣。
・五男　僧　尊誉（生没年不詳）
・長女　山口駿河守直友《やまぐちするがのかみなおとも》の妻
・次女　三宅越後守康信《みやけえちごのかみやすのぶ》の妻
・三女　内藤右京進正成《ないとううきょうのしんまさなり》の妻

長男・氏鉄は若年より家康の側に仕え、関ヶ原の合戦、大坂の陣、島原の合戦に参陣。摂津尼崎藩五万石を経て、美濃大垣藩一〇万石を領した。支流として美濃大垣新田藩一万三〇九九石がある。

分家／佐々木の戸田三郎右衛門家

下野宇都宮藩の戸田家は、政光の孫・戸田三郎《さぶろう》右衛《え》門忠次《もんただつぐ》（一五三一～九七）を事実上の家祖とする。

『寛政重修諸家譜』によれば、忠次は「父討死のゝち流浪し、三河国佐々木に住す」という。『渥美町史』では、天文一六（一五四七）年九月に今川軍が田原城を攻め落とし、戸田宗光・堯光父子が討ち死にした際、「宗光の首は弟光忠とその子忠次が持って山越しに落ち、野田の西円寺に寄り、住職空明にあずけられた。（中略）空明は光忠と忠次を馬草海岸から舟で矢作川河口に送らせ、上宮寺《じょうぐうじ》にかくまった」と記している。

上宮寺は佐々木（岡崎市上佐々木町《かみささきちょう》）にある寺で、永禄六（一五六三）年の三河一向一揆で一揆勢の拠点の一つになっていた。

忠次は上宮寺に恩義を感じてか、一揆勢に与《くみ》して家康方と戦った。勇将で名高い大久保七郎《しちろう》右衛門忠世《えもんただよ》と一日に三度も槍を合わせる奮闘ぶりに、家康も感じ入ったという。忠次は一揆の最中に家康方に転じ、敵陣の内情をよく知るが故に一揆の鎮圧に貢献した。

永禄七（一五六四）年に今川方の城代が籠《こ》もる吉田城、田原城攻めで武功を上げ、翌永禄八年に渥美郡のうちに知行地を与えられ、同心二〇人を預けられた。また、三方原の合戦、高天神城攻め、小牧・長久手の合戦、小田原合戦などに参陣した。

天正一八（一五九〇）年の家康の関東入国で伊豆下田《しもだ》に五〇〇〇石を賜った。

慶長五（一六〇〇）年の関ヶ原の合戦では、忠次が既に死去していたので、その子・戸田土佐守尊次《たかつぐ》（一五六五〜一六一五）が後詰めとして加わり、翌慶長六年に三河田原藩一万石に転封となった。

その後、子孫は肥後富岡《とみおか》藩二万石、常陸下館藩、武蔵岩槻藩五万一〇〇〇石を経て、下総佐倉藩七万一〇〇〇石、越後高田藩、下野宇都宮藩に転封。元治《げんじ》元（一八六四）年の筑波山《つくばさん》の挙兵鎮圧で不手際があって、翌慶応《けいおう》元年に五万石に減封された。支流として、下野高徳《たかとく》藩一万一三九石、下野足利藩一万一〇〇〇石がある。

忠次の子女婚姻に見る水軍との関係

『寛政重修諸家譜』によれば、忠次には三男四女がいた。［図5－4］

・長男　戸田三九郎清光《さんくろうきよみつ》（一五五九〜一五七五）討ち死に
・次男　戸田土佐守尊次（一五六五〜一六一五）妻は深溝《ふこうず》松平主殿助伊忠《とのものすけこれただ》の三女
・三男　清水権之助政吉《しみずごんのすけまさよし》（一五六九〜一六二八）渥美郡中山村に二〇〇〇石を賜る。
・長女　間宮半之助《まみやはんのすけ》（直綱《なおつな》）の妻
・次女　小浜民部左衛門《おはまみんぶざえもん》（景隆《かげたか》）の妻
・三女　島田五郎兵衛《しまだごろうべえ》（成重《なりしげ》）の妻
・四女　能見《のみ》松平丹後守重忠《しげただ》の妻

図５－４：戸田忠次家系図

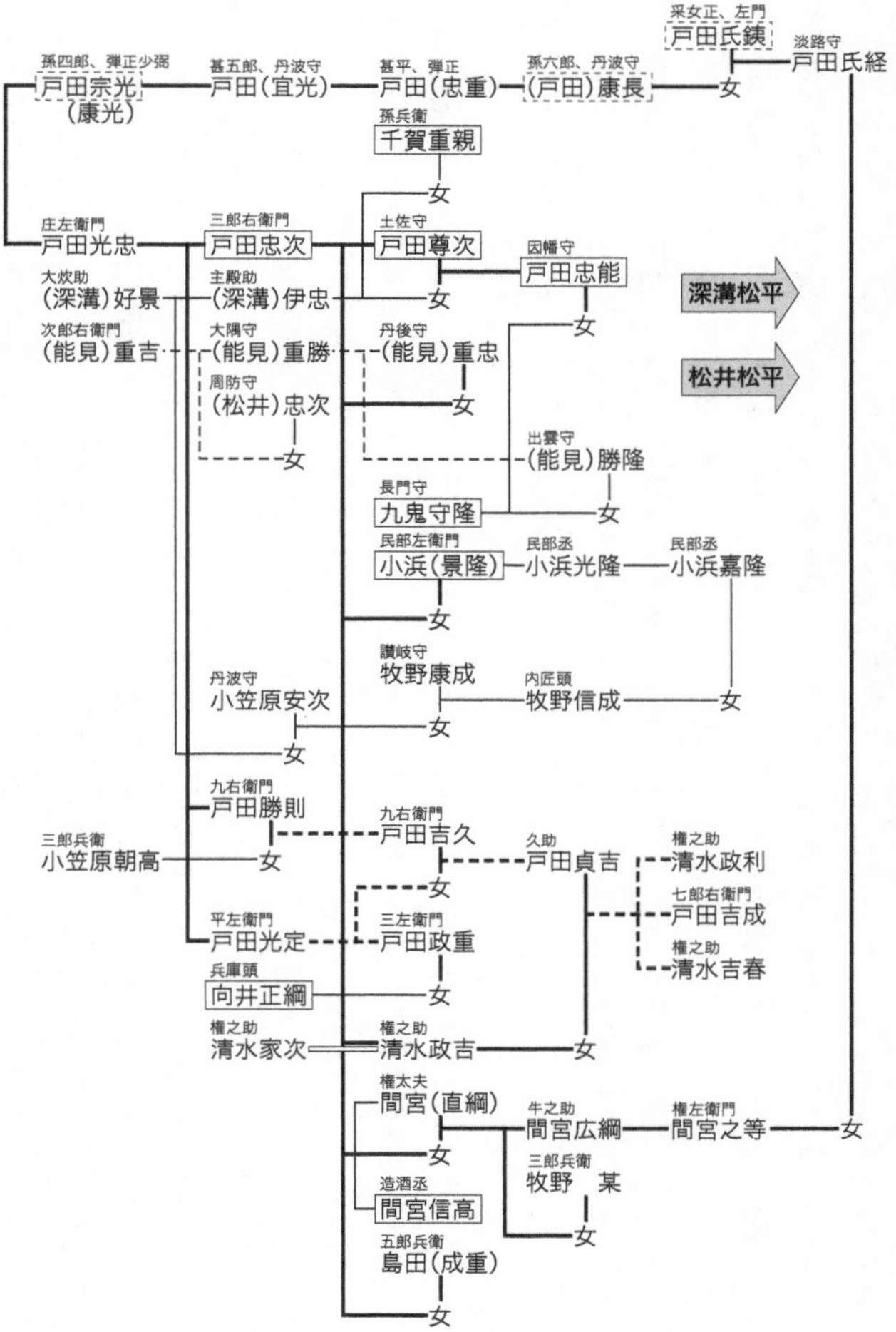

孫四郎、弾正少弼
戸田宗光
（康光）
甚五郎、丹波守
戸田（宜光）
甚平、弾正
戸田（忠重）
孫六郎、丹波守
（戸田）康長
采女正、左門
戸田氏鉄
淡路守
戸田氏経
女
孫兵衛
千賀重親
女
庄左衛門
戸田光忠
三郎右衛門
戸田忠次
土佐守
戸田尊次
因幡守
戸田忠能
大炊助
（深溝）好景
主殿助
（深溝）伊忠
女
深溝松平
次郎右衛門
（能見）重吉
大隅守
（能見）重勝
丹後守
（能見）重忠
女
松井松平
周防守
（松井）忠次
女
女
出雲守
（能見）勝隆
長門守
九鬼守隆
女
民部左衛門
小浜（景隆）
民部丞
小浜光隆
民部丞
小浜嘉隆
女
讃岐守
牧野康成
内匠頭
牧野信成
女
丹波守
小笠原安次
女
女
九右衛門
戸田勝則
九右衛門
戸田吉久
三郎兵衛
小笠原朝高
女
久助
戸田貞吉
権之助
清水政利
女
七郎右衛門
戸田吉成
平左衛門
戸田光定
三左衛門
戸田政重
権之助
清水吉春
兵庫頭
向井正綱
女
権之助
清水家次
権之助
清水政吉
女
権太夫
間宮（直綱）
牛之助
間宮広綱
権左衛門
間宮之等
女
女
三郎兵衛
牧野　某
造酒丞
間宮信高
女
五郎兵衛
島田（成重）
女

長女の夫・間宮半之助某は、渥美半島の水軍・間宮権太夫《ごんのたいふ》直綱（?～一五七八）を指すらしい。『士林泝洄』に、直綱は「今川家幕下に属し、のち神君（家康）に仕え奉る。采地千石を賜り、台命により戸田忠次の女を娶る。三州渥美郡御厨《みくりや》庄畠《はたけ》村に居す。天正六年寅三月十一日に卒す」と記す。なお、直綱の嫡男・広綱《ひろつな》は通称を牛之助《うしのすけ》といい、半之助は牛之助の誤記と考えられる。

次女の夫・小浜民部左衛門某は、伊勢小浜の水軍・小浜伊勢守《いせのかみ》景隆（一五四〇～九七）を指すらしい。景隆は通称を孫十郎《まごじゅうろう》、民部左衛門、伊勢守と称し、元亀二（一五七一）年に武田信玄の招きで武田水軍を構成し、天正一〇（一五八二）年の武田家滅亡後に家康に仕えた。『寛政重修諸家譜』では妻を「鳥羽監物成忠《とばけんもつなりただ》が女」としているので、忠次の次女は先妻で、早くに亡くなったのではないか。

この二人はともに水軍を指揮する部将という共通点がある。

ちなみに、忠次は小牧・長久手の合戦で尾張国大野に赴き、秀吉軍が伊勢を攻めると聞いて「小浜伊勢守景隆、間宮造酒丞信高《みきのじょうのぶたか》、千賀孫兵衛某《せんがまごべえ》（重親《しげちか》）、向井兵庫頭正綱《むかいひょうごのかみまさつな》、及び（尾張国）大野の諸勢」とともに伊勢に出陣したという（『寛政重修諸家譜』）。

小浜景隆は次女の夫、間宮信高は長女の夫の弟である。千賀重親は尾張国知多郡の師崎《もろざき》（愛知県知多郡南知多町師崎）を本拠とする水軍の長《おさ》で、妻は深溝《ふこうず》松平伊忠《これただ》の長女なので、嫡男・尊次の義兄にあたる。また、向井正綱の先祖は伊勢の水軍の長で、父の代から武田家に仕えて武田水軍を構成した。そして、正綱の長女が忠次の甥《おい》に嫁いでいる。

つまり、戸田忠次が形成する閨閥《けいばつ》は水軍閥なのだ。

そして、忠次自身が水軍に関わりがあったと考えられる。

『渥美町史』は、知多半島の「河和、富貴、師崎が戸田氏支配下にあって、渥美半島の中山、畠、伊川津などの湊と共に制海権をもっていたとするなら、水軍の存在も考慮に入れなくてはならない」と記し、水軍の本拠地の候補の一つとして、渥美半島の西部（奥郡）にある「畠村（畑《はたけ》ヶ村。愛知県田原《たはら》市福江《ふくえ》）松淵砦」を掲げている。そして、「口碑に云ふ。畠村松淵砦は、戸田金右衛門田原より来たりてこれを築くと云ふ」と記している。

この戸田金右衛門が、実は忠次の父・光忠であるらしい。『渥美町史』は「金右衛門」が「金左衛門」の誤記であると示唆した上で、諸書に戸田金左衛門の名が記されていると指摘している。その中の一つ、『参河志』は「三郎左衛門尉忠次　金左衛門光忠の男なり」と記し、忠次の父・光忠が金左衛門であると指摘している。

関東入国で忠次が伊豆下田に所領を賜ったのは、下田が水軍を束ねる者にとって相応の土地だったからであろう。また、関ヶ原の合戦後に忠次の子・尊次が三河田原藩一万石に転封となったのは、戸田家の旧領である渥美半島の間宮水軍、知多半島の千賀水軍を率いるのに好都合だからだろう。

ちなみに、間宮・千賀は尾張藩士に取り立てられ、旧領で水軍を温存していたらしい。大坂の陣ではともに水軍を率いて参陣している（『士林泝洄』）。

第3節　牧野家

三つの牧野家

牧野家は現在の豊川市から豊橋市近辺に勢力を誇っていた三河国衆で、三つの流れがある。

［図5－5］

①　今橋城の伝蔵家　（牧野田三成里《でんぞうしげさと》。　子孫は三〇〇〇石の旗本）

②　牛久保城の右馬允《うまのじょう》家　（牧野右馬允康成《やすなり》。子孫は越後長岡《ながおか》藩七万四〇〇〇石など）

③　牧野村の半右衛門家　（牧野讃岐守康成《さぬきのかみやすしげ》。　子孫は丹後舞鶴《まいづる》藩三万五〇〇〇石）

「永正末年の頃（一五一〇年代後半）、牧野氏は今橋・牛久保・牧野の三家が分立していた。各々の家から分立した庶家もあったが、血縁関係の詳細はまったくわからない」（『新編　豊川市史　第一巻　通史編　原始・古代・中世』［以下『新編豊川市史　第一巻』と略す］）。

そもそも、牧野家の系図は、異なる記述をした複数のパターンが多い。どの家系でも異本はあるものだが、牧野家の系図ほど伝本によって内容が異なる事例も珍しい。『新編豊川市史第一巻』では、新行紀一氏の詳細な分析があるが、新行氏もどれが正しいかは断定していない。

図５－５：牧野家系図

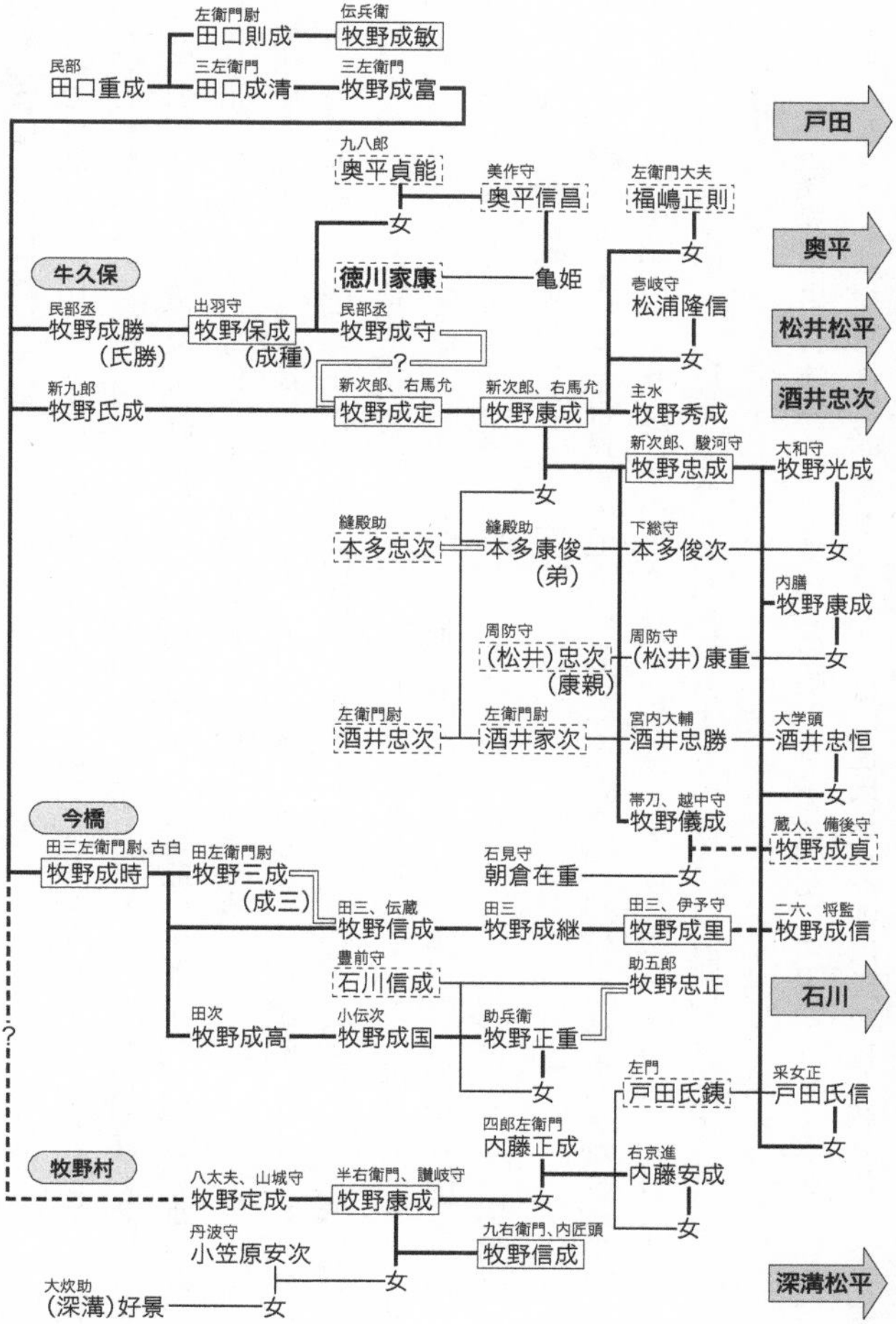

左衛門尉 田口則成
伝兵衛 牧野成敏
民部 田口重成
三左衛門 田口成清
三左衛門 牧野成富
戸田
九八郎 奥平貞能
美作守 奥平信昌
左衛門大夫 福嶋正則
女
奥平
牛久保
徳川家康
亀姫
女
壱岐守 松浦隆信
松井松平
民部丞 牧野成勝（氏勝）
出羽守 牧野保成（成種）
民部丞 牧野成守
?
女
酒井忠次
新九郎 牧野氏成
新次郎、右馬允 牧野成定
新次郎、右馬允 牧野康成
主水 牧野秀成
新次郎、駿河守 牧野忠成
大和守 牧野光成
女
縫殿助 本多忠次
縫殿助 本多康俊（弟）
下総守 本多俊次
女
内膳 牧野康成
周防守 （松井）忠次（康親）
周防守 （松井）康重
女
左衛門尉 酒井忠次
左衛門尉 酒井家次
宮内大輔 酒井忠勝
大学頭 酒井忠恒
女
今橋
帯刀、越中守 牧野儀成
蔵人、備後守 牧野成貞
田三左衛門尉、古白 牧野成時
田左衛門尉 牧野三成（成三）
石見守 朝倉在重
女
田三、伝蔵 牧野信成
田三 牧野成継
田三、伊予守 牧野成里
二六、将監 牧野成信
豊前守 石川信成
助五郎 牧野忠正
石川
田次 牧野成高
小伝次 牧野成国
助兵衛 牧野正重
?
女
左門 戸田氏鎮
采女正 戸田氏信
四郎左衛門 内藤正成
女
牧野村
右京進 内藤安成
八太夫、山城守 牧野定成
半右衛門、讃岐守 牧野康成
女
女
丹波守 小笠原安次
九右衛門、内匠頭 牧野信成
女
大炊助 （深溝）好景
女
深溝松平

讃岐から来た田口氏の末裔

牧野家では通称に「伝蔵」「伝内」など「伝」の字を使う人物が多いが、実際は「田三《でんぞう》」「田《でん》内《ない》」と記し、蘇我《そが》臣の支流・田口臣《たぐちおみ》の子孫であることを示している。『寛政重修諸家譜』によれば、田口臣の流れを汲む、讃岐国の住人・阿波民部大夫《あわみんぶだいふ》重能《しげよし》の子孫が三河国宝飯《ほい》郡牧野村(愛知県豊川市牧野町)に移り住み、城を築いて牧野を称したという。

『豊橋市史』によれば、「成能《しげよし》(=重能。引用者註)の裔の成富の代まで讃岐に住んでいたが応永年中(一三九四~一四二八)に三左衛門成富(頼成)の時、足利義持の命令で三河に移り(『牛久保密談記』)宝飯郡中条郷牧野村(現豊川市内)にきて牧野氏と称し、牛久保の一色氏の家臣となったという。(中略)しかしながら牧野氏開基といわれる福昌寺の住持鉄山書写の大般若経(豊川市牧野氏蔵)には『康応二年(一三九〇)庚午五月二日』の日付があり、応永以前から牧野氏の一部は当地方にいたらしい」。

寛正六(一四六五)年に東条吉良家の浪人たちが三河国額田郡井口(岡崎市井ノ口町)で一揆を起こした。『今川記』によれば、「京都より故一色左京大夫(詮範《あきのり》)の御家人(被官)牧野出羽守、(守護の)仁木殿侍(被官)西郷六郎兵衛といふもの両人」に討伐を命じている(カッコ内は引用者註)。

ただし、『新編豊川市史 第一巻』では「この頃から『今川記』に記されるような一色氏被官であったかどうかについては疑問があり、ここは一色氏被官を細川氏被官と読み替える必要がある」と記している。

今橋牧野家の家祖・牧野古白

一五世紀後半、牧野家の事実上の家祖・牧野古白《こはく》（牧野田三《でんぞう》左衛門尉成時《しげとき》の法名。?〜一五〇六）が一色城（愛知県豊川市中条《ちゅうじょう》）の城主となり、現在の豊川市西部を支配下に収めた。

応仁・文明の乱以降、東側の渥美郡では、戸田宗光が駿河守護・今川義忠《よしただ》の支援を受けて擡頭。しかし、宗光が勢力拡大して遠江方面まで手を伸ばすと、今川家と対立するようになり、明応八（一四九九。一説にその翌年）年に舟形山《ふながたやま》で今川・戸田両家が合戦に及び、宗光は討ち死にした。

今川家は戸田家を牽制《けんせい》するために牧野家と結び、牧野古白に命じて永正二（一五〇五）年に二連木《にれんぎ》城の近くに今橋城（のちの吉田城、豊橋城）を築かせた。ところが、今度は今川家と牧野家の間に不和が生じ、翌永正三年に今川氏親は戸田家支援のため、兵を率いて今橋城を攻め落とす。古白以下、牧野一族は枕を並べて討ち死に。結局、今橋城は戸田家の掌中に落ち、戸田憲光の次男・戸田金七郎宣成《きんしちろうのりしげ》が城主となった。

今橋牧野家／清康に滅ぼされる

今橋城を追われた後の牧野家の動向は定かではないが、豊川市一帯に勢力を保持していたらしい。牧野家の衰退後、戸田家と今川家は再び不和に及び、永正一五（一五一八）年に今橋城を囲んで開城させ、古白の遺児・**牧野田左衛門尉三成**《かずしげ》（一五〇二？〜二九）を城主に据えた（大永二［一五二二］年頃、牧野家は今橋城を吉田城と改称したという説があるが定かではない）。

そのほぼ一〇年後、家康の祖父・清康が擡頭して西三河を統一し、さらに東三河を制覇するため、要衝・吉田城を支配下に置こうとした。牧野家はこれに同意せず、翌享禄三年頃、清康は今橋城を攻め、牧野伝蔵《でんぞう》（**牧野田三信成**《でんぞうのぶしげ》）、伝次《でんじ》（成高《しげたか》）、新次《しんじ》（成国《しげくに》）、新蔵《しんぞう》（成村《しげむら》）の四兄弟ら牧野一族は討ち死にした。信成は三成の子とも、弟で養子になったともいわれる。清康は内応した正岡《まさおか》村（豊川市正岡町）の牧野伝兵衛成敏《しげとし》を吉田城主に登用した。成敏は古白、あるいは信成の子と伝えるが定かではない。

なお、信成の遺児・**牧野田三成継**《しげつぐ》（一五二九？〜五七？）は父の死後、尾張国知多郡に逃れた。母の実家で生まれ、師崎城主・石川筑後守《ちくごのかみ》某と囲碁で論争に及び斬られて死んだ。その子・**牧野田三成里**《しげさと》（一五五六〜一六一四）は瀧川一益《たきがわいちます》、織田《おだ》信雄《のぶお》、長谷川《はせがわ》秀一《ひでかず》、豊臣《とよとみ》秀次《ひでつぐ》、石《いし》田《だ》三成《みつなり》に仕え、関ヶ原の合戦で敗北したのちに池田《いけだ》輝政《てるまさ》に投降。のち幕臣に取り立てられ、三〇〇〇石を賜った。

牛久保牧野家／今川家に臣従して復活

天文六（一五三七）年に戸田家が謀略を以《もっ》て吉田城から牧野家を追い出し、吉田城を奪還したが、戸田家の尾張織田家への鞍替えを察知した今川家が天文一五（一五四六）年に懸川城代・天野安芸守景貫《あきのかみかげつら》に命じて吉田城を攻め落とし、城主・戸田宣成を自刃せしめた。

吉田城陥落に先立って、牛久保の牧野出羽守保成《でわのかみやすしげ》は今川家に臣従し、「今橋は『名字の地』であるので、もし戸田氏が敵対したら自分に与えてほしいと訴えた。今川氏は今橋の軍事拠点化をはかっていたのでこれを拒否したが、もし戸田氏が敵対したら、『川』すなわち豊川より西にある知行地（戸田領）はすべて給与すると約束した」（『新編豊川市史　第一巻』）。

しかし、弘治二（一五五六）年頃、牧野出羽守保成と牧野民部丞《みんぶのじょう》成守《なりもり》は今川と不和に及んで追放され、牛久保の所領は没収されたらしい。「保成・成守の蜂起を抑え込んだ（今川）義元は、牧野氏の家督を右馬允《うまのじょう》家の成定《なりさだ》と定めた。（中略）弘治三年十月二十七日、今川義元は成定に五年間の西条（西尾）城在番を命じ（た。中略）成定の所領のみならず、牧野氏被官の所領も没収されていたのである。牧野氏は本領を回復するためには、家中をあげて今川氏に忠節を尽くさなければならなかった」（『新編豊川市史　第一巻』）。

牛久保城の牧野康成

家康は東三河の国衆を調略して三河統一に王手をかけ、永禄八（一五六五）年三月頃、今川家臣で吉田城代の小原鎮実《しげざね》に吉田城開城を勧告。ついに今川家臣を退城させた。

成定の子・**牧野右馬允康成《やすなり》**（一五五五～一六〇九）は通称を新次郎、諱ははじめ貞成《さだなり》。永禄年間に家康から偏諱を与えられて康成と称し、その命により酒井《さかい》忠次《ただつぐ》の娘と結婚した。

永禄一二（一五六九）年の懸川城攻めで先陣を果たし、天正三（一五七五）年の長篠の合戦では酒井忠次に従い鳶巣山で武功を上げげた。同天正三年の武田方の拠点・諏訪原《すわはら》城（静岡県島田市）攻めでは、松井松平《まついまつだいら》忠次《ただつぐ》（一般には康親《やすちか》）とともに奮戦。落城後、忠次とともに諏訪原城を守った。

天正一〇（一五八二）年に甲斐武田家が滅亡し、家康が駿河国を賜ると、松井松平忠次が三枚橋城（静岡県沼津市大手町）、牧野康成が興国寺《こうこくじ》城（沼津市根古屋《ねごや》）に封ぜられ、二人で小田原北条氏と対峙《たいじ》する最前線を任された。

天正一八（一五九〇）年の小田原合戦では、忠次の遺児・松井松平康重《やすしげ》とともに先鋒を命じられ鷹巣城を陥落させた。これらの功により、家康の関東入国で上野大胡《こうずけおおご》に二万石を賜った。

慶長五（一六〇〇）年の関ヶ原の合戦では、秀忠に従って上田城攻めに参陣。徳川方の刈田部隊が真田軍に追われ、康成はそれを救援するために参戦した結果、敗北を喫した。秀忠が軍令違反として牧野軍の部隊長に切腹を命じたが、康成が部隊長を庇《かば》ったため、蟄居処分となる。しかし、慶長九（一六〇四）年の家光誕生で恩赦となった。

康成の子女

『寛政重修諸家譜』によれば、康成には三男四女がいた（★は嫡出）。

・長男★牧野駿河守忠成《するがのかみただなり》（一五八一～一六五四）　妻は永原道真《ながはらみちざね》の娘（はじめは側室）。
・次男　牧野主水秀成《もんどひでなり》　（生没年不詳）
・三男★牧野越中守儀成《のりなり》（一五八一～一六五四）　妻は朝倉石見守在重《いわみのかみありしげ》の娘。綱吉《つなよし》家老。
・長女　福嶋左衛門大夫正則《ふくしまさえもんだいふまさのり》の妻
・次女　松浦壱岐守隆信《まつらいきのかみたかのぶ》の妻
・三女　家臣・牧野半左衛門正行《はんざえもんまさゆき》の妻
・四女　家臣・牧野弥次兵衛正成《やじべえまさなり》の妻

康成は徳川家臣団でも勇猛果敢な部将として知られ、娘は秀吉家臣の福嶋正則、肥前の大名・松浦隆信という有力家系に嫁いだ。

長男・**牧野駿河守忠成**（一五八一～一六五四）は、元和元（一六一五）年の大坂夏の陣で武功を上げ、翌元和二年に越後長岡五万五〇〇〇石に転封された。その後も加増を重ね、七万四〇〇〇石となった。支流に信濃小諸藩一万五〇〇〇石、越後峰岡《みねおか》藩一万一〇〇〇石がある。

三男の牧野越中守儀成は、上野館林藩主・徳川綱吉の家老となり、五〇〇〇石を領した。その子・**牧野備後守成貞**《びんごのかみなりさだ》（一六三五～一七一二）は綱吉の将軍就任後に側用人に取り立てられ、加増を重ねて下総関宿藩七万三〇〇〇石を領した。子孫は三河吉田藩八万石、日向延岡藩を経て常陸笠間藩八万石となった。

牧野村の牧野康成

牧野村の牧野讃岐守康成《やすしげ》（一五四八～九九）は通称を惣次郎《そうじろう》、半右衛門《はんえもん》、諱ははじめ正勝《まさかつ》、忠知《ただとも》といい、天正一四（一五八六）年に家康から偏諱を賜って康成と改名した。

牧野康成は永禄七（一五六四）年に吉田城下で今川軍として徳川家と戦い、戦場で本多忠勝と力戦を繰り広げた。康成は忠勝に内通の意思を告げ、翌永禄八年に家康に降った。天正三（一五七五）年の長篠の合戦では酒井忠次に従い鳶巣山で武功を上げ、天正一八（一五九〇）年の家康の関東入国で武蔵石戸《いしと》に五〇〇〇石を賜った。

妻は幡豆《はず》郡の小笠原《おがさわら》丹波守安次《たんばのかみやすつぐ》の娘。五男三女がいる（★は嫡出）。

・長男　牧野宮内《くない》某（生没年不詳）　妻は秀吉家臣・堀尾帯刀可晴《たてわきよしはる》の妹。
・次男　牧野勘七郎《かんしちろう》某（生没年不詳）
・三男★牧野内匠頭信成《たくみのかみのぶしげ》（一五七八～一六五〇）　妻は土岐山城守定政《ときやましろのかみさだまさ》の娘、生駒氏。
・四男　牧野庄大夫《しょうだゆう》某（生没年不詳）　松平弥吉重信《やきちしげのぶ》と論争して殺害される。
・五男　牧野齋山成《いっきたかしげ》（生没年不詳）　越前福井藩、紀伊徳川家に仕える。
・長女　内藤四郎左衛門正成《しろうざえもんまさなり》の妻
・次女　真田左馬助信勝《さまのすけのぶかつ》の妻。死別の後、齋藤久右衛門信秋《さいとうきゅうえもんのぶあき》に再縁する。
・三女　鳥居氏の妻
・養女（信成の異父妹、重野氏の娘）　大久保藤三郎正栄《おおくぼとうざぶろうまさよし》の妻三女の夫・鳥居氏が何者かは不詳だが、信成の義父・土岐定政、次女の夫・真田信勝はともに鳥居元忠の姻戚《いんせき》にあたり、その親族だと思われる。

嫡男・**牧野内匠頭信成**（一五七八～一六五〇）は、慶長五（一六〇〇）年の関ヶ原の合戦、大坂夏の陣に参陣した。寛永一〇（一六三三）年に加増されて一万一〇〇〇石、さらに正保《しょうほう》元（一六四四）年に下総関宿藩一万七〇〇〇石となった。

信成の子・**牧野佐渡守親成《ちかしげ》**（一六〇七～七七）が京都所司代となって加増を重ね、最終的に丹後田辺《たなべ》藩（舞鶴藩に改称）三万五〇〇〇石となった。

第４節　菅沼家

四つの菅沼家

菅沼家は東三河の山間部に勢力を誇っていた三河国衆で、美濃土岐氏の庶流が三河国設楽《したら》郡菅沼村（愛知県新城市作手菅沼）に移り住み、菅沼を名乗ったというが詳細は定かではない。

菅沼家には四つの流れがある。［図５－６］

①　嶋田の菅沼家（菅沼伊賀守《いがのかみ》三照《みつてる》。福井藩士。子の代に無嗣廃絶）

②　田峯《だみね》の菅沼家（菅沼小大膳《こだいぜん》定利《さだとし》。上野吉井藩二万石。孫の代に無嗣廃絶）

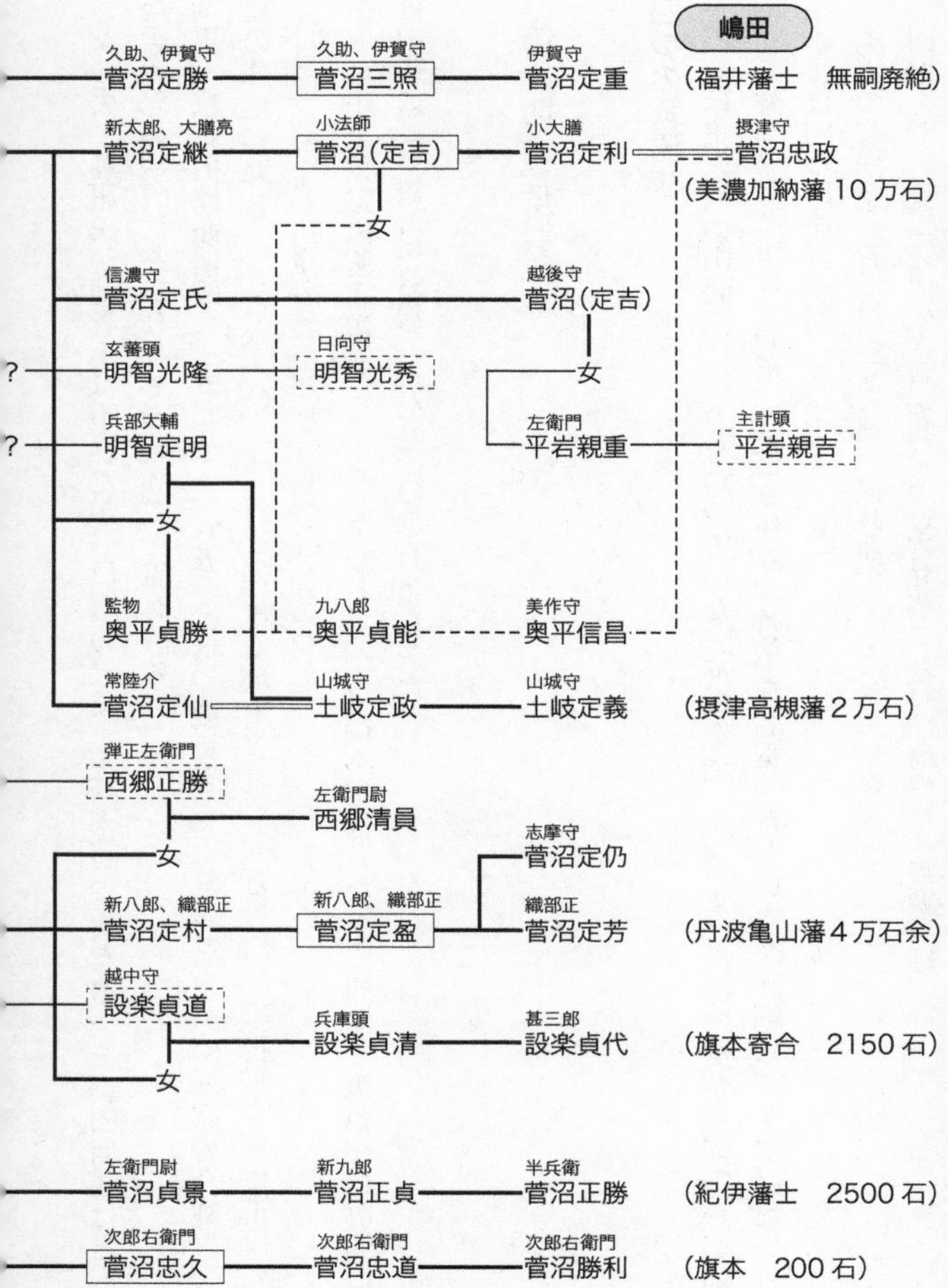

嶋田
久助、伊賀守
菅沼定勝
久助、伊賀守
菅沼三照
伊賀守
菅沼定重
（福井藩士　無嗣廃絶）
新太郎、大膳亮
菅沼定継
小法師
菅沼（定吉）
小大膳
菅沼定利
摂津守
菅沼忠政
（美濃加納藩 10 万石）
女
信濃守
菅沼定氏
越後守
菅沼（定吉）
玄蕃頭
?
明智光隆
日向守
明智光秀
女
兵部大輔
?
明智定明
左衛門
平岩親重
主計頭
平岩親吉
女
監物
奥平貞勝
九八郎
奥平貞能
美作守
奥平信昌
常陸介
菅沼定仙
山城守
土岐定政
山城守
土岐定義
（摂津高槻藩 2 万石）
弾正左衛門
西郷正勝
左衛門尉
西郷清員
女
志摩守
菅沼定仍
新八郎、織部正
菅沼定村
新八郎、織部正
菅沼定盈
織部正
菅沼定芳
（丹波亀山藩 4 万石余）
越中守
設楽貞道
兵庫頭
設楽貞清
甚三郎
設楽貞代
（旗本寄合　2150 石）
女
左衛門尉
菅沼貞景
新九郎
菅沼正貞
半兵衛
菅沼正勝
（紀伊藩士　2500 石）
次郎右衛門
菅沼忠久
次郎右衛門
菅沼忠道
次郎右衛門
菅沼勝利
（旗本　200 石）

図５－６：菅沼家系図

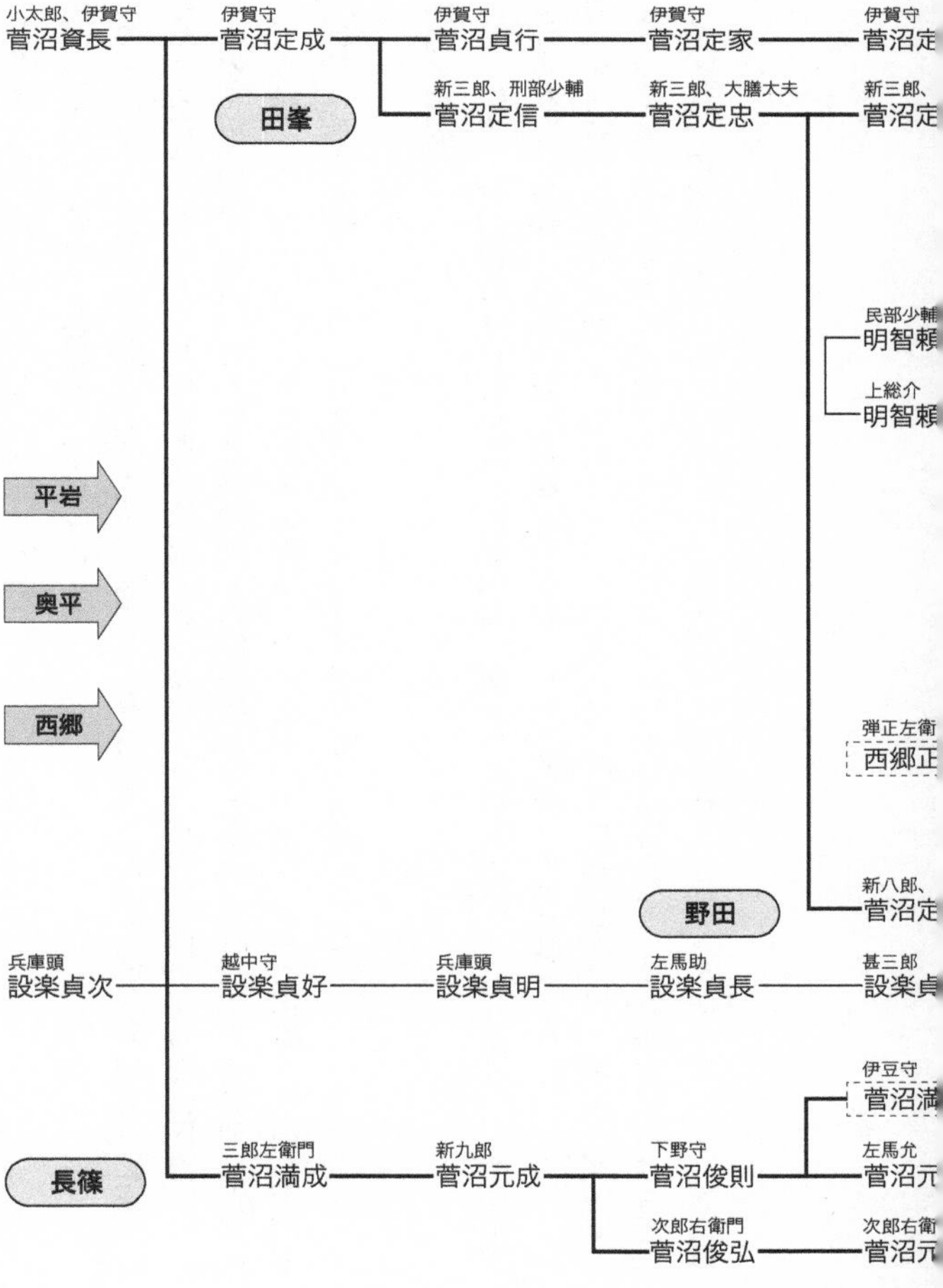

小太郎、伊賀守
菅沼資長
伊賀守
菅沼定成
田峯
伊賀守
菅沼貞行
新三郎、刑部少輔
菅沼定信
伊賀守
菅沼定家
新三郎、大膳大夫
菅沼定忠
伊賀守
菅沼定
新三郎、
菅沼定
民部少輔
明智頼
上総介
明智頼
平岩
奥平
西郷
弾正左衛
西郷正
新八郎、
菅沼定
野田
兵庫頭
設楽貞次
越中守
設楽貞好
兵庫頭
設楽貞明
左馬助
設楽貞長
甚三郎
設楽貞
伊豆守
菅沼満
長篠
三郎左衛門
菅沼満成
新九郎
菅沼元成
下野守
菅沼俊則
左馬允
菅沼元
次郎右衛門
菅沼俊弘
次郎右衛
菅沼元

③　野田の菅沼家（菅沼織部正定盈《おりべのかみさだみつ》。上野阿保《あぼ》藩一万石。孫の代に無嗣廃絶）
④　長篠の菅沼家（菅沼半兵衛《はんべえ》正勝《まさかつ》。子孫は紀伊藩士）
田峯の菅沼家、長篠の菅沼家は作手《つくで》の奥平《おくだいら》家とともに、東三河山間部の有力者「山家三方衆《やまがさんぽうしゅう》」に数えられた。しかし、野田の菅沼家以外の三家は、武田信玄が西上すると武田方についた。野田の菅沼織部正定盈、およびその仲介で本家筋にあたる田峯の菅沼小大膳定利は大名に取り立てられたが、嶋田・長篠の菅沼家は没落した。また、大名となった田峯・野田の菅沼家も孫の代には無嗣廃絶となり、支流が旗本として存続するのみとなった。

嶋田の菅沼家

菅沼家の嫡流・菅沼伊賀守貞行《さだゆき》は設楽郡嶋田村（愛知県新城市愛郷《あいごう》）に城を築き、「嶋田の菅沼」と称された。曾孫《ひまご》・菅沼伊賀守定勝は井道《いみち》村（新城市井道）の砦に移り住んだ。
定勝の子・**菅沼伊賀守三照**（一五四一〜一六一五）は、時勢に応じて今川・徳川・武田家に属し、武田家滅亡後に家康に従った。こうした動きは当然評価されず、結城秀康に附けられ、三照の子・**菅沼伊賀守定重《さだしげ》**（？〜一六一九）も紀伊藩・福井藩に転仕したが子がなく、無嗣廃絶となった。

田峯の菅沼家

菅沼伊賀守貞行の弟・菅沼刑部少輔定信《ぎょうぶのしょうさだのぶ》が額田郡田峯《だみね》村（愛知県北設楽郡設楽町田峯）に城を築き、「田峯の菅沼」と称された。［図5-7］

その子孫は代々今川家に仕えたが、定信の曾孫・**菅沼大膳亮《だいぜんのすけ》定継《さだつぐ》**（?～一五五六）は、弘治元（一五五五）年に義兄弟の奥平監物貞勝《けんもつさだかつ》に与して今川家に叛旗《はんき》を翻し、翌弘治二年に誅殺《ちゅうさつ》される。

定継の子・**菅沼小法師《こほうし》某**（?～一五八二）は永禄四（一五六一）年に家康に降り、永禄一二（一五六九）年の懸川城攻略に功があった。しかし、元亀二（一五七一）年に武田家臣・秋山伯耆守虎繁《ほうきのかみとらしげ》（一般には信朝《のぶとも》）の調略によって武田方に寝返った。天正三（一五七五）年の長篠の合戦で劣勢となり、田峯城から脱出。武節《ぶせつ》城（愛知県豊田市武節町）に退き、信濃伊那に逃亡したが、家康に赦《ゆる》されず、甲斐武田滅亡後に誅殺された。

その子・**菅沼小大膳定利**（?～一六〇二）は、支流にあたる菅沼織部正定盈の仲介で家康に従い、上野吉井二万石を賜った。定利には一子・小源次某がいたが、早世したらしく、奥平信昌《のぶまさ》の三男（母は家康の長女・亀姫）を養子に迎えた。**菅沼松平摂津守忠政《せっつのかみただまさ》**（一五八〇～一六一四）である。

忠政は慶長二（一五九七）年に定利の養子となり、慶長七（一六〇二）年に上野吉井藩二万石を継いで松平姓を賜った。そののち、美濃加納藩一〇万石に転封となったが、孫の**奥平右京《うきょう》**

（一六三二～三五）が四歳で死去し、無嗣廃絶となった。

野田の菅沼家

菅沼大膳亮定継の叔父《おじ》・**菅沼織部正定則《さだのり》**は、野田（新城市豊島《とよしま》）城主・富永兵庫頭久兼《とみながひょうごのかみひさかね》の跡を継ぎ、「野田の菅沼」と称された。

定則の子・**菅沼織部正定村《さだむら》**（一五二一～五六）は、弘治二（一五五六）年に奥平監物貞勝が今川家に叛旗を翻した時、今川の手勢として先鋒を承り、討ち死にした。妻は深溝《ふこうず》松平大炊助忠定《おおいのすけただ さだ》の娘である。

定村の子・**菅沼織部正定盈《さだみつ》**（一五四二～一六〇四）は永禄四（一五六一）年に家康に従い、東三河における今川・徳川両軍の攻防で奮戦。永禄七（一五六四）年の吉田城攻めでは酒井忠次に従って武功を上げた。

定盈は一族の菅沼次郎右衛門忠久《じろうえもんただひさ》が遠江国衆・井伊家の家老を務めていることから、永禄一一（一五六八）年に忠久を通じて井伊家の調略に成功。遠江経略の先導役として活躍した。元亀二（一五七一）年に武田家臣・秋山伯耆守虎繁の調略によって東三河の国衆が次々と武田方に寝返ったが、定盈はそれに従わず、徳川家へ忠節を尽くした。そのため、武田信玄が軍を率いて西上すると野田城は攻撃の的となった。さすがに信玄を相手の籠城《ろうじょう》戦には勝ち目がなく、水の手を断たれたため、定盈は自分の自刃と引き替えに開城を決意。信玄は定盈に自刃させず、

図５－７：田峯菅沼家系図

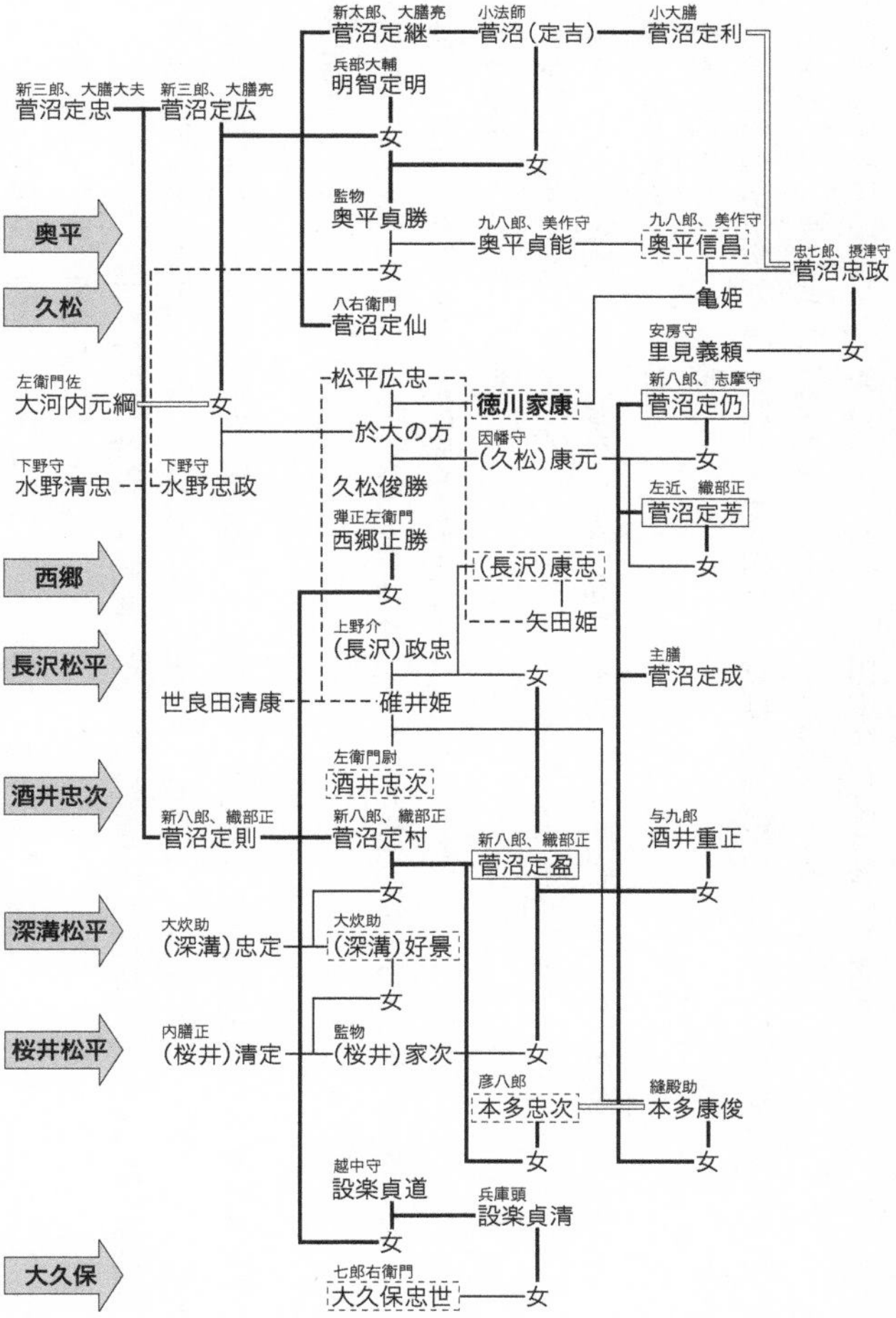
新太郎、大膳亮
菅沼定継
小法師
菅沼（定吉）
小大膳
菅沼定利
兵部大輔
明智定明
新三郎、大膳大夫
菅沼定忠
新三郎、大膳亮
菅沼定広
女
女
監物
奥平貞勝
九八郎、美作守
奥平貞能
九八郎、美作守
奥平信昌
奥平
女
忠七郎、摂津守
菅沼忠政
久松
亀姫
八右衛門
菅沼定仙
安房守
里見義頼
女
左衛門佐
大河内元綱
女
松平広忠
徳川家康
新八郎、志摩守
菅沼定仍
於大の方
因幡守
（久松）康元
女
下野守
水野清忠
下野守
水野忠政
久松俊勝
左近、織部正
菅沼定芳
弾正左衛門
西郷正勝
西郷
（長沢）康忠
女
女
矢田姫
長沢松平
上野介
（長沢）政忠
女
主膳
菅沼定成
世良田清康
碓井姫
左衛門尉
酒井忠次
酒井忠次
新八郎、織部正
菅沼定則
新八郎、織部正
菅沼定村
新八郎、織部正
菅沼定盈
与九郎
酒井重正
女
女
深溝松平
大炊助
（深溝）忠定
大炊助
（深溝）好景
女
桜井松平
内膳正
（桜井）清定
監物
（桜井）家次
女
彦八郎
本多忠次
縫殿助
本多康俊
女
女
越中守
設楽貞道
兵庫頭
設楽貞清
女
大久保
七郎右衛門
大久保忠世
女

生け捕りして長篠城に置き、武田方につくように迫った。定盈が従わなかったため、信玄は諦《あきら》めて捕虜交換で定盈を野田城に還《かえ》した。

天正三（一五七五）年の長篠の合戦では酒井忠次に従い鳶巣山で武功を上げた。高天神城攻め、小牧・長久手の合戦、小田原合戦でも軍功があり、天正一八（一五九〇）年の家康の関東入国で上野《こうずけ》阿保に一万石を賜った。慶長五（一六〇〇）年の関ヶ原の合戦では留守を務めた。

定盈の妻子

妻は長沢《ながさわ》松平上野介《こうずけのすけ》政忠《まさただ》の娘（家康の従姉妹）、のち桜井《さくらい》松平監物《けんもつ》家次《いえつぐ》の娘と再縁した。

定盈には八男三女がいた（★は桜井松平氏の子）。

・長男★菅沼竹千代《たけちよ》（早世）
・次男★菅沼志摩守《しまのかみ》定仍《さだより》（一五七六〜一六〇五）　妻は久松《ひさまつ》松平康元《やすもと》の娘
・三男★菅沼主膳《しゅぜん》定成《さだなり》（一五七六〜一六〇五）　多病により閉居。子孫は紀伊藩、旗本
・四男★菅沼辰丸《たつまる》（早世）
・五男★菅沼六丸《ろくまる》（早世）
・六男★菅沼織部正定芳《さだよし》（一五八七〜一六四三）　妻は久松松平康元の娘、継室は三好《みよし》氏
・七男★菅沼修理亮《しゅりのすけ》定武《さだたけ》（生没年不詳）　兄の家臣となる
・八男★田中主殿頭《とのものかみ》吉官《よしすけ》（一六〇〇〜一六五八）　田中久兵衛《きゅうべえ》吉興《よしおき》の婿養子

・長女★本多縫殿助《ぬいのすけ》康俊《やすとし》（酒井忠次の子）の妻
・次女★酒井《さかい》与九郎《よくろう》重正《しげまさ》の妻
・三女★坪内惣兵衛定仍《さだより》の妻

長男が早世したため、次男・**菅沼志摩守定仍**（一五七六～一六〇五）が跡を継ぎ、伊勢長島藩二万石に転封されたが病死。妻は久松因幡守《いなばのかみ》康元の次女（家康の姪《めい》）だった。

定仍に子がなかったため、実弟・**菅沼織部正定芳**（一五八七～一六四三）が跡を継ぎ、久松因幡守康元の三女（定仍夫人の妹）と結婚した。定芳は大坂夏の陣で本多美濃守《みののかみ》忠政《ただまさ》（忠勝の長男）の部隊に属し、明石《あかし》掃部《かもん》の郎従二人を討ち取った。元和七（一六二一）年に近江膳所《ぜぜ》藩三万一一〇〇石、のちに丹波亀山藩四万一一〇〇石に転封となった。

定芳の長男・**菅沼左近将監《さこんしょうげん》定昭《さだあきら》**（一六二五～四七）は子がないまま死去。無嗣廃絶となったが、「譜代の旧家たるをもって、其勲功をおぼしめされ」、次男・**菅沼摂津守定実《さだざね》**（一六二六～九二）に新たに七〇〇〇石が与えられ、子孫は旗本寄合として存続した。

長篠の菅沼家／田沼意次の先祖

菅沼伊賀守貞行の叔父・菅沼三郎左衛門《さぶろうざえもん》満成《みつなり》が三河国設楽郡長篠村（愛知県新城市長篠）に移り住み、「長篠の菅沼」と称された。子孫の菅沼左衛門尉《さえもんのじょう》貞景《さだかげ》（?～一五六九）は家康に仕え、永禄一二（一五六九）年に遠江天王山《てんのうざん》にて討ち死にした。

貞景の子・菅沼新九郎《しんくろう》正貞《まささだ》は、永禄一二（一五六九）年に作手の奥平貞能、菅沼刑部少輔《ぎょうぶのしょう》某とともに遠江金丸山の砦を守るが、のち武田信玄に内応した。正貞の子・菅沼半兵衛《はんべえ》正勝《まさかつ》（？～一六四二）は武田家に仕え、牧野《まきの》右馬允《うまのじょう》康成《やすなり》の仲介で家康に転仕するが、二五〇〇石を賜り、紀伊藩士となる。

　半兵衛の子孫が田代《たしろ》七右衛門《しちうえもん》重章《しげあき》の婿養子となり、養家の田代と実家の菅沼を合わせて、田《た》沼《ぬま》専左衛門《せんざえもん》重意《しげもと》（のち意行《もとゆき》。一六八六～一七三四）と名乗った。その子がのちに江戸幕府老中となった田沼主殿頭《とのものかみ》意次《おきつぐ》（一七一九～八八）である。

第6章　その他の国衆

第1節　三河以外は少数派

関東入国時の大名は一〇名のみ

天正一八（一五九〇）年八月、家康が関東入国して家臣に所領を宛行《あてが》った際、一万石以上のいわゆる大名クラスの家臣は四〇名いたが、そのうち三河以外の出身者は一一名、わずか四分の一にしか過ぎなかった。［図6－1］

【今川旧臣、駿遠《すんえん》国衆】
・井伊《いい》兵部少輔《ひょうぶのしょう》直政《なおまさ》　上野箕輪《みのわ》　一二万石
・久野《くの》三郎左衛門《さぶろうざえもん》宗能《むねよし》　下総国内　一万三〇〇〇石
・岡部《おかべ》内膳正《ないぜんのかみ》長盛《ながもり》　下総山崎　一万二〇〇〇石
・三浦《みうら》監物《けんもつ》義次《よしつぐ》　下総佐倉　一万石

【武田旧臣、信濃国衆】
・依田《よだ》松平《まつだいら》新六郎《しんろくろう》康真《やすざね》　上野藤岡《ふじおか》　三万石

・小笠原信濃守秀政《おがさわらしなののかみひでまさ》　下総古河　二万石
・諏訪小太郎頼水《すわこたろうよりみず》　武蔵奈良梨　一万二〇〇〇石
・小笠原掃部大夫信嶺《かもんだいふのぶみね》　武蔵本庄　一万石
・保科甚四郎正光《ほしなじんしろうまさみつ》　下総多古　一万石
・木曾千三郎義利《きそせんざぶろうよしとし》　下総蘆戸《あじと》　一万石

【北条旧臣】
・北条左衛門大夫氏勝《さえもんだいふうじかつ》　下総岩富《いわとみ》　一万石

一枚に収まる閨閥

右記の一一名のうち、小笠原秀政は家康の孫娘と結婚し、井伊直政は松井松平忠次《まついただつぐ》（一般には康親《やすちか》）の娘を家康の養女として嫁に迎えた。残りの九名は以下の通り。

・三河譜代の家老クラス（酒井、本多）と婚姻　諏訪、小笠原信嶺
・三河譜代の家老以下（大久保、阿部）と婚姻　依田、三浦
・十四松平（竹谷松平《たけのや》）と婚姻　岡部、久野
・家康の異母弟（久松松平《ひさまつ》）と婚姻　岡部、保科、北条
・婚姻関係なし　木曾

懸川城守備の竹谷松平と今川旧臣、後見人の大久保忠世の孫娘と結婚した依田、酒井忠次の

図６－１：三河以外の国衆

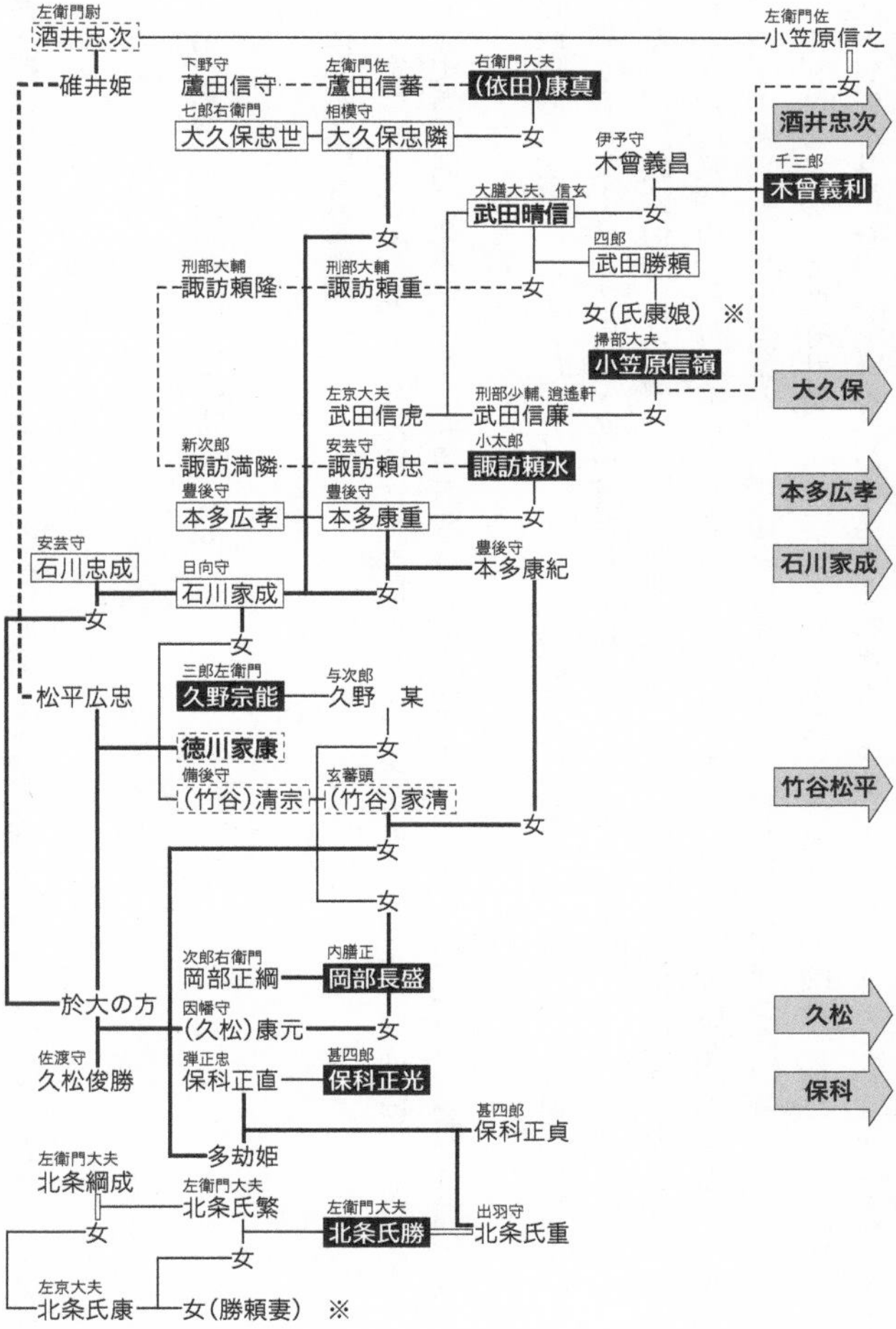

左衛門尉
酒井忠次
左衛門佐
小笠原信之
碓井姫
下野守
蘆田信守
左衛門佐
蘆田信蕃
右衛門大夫
(依田)康真
女
女
酒井忠次
七郎右衛門
大久保忠世
相模守
大久保忠隣
女
伊予守
木曾義昌
千三郎
木曾義利
大膳大夫、信玄
武田晴信
女
女
四郎
武田勝頼
刑部大輔
諏訪頼隆
刑部大輔
諏訪頼重
女
女(氏康娘) ※
掃部大夫
小笠原信嶺
大久保
左京大夫
武田信虎
刑部少輔、逍遙軒
武田信廉
女
新次郎
諏訪満隣
安芸守
諏訪頼忠
小太郎
諏訪頼水
本多広孝
豊後守
本多広孝
豊後守
本多康重
女
石川家成
安芸守
石川忠成
豊後守
本多康紀
日向守
石川家成
女
女
女
三郎左衛門
久野宗能
与次郎
久野 某
松平広忠
徳川家康
女
竹谷松平
備後守
(竹谷)清宗
玄蕃頭
(竹谷)家清
女
女
女
次郎右衛門
岡部正綱
内膳正
岡部長盛
於大の方
因幡守
(久松)康元
女
久松
佐渡守
久松俊勝
弾正忠
保科正直
甚四郎
保科正光
保科
甚四郎
保科正貞
多劫姫
左衛門大夫
北条綱成
左衛門大夫
北条氏繁
女
左衛門大夫
北条氏勝
出羽守
北条氏重
女
左京大夫
北条氏康
女(勝頼妻) ※

信濃攻略に従った小笠原など、家康が地方に派遣した有力部将と当該地域の国衆との婚姻を勧めていることがわかる。

第2節　井伊家／松平家より名門

井伊家の数奇な運命

井伊家は一一世紀初頭から代々遠江国引佐《いなさ》郡井伊谷《いいのや》を治める国衆で、三河松平（徳川）家よりも歴史ある名門家系である。井伊直政は「徳川四天王」の一人に数えられ、譜代筆頭の家系として五人の大老を輩出した。

『寛政重修諸家譜』によれば、井伊家の先祖は藤原良門《よしかど》（藤原北家、摂政・藤原良房《よしふさ》の弟で、勧《か》修寺《じゅうじ》家、上杉家などの祖）の子・藤原兵衛佐《ひょうえのすけ》利世《としよ》だという。

ただし、比較的信憑《しんぴょう》性の高い系図集『尊卑分脈《そんぴぶんみゃく》』では、良門に利世という子がいないことから、実際は良門の子孫ではないと考えられている。また、一説には藤原北家ではなく、藤原南家や三国真人《みくにまひと》（継体《けいたい》天皇の子孫）の一族ではないかともいわれている（『湖の雄　井伊氏』）。

その利世の子孫・備中守共資《ともすけ》が正暦《しょうりゃく》（九九〇～九九五）年中に遠江国敷智《ふち》郡村櫛《むらくし》に移住し、遠江国引佐郡井伊谷の八幡宮《はちまんぐう》の井戸で発見された男児を養子とした。その子が井伊家の家祖・

井伊備中大夫《びっちゅうだいふ》共保《ともやす》（一〇一〇〜九三）なのだという。［図6－2］「共保」という名前は「井伊」という字に似ており、想像上の人物であろう。井戸で拾われたという逸話も「井伊」を想起させる。

南北朝時代、井伊家は南朝につき、暦応《りゃくおう》元（一三三八）年に後醍醐天皇の子・宗良《むねなが》親王を居城に迎えた。しかし、北朝側の今川範国《のりくに》や高師泰らに攻められ、宗良親王は信濃へ敗走。井伊家は逼塞《ひっそく》を余儀なくされた。さらに戦国時代に駿河守護・今川氏親（義元の父）が遠江を侵略すると、井伊家は遠江守護・斯波《しば》義達《よしみち》（尾張守護が兼務）を支援して、今川家を迎え撃つが敗退。再び雌伏の時代を迎える。

氏親の死後、今川家に家督相続争いが起きると、**井伊信濃守《しなののかみ》直平《なおひら》**（一四八九〜一五六三）は今川義元について勝ち馬に乗ったらしい。以後、義元に臣従して遠江での地歩を固めた。

ところが、孫の**井伊信濃守直盛《なおもり》**（一五〇六?〜六〇）が永禄三（一五六〇）年、桶狭間の合戦で討ち死に。その跡を継いだ直盛の従兄弟《いとこ》・**井伊肥後守直親《なおちか》**（一五三六〜六二）は徳川家に内通したと疑われ、懸川城主・朝比奈《あさひな》泰朝《やすとも》によって討たれてしまう。

直親の死後、直盛の一人娘で直親の婚約者だった次郎法師が井伊直虎《なおとら》と称し、「女地頭」として家督を継いだ。彼女こそ、二〇一七年NHK大河ドラマ『おんな城主　直虎』の主人公である。

ところが折も折、その放映直前に、井伊達夫《たつお》氏（直政の長男・直勝《なおかつ》の家系を継承）は、井伊直盛の義甥で彦根《ひこね》藩家老・木俣守安《きまたもりやす》が記述した覚書の記述から、井伊「直虎は、関口氏経《せきぐちうじつね》の子で、新野左馬助《にいのさまのすけ》の甥であった」（『井伊直虎の真実』）と解析。直虎が男性であることを突き止めた。NHKにとっては迷惑な話であろうが、古文書をもとに得られた事実であるため仕方がない。

少々脱線したが、直親の死によって遺児・虎松（のちの井伊兵部少輔《ひょうぶのしょう》直政。一五六一〜一六〇二）も殺される危機に直面するが、親族・新野左馬助の助命嘆願により、僧籍に入れることで一命を取り留める。一方、虎松の母は、松下源太郎清景《まつしたげんたろうきよかげ》（松下之綱《ゆきつな》の従兄弟）に再縁して虎松を清景の養子とした。

天正三（一五七五）年二月、浜松で鷹《たか》狩りをしていた家康は、一五歳の虎松を見かけて召し抱えた。そして、虎松が名門・井伊家の遺児であることを知り、井伊万千代と改名させ、旧領を復して井伊谷を治めさせたという。

「赤鬼」井伊直政

翌天正四（一五七六）年、遠江国芝原《しばはら》で家康が武田勝頼と対陣した折、井伊万千代は初陣を飾り、軍功をあげた。天正一〇（一五八二）年六月に本能寺の変が起こり、家康が伊賀越えの危機に遭った時、井伊万千代は小姓の一人として従った。岡崎に戻った後、家康は甲斐・信濃侵略に動き、同年八月に北条氏直と甲斐国若神子《わかみこ》（山梨県北杜市）で対陣。同年一〇月に和議を結ぶが、この時、家康が派遣した使者が万千代だった。

図6－2：井伊家系図

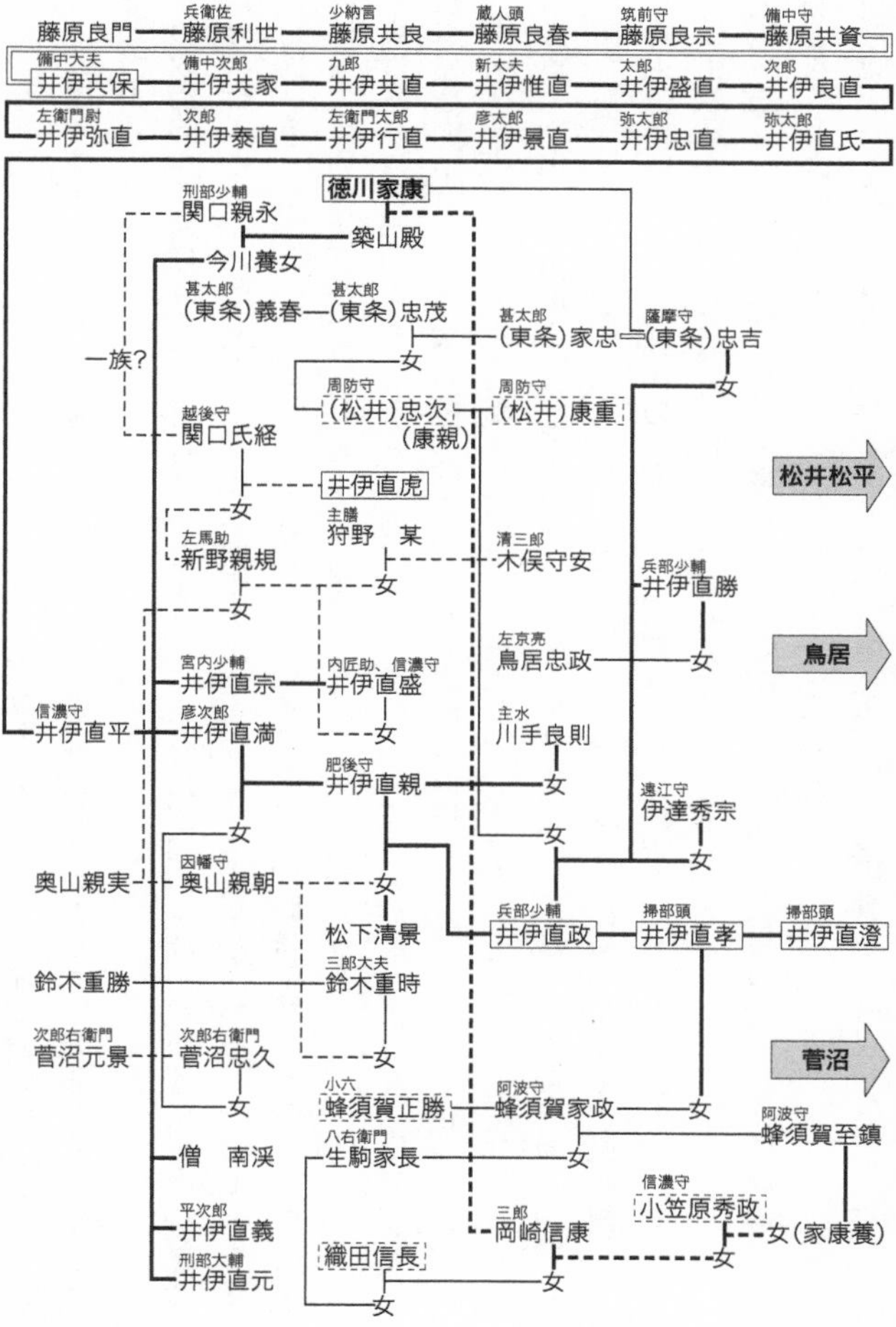
藤原良門
兵衛佐
藤原利世
少納言
藤原共良
蔵人頭
藤原良春
筑前守
藤原良宗
備中守
藤原共資
備中大夫
井伊共保
備中次郎
井伊共家
九郎
井伊共直
新大夫
井伊惟直
太郎
井伊盛直
次郎
井伊良直
左衛門尉
井伊弥直
次郎
井伊泰直
左衛門太郎
井伊行直
彦太郎
井伊景直
弥太郎
井伊忠直
弥太郎
井伊直氏
徳川家康
刑部少輔
関口親永
築山殿
今川養女
甚太郎
(東条)義春
甚太郎
(東条)忠茂
甚太郎
(東条)家忠
薩摩守
(東条)忠吉
一族?
女
女
周防守
(松井)忠次
(康親)
周防守
(松井)康重
越後守
関口氏経
井伊直虎
松井松平
女
主膳
狩野　某
左馬助
新野親規
清三郎
木俣守安
女
女
兵部少輔
井伊直勝
左京亮
鳥居忠政
女
鳥居
宮内少輔
井伊直宗
内匠助、信濃守
井伊直盛
信濃守
井伊直平
彦次郎
井伊直満
女
主水
川手良則
肥後守
井伊直親
女
遠江守
伊達秀宗
女
女
女
奥山親実
因幡守
奥山親朝
女
兵部少輔
井伊直政
掃部頭
井伊直孝
掃部頭
井伊直澄
松下清景
鈴木重勝
三郎大夫
鈴木重時
次郎右衛門
菅沼元景
次郎右衛門
菅沼忠久
女
菅沼
女
小六
蜂須賀正勝
阿波守
蜂須賀家政
女
阿波守
蜂須賀至鎮
僧　南渓
八右衛門
生駒家長
女
信濃守
小笠原秀政
平次郎
井伊直義
三郎
岡崎信康
女(家康養)
刑部大輔
井伊直元
織田信長
女
女
女

なお、万千代は一〇月に二二歳で元服して井伊万千代直政（のち兵部少輔直政）と名乗っている。家康の寵童《ちょうどう》として元服を控えていたが、外交交渉に赴くにあたり、元服せざるを得なかったのであろう。

その政治的な手腕は高く評価されていたようで、甲斐武田旧臣を徳川家臣団に組み込む際に、直政は奉行人として活躍している。武田旧臣の本領を安堵《あんど》する安堵状・宛行《あてがい》状一七七通のうち、直政は四一通（二三・二パーセント）を発給している。直政は幼時に僧籍にあったため、文書作成に秀でていた可能性が高い（ちなみに榊原康政《さかきばらやすまさ》は字が読めなかったという）。

家康は直政に武田旧臣一一七人を与力に附け、自らの近臣・木俣清三郎守勝《きまたせいざぶろうもりかつ》（守安の養父）、西郷藤左衛門正友《さいごうとうざえもんまさとも》、椋原次右衛門政直《むくはらじえもんまさなお》の三人を直政の直臣とした。さらに天正一二（一五八四）年には井伊谷三人衆（菅沼忠久《すがぬまただひさ》、近藤康用《こんどうやすもち》、鈴木重時《しげとき》）が与力として附けられた。

直政軍の主力は武田旧臣で構成されていたが、旧武田軍では飯富兵部大輔虎昌《おぶひょうぶだゆうとらまさ》・山県三郎兵衛尉昌景《やまがたさぶろうひょうえのじょうまさかげ》兄弟が率いた「赤備え《あかぞな》」が有名だった。家康はこれにあやかって、直政附属の士を全身朱色の甲冑《かっちゅう》とし、「井伊の赤備え」に再編成した。精鋭で知られる武田旧臣の多くが直政軍に組み込まれたため、榊原康政などは不服を漏らしたという。

天正一二（一五八四）年、小牧・長久手の合戦が起こると、勇猛果敢な「井伊の赤備え」は評判となり、直政は「赤鬼」とあだ名されるようになった。

直政は天正一八（一五九〇）年の関東入国で譜代筆頭の上野国箕輪一二万石を賜った。

慶長五（一六〇〇）年九月の関ヶ原の合戦では、家康の四男・東条松平薩摩守忠吉（直政の娘婿）に附いて先陣を切ったが、島津軍の敗走を追って鉄砲傷を受けた。関ヶ原の合戦後に直政は近江国佐和山一八万石に転封されたが、前述の鉄砲傷がもとで、二年後の慶長七（一六〇二）年に死去。享年四二。

直政は徳川一門？

天正一六（一五八八）年、後陽成天皇が秀吉邸・聚楽第《じゅらくだい》に行幸した際、直政は家康に付き従って上洛《じょうらく》し、従五位下《じゅごいのげ》・侍従《じじゅう》に列した（実際の侍従任官はその前年との説あり）。

豊臣政権において、侍従に叙任されることは「公家成《くげなり》」といって特別な意味を持ち、徳川家臣団では直政ただ一人だった。秀吉在世中は徳川家でも次男・結城秀康（秀吉の猶子）、三男・秀忠（妻は秀吉の養女）しかいなかった（慶長六［一六〇一］年に四男・忠吉が侍従に列している）。

「直政に与えられた官位は、一大名の家臣の立場を超え、有力大名クラスのものであった。このような特別の扱いを受けたのは、家康重臣の中では直政のみであり、（中略）直政は徳川家中で同等の者がいない特別な立場にあった」（『井伊直政』）。

さらに、文禄四（一五九五）年に秀吉が徳川家の京都邸へ御成をした際に、秀忠・秀康・直政・忠吉（四男）の順で進物が献納された。御成での献納は、一門衆からなされるのが通例であることから、直政が徳川家の一門衆として遇されていたと指摘されている。

しかし、徳川家中に「公家成」した者が秀忠・秀康・直政の三人であり、忠吉がまだ侍従に任ぜられていないことを考えると、この序列が特異であるとは思えない。秀吉得意の陪臣一本釣りで直政を侍従に任じたために、公的な徳川家中の序列が変わってしまったのだろう。

直政の妻子

直政の妻は松井松平周防守《すおうのかみ》忠次《ただつぐ》（一般には康親《やすちか》）の娘である。直政には二男二女がいた（★は嫡出）。

・長男★井伊兵部少輔《ひょうぶのしょうゆう》直勝《なおかつ》（一五九〇～一六六二）　妻は鳥居《とりい》左京亮《さきょうのすけ》忠政《ただまさ》の娘
・次男　井伊掃部頭《かもんのかみ》直孝《なおたか》（一五九〇～一六五九）　妻は蜂須賀《はちすか》阿波守《あわのかみ》家政《いえまさ》の娘
・長女★東条《とうじょう》　松平薩摩守《さつまのかみ》忠吉《ただよし》（家康の四男）の妻
・次女★伊達《だて》　遠江守《とおとうみのかみ》　秀宗《ひでむね》（伊達政宗《まさむね》の庶長子）の妻

直政の死後、長男・井伊兵部少輔直勝（一五九〇～一六六二）が跡を継ぎ、彦根城を築いたが、病弱ゆえに廃嫡され、元和元（一六一五）年に次男・**井伊掃部頭直孝**（一五九〇～一六五九）が家督を継いだ。

直孝は幕閣で重きをなして三〇万石まで加増され、幕府からの預かり分も含めて近江彦根藩三五万石と称した。幕末の当主、大老・井伊掃部頭直弼《なおすけ》は日米修好通商条約を締結して横浜を開港し、安政《あんせい》の大獄を起こしたことでも有名である。

井伊家は江戸開府以来、一度も転封を経験したことがない。譜代大名としては珍しい家系である。それは、西国大名が蜂起《ほうき》して徳川将軍家に一大事が起こった場合に、譜代の筆頭として先鋒《せんぽう》を承るからだといわれている。そのため、他家からの養子を迎えることがタブーとされ、現当主（井伊直岳《なおたけ》氏）が井伊家四〇〇年の歴史で初めての婿養子だという。

また、三代・直澄《なおずみ》、四代・直該《なおもり》、六代・直恒《なおつね》、一〇代・直禔《なおよし》には正室がいない。これは直政が嫡男・直勝を廃嫡した反省から嫡出にこだわらず、優秀な男子を跡継ぎにするために正室を置かなかったと、まことしやかな伝説が伝えられている。

第3節　今川旧臣

久野家／遠江で家康への忠節を守る

久野三郎左衛門宗能（一五二七～一六〇九）は遠江国周智《しゅうち》郡久野（静岡県袋井《ふくろい》市鷲巣《わしず》）の城主で、永禄一一（一五六八）年に家康が遠江へ侵攻すると、いち早く家康に従い、その後も遠江・東三河の国衆が今川家や武田家に内応する中、一貫して家康に従う姿勢を見せた。その忠節が高く評価され、関東入国で一万三〇〇〇石（一説に一万石）を賜った。

久野城は今川家最後の拠点・懸川城の西方に位置し、懸川城攻略の要衝であった。

同永禄一一年に甲斐武田家の重臣・秋山伯耆守虎繁《ほうきのかみとらしげ》（一般には信朝《のぶとも》）が遠江に侵攻して、宗能に内応を勧めたが、これを拒否した。秋山は一戦に及ぶ構えを見せたが、家康が救援に出陣すると秋山は退陣。宗能は長男・久野与次郎《よじろう》某を家康への人質に出して、援軍に感謝。本領二五〇〇貫文を安堵された。

次いで、翌永禄一二年に一族・久野宗益《むねます》、忠宗《ただむね》、采女佑《うねめのすけ》某が今川家に内応。宗能は内応に応じたふりをして、宗益らを謀殺。家康から宗益らの旧領を宛行《あてが》われた。さらに元亀三（一五七二）年一二月に武田信玄が懸川城付近に押し寄せるが、宗能は武田軍になびくことなく久野城を死守し、家康から感賞された。また、高天神城攻め、小牧・長久手の合戦で武功を上げた。天正一八（一五九〇）年の関東入国で下総国内に一万三〇〇〇石を賜った。

しかし、家督を継いだ嫡男・**久野民部少輔宗朝**《みんぶのしょうゆうむねとも》（一五五四～九六）が慶長元（一五九六）年に私怨《しえん》によって三宅弥次郎《みやけやじろう》を刺殺し、自刃したことで、久野家の所領は没収されてしまう。

宗能は旧功により下総のうちに一〇〇〇石を新たに賜り、宗朝の次男・**久野丹波守宗成**《たんばのかみむねなり》（一五八二～一六二五）を養子に迎えた。慶長五（一六〇〇）年の関ヶ原の合戦で宗成が武功を上げたことで、養父・宗能は旧領久野に八五〇〇石を賜った。

慶長一四（一六〇九）年に宗能が死去すると、宗成が家督を継ぐが、秀忠の命により紀伊徳川頼宣《よりのぶ》に附けられ、伊勢田丸《たまる》城一万石を賜った。久野家は紀伊藩「五家」の一角をなす家老として重きをなした。

岡部家／父は家康の幼なじみ

岡部内膳正長盛（一五六八〜一六三二）は父祖以来の今川家臣である。父・**岡部次郎右衛門正綱**《じろうえもんまさつな》（一五四二〜八三）は桶狭間の合戦後も氏真に仕え、武田信玄に徹底抗戦したため、信玄に評価され、武田家臣団に加えられ、清水城を守った。しかし、天正九（一五八一）年の高天神城陥落後に家康に降った。

正綱は家康と同い年で、駿河人質時代の友人だったので、清水城時代からしばしば文通し合う仲だった。そのため、翌天正一〇年の甲斐武田攻めの時は、駿河から甲斐に入る家康の先導役を買って出た。同年六月、本能寺の変が起こると、家康は甲斐・信濃経略を企図。正綱は甲斐の民心を掌握するために、武田家の菩提《ぼだい》を弔うことを提案。甲斐攻略に貢献した。そして、北条家が信濃経由で甲斐に南下すると、正綱は徳川家の諸将に退陣を促し、自ら殿軍《しんがり》を買って出た。これらの功績により、駿河・甲斐のうちにおいて七六〇〇貫文を賜った。

天正一一（一五八三）年一二月に正綱が死去すると、翌天正一二年に遺児・半弥が一七歳で家督を継いだ。のちの**岡部内膳正長盛**である。長盛は同年に勃発《ぼっぱつ》した小牧・長久手の合戦で早速武功をあげた。家康は偏諱《へんき》を与えようとしたが、これを固辞した。

天正一八（一五九〇）年の関東入国で下総山崎一万二〇〇〇石を賜った。慶長五（一六〇〇）年の関ヶ原の合戦では北方の抑えとして下野黒羽《くろばね》城の守備に加勢。慶長一四（一六〇九）年に丹波亀山藩三万四〇〇〇石を賜り、元和七（一六二一）年に丹波福知山に転じて五万石に加増された。寛永元（一六二四）年に美濃大垣藩に転封。子孫は和泉岸和田藩六万石ののち、分知で五万三〇〇〇石となった。

三浦家／よくわかっていない

三浦監物義次（作十郎重成《しげなり》ともいう）については、よくわかっていない。義次の子・**三浦監物重勝《しげかつ》**（?～一六三二）が寛永八（一六三二）年八月に死去し、無嗣廃絶になってしまい、情報が残されていないからだ。この時期、廃絶された大名であれば、『断家譜』に掲載されるはずであるが、なぜか掲載されていない。

中村孝也氏著『家康の臣僚　武将篇』では、関東入国で一万石以上を賜った徳川家臣を一堂に掲載しているが、同書ですら、『寛政重修諸家譜』の一節を引用するに留まっている。

『寛政重修諸家譜』によれば、鎌倉幕府の功臣・三浦氏の支流に佐原氏があり、その子孫・佐原作助某が遠江国敷智郡吉美郷（静岡県湖西市）に住み、その子・**佐原《さはら》作右衛門《さくえもん》義成《よしなり》**（延兼《のぶかね》ともいう。?～一五九〇）が家康に仕えて小田原合戦で本多忠勝の与力として参陣、討ち死にした。その子・三浦監物義次が家康の小姓となって三浦を名乗り、関東入国の際に下総佐倉で一万石を賜った。

元和元（一六一五）年に重次が重病にかかったが、子がなかったので、阿部備中守《びっちゅうのかみ》正次《まさつぐ》（一五六九～一六四七）の次男・**三浦作十郎重次《しげつぐ》**（一五九八～一六五一）を婿養子に迎えた。重次の母が佐原義成の娘（義次の姉妹）だったからだ。

ところが、五年も経たぬうちに、義次に実子・重勝が産まれたので、重次は嗣子の座を重勝に譲った。さらに寛永五（一六二八）年に重次の実兄・阿部修理亮政澄《しゅりのすけまさずみ》（正澄。一五九三～一六二八）が死去してしまったので、重次は阿部家に戻って家督を継いだ。その結果、三浦家が廃絶してしまった訳だ。重勝の生年は不明だが、元和二～四（一六一六～一八）年と想定されるので、死去した時はまだ一〇代前半だったと推定される。

第4節　武田旧臣

依田家／孤立無援でも城を守り抜く

依田《よだ》家は蘆田《あしだ》家とも称し、信濃国佐久郡の有力国衆である。武田信玄の信濃経略でその傘下となった。依田松平新六郎康真の祖父・**依田下野守《しもつけのかみのぶもり》信守**（?～一五七五）は、信玄に従って駿河・遠江侵攻に活躍し、遠江二俣城で病没した。

当時、遠江二俣城は徳川家臣・大久保忠世《ただよ》の猛攻に遭い、兵粮《ひょうろう》も尽きかけていたが、信守の嫡男・**依田右衛門左《うえもんのすけのぶしげ》信蕃**（一五四八～八三）は意固地なまでに城を死守していた。これには武田勝頼も老臣を介して開城を勧告したが、二度まで拒否し、勝頼が自筆の書状を送るに至って、ようやく信蕃は忠世と和議を結んで開城した。天正八（一五八〇）年に信蕃は駿河田中城を守り、再び徳川軍の攻勢を受けた。天正一〇（一五八二）年二月、信蕃は開城して郷里の佐久郡に帰ったが、勝頼自刃の報を聞き家康に降った。家康は、信長が武田旧臣を斬殺《ざんさつ》する恐れがあるので、信蕃に逃げ隠れるように勧め、九死に一生を得た。

同天正一〇年六月、伊賀越え中の家康は、信蕃に文を送って佐久での挙兵を指示。信蕃が近郷の士を募るとたちまち三〇〇〇人に膨れあがり、佐久を攻略。家康の甲斐・信濃経略を先導した。その功績により、信蕃は信濃の佐久・諏訪両郡を宛行われた。

信蕃は一日に一三の城を陥落・調略する働きを見せたが、最後に残った岩尾《いわお》城攻めで負った鉄砲傷がもとで死去した。享年三六。遺児・源十郎は一四歳、新六郎は一〇歳だった。早くに両親と別れた家康は、依田兄弟を不憫《ふびん》に思い、兄弟に松平姓と偏諱を与えた。兄・**依田松平修理大夫康国《やすくに》**（一五七〇〜九〇）、弟・依田松平新六郎康真である。家康は大久保忠世を後見人として康国に遺領を相続させた。

康国は天正一八（一五九〇）年の小田原の合戦で、前田利家が信濃から上野へ進軍する先導を果たし、松井田《まついだ》城攻めに参陣。また、調略で上野の諸城を陥れるなど、若年ながら父祖に劣らぬ武功を上げた。しかし、上野出身の長根縫殿助《ぬいのすけ》の恨みを買い、軍議の席で暗殺された。享年二一。

康国には妻子がいなかったようで、実弟・**依田松平新六郎康真**（一五七四〜一六五三）が家督を継いだ。康真は上野松井田城を与えられ、同年八月の関東入国で上野藤岡三万石を賜った。しかし、慶長五（一六〇〇）年一月、京都勤番中に大坂の旅宿で、徳川家臣大番役の小栗《おぐり》三助某と囲碁を打ち、その際の揉《も》め事で小栗を殺害して高野山に遁世《とんせい》。依田松平家は改易された。康真は同年に結城秀康に召し抱えられ、加藤四郎兵衛《しろうべえ》康寛《やすひろ》と改名、福井藩士として五〇〇〇石を賜った。嫡男・蘆田内膳吉賢《ないぜんよしかた》が蘆田姓に復姓し、子孫は福井藩重臣となった。

小笠原家嫡流／秀吉の命で家康の孫娘と結婚

小笠原信濃守秀政（一五六九～一六一五）の家系は、信濃の名族・小笠原家の嫡流で、林城《はやし》（長野県松本市《まつもと》）を本拠とした。［図6－3］

秀政の祖父・**小笠原信濃守長時**（一五一四～八三）は甲斐の武田信虎《のぶとら》・晴信（信玄）父子としばしば合戦に及び、天文一九（一五五〇）年に敗退。林城を追われ、越後、駿河、伊勢などに逃亡した。

長時の子・**小笠原右近大夫貞慶**《うこんだいふさだよし》（一五四六～九五）は父とともに諸国を流浪し、小笠原家の支流・三好長慶《ながよし》のもとにあったが、永禄一二（一五六九）年の京都六条《ろくじょう》合戦で三好三人衆が敗北するに至り、三好家から去って、織田信長を頼った。

天正一〇（一五八二）年に宿敵・甲斐武田家が滅び、本能寺の変で信濃国が動乱に及ぶと、貞慶は信濃国に戻って挙兵。累代の家臣が再結集して盛り立て、信濃深志《ふかし》城（松本城）を攻め落とし、旧領の筑摩《つかま》・安曇《あずみ》の二郡を奪回した。家康が甲斐・信濃に侵攻すると、貞慶は嫡男・幸松丸（のちの秀政）一四歳を人質に出して、その麾下《きか》に加わった。

幸松丸は徳川家の重臣・石川伯耆守数正のもとに預けられていたため、小牧・長久手の合戦後の天正一三（一五八五）年一一月、数正が秀吉のもとに出奔する際に行動をともにした。幸松丸は秀吉のもとで元服し、**小笠原信濃守秀政**と名乗った。貞慶も秀吉側につき、家康に叛旗《はんき》を翻し、同年一二月に信濃高遠城の保科正直《ほしなまさなお》を攻めた。

家康と秀吉が和議を結ぶにあたって、小笠原家は気まずい立場に置かれたが、気配りの人・秀吉は、天正一七（一五八九）年八月に家康の孫娘（岡崎信康の長女）と秀政に縁談を命じ、両家の仲直りを演出した。秀政は家康に属し、天正一八（一五九〇）年の関東入国で下総古河三万石を賜った。

慶長五（一六〇〇）年の関ヶ原の合戦で、秀政は北方の抑えとして下野宇都宮城の守備に加勢。翌慶長六年に二万石を加増され、信濃飯田藩五万石に転封となった。

慶長一二（一六〇七）年に長男・**小笠原信濃守忠脩**《ただなが》（一五九五～一六一五）に家督を譲る。慶長一八（一六一三）年に小笠原家は信濃松本藩八万石に返り咲くが、元和元（一六一五）年の大坂夏の陣で当主・忠脩が討ち死に、秀政も重傷を負って死去した。

忠脩の実弟・小笠原忠真が家督を継ぎ、播磨明石藩一〇万石を経て、豊前小倉藩一五万石に転封となり、幕府の西国監視役と称せられた。

図６－３：小笠原家系図

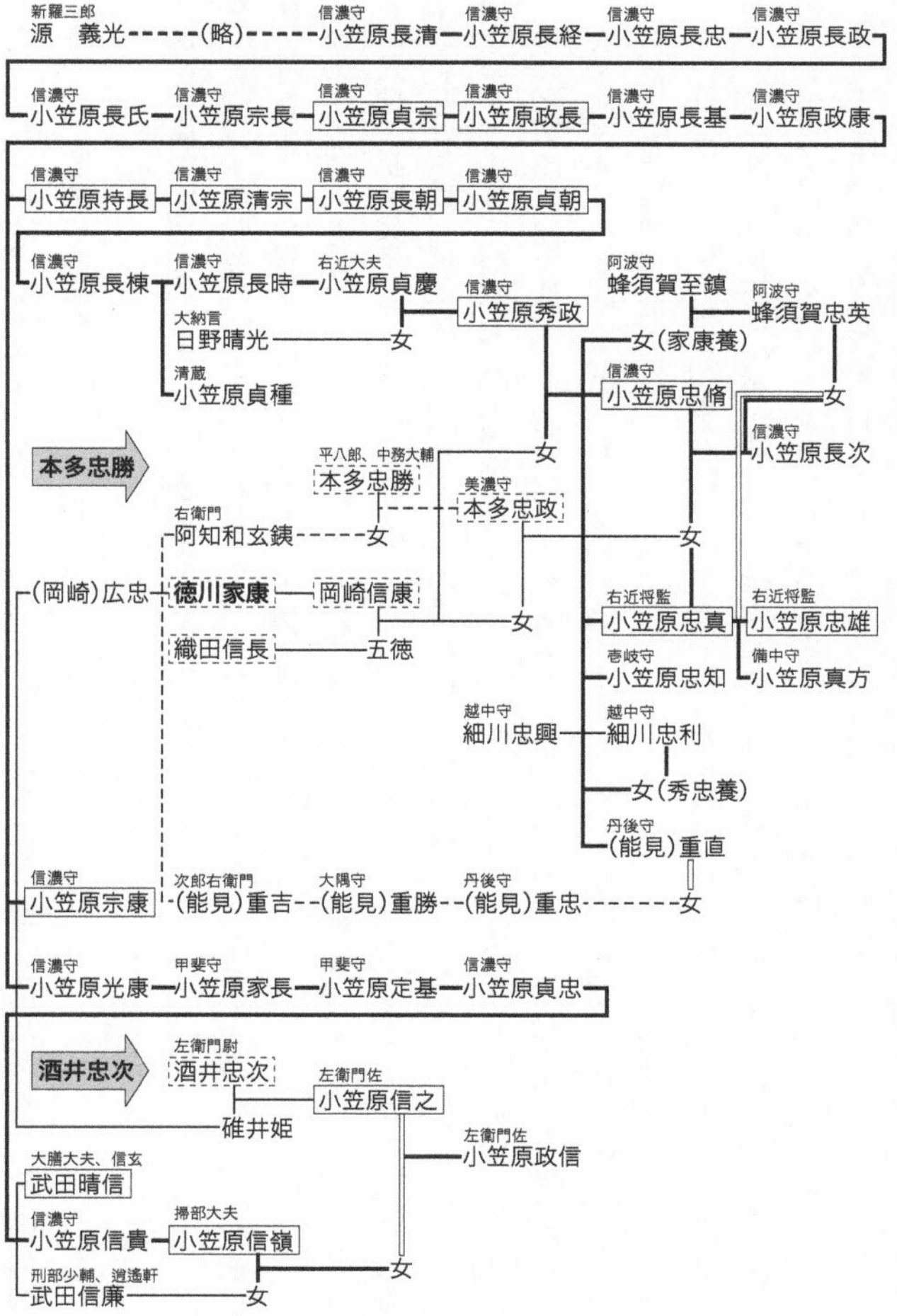
新羅三郎
源　義光
(略)
信濃守
小笠原長清
信濃守
小笠原長経
信濃守
小笠原長忠
信濃守
小笠原長政
信濃守
小笠原長氏
信濃守
小笠原宗長
信濃守
小笠原貞宗
信濃守
小笠原政長
信濃守
小笠原長基
信濃守
小笠原政康
信濃守
小笠原持長
信濃守
小笠原清宗
信濃守
小笠原長朝
信濃守
小笠原貞朝
信濃守
小笠原長棟
信濃守
小笠原長時
右近大夫
小笠原貞慶
信濃守
小笠原秀政
阿波守
蜂須賀至鎮
阿波守
蜂須賀忠英
大納言
日野晴光
女
女(家康養)
清蔵
小笠原貞種
信濃守
小笠原忠脩
女
本多忠勝
平八郎、中務大輔
本多忠勝
女
信濃守
小笠原長次
美濃守
本多忠政
右衛門
阿知和玄鋏
女
女
(岡崎)広忠
徳川家康
岡崎信康
女
右近将監
小笠原忠真
右近将監
小笠原忠雄
織田信長
五徳
壱岐守
小笠原忠知
備中守
小笠原真方
越中守
細川忠興
越中守
細川忠利
女(秀忠養)
丹後守
(能見)重直
信濃守
小笠原宗康
次郎右衛門
(能見)重吉
大隅守
(能見)重勝
丹後守
(能見)重忠
女
信濃守
小笠原光康
甲斐守
小笠原家長
甲斐守
小笠原定基
信濃守
小笠原貞忠
酒井忠次
左衛門尉
酒井忠次
左衛門佐
小笠原信之
碓井姫
左衛門佐
小笠原政信
大膳大夫、信玄
武田晴信
信濃守
小笠原信貴
掃部大夫
小笠原信嶺
女
刑部少輔、逍遙軒
武田信廉
女

秀政の二人の娘は、家康の養女として阿波徳島藩主・蜂須賀至鎮、秀忠の養女として肥後熊本藩主・細川忠利に嫁いだ。

松尾の小笠原家／酒井忠次の三男を婿養子に

小笠原掃部大夫信嶺《おがさわらかもんだいふのぶみね》（一五四七〜九八）の家系は、先述した小笠原家の支流の一つで、信濃国伊那郡松尾村（長野県飯田市松尾代田《まつおしろだ》）に本拠を構えた。

嫡流の小笠原家とは家督を争う間柄で、信嶺の祖父・**小笠原信濃守貞忠**《さだただ》（?〜一五五〇）は小笠原長棟《ながむね》・長時父子との争いに敗れ、甲斐・武田家を頼った。貞忠の子・**小笠原信濃守信貴**《のぶたか》（?〜一五七九）は、武田信玄に属して、その支援により松尾城を奪回した。

信貴の子・**小笠原掃部大夫信嶺**は、天正一〇（一五八二）年に家康が甲斐・信濃に侵攻すると、早々と家康に誼《よしみ》を通じ、信濃攻略の先鋒・酒井《さかい》忠次《ただつぐ》に従った。娘二人で嗣子に恵まれなかったため、天正一六（一五八八）年に家康の命で忠次の三男・**小笠原左衛門佐信之**《さえもんのすけのぶゆき》（一五七〇〜一六一四）を婿養子に迎えた。

天正一八（一五九〇）年の関東入国で武蔵本庄一万石を賜った。

慶長三（一五九八）年に信嶺が死去し、信之が家督を継いだ。慶長五（一六〇〇）年の関ヶ原の合戦では秀忠軍に従い、美濃岩村城の抑えとして信濃妻籠《つまご》城を守り、慶長一七（一六一二）年に下総古河藩二万石に転封となった。

子孫は下総関宿藩二万二七〇〇〇石、美濃高須藩を経て、越前勝山藩二万二七〇〇〇石を領した。

諏訪家／諏訪大社のトップ

諏訪小太郎頼水（一五七一～一六四一）は、全国でも有数の神社・諏訪大社の神官を務める信濃の名門家系の出身である。

信濃国諏訪郡は甲斐から信濃への入り口に位置し、信濃経略を狙う武田信玄は、まず**諏訪刑部大輔頼重**《ぎょうぶだゆうよりしげ》（?～一五四二）に妹を嫁がせ、甲斐に招いて暗殺。その娘を人質に取った後、側室とした（勝頼の母）。

頼重の従兄弟・**諏訪安芸守頼忠**《あきのかみよりただ》（一五三六～一六〇六）は武田家に属し、天正一〇（一五八二）年に家康が甲斐・信濃に侵攻した際は北条家と誼を通じて帰属を明らかにしなかったが、徳川軍に敗退、しぶしぶ家康に従った。ただし、麾下に参じた後は信濃妻籠《つまご》城、松本城、上田城攻めで力を尽くし、家臣が多く討ち死にしている。天正一八（一五九〇）年の小田原合戦でも軍功をあげ、家康から名刀を賜っている。

その子・**諏訪小太郎頼水**は、家康の命により、本多豊後守康重（広孝の子）の娘と結婚し、天正一八（一五九〇）年の関東入国で武蔵奈良梨一万二〇〇〇石を賜った。

慶長五（一六〇〇）年の関ヶ原の合戦では秀忠軍に従い、上田城攻めに参陣。翌慶長六年に旧領・信濃高島《たかしま》藩二万七〇〇〇石に転封となり、子孫は加増と分知を経て三万石を領した。

保科家／家康の異母妹と結婚

保科家は信濃国高井《たかい》郡保科村（長野県長野市若穂《わかほ》保科）を発祥とし、伊那郡高遠城を本拠とする。［図6‐4］

正光の祖父・保科弾正忠《だんじょうのちゅう》正俊《まさとし》（一五一一～九三）は、「槍《やり》弾正」と称された猛将で、はじめは諏訪家の支流・高遠頼継《たかとおよりつぐ》に仕え、武田信玄の信濃経略に抵抗するも、最終的には信玄に降った。

正光の父・保科弾正忠正直《まさなお》（一五四二～一六〇一）は、天正一〇（一五八二）年二月の織田軍による甲斐武田攻めでは飯田城に籠城《ろうじょう》したが支えきれず、高遠城、上野箕輪城に逃亡。同年六月の本能寺の変で信濃が動乱に陥ると、北条家に属して高遠城奪還に成功。しかし、徳川軍が甲斐・信濃に侵攻し、北条軍との戦いを優勢に進めていくと、徳川方に転じ、伊那半郡二万五〇〇〇石を宛行われた。

正直は天正一二（一五八四）年に家康の異父妹・多劫《たけ》姫と結婚し、先妻の子と合わせて四男四女をもうけた（★は多劫姫の子）。

・長男　保科甚四郎正光（一五六一～一六三一）　信濃高遠二万五〇〇〇石
・次男　保科靭負《ゆきえ》正重《まさしげ》（生没年不詳）
・三男★保科弾正忠正貞《まささだ》（一五八八～一六六一）　上総飯野藩一万七〇〇〇石
・四男★北条《ほうじょう》出羽守《でわのかみ》氏重《うじしげ》（一五九五～一六五八）　遠江掛川藩三万石。無嗣廃絶。

図６－４：保科家系図

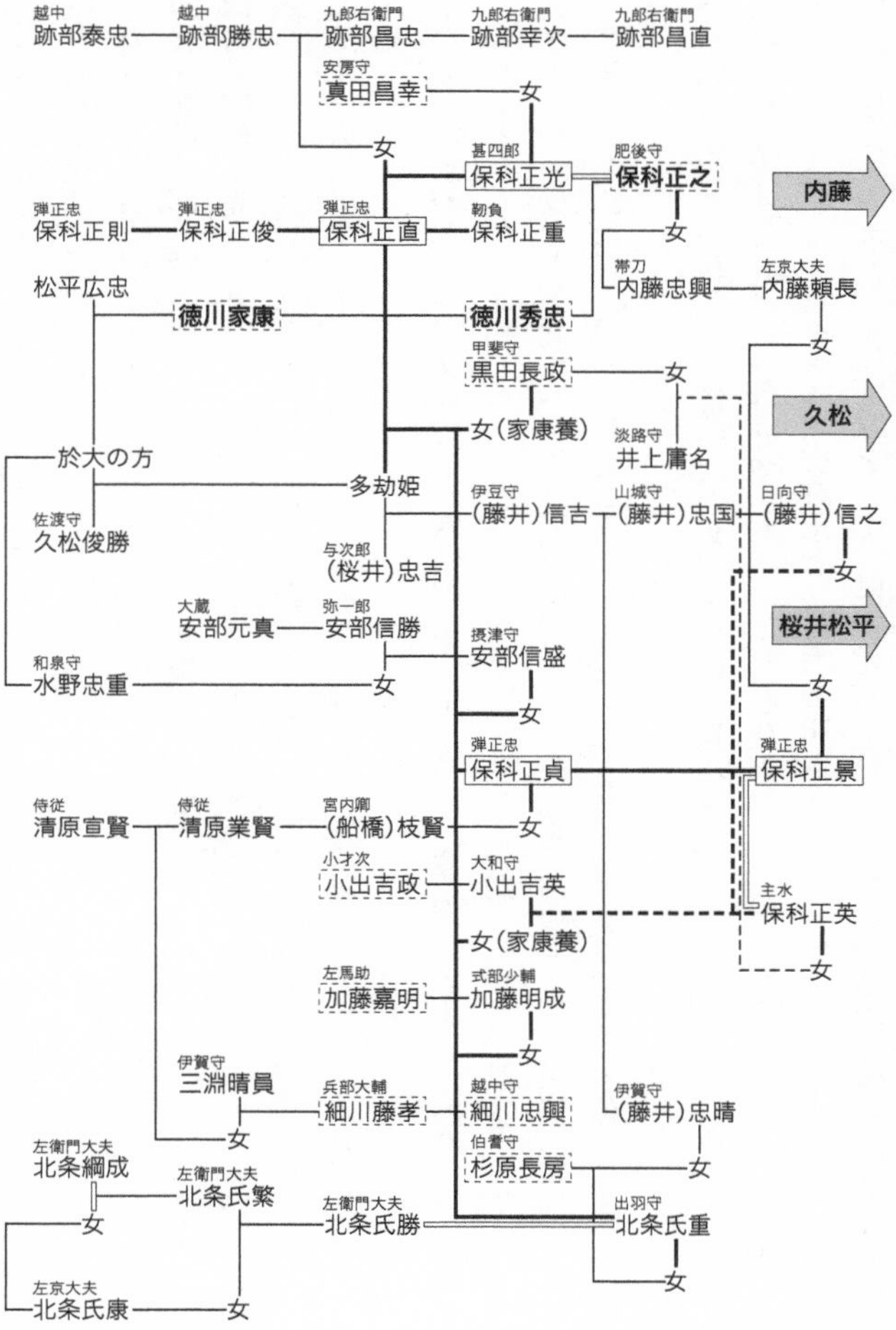
越中
跡部泰忠
越中
跡部勝忠
九郎右衛門
跡部昌忠
九郎右衛門
跡部幸次
九郎右衛門
跡部昌直
安房守
真田昌幸
女
女
甚四郎
保科正光
肥後守
保科正之
内藤
弾正忠
保科正則
弾正忠
保科正俊
弾正忠
保科正直
靭負
保科正重
女
帯刀
内藤忠興
左京大夫
内藤頼長
松平広忠
徳川家康
徳川秀忠
女
甲斐守
黒田長政
女
久松
女（家康養）
淡路守
井上庸名
於大の方
多劫姫
伊豆守
（藤井）信吉
山城守
（藤井）忠国
日向守
（藤井）信之
佐渡守
久松俊勝
与次郎
（桜井）忠吉
女
大蔵
安部元真
弥一郎
安部信勝
桜井松平
摂津守
安部信盛
和泉守
水野忠重
女
女
女
弾正忠
保科正貞
弾正忠
保科正景
侍従
清原宣賢
侍従
清原業賢
宮内卿
（船橋）枝賢
女
小才次
小出吉政
大和守
小出吉英
主水
保科正英
女（家康養）
女
左馬助
加藤嘉明
式部少輔
加藤明成
女
伊賀守
三淵晴員
兵部大輔
細川藤孝
越中守
細川忠興
伊賀守
（藤井）忠晴
女
伯耆守
杉原長房
女
左衛門大夫
北条綱成
左衛門大夫
北条氏繁
女
左衛門大夫
北条氏勝
出羽守
北条氏重
女
左京大夫
北条氏康
女

・長女★家康の養女。黒田《くろだ》甲斐守長政《かいのかみながまさ》の妻。
・次女★安部《あんべ》摂津守信盛《せっつのかみのぶもり》の妻（家康の養女説あり）
・三女★家康の養女。小出大和守吉英《こいでやまとのかみよしふさ》の妻。
・四女★加藤式部少輔明成《しきぶのしょうあきなり》（嘉明《よしあき》の子）の妻（家康の養女説あり）

保科甚四郎正光（一五六一～一六三一）は正直の先妻（跡部勝忠《かつただ》の娘）の子であったが、家督を継いで天正一八（一五九〇）年の関東入国で下総多古一万石を賜った。慶長五（一六〇〇）年の関ヶ原の合戦では堀尾忠氏《ほりおただうじ》に代わって浜松城を守り、信濃高遠二万五〇〇〇石に転封となった。

子どもがなかったため、文禄三（一五九四）年に異母弟・**保科弾正忠正貞**（一五八八～一六六一）を養子としたが、元和三（一六一七）年に秀忠の庶子・幸松（のちの保科肥後守正之《ひごのかみまさゆき》）を養子とする密旨を受け、翌元和四年に三万石に加増された。養子の保科正之は出羽山形藩二〇万石、陸奥会津若松《わかまつ》藩二三万石に転封となり、その子・正容《まさかた》は松平姓を賜り、会津松平家と称された。

保科家の家督を保科正之が継いだため、正貞は元和八（一六二二）年に出奔して、叔父《おじ》・久松松平隠岐守定勝《おきのかみさだかつ》の許に身を寄せていたが、定勝が死去したため、寛永六（一六二九）年に上総国のうちに三〇〇〇石を賜り、翌寛永七年に大番頭となった。

寛永一四（一六三七）年に別家を立て、慶安元（一六四八）年に上総飯野藩一万七〇〇〇石を賜った。子孫は分知と加増を経て、上総飯野藩二万石を領した。

木曾家／木曾義仲の末裔と自称

木曾《きそ》千三郎義利（一五七七～一六四〇）は、源氏の名門・木曾義仲《よしなか》の直系の末裔《まつえい》を自称する。義利の父・**木曾伊予守義昌**《いよのかみよしまさ》（一五四〇～九五）は、信濃国木曾郡の有力者として、武田信玄の三女と結婚して武田家と講和を結び、親族衆として遇されたが、武田勝頼と不和に及び、天正一〇（一五八二）年の織田軍による甲斐武田攻めに先んじて、織田家に内応した。天正一八（一五九〇）年の関東入国で下総蘆戸一万石を賜った。木曾郡への復帰を秀吉に懇願したが叶《かな》わず、文禄四（一五九五）年に死去。享年五七。

木曾千三郎義利が跡を継いだが、叔父・上松蔵人義豊《あげまつくろうどよしとよ》を殺害したかどで、慶長五（一六〇〇）年に改易された。伊予松山に遁走し、同地で死去したというが定かでない。

第5節　北条旧臣

北条家／小田原北条家の支流

北条左衛門大夫氏勝（一五五九～一六一一）は小田原北条家の支流で、**北条左衛門大夫綱成**《つななり》

の孫にあたる。北条綱成（一五一五〜八七）は福嶋上総介正成《くしまかずさのすけまさなり》の子に生まれ、相模甘縄《あまなわ》城主、北条家の重臣として活躍。北条氏綱《うじつな》の娘婿となって北条姓を賜った。

綱成の子・**北条左衛門大夫氏繁**《うじしげ》（一五三六〜七八）は武勇に勝《すぐ》れ、父を継いで甘縄城主となったが、父に先立って死去した。

氏繁の子・**北条左衛門大夫氏勝**は天正一八（一五九〇）年の小田原合戦で山中城を守ったが支えきれず、甘縄城に戻って剃髪《ていはつ》し、蟄居《ちっきょ》した。家康は以前から氏勝と交流があったので、本多忠勝《ほんだただかつ》を介して投降を勧め、徳川家臣の列に加えた。

同天正一八年の関東入国で下総岩富一万石を賜った。慶長五（一六〇〇）年の関ヶ原の合戦では田中吉次《よしつぐ》に代わって三河岡崎城を守り、桜井松平左馬助忠頼《さまのすけただより》と交代で岡崎・犬山・亀山などの城を在番した。慶長一六（一六一一）年死去。享年五三。

氏勝には子がなかったため、はじめ実弟・**北条新左衛門繁広**《しんざえもんしげひろ》（一五七四〜一六一二）を嗣子としたが、慶長一六（一六一一）年に家康の命で桜井松平忠頼の異父弟（保科弾正忠正直の四男）を養子とした。**北条出羽守氏重**《でわのかみうじしげ》（一五九五〜一六五八）である。

氏重は下野富田藩、遠江久野藩二万石、下総関宿藩、駿河田中藩二万五〇〇〇石を経て、遠江掛川藩三万石を領したが、万治元（一六五八）年に嗣子なくして死去し、無嗣廃絶となった。

おわりに

本書は『織田家臣団の系図』『豊臣家臣団の系図』(角川新書)の続編である。

さらに言ってしまえば、『徳川家臣団の謎』(角川選書)の続編でもある。

『徳川家臣団の謎』では家康以前に重点を置いたので、本書は家康時代の家臣を詳しく書くことにした。また、三河国衆や家康の親族についても取り上げたが、肝の部分は掲載しておきたかったので、『徳川家臣団の謎』と重複してしまった所があるのは、ご容赦いただきたい。

徳川家臣団の系図といえば、『寛政重修諸家譜《かんせいちょうしゅうしょかふ》』である。筆者は『寛政重修諸家譜』の信者であるが、それを右から左に写すだけにならないように心懸けたつもりである。

「『寛政重修諸家譜』は、この(堀田摂津守《せっつのかみ》)正敦《まさあつ》と大学頭《だいがくのかみ》林《はやし》 述斎《じゅつさい》が相談して企画し、正敦が総裁になって編纂されたものである。正敦がいなければ、この大事業は開始されなかったかもしれない」(『武士の人事』)。

堀田正敦は、仙台藩主・伊達《だて》宗村《むねむら》と側室(藩士・坂庄三郎《さかしょうざぶろう》 信之《のぶゆき》の娘)の間に生まれ、堀田家の婿養子となった。外祖父・坂信之は松尾家からの養子なのだが、筆者の母方の先祖は仙台藩士で、曾《そう》祖母は仙台藩士・松尾五郎の娘である。おそらく遠縁なのだろう。だから、『寛政重修諸家譜』に魅入られているのかもしれない。

――という余談はさておき、本書の刊行にあたり、いろいろとご支援いただいたKADOKAWA文芸局の竹内祐子さんにこの場を借りて感謝いたします。

また、校正に携わっていただいた皆さん、本当にありがとうございます。出版社には校正に力を入れてもらうように常々お願いしているのですが、今回の三部作では、返ってきた校正刷りと付随資料があまりに大量・緻密《ちみつ》で、人名録のような原稿を書いてしまったことをひたすら後悔しました。皆さんのお陰で誤謬《ごびゅう》も減り、非常に助かりました。改めて感謝いたします。

主な系図

本書では多くの系図を参考文献として使用したので、その概略を述べておこう。

○『寛政重修諸家譜《かんせいちょうしゅうしょかふ》』（略称・寛政譜）とは、江戸幕府が大名・旗本の系図を提出させ、編纂《へんさん》した系図集である。

江戸幕府は寛永一八（一六四一）年に『寛永諸家系図伝』を編纂したが、その続編・改修版を編纂すべく、寛政一一（一七九九）年に若年寄・堀田摂津守正敦《せっつのかみまさあつ》に命じて、林述斎《はやしじゅっさい》、屋代弘賢《やしろひろかた》らの学者を動員して一四年の歳月をかけ、文化九（一八一二）年に完成。親子関係の記述のみならず、個々人の経歴、母親、妻、子女等の情報を余すところなく記述している。徳川家臣団の子孫は原則として大名・旗本になっているので、同書を大いに参考にした。ただし、江戸時代以前は精密さに欠ける傾向があり、注意を要する。

続群書類従完成会から昭和三九〜四二（一九六四〜六七）年に『新訂　寛政重修諸家譜』全二六巻として出版。筆者は余りにも同書が好きすぎて、学生時代に友人から「歩く寛政譜」と呼ばれていた。

○『徳川諸家系譜』は徳川家の系譜を集めたものである。『寛政重修諸家譜』は大名・旗本等、広義の徳川将軍家家臣を掲載しているが、将軍家およびその一族（いわゆる親藩大名）の系譜を掲載していない。将軍家の系譜にあたる「徳川幕府家譜」、将軍家の子女、正室・側室を収めた「柳営婦女伝系《りゅうえいふじょでんけい》」「幕府祚胤譜略《そいんふりゃく》」、および御三家、御三卿《ごさんきょう》、越前松平家などの系譜を収録している。個々の系譜を出版社が集めたものであり、記述方法は統一されていない。

続群書類従完成会から昭和四五〜五九（一九七〇〜八四）年に『徳川諸家系譜』全四巻として出版された。

○『断家譜』は、慶長年間から文化年間（一五九六〜一八一八）までに改易された大名・旗本の系図を、田畑喜右衛門吉正《たばたきえもんよしまさ》が文化六（一八〇九）年に編纂した系図集である。『寛政重修諸家譜』に掲載されていない家系も採録されているが、個人が編纂した限界からか誤謬と思える箇所も少なくない。

続群書類従完成会から昭和四三〜四四（一九六八〜六九）年に『断家譜』全三巻として出版された。

○『系図纂要』は幕末の国学者・飯田忠彦《いいだただひこ》（一七九九〜一八六〇）が編纂した系図集といわれる。天皇家から公家・武家を幅広く採録しているが、複数の系図を無批判に繋《つな》げており、異説も数多く掲載している。それが長所でもあり、欠点でもある。補助史料としては有用であろう。

名著出版から昭和四八〜五二（一九七三〜七七）年に『系図纂要』全一八巻として出版したが、手書き原稿を印字したもので、ちょっとクセのある字が読みづらいのが難点である。平成に活字版が出版されている。

○『群書系図部集』は塙保己一《はなわほきいち》（一七四六〜一八二一）が編纂した群書類従《ぐんしょるいじゅう》の系図部にあたるもので、天皇家から豪族・公家・武家などの主要系図を掲載している。

収集した系図をそのまま採録し、複数の系図を繋げたり、編集していないところに特徴がある。採録されている系図は、編者が手を加えていない点で信憑性《しんぴょう》が高いが、徳川家臣団の多くは、同書に掲載されるような名門家系ではないので、主に補助史料として活用した。

続群書類従完成会から昭和六〇（一九八五）年に『群書系図部集』全七巻として出版されている。

○『尾張群書系図部集』は加藤國光《かとうくにみつ》が尾張国（愛知県西部）の旧家に所蔵されている系図を編纂した系図集で、大名・旗本になることなく諸藩の藩士となったり、帰農した家系も数多く採録され、他では見られない貴重な情報が多い。ただし、それら複数の系図を加藤氏が独自の視点から編纂しており、それをどのように評価するかには注意を要する。

続群書類従完成会から平成九（一九九七）年に『尾張群書系図部集』上下巻として出版されている。

○『士林泝洄《しりんそかい》』は尾張名古屋藩が藩士の系図を編纂した系図集である。いわば『寛政重修諸家譜』の尾張藩版といったところであろう。徳川家臣団で大名・旗本に登用されなかった家系の多くは、地元・尾張藩で藩士として採用されたため、『寛政重修諸家譜』で取り上げられていない家系も採録されている。ただし、『寛政重修諸家譜』に比べて誤謬が多く、注意を要する。

○『平成新修　旧華族家系大成』は旧華族の系図を幕末から平成に至るまで採録した系図集である。社団法人霞《かすみ》会館（旧・華族会館）が昭和五七（一九八二）年および五九（一九八四）年に出版した『昭和新修　華族家系大成』上下巻を改訂したもので、霞会館の会員である旧華族の各家が提供した系図を掲載している。『寛政重修諸家譜』では未掲載の幕末から現代に至る貴重な系図が掲載されている他、各家の略歴が簡素にまとめられており、参考となる。ただし、個々の家の事情から、掲載辞退や意図的に削除された情報（前妻や庶子の存在など）があることには注意を要する。吉川弘文館から平成八（一九九六）年に『平成新修　旧華族家系大成』上下巻として出版されている。

参考文献

【一般書籍】

煎本増夫［一九九八］『戦国時代の徳川氏』新人物往来社
煎本増夫［二〇一五］『徳川家康家臣団の事典』東京堂出版
小和田哲男［二〇〇四］『ミネルヴァ日本評伝選　今川義元――自分の力量を以て国の法度を申付く』ミネルヴァ書房
小和田哲男［二〇一四］「第二章　湖の雄、井伊氏」『しずおかの文化新書16　湖の雄　井伊氏――浜名湖北から近江へ、井伊一族の実像』静岡県文化財団
菊地浩之［二〇一六］『角川選書576　徳川家臣団の謎』ＫＡＤＯＫＡＷＡ
菊地浩之［二〇一八］『角川選書598　織田家臣団の謎』ＫＡＤＯＫＡＷＡ
菊地浩之［二〇一九］『織田家臣団の系図』ＫＡＤＯＫＡＷＡ
菊地浩之［二〇一九］『豊臣家臣団の系図』ＫＡＤＯＫＡＷＡ
北島正元［一九六四］『江戸幕府の権力構造』岩波書店
黒田基樹［二〇一六］『角川選書569　真田信之――真田家を継いだ男の半生』ＫＡＤＯＫＡＷＡ
黒田基樹［二〇一七］『角川選書586　井伊直虎の真実』ＫＡＤＯＫＡＷＡ
桑田忠親・山岡荘八監修［一九六五］『日本の戦史②／三方原・長篠の役』徳間書店
柴　裕之［二〇一四］『戦国史研究叢書12　戦国・織豊期大名徳川氏の領国支配』岩田書院
新行紀一［一九七五］『一向一揆の基礎構造――三河一揆と松平氏』吉川弘文館
大類　伸監修［一九六六］『日本城郭全集⑦　愛知・岐阜』人物往来社
中村孝也［一九八八］『家康の族葉』国書刊行会

中村孝也［一九六八］『家康の臣僚　武将篇』人物往来社
野田浩子［二〇一七］『中世武士選書39　井伊直政――家康筆頭家臣への軌跡』戎光祥出版
平野明夫［二〇〇二］『三河　松平一族』新人物往来社
平野明夫［二〇〇六］『徳川権力の形成と発展』岩田書院
本郷和人［二〇一五］『戦国武将の選択』産経新聞出版
本郷和人［二〇一五］『新潮新書609　戦国武将の明暗』新潮社
本郷和人［二〇一六］『新潮新書666　戦国夜話』新潮社
本郷和人［二〇一七］『真説　戦国武将の素顔』宝島社
平山　優［二〇一八］『角川選書611　戦国大名と国衆』ＫＡＤＯＫＡＷＡ
本多隆成［二〇一〇］『定本　徳川家康』吉川弘文館
山本博文［二〇一八］『角川新書　武士の人事』ＫＡＤＯＫＡＷＡ
横尾義貫［一九八五］『東三河の戦国時代』「東三河の戦国時代」刊行会

【県史、市町村史など】
柴田顕正［一九三四〜三五］『岡崎市史別巻　徳川家康と其周囲（上・中・下）』
田原町文化財調査会編［一九七一］『田原町史　上巻』
豊橋市史編集委員会編［一九七三］『豊橋市史　第一巻』
幸田町史編纂委員会編［一九七四］『幸田町史』
蒲郡市誌編纂委員会・蒲郡市教育委員会編［一九七四］『蒲郡市誌』
音羽町誌編纂委員会編［一九七五］『音羽町誌』
作手町誌編纂委員会編［一九八二］『作手町誌』

新編岡崎市史編集委員会編［一九八三］『新編　岡崎市史6　史料　古代中世』
新編岡崎市史編集委員会編［一九八九］『新編　岡崎市史2　中世』
蒲郡市教育委員会編［一九九〇］『竹谷松平氏――西ノ郡の殿様』
渥美町町史編さん委員会編［一九九一］『渥美町史　歴史編　上巻』
蒲郡市史編さん事業実行委員会編［二〇〇六］『蒲郡市史　本文編1　原始古代編・中世編』
安城市史編集委員会編［二〇〇七］『新編　安城市史　Ⅰ　通史編　原始・古代・中世』
幡豆町史編さん委員会編［二〇一二］『幡豆町史　本文編1　原始・古代・中世』
新編豊川市史編集委員会編［二〇一一］『新編　豊川市史　第一巻　通史編　原始・古代・中世』

【その他史料など】

続群書類従完成会編［一九六四］『新訂　寛政重修諸家譜』続群書類従完成会
続群書類従完成会編［一九六八］『断家譜』続群書類従完成会
続群書類従完成会編［一九七〇］『徳川諸家系譜』続群書類従完成会
続群書類従完成会編［一九八〇］『寛永諸家系図伝』続群書類従完成会
続群書類従完成会編［一九八五］『群書系図部集』続群書類従完成会
中村安孝編［一九七六］『系図纂要』名著出版
新井白石著［一九七七］『藩翰譜』新人物往来社
名古屋市教育委員会編［一九八三～一九八四］『名古屋叢書　校訂復刻　続編　第十七～二十巻　士林泝洄（1～4）』愛知県郷土資料刊行会
名古屋市蓬左文庫編［一九八四］『名古屋叢書三編　第四巻　士林泝洄続編』名古屋市教育委員会
大久保彦左衛門著、小林賢章訳［一九八〇］『原本現代訳一一・一二　三河物語（上・下）』教育社

参考文献

平凡社地方資料センター編［一九八一］『日本歴史地名大系二三巻　愛知県の地名』平凡社
久曽神昇編［一九六六］「松平記」『三河文献集成　中世編』愛知県宝飯地方史編纂委員会
久曽神昇編［一九六六］「浪合記」『三河文献集成　中世編』
久曽神昇編［一九六六］「三河海東記」『三河文献集成　中世編』
渡辺政香編［一九六九］『参河志（上・下）』歴史図書社
続群書類従完成会編［一九九五］『当代記　駿府記』続群書類従完成会
愛知県立図書館蔵「諸士出生記」
石川　玄編［一九三五］『浄土真宗と三河石川』愛知石川会
安城市歴史博物館編［二〇〇九］『徳川家康の源流　安城松平一族』
三河武士のやかた家康館編［一九八九］『松平の族葉――十四松平』
三河武士のやかた家康館編［一九九三］『特別展図録　本多家とその家臣団　付本多家臣略系譜』
川北重憙写［一八一二］『深溝松平家譜』

菊地浩之（きくち・ひろゆき）
1963年北海道生まれ。國學院大學経済学部を卒業後、ソフトウェア会社に入社。勤務の傍ら、論文・著作を発表。専門は企業集団、企業系列の研究。2005-06年、明治学院大学経済学部非常勤講師を兼務。06年、國學院大學博士（経済学）号を取得。著書に『企業集団の形成と解体』（日本経済評論社）、『日本の地方財閥30家』『日本の長者番付』（平凡社）、『図解　損害保険システムの基礎知識』（保険毎日新聞社）、『図ですぐわかる！ 日本100大企業の系譜』『図ですぐわかる！ 日本100大企業の系譜２』『三井・三菱・住友・芙蓉・三和・一勧』『最新版　日本の15大財閥』『織田家臣団の系図』『豊臣家臣団の系図』（KADOKAWA）、『三菱グループの研究』『三井グループの研究』『住友グループの研究』（洋泉社）など多数。

徳川《とくがわ》家臣団《かしんだん》の系図《けいず》

菊地浩之《きくちひろゆき》

2020 年 1 月 10 日　初版発行
2024 年 2 月 5 日　9 版発行

◆◇◇

発行者　山下直久
発　行　株式会社KADOKAWA
〒102-8177　東京都千代田区富士見 2-13-3
電話　0570-002-301（ナビダイヤル）

装 丁 者　緒方修一（ラーフイン・ワークショップ）
ロゴデザイン　good design company
オビデザイン　Zapp!　白金正之
印 刷 所　株式会社KADOKAWA
製 本 所　株式会社KADOKAWA

角川新書
 ISBN978-4-04-082326-3 C0221

野いちご文庫

気高き暴君は孤独な少女を愛し尽くす
【沼すぎる危険な男子シリーズ】

柊乃なや

STARTS
スターツ出版株式会社

目次

「ここ、好きだよねお前」

「っや、ぁ～っ」

「甘い声止まんなくてかわいー」

「んぅ……うぅ……っ」

生理的な涙がぽろぽろ零《こぼ》れる。子どもみたいで恥ずかしいのに、止められない。

歴《れき》くんのことしか考えられなくて、歴くんを好きな気持ちと一緒にどんどん溢《あふ》れて。

「はは、俺のせいでぐずぐずになっちゃったな……」

そう、ぜんぶ歴くんのせいだ。

こんなこと教えられたら、もっと離れられなくなっちゃう。

一生、忘れられなくなっちゃう。

もし今後、他の男の人と、結婚したとしても。


——居場所を失くした少女は、今夜も極悪な愛に落とされる。

プロローグ

「お前……似てるな、黒菊《くろぎく》の女に」

瞳に捕らわれた瞬間、頭の中で警報が響いた。

心臓が嵐のように激しく脈打って、体中の血液が今にも逆流しそう。

──逃げなくちゃ。

咄嗟《とっさ》に足を引いたつもりが動揺のあまりびくとも動かず、それならせめて視線だけでも逃がそうとしたけれど。

……この人の前ではそれすら叶わない。

「人……違いです」

ようやく言葉が出たときにはもう鳥籠の中にいたことに、そのときの私はまだ、気づいていなかった──。

京櫻《きょうざくら》家の息子

他の生徒が送迎車で下校していくのを横目に、私はこっそり裏門を抜けて家とは反対の方向へ足を進める。

それから一度駅ビルに立ち寄って、無駄に高級な生地でできている制服がまるごと隠れるサイズのパーカーを羽織り、さらに大きめの伊達《だて》メガネをかける。

お決まりの動作は体に染みついていて、ぼうっと他のことを考えながらでもこなせてしまうようになっていた。

こんな変装をする理由は、私が名家・黒菊家の直系の血筋を引く娘だと周囲にバレないようにするため。

――母は、私を産むのと引き換えに亡くなってしまった。

母を愛していた父から存在を恨まれ、父の後妻である義母からも疎《うと》まれ、数々の嫌がらせと暴力を受けて育った私は、現在はひとり、離れで暮らしている。

離れに移って自由になったと安心したのもつかの間、生活費も学費も一切出さないと告げられ、放課後はこうしてバイト先に向かう生活が始まった。

バイト先のMAPLE PALACE《メープルパレス》は、王道の「メイド」×「宮殿」がコンセプトの、きらびやかなコンセプトカフェだ。

白を基調とした壁には金の額縁に収められた絵画が飾られ、窓はステンドグラス仕様、天井からシャンデリアが吊るされた店内で、水色と白のメイド服を身に纏《まと》ってお客様の相手をする。

地味な自分に合っているとは到底思えないけど、学費と生活費をまかなうために、普通の飲食店よりも多く稼げるここを選んだ。

「あっ、おはようノアたんっ！」

出勤すると、店長のきらりさんがちょうど休憩室から出てくるところだった。

〝ノア〟は、私の源氏名。

本名の〝叶愛《かのあ》〟から下二文字を取って〝ノア〟。

「おはようございます、きらりさん」

この業界では朝晩問わず「おはようございます」が主流らしく、初めは違和感があったもののすぐに慣れてしまった。

「ノアたん相変わらず堅苦しい！　いつになったら〝きらりちゃん〟って呼んでくれるの？」

「そんな、ちゃん付けなんて恐れ多いです……っ」

「もしかして！　わたしが年上のオバサンだから遠慮してるのっ？」

まさか。そんなこと思うわけない。

「違います、っ、きらりさんは店長で、それにいつもきらきらで可愛くて尊敬してるから……」

「きゃーっ！　可愛いノアたんにそんなこと言ってもらえるなんて！　大ちゅきだようっ」

ぎゅうぎゅうと苦しいくらいに抱きしめられ、酸欠になりかけの状態で休憩室に入る。

「おはようございます」

中には私を除いて三人のキャストさんが座っているけど、あいさつが返ってくることはない。いつものこと。

この店のキャストさんは人間関係にドライなタイプが多いみたいで、みんなでわいわい騒ぐことはあまりなく、休憩室では基本的に無言でスマホを触っているか、メイクを直しているかのどちらか。

それでも、あいさつを交わしたり雑談したりしているのは普通に見かけるので、私がよく思われていないことは明白。

理由は、私が高校生だから。

MAPLE PALACEは高校卒業済みの十八歳以上しか雇用していないのに、きらりさんのご厚意で特別に働かせてもらっている。

あとは、私が総じて地味だから、というのもあると思う。

自分なりに明るく振舞う努力はしていても、ずっと家でいじめられてきたせいか笑顔がうまくつくれず、他のキャストさんの無邪気でパッと花がほころぶような可愛さにはとても適わない。

幸い、地味で口下手なメイドを所望してくれる物好きなお客様もいるので、お店の売り上げの妨《さまた》げにはなっていないはずだけど、貢献しているとも言い難く……。

そんな私を彼女たちが気に入らないのはあたりまえ。

『そのだっさいメガネとったら少しはマシになるんじゃないの？』

入店したてのころ、嫌味ついでのアドバイスをもらったことがある。

だけど、これだけは絶対に外せない。

私が黒菊家の——旧財閥である名家の娘だとバレるわけにはいかないから。

「そういえばさ、今日あの方が来るらしいよ」

「え、嘘ぉ！」

珍しくはしゃいだ様子で休憩室を出ていくキャストさんたちの会話を最後に、私はひとり、鏡台の前に座る。

〝あの方〟……誰だろう？

少し前にキャスト間で話題になってた、若いイケメン社長さんのことかな。

たしか、初回にも関わらず、この店で一番高いドリンクを入れてもらったって、うちのナンバーワンのラムさんが嬉しそうに話してた気がする。

それか、月二、三回来店される、有名な動画配信者の方かもしれない。

もしくは……と考えてみたけど、すぐやめた。

ヘルプで卓につかせてもらったとき、イケメン社長さんは私を見て露骨にがっかりした表情を浮かべていたし、有名配信者さんには舌打ちされたこともある。

今日もし来店されたとしても、同じような態度を取られるんだろうなあ。

ちょっとだけ、憂鬱……。

なんて、まだその方たちが来るとは決まってないのにため息が出そうになった。

だめ、このくらいで憂鬱、だなんて。

お給料をもらってるんだから、嫌がってないで少しでも接客スキルがあがるように努力しなくちゃ。

そう言い聞かせて、顔に軽くパウダーをはたく。目元はメガネで隠れるから、薄くしアイシャドウをつけるだけ。あとはほんのりチークと、仕上げにリップ。

他のキャストさんみたいにまつ毛を上げてマスカラを塗ったり、カラコンを付けたり、きらきらラメを散らしたり。

本当はやってみたいけど、毎月かつかつの私はメイク用品にあまりお金をかけられない。

それに……。

『隣を歩かないでくれる？　あなたみたいな不細工な子の母親だなんて、死んでも思われたくないんだけど』

ふと、意識の中に入りこんできた苦い記憶をすぐさま振るい落とす。

お仕事中なんだからこんなこと思い出してる場合じゃないよね。

今日も頑張ろう……っ。

無理やり自身を奮い立たせ、鏡に向かって一度だけ笑顔の練習をしてから休憩室をあとにした。

「あっ、ノアた～ん、ただいまあ」

「お帰りなさいませ、旦那様」

今日はフリーで卓につくだけかと思っていたら、数少ない私の指名客である大沢《おおさわ》さんが来てくれた。

「今日お会いできると思ってなかったから嬉しいです」

「用があって近くに来てたら急に会いたくなってね～、ご給仕カレンダー確認したらノアたん出勤になってたから寄っちゃったよお」

「わあ、ありがとうございます……っ」

大学四年生である大沢さんはアニメが大好きで、フィギュアを集めたりイラストを描くのが趣味らしく、今日も手持ちの袋からは美少女が印刷された箱が覗いている。

「今日がグッズの発売日だったんですか?」

「そうそうっ、ミカりんの伝説の衣装がようやく実装されてしかも色違いバージョンが数量限定だったんだけど争奪戦勝ち抜いてやっと手元に来てくれたんだっ、ふふっ」

嬉しそうな大沢さんを見ていると、こちらも自然と口元がほころんだ。

人間関係や仕事の愚痴をこぼしていく人が多い中、こうやって好きなキャラについて熱く話してもらえると、幸せをおすそ分けしてもらっているような気分になれる。

ここは疲れた旦那様たちを癒やすためのお店なので、そういった愚痴に寄り添うことももちろん大事にしているけど。

「じゃあ今日は〝しゃんでりあ♡ぱふぇ〟と、〝みらくるおれんじ〟にしようかなぁ。

「ノアたんは何飲みたい？」

「えぇっ、私も頂いていいんですか？」

「当たり前だよぉ、一緒に飲みたくて来たんだから」

指名料だけでプラス千円かかるのに、ドリンクまで入れてくれるなんて大沢さんは本当に優しい。

美少女が好きなはずの大沢さんがどうして地味な私を指名してくれるのか理由はわからないけど、指名してもらえたからには精一杯ご給仕しなくちゃ。

そう、はりきってドリンクをテーブルに運んでいるときに――悲劇は起きた。

ナンバーワンキャストのラムさんと通路ですれ違ったタイミングで、私は何かにつまずいた。

あれ？

私はちゃんと足元を確認しながら歩いていたし、通路には何も落ちてなかったはずだけど……。なんて考えているうちに体はバランスを崩し。

「ひゃ……っ」

――ガチャン！

派手な音を立て、グラスと一緒に転倒してしまう。
うぅ、痛い……。
身を起こした直後、散らばった破片を見て、さあっと血の気が引いた。
「きらり店長ぉ～、ノアちゃんがドリンクとグラスだめにしましたあ～」
ラムさんがカウンターのほうへ声を掛けたことでさらに焦りが募る。
お客様たちも、何が起こったんだと騒ぎ始めている。
まずは雑巾で床を拭いて、それからグラスの破片を集めないと。
それからスタッフさんに謝って、ドリンクを作り直してもらって……。
痛む膝を押さえながら立ち上がろうとしたとき、パキ、と妙な音がした。
「あっごめんノアちゃん、踏んじゃった」
ラムさんにそう言われ、いったいなんのことかと思った矢先に、気づく。
――かけてたはずのメガネが……ない。
っ、てことはもしかして、ラムさんが踏んだのって……。
やっぱりそうだ。
ラムさんがよけた足の下には、真っ二つに折れたメガネがあった。

「もしかして、目見えなくなっちゃった？」

「……いえ、大丈夫です」

顔を隠すために使っていた物だから、もともと度は入ってない。

だけど、問題はそこじゃなくて……。

「あーあ。スタッフさんたちも可哀想。ノアちゃんのせいで作り直しー」

また蘇ってくる。

──『本当に愚図《ぐず》ね。使えない子』

だめだ、今は片付けることに集中しないと……っ。

「ノアたん大丈夫っ？　ケガはっ⁉」

間もなくして、きらりさんとスタッフさんが駆け寄ってきた。

「大丈夫です、血も出てないし。それよりすみません、グラスとドリンク……」

「そんなの全然いいようっ！　……って、きゃあ！　メガネなしのノーマルノアたん超可愛い〜〜っ」

私が落ち込まないように、この場に全く関係ないお世辞で励ましてくれるなんて、きらりさんには本当に頭があがらない。

「じゃあ、今日はラストまでノーメガネのノアたんでご給仕よろしくねっ」

「……はい」

これまでに知り合いがお店に来たことはないし、大丈夫……だよね。

メガネがなく心もとなかったり、さっき転んだ原因がわからずモヤモヤしたり。

そのあとも、なんだかずっと気分が晴れないまま。

「ノアたんが美少女だって僕初めから見抜いてたよ！ また会いにくるねっ！」

挙げ句の果て、大沢さんにまで気を使わせてしまった自分に嫌気が差した。

そして。

——バータイムが始まる午後六時。

大沢さんを扉の外までお見送りしたあと、入れ替わるように誰かが前に立つ気配がして。

「お帰りなさいませ、旦那さ——」

反射的にあいさつが口をついて出た直後、凍りつく。

〝お帰りなさいませ、旦那様〟——そのセリフは、最後まで言い切られることなく喉奥へ溶けていった。

「お前……似てるな、黒菊の女に」

本日二度目の悲劇がまさかこんなタイミングでやってくるなんて。

硬直する体とは裏腹に、鼓動はさらに加速していく。

声も雰囲気もぞっとするほど静かで、身に纏うスーツも決して派手ではないのに、一瞬で意識を奪われた。

時間が止まって、心臓だけが彼に支配されている感覚。

悪魔みたいに美しい人だった。本当に悪魔だと言われたら、たぶんすんなり信じてしまえるくらい。

「人……違いです」

こちらも彼を人違いだと思いたいけど、どう頑張っても見間違えるわけがなかった。

悪党一家のひとり息子であり、希代の異端児と謳《うた》われる――京櫻歴のことを。

裏社会のトップと名高い京櫻家は、多方面で事業を展開し圧倒的な財力をもっている一方で、歯向かってくる人間は容赦なく始末しているという噂もあり世間から恐れられている。

彼を見たのは、四年前の社交パーティーが最後。表に滅多に顔を出さない両親の代わりにひとりで出席し、会場をざわつかせていたのを覚えている。

悪党一家の御曹司《おんぞうし》というだけでも目立つのに、当時まだ二十歳にも満たない若さ、さらに浮世離れした美貌で、良くも悪くも会場内で明らかに浮いていた。

あの頃から変わらない美しさに、今は艶《あで》やかな色気と底知れぬ冷たさが加わり、言葉では表せない魅惑的なオーラが揺らめいている。

どうして……彼がここに？

この店にお気に入りのキャストでもいるのかな、なんて考えた直後、距離を大きく詰められたことでハッと現実に返った。

「お前、名前は？」

「……………」

当然、本名を名乗るわけにはいかない。

かと言って偽名を使ったところでお店に入ればすぐにバレてしまうかも。

「……ノア、です」

嘘は……ついてない。私のここでの名前はノア。

身バレ防止のために本名とは似ていないものにすべきだったんだけど、面接の際きらりさんにとびきりの笑顔で『源氏名はノアたんでいこう！』と提案されて断ることができなかった。

「へーえ」

本名から二文字をとっただけの〝ノア〟という響きにピンときた様子もなさそうで安堵する。

よかった。思えばそこまで心配する必要はなかったのかも。

街一番の権力を持つ京櫻家の息子さんが、社交パーティーで一度会っただけの女の下の名前まで記憶しているはずがない。

「まー黒菊の娘なわけねえな。あの子、今年でまだ十七とかだろ」

「……っ」

ようやく鼓動が穏やかになってきたところで、再び爆弾を落とされた。

……どうして年齢を知ってるの？

社交パーティーで顔を合わせたことがあるとはいえど、私はただお父さんの陰に隠れて会釈をしただけ。

こんなに綺麗な人がいるのかと驚いて本当は話してみたかったのだけど、この街の名家の大半は悪名高い京櫻家と関わりたがらず。

うちも同様に、軽くあいさつを終えるとものすごい勢いで離れた場所へ連れていかれた記憶がある。

「きゃーっ！　歴さんお待ちしておりました、どうぞ中へ！」

私の絶体絶命な状況なんてもちろんつゆ知らず、お店の奥から、突き抜けるように明るいきらりさんの声が飛んできた。

そうだった。彼はお客様なんだ。

「お帰りなさいませ、っ、旦那様」

再びお辞儀をして、今度はきちんとお出迎えの姿勢をとる。

京櫻さんばかりに意識がいって気づかなかったけど、彼の後ろにはもうひとり男性がいた。

目が合うと、小さく会釈される。

にこやかながらも隙のない雰囲気に、〝そっち側〟の世界の人だと肌で感じ取ることができた。

……用心棒の人、かな。

「お忙しい中ご足労いただきありがとうございます、歴さん～」

きらりさんが来てくれたことで、彼の視線はようやく私から離れていった。

「盛況のようで何よりです」

「全部歴さんのご支援のおかげですっ」

「いやいや、きらりさんの頑張りですよ。可愛いキャストさんも新たにつかまえられたみたいで、今後がますます楽しみですね」

〝歴さんのご支援〟……？

ふたりの会話に違和感を覚えたと同時。

「そうなんですっ、二ヶ月前に入ったばかりの期待の新人ノアたん！　どうぞご贔《ひい》屓《き》に！」

「っ、わあっ！」

がしっと肩を掴まれたと思ったら、再び京櫻さんの前に押し出されてパニックになる。

落ち着つかなきゃ。

私は黒菊叶愛じゃない。MAPLE PALACEキャストの……。

「ノアです、よろしくお願いいたします」

深々とお辞儀をし、恐る恐る顔をあげた先で、真っ黒な瞳がすうっと細められる。

きらりさんと話していたときの柔和な笑みとは違う、どこか鋭さを秘めた表情に、たしかな戦慄《せんりつ》を覚えた。

彼の周りだけ異様に温度が低く感じるのは……私だけ？

「歴さん、よかったらお席にご案内しますよ！　キャストも歴さんが来られるのを楽しみにしていましたし……いかがですか？」

きらりさんが声をかけた。

やっぱり……彼は〝お客様〟じゃないみたい。

会話からして、お店に顔を出しに来ただけ、という状況がしっくりくる。

「せっかくですが、これにて失礼いたします。生憎あとにも予定が詰まっておりまして」

答えたのは、京櫻さんの後ろに立つ用心棒らしき人だった。

「わーんそうでしたか～っ。お忙しいにも関わらず顔を出していただきありがとうございます～」

残念そうなきらりさんには申し訳ないけど、よかった……。

――そんな脳内を見透かしたかのようなタイミングで、京櫻さんが口を開く。

「今日この子に付いてもらいたいんだけど、できます？」

……え？

その言葉に、後ろの彼もきらりさんも、言わずもがな私もフリーズした。

いち早く我に返ったのは、きらりさん。

「かしこまりました！　ノアたんが専属で精一杯ご給仕させていただきますっ!!」

さあノアたん！と、背中をバシバシ叩かれる。

「歴君、何言ってるんですかあんた」

「あとの予定なんざテキトーに潰すからいーんだよ」

焦る用心棒さんを一言で黙らせた彼を横目に、なんとか頭を稼働させた。

半《なか》ば放心状態でお席にご案内したあと、「一旦失礼いたします」と告げ、私は逃げるようにカウンターへ走った。

「きらりさん、あの……っ」

「ノアたん〜すごいすごいっ！　歴さんのご指名もらったキャストなんて今までいなかったんだからっ‼」

ぎゅうぎゅう抱きしめてくる腕も、今回ばかりはやんわり解かせてもらう。

「そのことなんですけど、〝歴さん〟って、このお店と、どういう関係の方なんですか……っ？」

聞けば、概《おおむ》ね予想通りの答えが返ってきた。

ＭＡＰＬＥ　ＰＡＬＡＣＥは、京櫻組の傘下にある組織が経営しているお店なのだそう。

京櫻組の次期当主である歴さんがすべての傘下組織を取り仕切っていて、このお店の立ち上げにも携わっていたらしい。

……甘かった。

この街は京櫻組の支配下と言っても過言じゃないんだから、繁華街に系列のお店があるのは当然のこと。

バイトに応募するとき、どうしてオーナー側の情報まで調べなかったんだろう。

過去の自分を責めながら、京櫻さんのいるＶＩＰ席にのろのろと足を運んだ。

「ご注文は何になさいますか？　おすすめは――」

メニューを開こうとした手は、京櫻さんによって阻止される。

「ねえ、スタッフさん。この子にシャンパン入れたいんだけど一番高いのどれ？」

え？　今なんて……。

びっくりしたのもつかの間、スタッフさんが普段より数倍明るい笑顔で彼の足元に跪《ひざまず》いた。

「はい。当店ではエンジェルのホワイトになりますが、ノアちゃんはまだ〝十九歳〟ですのでこちらのノンアルシャンパンなどいかがでしょう」

「へーえ、酒飲めない歳だったんだ」

そう言いながらも、少しも意外だとは思っていなさそう。

むしろ、二十歳以下だとわかったうえで尋ねたようにも見えた。本当の年齢すら見透かされているのかもしれない。

さすがに正体まではバレてない……よね？

というか、京櫻さんだってわたしと歳はあまり変わらないイメージだったけど、何歳なんだろう？

そもそもどうして私を指名したの？

高いドリンクまで入れて、いったい何を考えてるの？

相手は"あの"京櫻家の息子さんなので、頭が不安で埋め尽くされていく。

初めて入れてもらったノンアルシャンパンは、なんの味もしなかった。

「ねえ、名刺ちょうだい」

当たり障りのない会話をしている途中に、突然、脈絡なくそんなことを言われ。

「今、切らしてて……」

と、咄嗟に嘘をついてしまう。

できればもうお店で顔を合わせたくない。ノアという名前も、今日限りで忘れて

ほしかった。

「ふうん、そう」

「はい。申し訳ありませ――ひゃあっ？」

声が出たのは、京櫻さんが制服に手を忍ばせてきたから。

正確には、エプロンとスカートの隙間。

なっ……ええっ？　うちはお触り禁止だから、注意しなくちゃ……。

咄嗟にそう考えはしたものの、京櫻さんの手は、体を触るというよりは、何かを探るように動いていて。

容赦ない手つきに、布の上からでもびくっと腰が浮いてしまう。

「んん……、っ、やぁ」

「しー……」

色っぽくたしなめられて、さらにパニックに陥る。

「敏感なのカワイーけど、仕事中に恥ずかしい声出しちゃだめだろ」

「っ、だっ、て京櫻さんが……。あのっ、やめてください」

ここはＶＩＰルーム。壁で仕切られていて、外からは中が見えないようになっている。

スタッフさんは私が呼ばない限り入ってこないし、用心棒さんは「入り口で待ってろ」と京櫻さんに言われて出ていってしまった。

「俺に嘘つくなんて肝が据わってるな」

ふたりきりの空間に響いたのは、くすりと笑いを含んだ声。

いつの間にか、京櫻さんの手中には私の名刺があった。

制服の内ポケットから抜き取ったんだ。

それを見せつけるように顔の前に近づけられれば背筋が冷えた。

じわり、思わず涙目になる。

「申し訳ございません……」

「謝ったら許されると思ってんの？」

「……それ、は」

焦りのあまり視界がぐるぐると回り始めた。

普通のお客様なら、誠心誠意謝れば許してもらえるだろうけど。

相手は、京櫻の――。

「……嘘、嘘。ちょっと脅してみたくなっただけ。お前がどんな反応するかなーって」

「……え」

「俺のこと〝歴〟って呼んだら許してあげる」

「……え……、え？」

語彙が「え」しかなくなってしまい、我ながらあまりにも間抜けだとは思うけど。

京櫻の息子さんに、そんな恐れ多いことできるわけない。

「俺はいつでもお前をクビにできるんだけど、それでも呼ばない気？」

「……っ！」

私に笑いかける顔とは裏腹に、言葉の端々はナイフみたいに鋭くて。

名前を呼ぶだけで本当に許してもらえるんだろうかとか、冗談なんじゃないかとか。

ごちゃごちゃ考えていたら、その隙に容赦なく、やられる……。

従うべきだと本能的に悟った私の口から「……歴、……さん」と、その名が零れる。

「だめだよ。呼び捨てにしないと」

「む、無理です、頑張っても歴〝くん〟が限界です……っ」

直後、はっとする。恐れ多さに盾突《たてつ》いてしまった。

ど、どうしよう……っ。

今の発言を撤回しようと顔をあげた矢先、

「はは、そう」

どうしてか笑われ、戸惑う。

あれ？　怒らなかった……？

「〝歴くん〟も、まあ悪くないか……」

なにかを呟きながら席を立ち、私の名刺を片手にひらひらさせながら、最後。

彼は、にやりと妖しい笑みを残して言った。

「じゃあね〝ノア〟ちゃん。また会いに来る」

孤独な箱庭

一日がこんなに長く感じたの初めて……。

帰路についた途端、どっと疲れが襲ってくる。

スマホの画面を見ると、午後十時半。

私がまだ高校生なこともあって、いつもだいたい九時頃にはあがらせてもらえるのだけど、今日は京櫻さんが帰ったあとも忙しくてこんな時間になってしまった。

珍しいこともあるもので、いつもはフリーでつくことが多いのに今日はやけにたくさんご指名をいただいた。

きっと、きらりさんが各卓に〝あの京櫻歴が指名した女〟だって宣伝して回っていたからだ。

気持ちはありがたいけど、本当に勘弁してほしい。

きらりさんにオススメされて指名してみたはいいものの、やってきたのは地味なうえに口下手な女だなんて。

みなさんをがっかりさせてしまっただろうな……。

それに、京櫻の名前を出せば強制的に目立ってしまうので困る。

噂を聞きつけた上流階級のおじさま方がお店を覗きに来たりしたら一巻の終わり。

良家の娘がアルバイトをしているなんて世間に知れたら笑い者にされてしまう。

私自身はどう思われてもいいけど、黒菊家の品位に関わることだから常に細心の注意を払わなくちゃいけない。

社会性を身に付けるための勉強としてならともかく、繁華街の、しかも男性に奉仕するお店で働いているなんて言い訳のしようがないもん……。

恥ずかしいものだとは少しも思っていないし、むしろお客様に癒やしを与える素敵なお仕事だと胸を張れるけど、プライドにまみれたこの狭い財閥界隈では端《はな》から理解されないのが現実。

黒菊家のためにも、自分の行動を再度見直さないとなあ……。

歩みを止めて空を仰ぐ。

いつものように星を眺めて心を休めるつもりが、空は黒に支配されていた。

底がない夜闇は、無限に続く孤独に似ている。

いっそこの中に溶けてしまえたらいいのに。

黒菊家のために……なんて、本当は微塵も思ってない。尽くそうとするのは愛されたい気持ちの裏返し。

黒菊の名前なんて、私はいつでも捨てられる。


「──叶愛様」

暗がりから突然声が聞こえ、心臓が縮まった。

見ると、門前に誰かが立っている。俯《うつむ》いて歩いていたせいで全く気づかなかった。

ゆっくり近づいて、見知った顔であることを確認する。本邸の使用人さんだ。

わざわざ私の住む離れの屋敷まで来たってことは……。

ひどく嫌な予感が足元から這い上がってきた。

「お久しぶりでございます。お元気でしたか？」

「…………。どういった、ご用件でしょうか」

離れに追いやられた娘に、〝お元気でしたか？〟……か。

本人はそんなつもりはないのかもしれないけど、皮肉と受け取ったはずみでつい冷たく言い放ってしまう。

「旦那様より大事なお話があるとのことで、叶愛様に本邸までお越しいただきたく、お迎えに参りました」

「え……？　今から……、ですか？」

「はい。よろしいですか？」

さすがに予想外の回答だった。

ずいぶんと急な話。一体何があったんだろう。

「少しだけ待っていてもらえますか？　……寒いので上着を羽織りたくて」

「かしこまりました。車は門前に付けておきますので」

軽く会釈をして屋敷の中へ急ぐ。上着を羽織りたいというのは口実。

部屋でまろんがお腹を空かせて待っているから、早くご飯を与えないと。

まろんは、私が離れで生活するようになってから間もない日に出会った、茶トラの捨て猫。

動物が大好きな私とは反対に父は大の動物嫌い、加えて義母は猫アレルギーなので、本邸にいた頃は飼うなんて絶対に許されなかった。

ふわふわの茶毛に白の困り眉が可愛いまろんと一緒に眠る時間がとても幸せで、私がひとりでもなんとかやっていけているのはまろんのおかげに他ならない。

家族と離れたおかげでまろんと一緒に過ごすことができていると考えれば、むしろ離れに追いやられてよかったと思える。

「まろん、遅くなってごめんね……っ」

部屋の扉を開けると「ナァ～」と甘えたように鳴きながら足元にすり寄ってきてくれる。

「へへっ、お出迎えありがとう～。すぐご飯用意するね」

猫用のドライフード――〝カリカリ〟を入れた器を差し出して、まろんが食べるのを少しの間だけ見守る。

「いつもカリカリでごめんね、もっと美味しいもの食べさせてあげられるように頑張るから」

最後に額を撫でて身を翻《ひるがえ》した。パーカーを脱いで、代わりに薄手のコートを羽織る。

まろんに小さく手を振ってから自室をあとにした。

久しぶりの本邸は、やけに酸素が薄いように感じる。

「待ちくたびれたよ」

張り詰めた空気の中、不機嫌を顕《あらわ》にした相手に頭を下げた。

「すみません、お父さん」

すると、すかさずその隣から鋭い睨みが飛んできてハッとする。

「相変わらず言葉がなっていないのね、あなた」

「っ、申し訳ございません。お父様、お義母様」

長いあいだ本邸を離れていたせいで気が緩んでいた。

そうだった。私が父を〝お父さん〟と呼んでいたのは、もう何年も前の話だった。

「それで、お話とは一体何でしょう……？」

息をするのも憚《はばか》られるほどの空気に耐えきれず、自ら尋ねてしまう。

「とりあえず座りなさい」

「……はい」

ふたりの厳しい視線に包まれながらだと、座るという単純な動作さえ緊張した。

「単刀直入に言うが、結婚が決まった。相手は蘭野《らんの》の息子だ」

――それはあまりにも唐突で。

自分の身に関わる話だと認識するまでにも、かなりの時間を要した。

……〝けっこん〟。〝らんの、の、むすこ〟。

頭の中で反芻《はんすう》してみても、イメージとして全く浮かび上がってこない。

「……今、なんと」

そういえば、私の幼なじみのご令息に、蘭野雅也《まさや》くんという男の子がいたけれど。

――ううん、まさか。

「お前は結婚するんだ。結納は来週の土曜。詳細は使用人を通じて知らせるから離れに戻って待っていなさい」

話は以上だ、と。

それだけ告げて、父も義母も席を立ち、そそくさと部屋を出ていこうとする。

……いったい、なんの、冗談？

「……待、ってください、お父様っ」

鬱陶《うっとう》しそうに目を細められても、今は怯んでいられない。

「急に結婚だなんて言われても受け止めきれません。私はまだ十七で……」

「籍を入れるのは半年後のお前の誕生日だ」

「え……」

「結納は式の半年前に執《と》り行うのが常識だろう。お前はそんなことも知らないのか」

そういう話の……問題じゃない、のに。

頭がくらくらして、目の前の景色が渦巻いた。

「そんな……あんまりです」

私の悲痛な訴えに振り向いたのは、父ではなく義母だった。

「何が〝あんまり〟なの？　この家を出ていくのは、あなたがずっと望んでいたことでしょう？」

「…………」

言葉を失う。

同時に、頭の中がすうっと冷静になった。

そう……かもしれない。

この家で存在を疎まれ続けた挙句、顔を見たくないからと離れに追いやられ。

世間体を繕うために上流階級ばかりが通う学校へ入学させられたものの、学費と生活費は自分でどうにかしろと切り捨てられ。

黒菊の品位を落とさないよう学力を保ちつつ高い学費を払えるだけのお金を貯めるために、睡眠を削って、食事を削って。

それだけの仕打ちを受けておいて、まだこの家に残りたいなんて思うはずがない。

だったら、婚約の話なんて喜んで呑んでしまえばいいのに。

──私は、何に対して〝嫌だ〟と感じてるの？

考えてみてもわからなかった。

それらしい異議を表す言葉すら思いつかないまま、ひとり残された部屋で項垂《うなだ》れる。

そんなときだった。

コンコンコン、と、ノック音が三回響いたのは。

父と義母が戻ってきたのかと思い、背筋にピンと力が入る。

はい、と小さく返事をすれば扉が開いた。

「叶愛お姉ちゃん、久しぶり……」

思いがけず目を見張る。

顔を覗かせたのは瑠衣《るい》――父と義母の息子であり、私と半分だけ血が繋がった弟。

「瑠衣だめ、自分の部屋に戻って。私と話したことがバレたら怒られちゃう」

「大丈夫。あの人たち、オレはもう寝たって思い込んでる」

「でも……」

不安を拭えないでいると、瑠衣は距離を詰めてきて。

「ごめんね。結婚の話、オレのせい」

憂いた表情でそんなことを言い始めた。

「ウチの事業がここ数年ずっと下火なのは、叶愛お姉ちゃんも知ってるよね」

「……うん」

ウチに限ったことじゃなく、かつて栄華を極めていた周りの名家も、ここ数年は衰退傾向にあるところが多い。

有益な権力者と経済的同盟を結んだり、派閥の傘下に入るなどして危機を脱していると聞く。

「この頃特に傾き具合がひどいみたいで、早々に手を打たないとって、父さんたち焦ってて……。だから、蘭野家と手を組んで支援を貰いながら事業を立て直すって言い始めたんだ」

ついに涙声になった瑠衣の背中を慌ててさすった。

「そうだったんだね、教えてくれてありがとう。泣かなくていいんだよ、瑠衣は何も悪くないでしょ？」

「ううん。オレがまだ十二歳で……次期当主としてなんの力もないせいで叶愛お姉ちゃんの政略結婚を図るしかなくなったんだよ」

はっと胸をつかれる。

まだ小学生と幼いのに、家のことでこんなに思い悩んでいたなんて。

「瑠衣のせいじゃないよ、政略結婚なんてこの界隈じゃ当たり前なの。黒菊家のための結婚なら、私はちっとも苦じゃないから……ね？」

「……」

それでも表情が晴れない瑠衣を見て、咄嗟に頭を働かせる。

泣いてしまうほど自分を責めていたんだ。

中途半端な慰めでは私が離れに戻ったあともきっとひとりで抱え込んでしまう。

何かもうひとこと、安心させられるような言葉があれば……。

……そうだ。

「それにね瑠衣。みんなには内緒だけど、実は私ずっと前から蘭野くんのこと好きだったんだ」

「……え？　そう、なの？」

「うん。その蘭野くんと一緒になれるんだから幸せ。むしろ感謝したいくらい」

「そっかあ……。なら、よかっ、た」

やっと心の底から安堵したように笑ってくれた。

瑠衣は、私が罵倒《ばとう》を浴びせられたり暴力を振るわれたりしたあと、いつもこっそり駆け寄ってきて「大丈夫？」と声をかけてくれた。

そんな優しい弟のためなら、自分の気持ちに嘘をつくことくらい容易《たやす》い。

幸い、蘭野くんは同級生の幼なじみなのでお互い面識もあるし、クラスは違うけど学校も同じ。

廊下ですれ違ったらあいさつを交わすし、時々話したりもする。

見ず知らずの男性と結婚させられることも珍しくない中で、相手が蘭野くんだったのは運がいいほうだと思う。

私なんかが相手で、蘭野くんには申し訳ない、けど……。

結納は来週の土曜日。今日の日付から逆算すると、あと八日。

私は抗う心を捨て、その日を静かに待つことにした。

枯れていく花

「――おい、ノア」

週明けの月曜日。

いつものようにバイト先に向かっていると、繁華街に入る直前にどこからか呼び止められた。

〝ノア〟――？

店外で源氏名を呼ばれたことに、一拍遅れて焦りがやってくる。

いったい誰……。

「ノア」

再び、今度は強めに呼ばれる。

足は地面に貼り付いたまま、視線だけをなんとかそちらに向けると、黒塗りの車があった。

後部座席の半分開いた窓から、小さく手招きをされる。

――京櫻さんだった。

条件反射のごとく一歩身を引いた。

……大丈夫。

制服はパーカーで全て隠れているし、駅ビルで新調したメガネもかけている。

黒菊の娘だと疑われる要素はない。

一向に動かない私に痺れをきらしたのか、京櫻さんが車から降りてこようとしたので、慌てて駆け寄った。

「ど、どうも……先日はご指名ありがとうございました」

「今から店に行くんだろ。乗れよ」

「へ？」

乗れ？　もしかして、送るから車に乗れってこと？

「っ、そんな、大丈夫です……っ」

恐れ多いのはもちろん、黒菊家を知っている人物との接触は極力避けたい。

「いーから。ちょうど通り道」

「で、も」

再度足を引きかけた……のを。

「乗れ」

短いひとことに制される。命令することに慣れきった冷静で容赦のない声だった。

だけど不思議と、偉そうだとか横暴だとか嫌な感覚は全く与えてこない。

操られるように従って、気づけば車内。隣には京櫻さんがいた。

嘘……なにやってるの私。

「あ……ありがとうございます、京櫻さん」

涼しげな目がこちらを向く。

「〝歴くん〟、じゃねえの？」

「っ、や、あれは、」

「呼んでみ。ほら、せーの」

「無、理です」

「〝頑張っても歴くんが限界〟なら、もっと頑張ったら呼べるってことでしょ、ノアちゃん」

顔を近づけられればドクン！と心臓が跳ねた。

暴力的に綺麗な造形だ、なんて一瞬余計なことを考える。

「次〝京櫻さん〟って呼んだら、お前のことクビにするよ」

「っ、ぅ……」

軽い口調かつこの前と同じ安直な脅しでも十分に背筋が凍るくらい、彼の声や瞳は決まってどこか鋭い。

「いいのかそれで」

「……だめ、です……、……歴くん」

相手を意のままに従わせる魔法でも使ってるのかもしれない。

何が面白いのかくすっと笑われ、首から上が熱を持つ。

完全にからかわれてる……。

もうやだ、この車に乗るんじゃなかった。

お店に着くまでもう話しかけられないように、窓の外を向いてじっと耐えた。

歩いて向かうよりも長く感じるという、地獄のような時間だった。

急いで降りようとドアハンドルに手をかけるも、運転席でしか開閉操作ができないのか、びくとも動かず。

大人しく開けてくれるのを待っていたけど、一向にその気配がない。

「あのすみません、ドアを――」

「細いな」

「へ?」

勇気を出して声を掛けたことに対し、なんの関係もない単語が返ってきてキョトンとする。

「お前ちゃんと食ってる?」

おもむろに伸びてきた指先が、首筋の輪郭をつーっと撫でる。

「ひぁ……」

「触ったらすぐ壊れそう」

そのまま、滑るように胸のあたりまで下りてくるからびくっとした。

「細っそいし胸も小さいし」

「……っ、ん」

「けど相変わらず体は敏感なんだな」

耳元で囁《ささや》かれ、ぞく、と甘い刺激が駆け抜けた。

うそ、運転手さんもいるのに……こんな……っ。

これ以上、声が漏れてしまわないように唇を噛む。

目の前の相手が何を考えているのかまったく読めない。

「毎晩お前を可愛がってる男でもいいんの？」

さらに、よくわからないタイミングで声のトーンを落としてくる。

殺意に似た冷たさがあった。けれど不思議と恐怖はなかった。

それに、服の上から肌をなぞられても、なぜか、いやらしいことをされているとは感じない。

強くも弱くもない一定の力で、ただ淡々と確かめるように触れてくるだけ。それなのに体が反応してしまって恥ずかしい。

彼の瞳は野生的だけどその中に情欲は一切見えず、私という人間を真剣に探っているように思え。

——暴かれる。

はっとして身を引いた。

……危ない。これ以上この人の近くにいたら。

「歴君、もうそろそろ時間やばいです」

どうやって逃れようかと頭を働かせたとき、運転席からの声に助けられた。

京櫻さん――改め、歴くんは、しぶしぶといった様子で手を退けてくれる。

ドアロックが解除されたのがわかり、ホッと気が緩んだ、その矢先に。

「ノア」

「っん……」

呼吸を封じられる。

何が起こったかわからなかった。

「………、………え？」

間抜けな声を上げたときには、歴くんの目はもうスマホに向いていて。

そのまま誰かに電話を掛け始めた。

えっと、今、たしかに唇が触れ――。

あれ……？

「うちの歴君がすいません。自由奔放で野生の獣みたいな男なんですよ」

運転席から声がかかる。

先週、歴くんと一緒にお店に来ていた用心棒さんだ。

「おれも歴君に振り回されて毎日ヘトヘトで」

「え、……はあ……」

「十年以上この人に仕えてるんですけど、未《いま》だに何考えてんだかわかんないんですよね～」

「そう、なんですか」

歴くんと同い年くらいに見える彼の話は、右から左へ抜けていく。

ものすごい時差を置いて、唇がようやく熱をもった。

さっきの、は、キス……だった。

「っ、送っていただきありがとうございました！　失礼します……っ！」

逃げるようにして車を降り、お店の裏口まで振り返らずに走った。

キス……キス、って……え？　なんで。なんでなんでなんでっ？

こんなに動揺したのは人生で初めてかもしれない。

先日、お店に歴くんが現れたときも、蘭野くんとの婚約を言い渡されたときもかなり驚いたけど、それを遥かに超えてきた。

これまでの人生、驚くといったら血の気が引くようなことばかりだったせいか、血液が滾《たぎ》るほどの高揚感に私は耐性がないみたい。

扉を開けたつもりがうまく取っ手を掴めていなかったようで、指先がスッと空を切り。

その反動で、勢いよく額をぶつけてしまう。

漫画のような気の動転っぷりに赤面しながら、再度ゆっくり試みる。

無事お店の中に入ったはいいものの、今度は足元からすとんと力が抜けた。

いやいや。

十七にもなって、異性からキスされたくらいで腰を抜かすなんて普通はおかしいよね……いくら初めてだったからとはいえ……。

――異性に好かれるどころか家族からも嫌われている自分の身にこんなことが起こるなんて、誰が想像できただろう。

もちろん、さっきのキスが愛ゆえじゃないことはわかってる。

雑でもなく丁寧でもない口づけからはなんの感情も伝わってこなかった。

それでも、今思い出してどきどきしているのは、触れた体温が思いの外あったかかったから。

私に暴力以外で無遠慮に触れてきた人は、彼が初めてだった。

相手は好きでもない、ましてや極悪と評される京櫻家の息子なのにヘンだと思う。

本当にヘンだとは思うけど……。

自身を暴かれることを恐れる裏で、どこか嬉しくもあったんだ。

「きゃーっ、ノアたんどうしたのそんなとこに座り込んで！　大丈夫っ？」

通路のカーテンが突如開き、きらりさんが顔を覗かせる。

「お、おはようございます……っ。大丈夫です、すみません。すぐ着替えて準備しますので」

慌てて立ち上がって頭を下げた。

「待ってノアたん。その前にノアたんに渡すものがあるんだ」

「え、私にですか？」

「うん！　先週渡すべきだったんだけど、ノアたんが退勤するとき店内バタバタで手が回らなくて今日になっちゃった、ごめんね！」

そう言いながら、きらりさんはポケットから何かを取り出した。

「他のキャストさんに見られるといけないものだから、ここでこっそり渡すね？」

差し出された封筒をとりあえず受け取るものの、これって……。

「なんか、お札が大量に入っているような気がするのは気のせいでしょうか……」

「そう！　歴さんがノアたんにって、チップをくださったの～っ」

チップ……？

チップって、海外とかで商品の値段とはまた別にサービス料として払うお金のこと、だよね。それを歴くんが、私に……？

「わ、私、チップを頂けるほどの働きは何もしていません」

「謙遜しないのっ。素敵な接客をしてくれたからって、帰り際すごく嬉しそうに話していらしたんだよっ！」

そんなはずない。

私は名刺を切らしていると嘘をついて、歴くんの気分を害してしまったのに。

「歴さん、ノアたんのことすっごく気に入ったみたい！　コンカフェには珍しいタイプの女の子だから、何か事情でもあるのかって気にしてらっしゃったし……」

「っ！」

ひやっとした。

「学費と生活費のために学業と両立して頑張ってるみたいですよって話したら、これを頂いたんだ」

「……そう、ですか」

「あ、もちろんノアたんのことは大学生って紹介してるから心配しないでね！」

――そういうことだったんだ……。

急に気持ちが冷えていく。

私が貧乏学生だって知ったから、こんなお金を……。

何もかも腑に落ちた。

車で送ってくれたのも、キスも、全部。

同情だったんだ……。

〝キスが嬉しかった〟……なんて、一瞬でも感じて馬鹿みたい。

封筒の厚さの感じ、五十万……いや、それ以上の額は入ってそう。

受け取りたくない。

苦しい生活を続けるより、今までの努力を同情のお金で帳消しにされるほうが、私にとってはよっぽど惨めだから。

「きらりさん、このお金、お店の売り上げにしてください」

「うーん。気持ちはありがたいんだけど、ウチはチップ制導入してないからさ〜、処理が難しいんだよね」

「……あはは、そう、ですよね」

受け取りを拒否したいけど、きらりさんを困らせるわけにもいかない。

……そうだ。

「京櫻さんの連絡先を、よかったら教えていただけませんか？　その……お礼を言いたくて」

「もちろんもちろん！　歴さんSNSとかやってないみたいだから電話番号送るね！」

よかった。難なくオッケーしてもらえて。

お礼を言うため、というのはもちろん口実。こうなったら、もう直接お金を返しにいく方法しか思いつかない。

歴くんにもう一度会わなきゃいけないのは憂鬱だけど、幸い、黒菊の娘だとはバレてないみたいだし、大丈夫だよね。

送られてきた電話番号を見つめ、拳をぎゅっと握りしめた。

「ごめんねノアたん、今日も上がるの遅くなっちゃったね」

「いえ、とんでもないです」

今日も忙しかったおかげで、時間の経過が早く感じた。

キャストさんたちに「お先に失礼します」と声を掛けてからホールを抜けて休憩室へ。

コンカフェの制服を脱ぎ、パーカーを羽織る。

真っ先に考えるのはまろんのこと。

今日も夜の九時を過ぎちゃったし、早足で帰らなくちゃ。

歴くんに電話をかけるのは……、今日はもう遅い時間だし失礼になるよね。

明日にしよう。

鞄に入れていた封筒を眺めて、きゅっと唇を噛む。

改めて中を覗くと、ぱっと見てもやっぱり五十万円以上はある。こんな高額なチップがいったいどこにあるというのか。

これだけお金があれば、学期末に納めなければいけない学費の心配から解き放たれる。

まろんにチュールもマグロ缶も、あったかい専用ベッドも、キャットタワーだって買ってあげられる。

受け取りたくないだけで、欲しくない……わけじゃない。

純粋に自分の頑張りが認められたことで得られたお金だったら、どれだけ嬉しいだろう。

晴れない気持ちのままお店をあとにすると、直後。

「ノアたんっ、お疲れさまあ～」

看板の陰からぬっと誰かが現れて、びくっと肩が跳ねる。

見ると大沢さんだった。今日もお店に来てくれていて、二時間ほど前に帰られたはずだけど……。

「どうされたんですか？　あ、もしかして忘れ物でしょうか」

「ううん、ノアたんを待ってたんだよ～」

「私を……？」

「そうっ、外が真っ暗であぶないから送ってあげようと思って」

「へ……？　えっと……」

お客様にそんなことを言われるとはまさか思うわけもなく、鈍い反応になってしまう。

「最近、この辺りでひとりで夜道を帰る女性を狙った痴漢が多発してるって聞いて心配になっちゃったんだ」

「ええ、そうなんですか？　でも大丈夫ですよ。ひとりで帰れますので」

MAPLE PALACEのマニュアルで、お客様との連絡先の交換や店外での食事やお出かけはNGだった。

家まで送ると言われたときの対応はマニュアルにはなかったけど、普通に考えて断るべき。

「遠慮しないで！　ノアたんがもし危ない目に遭ったら僕はもう生きていけないよ」

「気持ちはありがたいのですが、お店の決まりでもそういったことは禁止となっておりまして」

「えっ？　僕はべつにノアたんを持ち帰ろうとかホテルに連れ込もうとかしてるわけじゃないよ？」

「も、もちろんそれはわかっております……っ。ただ、」

「じゃあ問題ないよね？　ほら帰ろう！」

手を取られた。

傷つけずに優しさを拒むには、どうしたらいいんだろう。

考えているうちに手を離すタイミングを失ってしまう。

ああ、早くお断りしないと取り返しがつかないことになる。

まさか本当に黒菊の離れまで送ってもらうわけにはいかないし。

焦りが募る中、ようやく思いついた苦肉の策は、繁華街を出たすぐの場所にある住宅街を利用する手だった。

「わざわざ送ってもらっておいて……なんですけど、私の家本当にすぐそこなんです。歩いて三分もかからないくらいで」

「そうなんだ！　バイト先が近いと便利だよね～」

嘘をついていることに心が痛みながらも、なんとか彼をそちらに誘導する。

明かりがついていない家を選んで門前で足を止めた。

「どうも、送ってくださりありがとうございました」

「わあ～ほんとにすぐ着いちゃったね」

「はい。送ってもらう必要がない距離なので、今後はもう大丈夫ですよ」

大沢さんはあいまいに頷きながら家全体を眺めると、またすぐこちらに向き直った。

「じゃあ僕も帰るね。ノアたん、今日もお疲れ様」

「はい、失礼します。大沢さんもお気をつけて帰ってくださいね」

大沢さんの姿が住宅街の角に消えたあとも、念の為しばらくその家の前に留まることにする。

名家の娘であることを隠してアルバイトをして、お客様には年齢も誤魔化して、弟を心配させないために、蘭野くんのことが好きだと嘘までついて。

私、自分を偽ってばかりだなあ……。

見上げた夜空は今日も真っ暗で、急に虚しさがこみ上げる。鼻の奥がツンとした。

思えば、学校での私も偽りだらけだな……。

翌日、登校しながらそんなことを考えた。

お金持ちのご令嬢、ご令息しかいないこの学校で、彼らの〝普通〟に合わせるのはとても大変だ。

長期休暇のあとは、家族とどこへ旅行したか、誕生日には何を買ってもらったか、そんな話が頭上を飛び交う。

「黒菊さんは？」と聞かれて、何もないことを正直に答えれば「黒菊家は落ちぶれている」とすぐに噂が回ってしまうので、無理してでも周りと同等の答えを用意しなければいけない。

みんなが学食で高いランチを食べる中、毎日お弁当を持参している理由を聞かれたときは、花嫁修業だとか言って納得してもらったけれど、現実とはかけ離れすぎた嘘を重ねれば重ねるだけ、心の穴は大きくなっていく。

私が本当の私でいられるのは、離れでまろんと一緒に過ごしているときだけかもしれないな……。

そう、ぼんやりと考えていたお昼休み。

「叶愛ちゃん」

渡り廊下で誰かに呼ばれた気がして振り向けば、蘭野くんだった。

すぐに婚約の話が頭をよぎって、少し上ずった声が出る。

「お久しぶりです、蘭野くん」

「ふふ、相変わらず叶愛ちゃんって礼儀正しいね」

「いえ、そんな……」

堅苦しいじゃなく礼儀正しいとわざわざ言い換えてくれるあたり、蘭野くんは本当に気遣いが上手だ。

「ここじゃなんだし、空き教室にいいかな」

「そうですね。わかりました」

場所を変えるってことは、もしかしなくてもあの話だよね。

少し緊張しながら、誘導されるまま廊下を歩く。

「その……聞いてるよね、婚約の話」

「は、はい。本当に、私なんかで申し訳ありません。ふつつか者ですがどうぞよろしくお願いいたします」

「あはは、そんなに畏まらないでよ。話を聞いたときは驚いたけど、僕は相手が叶愛ちゃんでよかったと心から思ってるよ」

「恐縮です。私も、幼なじみの蘭野くんが相手でよかったです……」

この人と結婚するなんて、正直まだ全然実感がわかない。

蘭野くんは、同級生なのに昔からお兄さんのように面倒見がよくて、私のこともよく気にかけてくれていて。

当然人望は厚く、この前の次期生徒会役員選挙では、見事に会長に選ばれていた。

家柄も申し分ないどころか、私にはもったいないくらいの人。

この学校の女の子の大半が彼との結婚を夢見ていると考えてもおかしくはない。

幼なじみの私に「蘭野くんを紹介してほしい」と頼んできた子も今までたくさんいたし……。

そんな彼と一緒になれるなんて贅沢なことだと思う。

彼の家に嫁いだらもうお金の心配はいらない。暴力や暴言に怯えなくてもいい。

なのにどうして……嬉しいと感じられないんだろう。

結婚するっていう実感がまだないから？

「政略結婚にはなっちゃうけど、一生かけて幸せにするから覚悟しておいて」

「……ありがとうございます」

「叶愛ちゃんはもちろん幼なじみだけど、僕にとってはそれ以上に昔から大事な女の子だからね」

私が引け目を感じていると気づいたのか、大げさにそんなことまで言ってくれる蘭野くん。

「じゃあまた、土曜日にね」

「はい」

今はどうしても申し訳ない気持ちが先にきてしまうけど。

彼みたいに優しい人となら、いつか私も彼にふさわしい相手だと自負できるようになって、本当の幸せを掴めるかもしれない。

結婚に、ちゃんと前向きになろう。

蘭野くんを見送ったあと、そう心に決めたタイミングで、なぜか歴くんの顔が脳裏をよぎった。

あ……そうだ、お金を返さないと。

ポケットにしまっていたスマホを取り出して、連絡先を探し出す。

人に電話を掛けるなんて久しぶり。わずかに震える指先で、発信ボタンをタップする。

――プルルルル……と、数回呼び出しても反応はない。

留守電になるでもなく、無機質な音が延々と続く。

忙しいのか、お休み中なのか。

知らない番号だから出ないっていう可能性もあり得る。

その場合困った。どうしよう。

十コールを超え、さすがに迷惑かもしれないと、一度電話を切った。

――矢先のこと。

ヴーッ、とスマホが振動して、思わず廊下に落としてしまいそうになる。

発信元は、私が掛けた番号。

ドッと心臓が暴れる。

京櫻家の息子さんに折り返させてしまった……っ。

すぐさま応答ボタンをタップしたと同時、こちらが何か言う間もなく『誰？』と露骨に不機嫌な声が聞こえた。

「わ、私、く──、」

危ない。黒菊です、と言いかけた。

「突然すみません、ノアです。……MAPLE PALACEの」

『……あー、いま名刺切らしてますって俺に嘘ついたノアちゃん』

「そ、その節はどうも申し訳ございませんでした」

『うん。それで、どうした？』

電話をしつこく鳴らして怒っているかもと思ったのに、歴くんの口調は心なしか柔らかくなった。

「先日はチップをいただきありがとうございました。でも、あのお金……」

『………』

「お返ししたいんです。私の労働に見合ってない額だったので」

気づけば手に汗をかいていた。

『労働に見合ってる見合ってないは俺が判断することだし、お前に意見される筋合いはない』

「っ、……もちろんあのお金があれば学費も生活費も本当に助かります。でも、だめなんです……、自分が自分の頑張りに納得いかないから」

とんでもないわがままを言っているのはわかってる。

せっかくご厚意でいただいたお金と優しさを無下にして。不敬極まりない。

「お手間はかけさせません。場所を教えていただければそちらに伺います」

『はあ……面倒くせえなあ』

スマホ越しに、煙草の煙を吐き出すような長いため息が聞こえた。

直後。

『じゃあ俺に抱かれに来い』

「……は、……え？」

固まる。

〝抱かれに来い〟。

……この会話の流れで冗談を？

ううん、ずいぶん投げやりに放たれたセリフではあったけど、冗談を言っているようには聞こえなかった。

『金額に対して働きが足りねえって思う分を体で返せってハナシだよ』

「…………」

話は……理解できる。

私はお金を返したくて、歴くんは受け取りたくない。だから、お互いの意志をフラットに解消するには、とても理にかなった提案……。

「じゃあ、それでいいです……」

『…………。念のため聞くけど。お前、男に抱かれるって意味わかってる？』

「は、はい……一応、は」

『俺がああしろこうしろって言うこと全部聞けよ』

「はい」

『酷くされても文句は言うなよ』

「はい」

『死ねって言ったら死ねよ』

「……はい」

『……お前、感情死んでるな。大丈夫か』

本当は大事にしたかったけど。歴くんの提案を断ったとしても……どうせ、ゆくゆくは好きでもない人にあげる体だから。

それに、今までずっと消えたいと思っていたから、自分の身はどうなってもいい。

そう思って、最後にもう一度「はい」と返事をした。

拾われた少女

返事をした……は、いいものの。

緊張のせいか、今週の土曜には結納が行われることがすっかり頭から抜け落ちていた。

土曜に、私は蘭野くんと正式に婚約するわけで。

そうするとつまり、そのあとに他の人と関係を持つことは普通に考えれば許されない。

早まった、かな……。

だけど、蘭野くんと私が想い合っている上での婚約ならまだしも、お互いに恋愛感情もないんだから、正式に結婚するまではお互い自由の身でも咎められることはないかもしれない。

知り合いのお姉さんが、婚前に最後の思い出として好きな男性に抱いてもらった、という話も聞いたことがある。

政略結婚というのは、みんな、それくらいあっさり割り切っているイメージ。

都合のいい偏見と言われればそれまでだけど。

土曜を迎えるまでの間、常にそんなことばかり考えていたように思う。

答えのない題についてひとりで論争しているような気分だった。

それに費やした時間がまるっきり無駄になるなんてもちろん、そのときは思いもせず……。

「蘭野さん、今……なんとおっしゃったのかな」

向かいに座る男性に、父が戸惑いの声をあげている。

私は妙に冷静にその会話を聞いていた。

「ですから、婚約の話はなかったことでお願いしたい、と」

「……ま、待ってくれ蘭野さん。いったいどういうつもりで――」

「つい先日、また別の家から縁談の申し出を受けましてねぇ。それがまあ良いところのお嬢さんで。叶愛さんよりも、そちらの方との結婚のほうが雅也のためになると思った次第です」

父の顔からゆっくりと色が失せていく。

私の体からもゆっくり、ゆっくり熱が引いていく。

「非常に申し訳なく思っていますが、息子の未来のためなんですよ。わかってくれますか」

土曜日。午前九時五十分。

会場に蘭野くんが現れることはなく、代わりにやってきた彼の父の言葉によって私の婚約は——破談となった。

「この出来損ないめ！」

高く上がった手が、容赦なく振り下ろされる。

抵抗虚しく、体は衝撃とともに床に倒れた。

脳震盪《のうしんとう》を起こしたのか、視界がぐらぐら揺れる。しばらく立ち上がることができなかった。

「婚約を破棄されるなんて、黒菊の恥もいいところだわ。本当に、どうしてこんな子が生まれてきたのかしら」

本邸に帰ってきてから、ずっとこの調子。

「あなたに贅沢品を持つ資格なんてないわ」

「あ……」

スマホが奪われた。

バイト代で買ったスマホ。月々の分割払いで契約して、まだ払い終わってもいないのに……動きの鈍くなった頭でそんなことを考える。

義母はしばらくして部屋を出ていったけれど、父の怒りは収まることなく暴力と化して私を襲い続ける。

「……だったらよかったんだ……」

首に手をかけられた。

「〝死んだ〟のがお前だったらよかったんだ！」

――感じるはずの痛みが、ない。

幸い顔など、目に見える部分の傷はあまりなかった。

首を絞められたのはほんの一瞬。

父はそのあとすぐにハッとしたような顔をして部屋を出ていったので、痕は残っていない。

学校で先生に怪我が見つかって問題になったらまずいと思ったんだろう。

怒り心頭でも、その辺の抜かりがないのはさすがだ。

……大丈夫。

婚約が破棄されただけで、私自身はふりだしに戻ったにすぎない。

元から家に居場所なんてなかった。

学校ではクラスメイトと普通に会話をするし。

MAPLE PALACEにはきらりさんという優しい店長がいて、少ないけど私に会いに来てくれるお客様もいる。

今までと何も変わらないはずなのに……どうしてか、心が鉛みたいに重い。

──死んだのがお前だったらよかったんだ！

父のセリフが何度も頭をよぎる。

眠っていても夢の中で同じ光景が繰り返されて、そのたびに目が覚める。そうでなくても、見るのは決まって悪夢ばかり。

だんだんと食欲もなくなっていって、ここ三日くらいほとんど何も口に入れていない。食べなくてもお腹がすいたと感じなくなった。

さすがにまったく食べないと死んでしまうので無理やり口に入れてはみるものの、味がしない。

スマホを奪われたおかげで歴くんにも連絡ができなくなった。

あのタイミングで急に連絡を途絶えさせるなんて。

大口を叩くだけ叩いておいて、いざとなったら逃げ腰だと、さぞ呆れられただろうな。

怒っているかもしれない。

もしくは、私なんかとの約束なんて、とっくに忘れてしまっているかも。

歴くんがお店に顔を出すのを、あとはひたすら待つしかないのかな……。

「黒菊さん、顔色悪いよ。保健室行ったほうがいいんじゃない？」

クラスメイトにそう声を掛けられたのは、あの土曜日から一週間と少し経った日のことだった。

あれから、学校で蘭野くんとすれ違うたびに何か言いたげな顔を向けられて、だけど話す勇気がなくて避けていた。

蘭野くんのことをなるべく考えないようにしようと、休み時間に予習のために教科書を開いたはいいものの、頭が回らず、ぼうっと一点を見つめてしまっていたらしい。

たしかに体調は優れないけど、二週間後に定期テストを控えている。父と義母をこれ以上失望させるわけにはいかない。

「ううん、大丈夫。心配してくれてありがとう」

そう返事をして再び机に向かった。

その日は珍しくバイトが二連休日だったので、いつもより早めに布団に入ったけれど、やはりよく寝つけないまま朝を迎えた。

朝が来るたびに、今日こそは大丈夫だと言い聞かせていても、不運な出来事は連鎖する。

翌日、出勤すると、きらりさんの異動が決まったことを聞かされた。

新店舗のオープンに伴い、優秀なきらりさんが見事引き抜かれたという話で、最後に挨拶をと思ったのに、簡単なお別れ会が、よりによって私がいない昨日に開催されていたらしい。

ずいぶん急なことだったので他のスタッフさんたちもびっくりだったんだとか。

すごくショックでしばらく言葉が出なかった。

スマホがないから、今までのお礼すら伝えられない。

そして、このお店の新しい店長は、ナンバーワンのラムさんになっていた。

「ノアちゃん、三番卓ご指名です！」

「は、はい……っ」

スタッフさんに声を掛けられ、テーブルに急ぐ。

見ると、前に一度ヘルプで席につかせてもらったことがあるお客様だった。

「お帰りなさいませ、旦那様」

「は〜〜仕事で疲れたあとはノアたんの顔を拝むに限るよ」

初回はたしか、ラムさんをご指名されてたはずだけど……。

蓼《たで》食う虫も好き好きとはよく言うもので、ときどき指名が来るたびにびっくりする。どうして私なんだろうと疑問に思いながら接客に勤しんでいる途中、キッチンへドリンクを取りに行くと、スタッフさんから小さく声をかけられた。

「ノアちゃん、八卓に大沢さんが来られてるんだけど、今入れそう？　無理なら空いてる子についてもらうけど」

接客に集中していたせいで全然気づかなかった。三番卓のお客様には、少し席を外すと伝えてあるし……。

「大丈夫です」

「よかったあ。じゃあよろしくね！　でも、大沢さんにつくのは一瞬でも大丈夫だから」

「一瞬、ですか？」

「うん。ノアちゃんには三番卓の接客を頑張ってほしいんだよね。あの方、ラムちゃん指名だったときもかなりの太客だったんだ」

つまり、大沢さんよりもお金を落としてくれるから、そっちに長くつけってこと？

どちらも同じお客様なのに、そんなに差をつけてしまっていいのかな……。

「席外すタイミングはインカムで伝えるから、よろしくね！」

「は、はい……」

納得いかないながらも、スタッフさんの指示どおりに席を行き来していたけれど。

案の定、大沢さんの気分を害してしまったみたい。

「ノアたん、なんで指名したのに全然席についてくれないんだよ⁉」

イライラが募っていたのか、突然、荒ぶったように大声をあげられ。

驚いたはずみで、運んできたドリンクを落としてしまった。

「も、申し訳ございません……」

すぐにスタッフさんが駆けつけてきて、大沢さんをなだめに入る。

私の指名が他のお客様と被っているという説明を聞いても、大沢さんの怒りが収まることはなく。

「被りがいたって席につく時間が明らかに短いだろ！　僕のほうがずっと前からノアたんのこと好きなのに‼」

ついには、テーブルにあったお皿までひっくり返してしまった。大沢さんのこんなに低い声を初めて聞いた。

頭の中で父に暴力を振るわれたときの記憶と重なり、散らばったお皿を片付けなくちゃと思うのに、体が震えてうまく動かない。

「お客様、落ち着いてくださ――」

直後、鈍い音が響く。

大沢さんに殴られたスタッフさんが、床に倒れていく様子がスローモーションで目に映る。

その光景をただ呆然と眺めていた。

気づけば過呼吸を起こしていて、スタッフさんに抱えられ休憩室へ。

治まってホールに戻る頃には、大沢さんはもういなかった。

話を聞けば、あのあと大沢さんは我に返ったように大人しくなり、ひたすら謝り倒していたという。

反省している様子だったので警察を呼ぶまでには至らなかったものの、またいつ豹変してもおかしくないということで、出入り禁止をお願いしたと聞いた。

接客しつつ粉々に割れた食器などをスタッフさんたちと片付けているうちに時間は過ぎ、いつの間にか閉店間際になっていた。

そんなとき。

「ねえ、レジ金が全然足りないんだけど」

追い打ちをかけるようにそんな声が聞こえてきて驚く。

新店長のラムさんによって、キャスト全員が休憩室に集められた。

「十万円入ってた袋ごとなくなってますー。疑いたくはないけど、皆ひとりずつロッカーの中身見せてね」

そう言ってみんなのロッカーの鍵を回収すると、ラムさんは順番にチェックし始めた。

ロッカーの中だけではなく、バッグの中身まで念入りに確かめている。

十万円もなくなったんだから当たり前だよね。

仮に誰かが盗んだのだとしたら、私みたいにお金に困っていたのかな……。

と、考えた矢先に。

「ねえ。ノアちゃんこれ何？」

ラムさんの冷えきった声とともに、全員の視線が一気に私に集まった。

……え？

ラムさんの手には、四角いチャック式の袋。

私も見たことがある、いつもはレジ下の金庫にあるお金だ。反対の手には……私のカバン。

どう、して……？

電源が落ちるように、目の前が真っ暗になった。


そのあとのことはよく覚えていない。

私じゃありません、という訴えは誰にも聞いてもらえず。

みんなが蔑《さげす》むような目で私を見ていた。

『こんな子だとは思わなかった』

とスタッフさんたちが口々に話しているのを聞いた。

『明日から二度と来なくていいから』

『警察に突き出さないだけありがたく思ってね』

ラムさんにそう言われたときは、もうなんだか目の前の景色が映像のように現実味がなく。

あとは、お店を追い出されるまま、ふらふらと歩いて……きた、気がする。
寝不足が続いていたうえに、ろくに食べてなかったから、体力はもう限界で。
繁華街の路地裏に座り込んでしまってから、もう何時間が過ぎたんだろう。
夜が深くなるにつれて気温も下がっていく。
まろんがお腹をすかせて待ってる。早くご飯をあげに帰らなきゃ……。
そう思うのに、体は冷え切り、石になったかのように動かない。
まろん、ごめんね。ごめんなさい……。あと少し休んだら、ちゃんと帰るから。
意思とは裏腹に、瞼《まぶた》も落ちていく。
またひとつ居場所を失くしてしまった。
──死んだのがお前だったらよかったんだ!
ほんと、私だったらよかったのに。
お母さんじゃなくて、私が死ねばよかったんだ。
幼い頃の記憶が、ゆっくりと走馬灯《そうまとう》のように流れていく。
病弱だったお母さんは、私を産むのと引き換えにこの世を去ってしまった。
お母さんを愛していたお父さんは、それが理由で私を恨んでいる。

お母さんとの思い出を打ち消すかのように、今のお義母さんと結婚して。

瑠衣だけを可愛がり、私を徹底的に視界に入れないようにしていた。

あのお義母さんだって、初めの頃は優しかった。

だけど、私が成長するにつれてお母さんの顔に似てきたことで態度が変わっていった。

ふたりの私を憎む気持ちは痛いほどよくわかる。

私に大事な人をとられたんだ。

全部……私が生まれてきたせい。


「——叶愛」

遠くから誰かに呼ばれた気がした。

でも……空耳に決まってる。

この期《ご》に及んで私を必要とする人がいるわけない。

「手間かけさせやがって。……帰るぞ」

帰る……？　どこに帰るの？

待ってる人なんていないのに。私が家に帰っても誰も喜ばないのに。

まろんだって、本当はもっと美味しいご飯を食べさせてくれる飼い主がいいに決まってる。毎日たくさん遊んでくれる飼い主がいいに決まってる。

「……もう、……帰りたく、ない」

「………」

「このまま死に……たい」

胸のうちに閉じ込めていたものがあっさり零れていくと、直後、とても温かいぬくもりに包まれた。

「それは俺に抱かれてから言え」

体の浮く感覚がする。優しく唇を塞がれる感覚がして……。

——意識はぷつりと途切れた。

覇王の玩具

甘さを燻《くゆ》らせたような香りに誘われ意識が浮上する。

目が覚めたはずなのに体はまだ伴わない。ぐったりとした手足をどうにか動かそうとしたけど無理で、とりあえず瞼を持ち上げてみる。

灰色の天井を、しばらく焦点の合わないままぼんやりと見つめた。

コンクリートで固めたような無機質な壁……。

もしかしてここは刑務所だったりするのかな。お店のお金を盗んだ容疑で放り込まれたのかもしれない。

それともあの世？

あんなに寒かったはずなのに、今はすごくあったかいし。

記憶を辿ろうとしても、深い靄に覆われてちっとも先に進めない。

そういえば……意識が途切れる前、誰かに名前を呼ばれたような気がする。

「……叶愛」

そう、こんな風に……。

……って、……え？

すぐそばで人の動く気配がした。

「目ぇ覚めたなら声掛けろよ」

まるで存在感のなかった鼓動が、急にはっきり音を立てる。

あ、れ……？

この声……聞き覚えがあるような。しかもまだ、記憶に新しい……。

「それとも喋れなくなっちゃったか」

視線を隣に移して、一度瞬きをする。

どうして、この人が……？

気だるいため息をひとつ零した彼が、ゆっくりと立ち上がった。

「記憶は？　俺のことわかる？」

「……れ、きくん」

「そう、正解」

急に優しい声になり、小さい子の相手をするみたいに私の頭を撫でた歴くん。

反対の手には、そんな言動とは似合わない代物があった。

「……煙草、吸うんですね」

「付き合いで始めただけだし、お前が嫌ならやめるよ」

「ううん、大丈夫……です」

正直、煙草にいいイメージはないし、煙たいのも苦手だけど。

「歴くんのはなんか甘くて……いい香り」

「甘い？　別に甘い系の銘柄じゃないんだけどな」

そう言って少し不思議そうにする。

銘柄とかよくわからないのであいまいに頷いておいた。

そういえば前にも思ったけど、歴くんって何歳なんだろう。

煙草を吸うんだから普通なら二十歳以上でないとおかしいけど、京櫻家の息子さんが律儀に法律を守っているとも思えない。

「歴くんて、何歳なんですか」

思ったことがそのまま口に出た。

「お前より三つ上。合法だろ？」

三つ……。

〝ノア〟は十九歳の設定だったから……ってことは二十二？

……あれ？

でもさっき、私……『叶愛』って呼ばれなかったっけ？

記憶を巻き戻してみて、ひやっとする。

いや、頭がぼんやりしてたから聞き間違えただけだ。きっとそう。

次第に意識が覚醒してくる。

今気づいた。メガネがない。

急いで上体を起こした。枕元に置いてあるのかと思ったけど……見当たらない。

「メガネなら邪魔だったから捨てた」

「っ！」

パニックになる。

コンクリートの壁といい、奥に見える事務用デスクといい、生活感のない室内でひとつ異様な存在感を放っている黒いソファといい……ここは京櫻組関連の事務所に違いない。

黒菊の人間が、のこのこと足を踏み入れるような場所じゃない。

私のばか。呑気に煙草の話なんてしてる場合じゃないよ……っ。

どうしてかわからないけど、歴くんは私を介抱してくれた。

そのことには感謝してもしきれないし、返金の代わりに体を差し出すという約束も忘れてない。しっかり果たすつもりでいる。

だけど、メガネも化粧も剥がれ落ちた〝黒菊の娘〟でしかない今、彼のそばにいるにはリスクが高すぎる。

「介抱してくださりありがとうございました、失礼します……！」

急いでベッドから下りようとする私を、歴くんは煙草を灰皿に押しつけながらのんびりと見つめていた。

「今ど深夜だぞ」

「わ、わかっています」

「わかってません。〝お前をここに連れてきてから丸一日経った〟ど深夜、です」

「……、っ、え？」

急加速していた思考が一旦停止する。

私は丸一日眠ってたってこと……？

「お前、結構危なかったんだよ。医者呼んで二回も点滴打って」

「そ、うだったんですか……。大変、ご迷惑をおかけしました……」

親切にしてもらいすぎて戸惑いすら覚える。

ただ……丸一日も経ってるなら、なおのこと早く帰らないと。まろんが何も食べられずに弱ってしまう。

まだなんとなく鈍い体を動かして部屋を出ていこうとすれば「お前の家のこと調べた」と。

短いセリフに制されて、心臓が冷たく脈を打った。

「そっちの使用人に口を割らせたんだ。離れにいる理由までは聞かなかったけど、なんとなく想像はつく」

「……、……」

衝撃のあまり声も出ない。

立ち尽くしていると、彼はさらに続ける。

「蘭野家との縁談があった話も聞いた。まだ十七の子を嫁がせようとするほど、黒菊家ってやばいんだな」

私に尋ねているというより、確信をただ述べているように見えた。

――知られてしまった。よりによって京櫻家の人間に……。

打つ手もないので、もはや呆然とするしかない。

「私が黒菊の娘だって……初めから気づいてたんですね」

「似た人間は世の中に山程いるけど、お前は血筋の良さが隠しきれてない」

「…………」

血筋の良さなんて見た目で判断がつくものとは思えないけど、この人の前に立てばどんなことも見透かされてしまいそう。

いつだって退屈な瞳をしているのは、既にこの世のすべてを知り尽くしているからなのかも、とか。ありえない想像をしてしまう。

……恐ろしいなあと、絶望の中で改めて感じた。

「私のこと、知ってて気づかないフリをしてたのはどうしてですか」

「どうしてだと思う？」

「……正体に気づかないフリをしたまま私を泳がせるのが、面白かったからでしょうか……？」

「生憎そーいうのを面白いって思う感性備わってねぇんだよ」

「…………」

「叶愛。俺と結婚しよーか」

あまりに噛み合わないやり取りに、またも思考が行き詰まる。

ぱち、と瞬きをしてみた。

相手に先程までと特に変わった様子はない。

聞き取り、間違えた……かな。

「結婚するん……ですか」

すごく間抜けな声が出た。そんな自分にちょっと笑ってしまった。

まさかね。

何と聞き間違えたんだってバカにされて終わりに決まってる。

だけど、歴くんはにこりともせず。

「俺と結婚すれば黒菊家の安泰は絶対保証するし、悪いハナシじゃないだろ」

「……な、……」

開いた口が塞がらないという経験を、初めてした。

普通に考えて、結婚なんてできるわけない。ましてや裏社会に生きる京櫻家の息子と、だなんて。

「結婚、は……意味が、わかりません」

「一般的に言えば、籍入れて一緒に住んで子どもつくって……幸せな生活を送ることだな」

「そ、そういう意味じゃなくて……っ。そもそも歴くんにはなんのメリットもないのに」

すると歴くんはようやく、くすりと笑った。

「俺がメリットなしに女に結婚を迫るとでも？」

甘い匂いが鼻をかすめて、不覚にも、どきりとする。

今もなおトップで栄華を誇る京櫻家が、衰退した黒菊家の娘と結婚することで得られるもの……なんて、あるんだろうか。

「メリット……。黒菊家を乗っ取れること、ですか?」

うちを乗っ取っても利益なんてたかが知れてるのに……。

そんな思考を遮るように、相手の影がかかり。

「んーん違う。叶愛を俺の好きにできること」

耳元で甘い声が囁いた。


部屋を出ていこうとしていたはずの私は、いつの間にか歴くんの手によってベッドへ沈められていた。

ほんとに……意味がわからない。

この人の考えていることは特に、一生わからない気がする。

今回は早々と諦めて、思考を手放した。

つい先日、突然婚約を言い渡されて、突然破棄された身。

今さら別の男性に結婚を申し込まれたところで——たとえそれが京櫻家の息子だったとしても、まあ人生こういうこともあるか、と受け入れられるくらいの耐性はついていた。

吉、凶、どちらに転んでもいい。

私みたいな、なんの価値もない体でも、好きに使ってもらえるなら。

それ以上の幸せはないんじゃないか……とすら思う。

「どうする叶愛。俺と結婚する？」

綺麗な黒髪がさらりと流れる様子を見つめながら、私はそっとシーツを握りしめる。

「はい。……歴くんの好きに私を使ってください」

そう返事をしたと同時に。

「歴君ー、ただいま戻りましたあ」

部屋の扉が勢い良く開け放たれ。

びくっとするやいなや、中に人が入ってきた。

「って、うわ、取り込み中だったんすか」

ばちっと視線が合わさる。この人確か……歴くんの用心棒さんだ。

「車の準備できましたけど、まだ外に出ときましょうか？」

車の準備……？

今から出かける予定でもあるのかな、と首を傾げていれば。

「いや、荷物運び入れんのは早いほうがいい。お前、もう動けるか？」

歴くんが私に向かってそう尋ねた。

「え……私ですか？」

「ただ俺についてくるだけでいい。どうしても無理ならここで待ってな」

「わ、わかりました。一緒に行きます」

なにやら急いでいる様子だったので、深く考えることなく頷いてしまった。

夜中にいったいどこへ行くというんだろう……？

不思議に思いながらベッドをおりる。

テーブルに置かれていた私のカバンを手に取ろうとすれば「すぐ戻ってくるから置いていけ」と言われた。

建物を出たところに停まっていた車に、促されるまま乗り込むと、間もなくエンジンがかかる。

辺りは暗く、街のどの辺を走っているのかすぐにはわからなかったけど、やがて見慣れた風景が窓の外を流れるようになった。

私の家の近くだ……。

すぐにまろんが頭をよぎる。離れに寄ってほしい、と喉まで出かかる。

でも、急いでいるみたいだし……、と、一旦躊躇《ちゅうちょ》しかけたとき。

「着いたらすぐに荷物を運び出しますんで、今のうちから持ち出すやつ頭の中でまとめといてください」

と、運転席から声がかかった。

「荷物……？」

「叶愛サンの引っ越しの荷物ですよー、とりあえず学校でいる物と、今の季節の着替えくらいで大丈夫です。それ以外で必要なやつは全部こっちで一から揃えるんで」

「……え、な」

今、引っ越しって聞こえたけど。

まさか、目的地は初めから黒菊家《ウチ》だったってこと？

予想外のことばかり身に起こりすぎているせいでそこまで驚きはしなかったけど、結婚の話が急に現実味を帯びた気がして指先にきゅ、と力がこもる。

運転手さんには離れの場所を伝えて降ろしてもらった。

離れで暮らしていることに関して、何か言いたげな目を向けられはしたものの、詳しく尋ねられることはなく安堵した。

「龍《りゅう》、お前は本邸の人間に電話入れろ」

リュウと呼ばれた彼が「はあい」と返事をする。

「つっても今、深夜一時なんですけどねー。これだから京櫻は～、って言われちゃいますよ」

「今さらだろ」

はあ……と大げさに肩を落としてみせる龍くんを横目に、徐々に焦りが出てきた。

「あの……本邸の人間ってまさか」

「お前の親には一応挨拶が必要だろ」

「……っ！」

会いたく……ない。

本当に結婚するのなら、当然、両親に話は通さなくちゃいけない。でも……。

私がバイトをしていることを、よりによって京櫻家の人に知られたことがバレてしまったら？

歴くんたちに、私が家で酷い扱いを受けていることがバレてしまったら？

いずれわかることだとしても、色々起こったあとの今はまだ、どうしても顔を合わせる覚悟がなかった。

血の気《け》が引いて、指先も震え始める。

そんな私の様子に気づいた歴くんが、少しかがんで顔を覗き込んできた。

「……ふーん」

どうしたのか尋ねるでもなく、少しの間目を合わせただけで、歴くんはすべて理解した、みたいな顔をして。

「今までいろいろ大変だったな」

「え……」

「今日は荷物運び出すだけにするか。お前の親には俺がきちんと話をつける」

そう言って、一度だけ私の頭を撫でた。

ただそれだけのことで、指先の震えがぴたりと治まった。心の弱い部分を温かく包んでもらえたような感覚になる。

「それでいいか？」

優しい声に誘われるように、気づけば「はい」と返事をしていた。

「まさか叶愛サンが猫飼ってたなんて。カワイーですねぇ」

荷物というにはあまりにも大きい衣装ケースを、どん、と事務所の床におろした龍さんが、私の腕に抱かれたまろんを見てにこっと笑う。

離れでこっそり飼っていたまろんのことを説明すると、ふたりは嫌な顔ひとつせず事務所まで連れていくことを許してくれた。

「ありがとうございます、まろんのことも受け入れてくださって。……おふたりは、アレルギーとか大丈夫でしょうか？」

「さっき抱かせてもらったとき平気だったんで大丈夫っすよ。歴君も異常ないみたいだし」

「ああ。ていうかそいつ飯《メシ》まだなんだろ」

歴くんにそう言われてはっとする。

ふたりを待たせてはだめだと思って、ひとまず荷物と一緒に連れて来ただけでご飯がまだだった。

「ごめんねまろん、お腹すいたよね。すぐ準備するね……っ」

一晩帰らなかったから不安だったはずなのに、ぎゅっと抱きしめれば応えるようにして喉を鳴らしてくれた。

離れから持ってきたキャットフードを急いで袋から取り出す。

「水もいるでしょ、どうぞ」

龍くんがペットボトルを差し出してくれた。

「ありがとうございます、助かります」

にこっと笑ってまろんのことを撫でてくれる。

京櫻家に仕えてるんだから怖い人だと勝手に思い込んでいたけど、実はそうでもないのかな……。

「ほら、水入れる皿」

すると今度は歴くんがガラスの器を持ってきてくれた。

「ありがとうございます……っ」

キャットフードをお皿に移したあと、それにペットボトルの水を注いでまろんの隣に置く。

「ちょ、歴君それ灰皿じゃないすかぁ？」

「へーきだよ。買ってから一回も使ってないやつ」

そんなやり取りをする初見のふたりに囲まれながら、まろんは恐る恐るといった様子でまずはお皿に鼻をつけ、しばらく匂いを確かめていたかと思えばすぐに夢中で食べ始めた。

よかった……。

なんの前触れもなく、涙がぽろっと零れる。

あれ？　どうしちゃったんだろう……。

「……叶愛？」

歴くんに気づかれ、顔を覗きこまれる。

「す、すみません……。まろんが美味しそうにご飯食べてくれてるのを見てたら、なんか……急に」

「ふーん、そう」

そんなことで泣くか普通、とかなんとか言われると思ったのに。

予想とはまるで違う優しい声が返ってきて戸惑う。

急に色んな感情が混ざりこんで、もっと泣きたくなった。

ここに連れてきてもらえて本当によかった。あのまま路地裏に座り込んで死んでいたら、まろんをひとりにしちゃうところだった。

まろんがいるのに、死んでもいいなんて一瞬でも思ってしまった自分が信じられないし許せない。

「もう絶対ひとりにしないからね」

満足した様子で今度は水をぺろぺろと舌で掬《すく》い始めるまろん。

その愛しい顔をそっと撫でた。

まろんが食べるのを見届けると龍さんは部屋を出ていって。

まろんは、私が帰らなかったせいで休めていなかったのか、黒いソファの上に飛び乗ると、間もなくして寝息を立て始めた。

歴くんとふたりきりになったところで、一度は落ち着いていた心臓がまた少しだけ忙しくなる。

そうだ、私……。

歴くんにベッドに沈められた状態で、「好きに使ってください」と返事をして。龍さんが来なかったら、たぶん、そのまま……そういうことをする、流れ……だったはず。

もちろん、歴くんが望むのなら結婚もするし体だって喜んで差し出すけど。

少し冷静になると、私は昨晩からお風呂にも入っていないことに気づいた。

「あの……歴くん」

「うん？」

「シャワーを浴びたいんですけど、……ない、ですよね」

事務所にわざわざシャワールームなんて設置しないだろうな、とダメ元で声をかけてみれば。

「あるよ」

「え」

「着替えは……一旦バスローブでいっか」

クローゼットから取り出したものを、ひょいっと投げられた。

歴くんが言ったとおりの、バスローブ、だ。

「風呂はこっち」

手招きをされるままつい足が動くけど、大事なものを忘れている。

「っあ、待ってください……替えの下着をとらなくちゃ……」

衣装ケースを探そうとするも歴くんは止まってくれない。

「いらねーよ」

「え？ でも、」

「どうせすぐ脱がす」

そのまま優しく手を取られれば、素直に従うしか道はなく。

セリフの意味を遅れて理解した途端、肌がじわりと熱を持った。


「おい、生きてる？」

湯船の中で記憶を整理しつつ、今後の覚悟を決めていたら、スモークのかかったドアの外側から声がかかる。

「すみません、もう、すぐにあがります」

「別に急かしてない。もし中で倒れてたら笑えねえだろ」

もしかして、心配してくれたのかな……。

頬に赤みが差すのを感じる。

「……ありがとうございます」

だいぶ間が空いたので相手に届いたかどうかはわからない。

ただ単に中で倒れてたら面倒だから、という心配なのはわかっているけど。

あの家にいた頃は、少し長湯しただけで早くあがれと怒鳴られていたし、逆に離れに追いやられたあとは、どれだけ長湯してのぼせ気味になろうと声を掛けてくれる人はいなかったから……嬉しい。

少し口元が緩んだのを、慌てて戒める。

浮かれちゃだめ。結婚の約束をしたといっても、そこに愛も情もないんだから。

歴くんは、結婚すれば私を『好きにできるから』と言っていた。

もともと返金代わりに体を差し出すという約束があったので、わざわざ結婚する必要はないのでは……とも思ったけど。

お金に替わる行為となると、少しは優しく扱わなければ、などと面倒な雑念が歴くんにつきまとうのかもしれない。

事実上結婚してしまえば法律的にも同意の上での行為だと見なされるので、気兼ねなくやれて都合がいい、みたいなところだろうな。

それでもいい。

例え性欲処理の道具としか見られていなくても、少しでも誰かの役に立つなら。

ひとりで不安にまみれた夜を過ごすより、よっぽど……。

少しぬるくなってきたお湯を最後に肩にかけて、ゆっくりと湯船から立ち上がった。

初めて着たバスローブは、思ったよりもちゃんとした服のかたちをしていて安心したけれど。

下着をつけていない状態は、やっぱりひどく心もとない。

どれだけ引き寄せても胸元が開くし、重ねただけの布の隙間からは少し動いただけで太ももが見えてしまう。

鏡には、貧相な体。おまけに、父からの暴力によってできた痣もまだ残っている。

どうしよう、私……汚い、かも。

抱かれる前に幻滅されて、捨てられたらどうしよう……。

泣きたくなったのをぎりぎりのところで堪えて。

腰の紐を再度ぎゅうっと締めなおしてから、お風呂場をあとにした。


「あれ……？」

ベッドがある部屋に戻ったはいいものの、歴くんがいない。

まろんは変わらず黒いソファの上で眠っている。

どこに行ったんだろう……。

室内の明かりはついたまま、荷物もそのまま。その他も変わった様子はない。

「歴、くん……？」

しんとした室内に自分の声があっけなく溶けていく。

もしかして、私みたいな女抱けるわけないって途中で正気に戻って、出ていっちゃったのかな。このまま黒菊家に戻って、また地獄みたいな日々を過ごさなきゃいけないのかな。

お風呂で温まっていたはずの体がすうっと冷えていく。

「……っ、……」

さっきは堪えた涙が、ぽたりと床に落っこちた。

おかしいな。

家にひとりでいるときは泣いた記憶なんて全然ないのに、急にどうしたんだろう。

さっきまろんがご飯を食べていたときといい、路地裏で倒れたあとから、私はどこか壊れてしまったのかもしれない。

おかしい。次々に溢れてきて止まらなくなった。

ついには顔を覆ってしまい、子供みたいだと余計みじめになる。

「──、叶愛？」

はっとして顔を上げたら歴くんがいた。

……あれ？

「なに。どーしたの」

屈みこんで目線を合わせてくれる。またあの甘い香りがした。

「……歴くん、いなくなった……のかと思って、」

なんでもないですと答えるつもりが、そんなセリフが勝手に口をついて出る。

「俺がいなくてびっくりしちゃったのか」

「……は、い」

「へーきだよ。どこにも行かない」

口調が突然柔らかくなるたびに、どきっとする。

基本的に、ベースは冷ややか。その上におらおらと、ごく稀に甘々が乗っかっている感じ。

この人、前にも思ったけど振れ幅が大きすぎる……。

「煙、猫にも悪いかなーと思ってベランダ行ってた」

「え……あ、たば、こを吸いにですか」

「うん」

「わざわざ、ありがとうございます」

喫煙中だったんだ。

どうりで……なんか空気が甘いと思った。そっと吸い込むと、涙も止まる。

よかった……いなくなったわけじゃ、なかった。

「落ちついたか」

頷く。

「やっぱり、歴くんのそれ……甘いですよ」

「お前は吸っちゃだめだよ」

「……………」

「……そんな甘い？　これ好き？」

軽く抱き寄せられると、香りがふわっと広がり。

体の奥からじんわり温かくなって、ほどよくのぼせているような心地よさに包まれる。

歴くんの腕の中でもう一度頷いた。

「この香りがすると、歴くんが近くにいるって感じがするから……」

酔ったことはないけど、酔うって、こんな感じなんだろうな……。

と、ぼんやり思った矢先に。

「……ん、」

唇が重なる。

「れき、く……、？」

離れたかと思えば、ふわりと体が浮いて。

「え？ あの……ひゃぁっ？」

ベッドに落とされた。

「お前ね。最後の一本にするつもりで吸ってきた直後に、なんでそんなこと言うかな」

「んんっ、……」

すかさず押し当てられた熱が思考を遮る。

じっくり、かたちを確かめるように柔く噛まれれば、じん……と甘い刺激が走る。

「や……、ぅ」

キスでぐたっとした私の体を、歴くんは優しく押し倒した。

色めき立った瞳にあてられて、ドクン！と心臓が暴れる。その反対に、頭は熱がこもったようにぼうっとして。

いつの間にか脚の間に歴くんの体があって、ぴたりとは閉じられなくなっていた。

どうしよう、中、見えちゃう……っ。

「で……電気、消してくだ、」

「面倒」

「ひゃ、だ、だめです……っ、見たらだめ……」

ぐっと距離を縮められれば、脚が歴くんの体に押されて勝手に開いてしまう。

どいてほしいのに、歴くん相手に『どいて』だなんて無礼にも程があると、妙なところで理性が働くから。

シャツを、ぎゅっと掴むことくらいしかできなくて。

でも、やっぱり。

こんな体見られたら……絶対、幻滅されるから。

「お願いします、電気消してください、歴くん……お願い……」

口にした途端、じわっと涙が滲んだ。

「……はは、必死」

「笑いごとじゃ……なくて、真剣に」

「なんでそんなに見られたくねーの」

「……私の体、すごく汚い……から」

勇気を持って正直に告白したのに、歴くんは腰の紐をするりと解いた。

「やっ、なんで、っ、」

胸元が空気に晒《さら》される。

もうだめだと思った瞬間、フッと部屋が暗くなった。

……え？

停電かと思ったけど、どうやら歴くんが手元で操作してくれたらしい。

……よ、よかった……。

「お前の体見て汚いとか思うわけないいんだけど……。最初だけ、ね」

すぐ近くで歴くんの声がする。

見えないと見えないで、なんか違う意味でどきどきしてくる。

「でもお前の顔見えないのやだから、少しずつ明るくしてこーか」

「え、う、それも困ります」

「はあ？」

「ど、どう頑張っても……歴くん好みの体じゃないから」

「まだ見せてもないのによくそんなこと言えるな」

呆れたようにため息ついてるけど、それくらいわかる。

「だって、前に……私の胸、小さいって……歴くんが」

MAPLE PALACEに送ってもらったとき、車の中でそう言ってたから。

「あはは、お前そんなこと覚えてたの」

「そ、そんなことって……」

「あれ、控えめで可愛いって意味で言ったんだけど」

指先が肌を移動して、そこの輪郭を捉える。下から優しくすくうように包まれて、びく、と揺れた。

「ほら、ちゃんと俺の手に収まってえらい」

「やぁ、ぅ」

「大っきくなりたいんだったら全然手伝うけど」

耳元で響いた声とともに甘い刺激が突き抜けて、思わず身をよじる。

どうしよう、恥ずかしさからか体が火照ってしょうがない。

電気を消してるのに、どうして……？

「っ、も、……こういうの、いいです」

無理して褒める必要ないのに。優しく触れる必要もないのに。

フリで優しくされるのが一番つらい。

どうせ道具みたいに酷く抱かれて。飽きたらすぐに捨てられるんだから……。

「早く、終わらせてください……」

だけど聞こえなかったのか、歴くんは私をさらに近くに抱き寄せる。

「歴――、ん、っ」

抗議の声は、彼の唇に呑み込まれた。

乱れる月夜

やっぱり私はおかしくなってしまったんだと思う。

さんざん嫌われて生きてきたから、今さら他人にどう思われようが構わないはずだった。

だからチップと称して渡された大金を体で返すことを提案されたときも、この身を差し出すだけだから……と、特に抵抗も感じなかった。

なのに今は、暴力の痕を見られたら気持ち悪がられるんじゃないかとか。歴くん好みの体じゃないから、すぐに飽きられるんじゃないかとか。

……そんなことばかり考えて、歴くんに捨てられてしまうことをいつの間にか恐れている。

捨てられたくないってことは、少しでも長くこの人のそばにいたいってこと？

どうしても認めたくない。どうせ叶わないのに。

愛されたいと願って、自分にできる限りの努力を尽くしたつもりだけれど、父も義母も見向きもしなかった。

もう少し頑張ればって。次こそはって。

……もう、そんな風に期待して傷つきたくないのに。

「こら、脚閉じない」

「ゃ、～っ、ぅ～」

「唇も嚙んじゃだめ」

「ひぁ、っ」

ひとつに集中したら、もう一方がおろそかになる。

色っぽくたしなめられるのは、これで何度目だろう。

歴くんが電気を消してからというもの、もう気が遠くなるくらいの時間、体に触れられている気がする。

誰にも触れられたことのない部分をなぞられて。余すところがないくらい、たくさん唇を押し当てられて。

もはや前後不覚。

何度も押し寄せる気持ちよさをどうにか逃そうと身をよじるのに、ちっとも許してもらえない。飽き足りないといった様子で、反応を探るようにじっくりと攻めてくる。

「れ、れきくん……っ」

「ん……、こうされるのたまんないな？」

「～～っ、ゃぁ」

熱がこもって、頭がぐらぐらする。

声が漏れそうになるたびに堪えようと頑張るせいで、もう息も絶え絶え。

十分すぎるくらいの刺激を受けているのに、体の芯はどこか切なく疼き続ける。

「も、っ、……やめ……」

涙目で訴えた。

これ以上されたら、もっとおかしくなっちゃう……。

「ここでやめたほうがつらいと思うけど……いーの？」

「わ、わかんな……ぃ」

「はは、わかんないか」

「でも……もう無理、っ、です」

さっきまでシーツを握りしめていた手で、歴くんの体を押し返す。

もちろんびくともしないけど。

「早く終わらせてくださいって、お願いしたのに……」

「へーえ？　手荒なのが好きなんだ」

「やっ、そうじゃない、けど……こんなに甘いこと知らないから、こわい……」

漠然とした恐怖の正体をなんとか言語化して伝えてみれば、最後。

「お前、ほんとに可愛いね」

「ん……ぁ……っ」

ここでどうしてキスが降ってくるのか。

まったくわからないのに、そうされながら指先にゆっくり力を込められると、もうだめだった。

あっけなく上りつめた熱が、ぱちん、と弾ける。

その瞬間、羞恥も恐怖もどこか遠いところへ飛んでいって。

気だるい甘さだけが感覚を支配する。

「……っ、は、ぁ……」

ふと、どこかへ流されてしまいそうな不安が襲って、歴くんの体をぎゅ、と抱きしめた。

応えるように優しく腕を回してくれて、どうしてか少し涙が出た。

いつの間にか、目で輪郭を捉えられるようになっていた。

見ると、ブラインドの隙間から月明かりが差している。

この前、空を見上げたときは、真っ暗だったのに……。

「叶愛」

呼ばれた先で、たしかに視線が絡んだ。

夜は甘く更けていく――。

首筋に、くすぐったさを覚えた。

もふもふとした肌触り……。すぐ近くで聞こえるゴロゴロと鳴る音……。

これって……。

「ん……？　まろん……？」

うっすら目を開けると、視界いっぱいに茶色の毛があった。

「ふふ、やっぱりまろんだ……おはよう」

「ナァーォ」と鳴きながら乗っかってきたもふもふの生命体を存分に撫でまわす
至福の時間を堪能していると、しばらくして背中に違和感を覚えた。

あれ？　私の布団って、こんなにふわふわだったっけ……？

まだぼんやりした頭でそんなことを考えた。

それに、なんか壁もいつもと違うような……。天井って、こんな色だったっけ。

のんびり考えを巡らせること、約三秒間。

「……っ！」

次第に冴えていく意識の中で、はっと気づく。

そうだ、私、歴くんと……っ。

夜の名残か、微妙に重たい体を起こす。

事務所らしき室内に人影はない。衣装ケースもそのままだ。

静まり返った空間を眺めても今度は、ひとりにされたと悲しい気持ちにはならなかった。

歴くんは人を捨て置いていくようなマネはしないと、不思議と確信を持てたから。

陽はけっこう高く昇っているみたい。

まろんには夜にキャットフードをあげたきり。ご飯を買いに行きたいけど、勝手に出ていくのも気が引けるし、そもそも、ここが街のどの辺に位置するのかもわかっていない。

歴くん、お仕事かな。あと何時間したら帰ってくるんだろう……。

連絡を取ろうにも手段がなく困り果てる。

それに……あとひとつ、何か大事なことを忘れている気がする。

私がすべきこと──そう。

「わっ、学校……！」

急いで部屋を見渡した。事務用デスクの上に掛けられている時計の針は、十時を指している。

またたく間に背筋が冷えた。

歴くんによれば、私は路地裏で倒れた日から丸一日眠っていたらしいから……。

今日は、無断欠席二日目ということになる。

ううん、今から行けば遅刻で済むけど。果たして学校までどのくらいの距離なのかも不明で。

もし知らない土地だったら、スマホもなしに辿り着ける自信がない。

それよりどうしよう。家に連絡が入ってたら……っ。

ひとり青くなる私の傍らで、まろんは毛づくろいを始めている。ここにまろんを置いて学校に行くのも不安だ。

どうにかして学校に欠席の連絡を入れないと……。そう思って、おもむろに立ち上がろうとしたとき。

カチャ、と部屋の扉が開く音がした。

「んあ、おはよーございます叶愛サン」

見覚えのある顔に、緊張で上がっていた肩がすとんと落ちる。

「おはようございます……えっと、龍さん、ですよね」

「わあ、おれの名前知ってくれてたんすか？」

「す、すみませんいきなりっ。昨日の夜、歴くんがそう呼んでたからつい……」

「それで覚えてくれてたんだ、ありがとうございます」

にこっと笑顔を向けられる。礼儀正しくも気さくな感じだから親しみやすい。

「龍、でいいですよ。さんとか付けられると、違和感でぞぞーっとしちゃうんで」

「え、えっとじゃあ、龍くん、で」

そんな龍くんの手には、コンビニの袋があった。

「朝ご飯買ってきたんでどうぞ。どっち派かわかんなかったので、パンとおにぎり両方入ってます」

「わあ……っ、わざわざありがとうございます」

「猫缶もありますよ。勝手にすいませんけど、まろんの引っ越し記念にまぐろでお祝いしたくて」

まろんのことも考えてくれてたんだ……。

「本当に嬉しいです。カリカリしかあげられてなかったので……。それで、あの、お金は……」

「あー、いらないっすよ。歴君から預かったカードで払ったんで」

「……そうなんですか」

じゃあ、あとで歴くんに渡せばいいかな。受け取ってくれないだろうけど……。

猫缶を開けつつ、再び時計を見た。

「すみません、スマホを貸してもらうことってできますか？」

「スマホ？　いいっすけど……誰に掛けるんです？」

「学校に連絡を入れたくて」

すると、龍さんは「ああ」と思い出したように言う。

「必要ないっすよ。歴君が根回しして、叶愛サンは一週間学校を休むことになってます」

「……、へ？」

「定期テスト受けなくても全科目高得点扱いにしてもらうんで、安心して休んでください」

「？　……⁇」

話の内容が飛躍しすぎて、漫画みたいな間抜け面《づら》のごとくなるのもおかしくないと思う。どこから突っ込んでいいのかもわからず、とりあえず瞬きをした。

「ええっと、歴くんが学校に連絡してくださったんです……か？」

「連絡っていうか、学校の理事会に直接頼んだっていうか」

「理事会に⁉」

「はい。ウチと繋がりある人間がいるんで」

理事会と京櫻家は繋がってたんだ……。

一週間休ませてくれるのはありがたいけど、定期テストを受けもせずに高得点扱いなんて、さすがに贔屓がすぎる。

「テストは後日にでもちゃんと受けます」

「〝叶愛ならそう言うだろうけど意地でも休ませろよ〟と言《こと》づかってます」

「ええ……」

「頑張りすぎて倒れちゃったんだから、無理にでも休んでほしいって言ってましたよー」

どきっとした。

どうしてそこまで気遣ってくれるんだろう……。

「おれも大人しく休んだほうがいいと思いますよ。毎晩歴くんに抱かれてちゃあ身ももたないでしょうし」

淡々とそう言われれば、うぅっと返答に詰まる。耳元が熱くなるのを感じて目を泳がせた。

やっぱり、そういうことをしてるってわかるものなのかな。

歴くんは私との関係をどういう風に説明してるんだろう。一緒に荷物を運んでくれたんだから結婚の話はすでに知ってるのかな……？

なんとなく膝をすり合わせた瞬間、ふと思い出す。

昨日、お風呂に入ったときから、私は下着をつけていなかった。

そのあとは、バスローブごと乱されて……。

はっとして自分の体を見ると、それにびっくりしたまろんがベッドを飛び降りて龍くんの足元へ移動した。

解かれていたはずの腰の紐はきちんと結ばれていた。

よかった……。龍くんの前であられもない格好を晒すわけにはいかないから。

でも、下着がないのはひどく落ち着かない……。

「ま、そういうことなんでゆっくりご飯食べちゃってくださいよ。お嬢様なのにコンビニ飯で申し訳ないですけど」

「とんでもないです。ありがとうございます」

持ってきてくれた袋の中には、おかかのおにぎりやミルクのちぎりパンのほかに、お茶とフルーツジュースまで入っていた。

スーパーで売られている格安の冷凍麺ばかりを食べていたから、贅沢すぎるくらいだ。

「ほんと、全然ゆっくり食べてもらって大丈夫なんですけど、叶愛サン、今日はこのあとちょっと出かけますよ」

おにぎりのひと口目を飲み込んだタイミングで、龍くんがまろんを撫でながらそう言った。

「出かける……って、私もですか？」

「はい。今日から歴君のマンションに移ってもらうんで」

「っ！　え？」

上ずった声が出る。

「ここは旧事務所の建物なんで、住むにはあんまりですからね」

「………」

ここに荷物を運んできたのは、歴くんが都合のいい時に私を使えるように〝私を近くに住まわせる〟ためだと思っていた。

〝一緒に〟住むだなんて、まったく予想もしてなかった。

「叶愛サンが準備でき次第、いったん歴君のいる新事務所に向かって合流します。いいですか？」

「……はい」

結婚の話を受けたのはいいものの、こんな早々に事が進むとは思わなかったし、まるで実感もなかった。

もっと言ってしまえば、実際は結婚なんて無理だという思いがどこかにあった。

感情ではなく、現実的な部分の問題で。

「歴くんは本気なんでしょうか」

「冗談で黒菊家の離れに忍び込んで引っ越しの道具運ばされてたら笑えませんよ」

「それはそうなんですけど……。一緒に住むことではなくて、結婚の話です。うちの両親に話を通すことももちろんですが、なにより歴くんのご両親はお許しくださらないと思うんですよね……」

そう。仮に婚約の話が進んでも、一番初めに家同士の壁がぶ厚すぎるという問題にぶつかる。

格下の黒菊家は、京櫻家の権力に屈服して結婚を受け入れる可能性も考えられるけれど、そもそも京櫻家が、私なんかとの結婚を認めるはずがない。

蘭野家よりはるかに絶大な権力を誇っている京櫻家。蘭野家にすら縁談を断られた女を嫁にするなんて恥もいいところだと思う。

「っく、あはは」

すると突然、龍くんが笑い声をあげた。

「ど、どうしたんですか」

「歴君の親は、歴君の言いなりなので大丈夫ですよ」

「言いなり？」

「甘やかしてるって意味じゃないですよ。恐ろしさのあまり言うことを聞くしかないんです。歴君は実の親でも手に負えない怪獣ですからねー」

歴くんを怪獣呼ばわりした龍くんはなんだかご機嫌な様子で。

「食べ終わったら声掛けてください。一服してくるんで」

と言うとベランダのほうへ歩いていった。

ご飯を食べたあと、私服に着替えて出かける準備をした。まろんには可哀想だけど段ボールに入ってもらった。

龍くんによると、歴くんは朝から仕事に出ていったらしい。

もしかしなくても、あんまり眠ってないんじゃないかと思う。歴くんの腕の中で意識が途切れる寸前には、もうすでに明け方だったような記憶がある。

龍くんは衣装ケースをトランクに詰め込んだあと、私に車に乗るよう促した。

「運んでくれてありがとうございます」

「いーえ。じゃあ歴君のいる事務所まで出発しますねー」

にこっと笑って運転席に乗りこんだ龍くん。荷物を運んでくれたり、ご飯を買ってきてくれたり、おまけに運転まで。

「昨日から色々お世話になりっぱなしですみません……。歴くんのお付きの方なのに」

「あはは、歴君の側近はおれの他にもいるんで大丈夫ですよ。というか、その中で叶愛サンのお手伝い係に選んでもらえて嬉しかったですね。おれって歴君に信頼されるんだなーって」

直後、エンジンがかかり、車が動き始める。フロントミラー越しに、龍くんと一瞬だけ目が合った。

「歴君って用心深いっていうか人に対して潔癖っていうか、本当に信用してる奴しかそばに置かないんです。あんだけデカい組織仕切ってるトップの側近がおれ含めて三人しかいないとか、ありえないっすよ」

「そうなんですか？」

「です。あれだけの地位もってる人間なら、普通は周りにたくさん人侍《はべ》らせて権力示したがるんですけどねー」

そういうものなのか……と勝手に勉強になった気で相づちを打つ。

思えば、社交パーティーでもそういう風景ばかり見ていた覚えがある。

黒い車から降りて来る偉い人の周りには、前後左右、少なくとも四人以上の用心棒さんや秘書さんが常についていた。もちろん運転手はまた別にいる。

もはや当たり前の光景として目に映っていたけど。

かたや歴くん。

思い返してみれば、お店に現れたときも車でお店まで送ってくれたときも、一緒にいたのは龍くんだけだった。

それほど人間関係に潔癖なのに、よく知りもしない私と結婚して大丈夫なのかな。

またしても新たな不安の芽が現れる。

「だから叶愛サンをお嫁さんに欲しいって聞いたときはびっくりしました」

思考を読んだかのようなタイミングでそう言われ、バクンと心臓が跳ねた。

「あの人まじで自由奔放なんで、結婚とか一生しないと思ってました。法律に縛られる関係とか面倒くさいじゃないですか」

面倒くさい……。ストレートに放たれた言葉を反芻する。

言われてみれば本当にそう。結婚すれば、不倫は法的に罪として扱われるし。

それだけでなく、色んな面で少なからず行動に制限がかかってしまうのは明らか。

考えれば考えるほどわからなくなる。

どうして私なんだろう。

「てか、歴君て裏界隈では有名でしょ。身内のおれが聞くのもなんですけど、叶愛サンは怖いとか思わないんですか？」

「それは……まあ、京櫻家のご令息なので、多少は……。でも、歴くん自身は、結構優しかったりするのかなって」

するとくすっと笑われた。

「歴君は優しくないですよ」

「っえ、でも……、私がお金に困ってたから、同情でチップをくれたりして……」

「歴君は同情の心なんて持ってません。人じゃないので」

そう言い切った龍くんは、変わらずにこにこしていて。

人じゃないなんて、意外にも容赦のない言い方をするんだなあと驚く。

だけど、歴くんの人格を否定する意味には聞こえなかった。

「さっきの話。側近は三人しかいないって言いましたけど、実のところは三人に減ったんです」

「……え」

「もともと七人いたうちの四人を、歴君が〝だめにしちゃった〟んですよ。おれは言わば生き残りですね」

「…………」

比喩的な表現なのか、具体的な話なのか。尋ねるのは少し怖い。

歴くんの瞳には常に、ぞっとするくらいの冷たさがあるのは間違いない。

優しさを感じる笑顔も、言葉も、行動も、その冷たさの上にすべて乗っかっている感じは、決して剥がれることのない仮面をつけているようにも思える。

それでも……。

「歴くんの手のひらはあったかかったです。ちゃんと人ですよ」

私がそう零すと、絶えず変わらなかった彼の表情がふと崩れる。

「あーあ。初めて論破されちゃった」

能面のようにおしとやかだった笑顔が、明るく色づいた瞬間だった。

歴くんが仕切る組織——櫻流会《おうりゅうかい》の事務所は、繁華街を北に抜けた先に建つ古いビル群の一角にひっそりと存在していた。

旧事務所に比べて辺鄙《へんぴ》な場所にある上に、表には剥がれかけた麻雀《ジャンそう》の看板が付いていて、誰が見ても恐らく潰れた雀荘《ジャンそう》だと思うに違いない。

特徴もないビルなので、ひとりで来いと言われたらきっと道に迷ってしまう。

「こんな入り組んだ場所にあったんですね」

「事務所なんてもんは見つかりづらくてなんぼですからね～」

そういうものなのかと、ここでまたひとつ勉強になる。

事務所はミラーガラスで覆われていて、外からは中の様子がわからない。

人の気配があるようには思えないけど……。

廃ビルとも言えるくらい暗い雰囲気を放つ建物を、ごくっと息を呑んで見上げる。

「車で待っててください。歴君呼んでくるんで」

一度は頷いたものの、心なしか空気の悪い土地にひとりで待つ……というのはなんとなく気が引けて。

「一緒に行ってもいいですか？」

そう尋ねれば、ほんの少し渋い顔をされた。

「嫌なもん見ちゃうかもしれませんよ？」

「……嫌なもの？」

「一応〝そういう〟組織の事務所ですからねー」

でもここまで来て今さら怖いものなんて自分にはない気がした。それに、中に入れば歴くんがいるんだし……。

「大丈夫です。龍くんさえ面倒じゃなければ一緒に行かせてほしいです」

「面倒だなんてとんでもないですよ！　わかりました一緒に行きましょう」

すんなり了承してくれた龍くんについて車を降りた。

「ああ、なるほど……」

甘い折檻《せっかん》

事務所の入り口の前に立った瞬間、扉が開いた。
自働なのかと思ったけどそうじゃなく、中にいた人が開けてくれたらしかった。
扉を抜けてすぐのところに人が立っていた。
手前にふたり、奥にふたり。彼らはそろって頭を深く下げる。
「お疲れ様です、龍さん」
龍くんは小さく会釈しながら「うす」と応じている。
びっくりする光景だった。
扉付近に立っている彼らは、見た目からして確実に龍くんよりも年上だ。
ひと回り……いや、ふた回りくらいは上なんじゃないかと思う。
ここでは年功序列は機能していないみたい。

……というより、龍くんだけが異例のようにも感じる。

「龍くんてすごい方なんですね」

「そんなんじゃないですって。たまたま歴君の直下についてるってだけで」

「それをたまたまと言えちゃうのがすごいですよ……。それなのに私、龍くんとか親しげに呼んじゃって」

「おれがそう呼んでほしいって言ったんですよ。てか、おれよりすごい人のことを〝歴くん〟って呼んでるじゃないですか、叶愛サン」

おかしそうに笑われた。

言われてみれば確かに。いくら本人にそう呼べと言われていても、みんなが崇《あが》める彼を気安く呼ぶのはあまりに不躾《ぶしつけ》だと思う。思う……けど。

勝手ながら、私の中ではもう〝歴くん〟がしっくりきてしまって、それ以外の呼び方は考えられなかった。

「歴君、電話出ないなー」

スマホを片手に龍くんがぼやく。

「上にいると思うんで直接迎えに行きましょーかね」

やれやれといった様子でスマホをポケットに仕舞った彼に続いて、エレベーターに乗りこんだ。

古びた外観からは想像できないくらい、シンプルながらも高級感のある空間だった。

ホテルと言われても違和感がない。中身をまるごと改築したみたいだ。

エレベーターを降りると灰色のカーペットに敷き詰められた長い廊下があった。

奥の突き当たりの部屋の前に、スーツ姿の男性がひとり立っているのが見える。

近づくと、かすかに煙の匂いがした。歴君のものとは全然似ても似つかない少し苦味のある匂い。

「お疲れ」

扉付近にいたひとりが龍くんに声を掛けた。ついでに目が合ったので、慌てて会釈を返す。

さっきの彼らとは違って龍くんと対等な感じ……。恐らく側近の人だろうな、と思う。

「歴君は中に？」

「ああ。だいぶ長引いてる」

「んもー……歴君の手に掛かれば十秒で吐かせられるくせに。完全に遊ばれちゃってますね、相手の男」

大げさに肩をすくめてみせる龍くん。

遊ばれてる……？　いったいなんの話だろう。

「わかんねぇよ。相手がしぶとく口割らない可能性も……」

「ゼロっすね。歴君は良くも悪くもゴーモンの天才っすよ。毎回毎回、生かさず殺さず、そいつの脳みそん中のいらない情報まで余さず引っこ抜いてくるんで困ったもんです」

ぎょっとする。

今、とても治安の悪いワードが聞こえたような……。

「やめてやれ龍。そこの子青くなってるぞ」

龍くんの視線がスライドしてくると、背筋にピンと力が入った。

「あ、すいませんね。ついいつもの調子で喋っちゃって」

「い、いえ」

否定しないってことは、本当なんだ。

「ゴーモンなんて本来下っ端の仕事っすよ。部下に任せりゃいいのに、歴君てば昔っから下の仕事ばっかやりたがって」

「昔から……ですか」

「はい。もうそれは五歳くらいのときから、幹部補佐の連中について回って雑用なんかも全部〝俺にもやらせてー〟ってせがんでたらしいです。なあ？」

と、龍くんに視線を投げられた相手は、「ああ」と苦く笑ってみせる。

「お手伝いできて偉いなーとか呑気に思ってた時期もあったわ。とんでもないモンスターを育ててるとも気づかずに」

ははっと龍くんの笑い声が響いた。

歴くんの幼少期のエピソード。微笑ましいのひと言では済ませられない内容ではあったけど、思いがけず歴くんのことを知れて、どこか嬉しい気持ちもある。

「おかげで今ではすっかり立派な頭《かしら》になられて感無量です」

褒め言葉とも皮肉ともつかないそんなセリフを聞いた直後、部屋の扉が開きびくっとした。

「お疲れです、歴君」

お二方がそろって頭を下げるので、つられて私も真似をする。

「はあ……お前ね、こんなとこ入ってきちゃだめでしょ」

目の前に歴くんの影がかかると、心臓がいささか忙しく動き始めた。

「龍。車で待たせとけって言っただろ」

「っ、ごめんなさい。龍くんに、一緒に行きたいって私が頼んだんです」

「…………」

「私が強引に頼んだので、龍くんは何も悪くないです……っ」

「……へーえ」

その視線、声に触れると、夜の光景が鮮やかに蘇ってくる。

記憶だけじゃなく感覚まで呼び戻されたようになって、体の奥がひっそりと熱を持つ。

「ずいぶん仲良くなったみたいじゃん」

難なくキスできる距離まで唇を寄せられて。

「なあ、あとで覚えとけよ」

くすっと笑いを含んだ低い声が響いた。

「？　……はい」

と反射的に返事をしたものの。

そのときはまだセリフの意味なんて、まるで理解していなかった──。

歴くんのマンションに荷物を運び込んで、まろんをやっと段ボールから出してあげられて。

手伝ってくれた龍くんにお礼を言って、玄関先まで見送った直後のこと。

まずは衣装ケースに入った衣服やその他もろもろの物を整理しようとかがみ込んだ体が、突然、すうっと宙に浮いた。

「っ⁉　え……」

歴くんに、なんとも雑に抱えられていることを理解したはいいものの、なす術《すべ》もなく。

ジタバタ足掻くのもはしたないので大人しくしていれば、すとん、とソファに落とされる。

いったいどうしたんだろう……？

不思議に思って顔をあげた先、ちゅ……と唇が重なった。

刹那、じわりと昨日の熱が蘇る。

「……歴くん？　いきなりどうしたんです——んぅ」

入り込んできた熱に、びく、と腰が浮く。

夜と変わらず丁寧、ではあるけど、どこか余裕がない、ような……。

歴くんに押さえつけられるまま、ずるずるとソファの奥に沈んでいく。

キスをしながら服の中に手が入り込んできて、あ、本気なのかも……と。

元々そういう目的でマンションに連れて来られたわけだから、全然嫌じゃない。

嫌じゃないけど、どうして今なのかわからない。

「歴くんまだお昼ですよ……」

「夜からだと時間足りねーもん」

「ひぁ……ぅ」

昨夜何度も拡げられた部分に指先を添えられれば、布を隔てていても堪えきれない声が零れた。

や……っ、どうしよう。

こういうことをするのは夜、ご飯を食べて、お風呂に入って、その後だと思ってた。

心の準備が全然できてない。

下着だって、急いでたから衣装ケースの一番手前にあったのを適当につけてきただけ。恥ずかしながらブラとショーツの種類も違うと思う。

もっとも、男性が好きそうな可愛いデザインのランジェリーなんて持ってないんだけど……。

ぐるぐる考えているうちにも歴くんは服の裾を捲り上げようとしてくるから。

「待って……っ、脱がさないで、ください」

必死に懇願《こんがん》する。

また……だ。私はこの人に幻滅されるのを怖がってる。

「お前が悪いのに、俺に言うことを聞かせようって？」

「……え？」

「言ったろ、あとで覚えとけって」

確かに言われたけど……。あれは勢いで頷いてしまっただけ。

私が悪い……？　何か気に障るようなことでもしちゃった……？

頭が焦りとハテナで覆い尽くされる。

「友達みたいに名前呼んでるし意味わかんねぇ」

「名、前？」

「龍くん〜って」

そう言われ、ようやくハッと気づいた。

「歴くんのお付きの人相手に、失礼ですよね。すみませんでした」

「は？」

「え？」

「……もーいーよ。お前がそう思ってるならそれで」

「………………」

「いやでも無自覚って一番タチ悪いからな……」

ちょっとムッとしたかと思えば、再び唇を落としてくる。

「……っ、うぅ」

「お前は俺のことだけ歴くんって呼んでればいーの。わかった？」

「んん……っ」

言葉を発する隙もなく押し付けられては「わかった」と返事もできないのに。

それ以前に、歴くんが何に対して怒っているのかイマイチわからないままで。考えようと思うのに、キスで頭がぼうっとしてくる。

だからもう直接尋ねるしかなかった。

「私の……何が悪かったんでしょうか」

「………」

唇が、しぶしぶといった様子で離れていく。

「そうだな。お前は別に悪くないかも」

「へ？　で、でもさっき、私が悪いって」

「別に悪くないけどムカついたから落とし前つけろってハナシ」

「ひゃあ……っ」

そんな……。あまりにも横暴だ。

横暴なのに嫌じゃない。相手は歴くんだからいいやと思ってしまう。

妥協でも諦めでもなく、歴くんらしいこの横暴な感じがむしろ安心する。

……そんな風に感じる私は、やっぱりおかしいんだと思う。

だけど。

「しれっと脱がさないでください……っ」

「バレたか」

「笑い事じゃなくて、」

「はいはい、わかった。今日は着たままましよーな」

「ん……んっ」

あっさり絡めとられて、ぐたっとなる。

毒が回るかの如く力を奪われ、思考を奪われ。

「そんなとこ触っちゃだめです……あぁ、っ」

……しまいには、理性まで。

出会ったときと同じように、頭の中で警報が鳴り響く。

この男《ひと》は、私の心も体もまるごと支配する、危険なケダモノ――。

気が付くとベッドに寝かされていた。

どうやら途中で意識が飛んだのを歴くんが運んでくれたみたい。丁寧に毛布まで掛けてくれていた。

室内はもう真っ暗で、夜だと気づく。

体……まだ気だるい感じ。

起き上がるのは少しきついけど、荷物の整理もしてなかったし……。そう奮い立たせて上半身を起こした。

歴くんの姿を探すけど、隣にはいないみたいで。

見渡すと、隣の部屋から小さく明かりが漏れているのが見えた。

ほんの少し開いてる扉の隙間から中を覗くと、パソコンに向き合っている歴くんがいた。

お仕事中かな……。邪魔したらだめだと思って足を引けば、気配に気づいたのか、歴くんがぴたりと動きを止める。

「目ぇ覚めたの」

「はい……」

「じゃあ風呂にでも入るか」

パソコンの電源を落としながら歴くんがのんびりと言う。

「わかりました。沸かしてきます」

「馬鹿。沸かして来いって意味じゃねぇよ」

「え……でも、お風呂に入られるんですよね？」

「お前はメイドなのか？」

「………………」

仮にも名家の娘だから、家事の能力なんてないと思われてるのかもしれない。

体を差し出す以上の価値はお前にないと言われているようで少し悲しくなった。

「確かに、家にはお手伝いさんたちがいましたけど、私も基本的な家事くらいはできるので、少しはお役に立てると思います」

「お前はここにいるだけで十分役に立ってるからいいよ」

「でも……」

その先に続くセリフが見当たらない。

この漠然とした不安のようなものを、上手く言語化できないのがもどかしく感じる。

その後も、夕飯を作ると言っても断られ。
事務所からここに来る途中に繁華街でテイクアウトしていたお惣菜をチンして食べて。
お風呂に入って、髪を乾かして、歯を磨いて、それからまろんと遊んで。
大きなベッドの上で甘く抱かれながら、歴くんの腕の中で眠りにつく。
——そうして、新しい場所での一日目が終わった。

溺愛の日々

―side歴―

十六を少し過ぎた頃から、縁談を持ちかけられるようになった。

両親は腐るほどある申し出の中から、気に入った女を選び、俺に見合いをするように言った。

どの女も気持ち悪くて仕方なかった。

もともと女は好きじゃない。上流階級の令嬢なんか特に面倒で嫌いだ。こちらの権力にやたらと媚《こ》びるくせにプライドだけは高い。

少しよくしてやった途端、まるで自分もその地位を得たかのようにふてぶてしくなる。

本部役員との付き合いで何度か女を抱いた記憶はあるものの、どの女と寝ても気持ちいいどころか不快感しか残らず。

　それをそのまま感想として伝えれば、役員の連中からは哀れみの視線を投げかけられた。

　懲りずに女を紹介してくる両親に『二度と縁談の話は持ってくるな』と睨めば、それ以降はぴたりと止んだ。

　欲が湧かない。金にも女にも。

　京櫻の地位に興味も執着もない。

　立場を色々と利用できて便利ではあるので、高い下駄を履かせてくれてありがとう、みたいな感謝の気持ちくらいはあるけど。

　両親のことを好きだと思ったことも嫌いだと思ったこともない。両親だけじゃなく誰に対しても同じだ。

　あまりに人生退屈なので、本部の役員に色んな遊びを教えてもらったけどハマれるものは何ひとつなかった。

　勝っても負けてもどうでもいい。楽しいとも思わないし、バカバカしいとも思わない。

結局、シゴトが一番退屈しない。遊び心でうちの事業を伸ばしてみたり、他社の事業を潰してみたり。

面白みはなくても、事業を抱えている限りやることは絶えないので暇つぶしにはもってこいだった。

――で。退屈のあまりシゴトで遊びすぎた結果。

さすがに多くを抱えすぎて、急にすべてが面倒になったのがつい最近。

人前では京櫻の地位を守るために一応いい顔をしているが、手がけた事業がどうなろうと知ったことじゃないので実際は責任感のせの字もなく。

失踪でもしてやろうかと、龍の運転する車の中で考えていたとき。

繁華街沿いの道で、やけに品のいい女が歩いているなと珍しく目を引かれた。

その女がMAPLE PALACEの裏口から中に入っていった光景を、なんとなく頭の片隅に留めたつもりだったが、ただ一瞬目を引かれただけで興味を持つには足りず。

――あの日、店先で鉢合わせるまでの間、すっかり綺麗に忘れていた。

まさか黒菊の娘だとは、さすがに想像していなかった。

似ているなと思った矢先に、相手がこの世の終わりみたいな顔をしたのですぐ確信できた。

そのとき純粋に『可愛い』と思った記憶がある。

つい直前まで、人形みたいに別の客を見送ってたくせに、不意を突かれたらこんな表情になっちゃうのか。

さて、どうして黒菊の娘がこんな店に？

黒菊はそこそこデカい名家のはず。今はどの家も昔と比べれば衰退傾向にあるが、生活が苦しいほどの状況なら界隈でとっくに話題になっているだろう。

社会勉強？　いやまさか。

接客に対して一生懸命さは感じるけど、表情も固いし声も小さい。がちがちに緊張しているのがまるわかり。

この手の仕事に向いているとはとても思えなかったし、恐らく彼女自身もそれを自覚したうえで働いている。

わざわざここで働かなくてはいけない理由が、まあ、なんかあるんだろうな。

……と、黒菊家の娘の事情に対してはなんの興味も湧かなかった。

だけど、叶愛のことは不思議と目で追ってしまう。あの薄っぺらくて下手くそな笑顔をどうしても崩したい衝動に駆られて。

ちょっと意地悪でもしてやろうかな、と、気づけば指名していた。

いざ一生懸命に接客されると、優しくしたいのと酷くしたいのとがぶつかって、新しい妙な感情が生まれた。

――そのときはまだ、愛と呼ぶには暴悪すぎたと思う。

意志のない人形みたいな女だと思っていた。少し怒ったフリをしてみせればすぐに謝って、令嬢のくせにまるでプライドがない。

人の声に簡単に流されながら弱々しく生きていくんだろうな、と。可愛いと思う裏で、どこか冷めた目でも見ていた。

それはさておき。

黒菊家はともかく、叶愛自身は金がないようだし……と。なんとなく八十万を投げた。

同情というより、世のオタクが推しアイドルに貢ぐ感覚に似ていたと思う。

そんな、応援してるから頑張ってね、くらいの軽い気持ちを。

『お返ししたいんです。自分の労働に見合ってない額だったので』

と、強い口調で跳ね返された瞬間から。

俺の中で、何かがおかしくなってしまった。


『歴くんまだお昼ですよ……』

『夜からだと時間足りねーもん』

自分の口からそんなセリフが零れてくることが信じられない。叶愛より、恐らく俺のほうが驚いている。

一度肌に触れたときから、タガが外れたように求めてしまう。

四六時中一緒にいたい。一晩中抱き続けても足りない気がする。

病気なのかと思うくらい、叶愛のことしか考えられない――。


―side叶愛―

一週間も学校を休むなんて……と思っていたのに、過ぎてみれば一週間はあっという間だった。

一週間何をしていたかといえば、歴くんに無理やりお願いして任せてもらった家事をこなして。家事が終わったら勉強をして、合間にまろんと遊んで。

歴くんがお仕事から帰ってきたら、求められるままに体を差し出して……というのがおおよそお決まりの流れだった。

料理をすることも許してくれた。私が頼んだ食材を買ってきてくれて、私がつくったものを一緒に食べてくれた。

他人がつくったものなんて絶対に口に入れないタイプだと思っていたから驚いて、さらに美味しいと言って頭まで撫でてくれるので、いよいよ戸惑いを覚え始めた。

初めの頃と、ずいぶん人が変わったように思う。

こんなに笑う人だったたっけ?とか。こんなに優しい顔をする人だったたっけ?とか。

でも、お仕事から帰ってきてすぐや、家で誰かとお仕事の電話をしているときなんかは、やっぱりぞっとするくらい冷たい表情をしている。

裏社会に生きる人なんだなって実感する。

その度に歴くんとの距離を感じて、少し……寂しくなる。

ちょっと優しくしてくれるからって。私を求めてくれるからって。

単純すぎて自分でも笑えるけど、私の中で歴くんの存在が大きくなっているのは確かだった。

優しくしてくれるのはどうせ全部歴くんの気まぐれなのに。

私がお金を返したいと言ったことをきっかけに始まった、体を求められるだけの都合のいい存在でしかないのに。

好きになっても、いいことないのに――。

「一週間じゃ全然足りねえな……」

今日も今日とて、歴くんの腕の中で意識を手放しかけていたとき、そんな声に引き戻された。

「一週間と言わずもっと休ませときゃよかった。明日から仕事の合間に家に戻っても叶愛いないってことだろ」

「………」

ふと不安に駆られる。

歴くんの相手ができるのは、学校から帰ったあとだけになる。「やっぱり俺にとって不都合な存在だ」とか思われたら、捨てられちゃうのかな……。

想像したら涙がこみ上げてきそうになった。

こうして優しく触れてくれるのも、今日までだったらどうしよう。

「……歴くん」

「うん？」

「…………」

何も言葉が出てこない。

自分でもどうして名前を呼んだのかよくわからなかった。

ただ……離れたくない。

すぐ隣にいるのに、もっと近くにいきたい。体温を感じたい。

ありったけの勇気を込めて、ぎゅう、と抱きしめた。

心臓がありえないくらい早鐘を打つ。そして、勢いに任せた行動に早くも後悔を覚えた。

そういえば男の人って……。

行為のあとは、ものすごく脱力感に襲われてあらゆることが面倒に感じる……みたいな記事をどこかで読んだ覚えがある。

どうしよう、鬱陶しいって思われちゃったかな……。

自分だけ空回りしているようでまた泣きたくなった。

「お前ね、何してんの」

案の定、ちょっと怒った声を出され、びくっとしたのもつかの間。

「っ？　や、ぁ……」

内ももに指を這わされ、思いがけず声が漏れる。

腕を引かれ、少し体勢を変えさせられながら、ちゅ……と唇を塞がれる。

すぐに頭に甘い刺激が走った。

「叶愛、もっかい」

「や……っ、さっき、もう何回も……っ」

「ん……何回も気持ちよくなれてえらかったな」

指先で再度なぞられると、もうだめだった。

明日から学校なのに。寝坊しないように、今日は早めにベッドに入ったのに。

学校に備えてきちんと眠ることより、歴くんに触れていたい気持ちが余裕で勝ってしまう。

「ほら、口開けて。……キス、応えて」

「ん……っ、んぅ」

「そう、じょーずにできてえらい」

歴くんの熱にどんどん溺れていく――。

冷えきった手

―ｓｉｄｅ歴―


「ご無沙汰しております。黒菊様」

この男と対面するのは、四年ぶりくらいか。

社交パーティーで一度挨拶を交わしたきりの関係だったから、今の今まで顔も思い出せなかった。

屋敷に入った瞬間からかなり警戒されているようだった。

廊下の隅々に護衛を立てて、俺を部屋に案内する際もあらゆる箇所から殺気を感じた。

応接間に入ると、テーブルの脚に小型カメラが見えた。おそらくソファの裏あたりには盗聴器でも仕掛けてあるんだろう。

俺が旦那を手にかけるとでも思っているんだろうか。周りが京櫻に抱いているイメージが手に取るように伝わってくる。

実際、イメージに違いないこともやっているのだから仕方がない。

「本日はお時間を頂き誠にありがとうございます」

深く頭を下げた。

座るよう促され、ひとまず安心する。

目的は叶愛との婚約を認めさせることだけど、この男にとっては、あくまで仕事の商談として話を持ちかける。だから黒菊家を訪れることは叶愛には話していないし、叶愛が学校に行っている時間帯に都合をつけさせた。

「文書でもお伝えしておりました通り、弊家との事業提携につきましてご相談に参った次第でございます」

叶愛の父親は黙って話を聞いていた。

話の概要をまとめたものを事前に送っていたから、この男の中ですでに結論は出ているはずだ。

つっぱねる気でいたなら、テーブルに資料を広げる前に断りの姿勢を見せているだろう。

交渉で失敗した試しはない。

それでも万が一話を見送られそうになった場合を想定してあらゆる計画を練っていたが、途中で遮られることもなく、予想よりもあっさり商談が成立した。

実の娘をひとり差し出すのに、この男はなんの躊躇《ためら》いもないのか。

それとも、そうしなければいけないほど事業が危うい状況なのか。

おそらく両方だろうな。

書面にサインを走らせる手を見ながらそう思った。

汚い家だと罵りさんざん敬遠しておきながら、結局はどいつもこいつも京櫻の言いなりだ。辟易する。

こんな流れで叶愛との婚約を承諾されても、全くいい気分にはならなかった。

まあいい。叶愛と黒菊を引き離してしまえばもうこの家に用はない。

「待ってくれ」

話が終わったので席を立とうとすれば引き止められ。

てっきり娘をよろしくとか、父親らしいことを言われるのかと思いきや。

「事業提携の話は喜んで受けるが……、お宅との婚約の話は公《おおやけ》にしないでいただきたい」

一応、予想はしていた。体裁を保つためだろう。

そりゃあ、京櫻の息子との政略結婚で事業の安定を図った、だとか噂されたら、たまったもんじゃないだろうな。

娘の心配じゃなく、家の心配……ねえ。

薄々そうだろうと思っていたことが確信に変わる。

叶愛はこの家で虐待されていた。あの子は必死で体を隠していたけど、朝方、眠っている彼女の服を整えてやる際に、体に痣があるのが見えた。

寝ながら時折うなされているのも、おそらくそのせいだ。

離れで暮らしていたこと、コンカフェで働いていたことも踏まえて間違いない。

ふと、殺してやろうかなという気になる。

もちろん見張りがごまんといる中で手を下すほど馬鹿ではないし、きちんと働いた理性が止めてくれた。

仮にこの男がこの世から消えたとしても、叶愛の傷が癒えるわけじゃない。

「承知いたしました。それでは、この件は内密に進めさせていただくということで。詳しいことはまた後日」

最後まで人当たりのいい笑みで対応し、部屋をあとにした。

黒菊家の門を抜けたあと、何やらつけられている気配を感じていたが、まさか子どもだとは思わなかった。

「お兄さん……待って！」

ランドセル。……小学生か。

黒菊の家の中から追いかけてきたわけではなさそうだった。学校帰りに、たまたま俺を見かけて駆け寄ってきた……という感じ。

知っている顔ではない。

「お兄さんて、京櫻の……人ですよね」

「そうだけど。何？」

「叶愛お姉ちゃんと、結婚するんですか？」

「……………」

お姉ちゃん……叶愛の弟か。

実母は亡くなってるはずだから、後妻との間にできた息子だろう。

「少し前に、父上と母上が話しているのを聞いたんです。叶愛お姉ちゃんを取らないでください、お願いします……！」

頭を下げられて戸惑う。

「ごめんね。でも、結婚したとしても君のお姉さんじゃなくなるわけじゃないから」

「違うっ、そうじゃなくて……お姉ちゃんには、幸せになってほしいから……」

そう言いながら、目に涙を溜め始める。

てっきり、弟も一緒になって叶愛をいじめていると思っていた。

「お姉ちゃんのことはちゃんと幸せにするつもりだよ。約束する」

「お兄さんには、できないよ」

幼いながらも、冷たく鋭い声を向けられる。

「だってお姉ちゃんは、小さいときからずっと、蘭野くんのことが好きって言ってたんだもん！」

――ドク、と、心臓が静かに跳ねた。

「京櫻家って、悪いことばっかりしてるんでしょ。極悪人がお姉ちゃんを幸せにできるわけない……っ、お前なんか死んじゃえ！」

そう吐き捨てると、勢いよく踵を返して去っていく。

背中が見えなくなったあとも、俺はしばらくその場から動けなかった。

体がゆっくりと、冷たくなっていく――。


―ｓｉｄｅ叶愛―


一週間ぶりの学校。

特に今までと変わらないはずなのに、心なしか景色が明るく見えた。

しっかり休んで、ご飯も食べて、体調がよくなったおかげかもしれない。

授業にもしっかり集中できるし、クラスメイトと話す時間も純粋に楽しいと感じられるようになっていた。

今までの自分に、いかに余裕がなかったのか実感する。

学業とアルバイトを兼け持っていたせいで、時間もなく。

勉強を頑張ったからといって愛されるわけでもなく。

なんのために生きているのか何度もわからなくなった。

だけど今は……歴くんがいる。それだけのことが、こんなに幸せだなんて思わなかった。

「叶愛サン、お疲れ様です」

放課後は、龍くんが車で迎えにきてくれた。

「わざわざありがとうございます。でも、ひとりで帰れるので、明日からはお迎えは大丈夫ですよ」

「いやいや、送らせてくれないと困りますって。歴君の命令ですからねー」

そう言われるので、ありがたく乗せてもらうことにする。

龍くんには今朝も送ってもらった。今までずっと電車と徒歩だったのでなんだか慣れない。

急に贅沢になってありがたくはあるのだけど、身の丈に合わない感じがしてそわそわする。

「歴くんは今日もお仕事ですか？」

「っすね～。あの人、山ほど案件抱えてんのにここ一週間サボり気味だったんで、たぶん今頃ヒイヒイ言ってますよ」

「っえ、そうだったんですか……」

「自業自得っすね。叶愛サンと少しでも長くいたい気持ちはわかりますけど」

家にいる間も割と忙しそうにしてたのに、あれでもサボり気味だったなんて……。

普段はいったいどれだけ忙しいんだろう。無理してないといいなあ……。

そうだ。今日は栄養たっぷりのご飯を作ろう。

「すみません龍くん。途中でスーパーに寄りたいんですけど、いいですか……？」

尋ねると「もちろんです！」と笑顔で返事をくれる。

ついつい調子に乗って、今日は高めのお肉を買ってしまった。

今日も美味しいって思ってもらえるといいな……。


夜ご飯はビーフシチューにした。お肉を柔らかく煮込むことに成功して、思わず口元が緩む。

味見してみても、いい感じ。コクもあって我ながら上手くできたと思う。

匂いにつられてやってきたまろんが、足元で「ナァーン」と鳴く。

「へへっ、美味しそうでしょ？　まろんにも、あとで味付けしてないお肉をあげるね」

まろんを拾ったときに、猫のことを図書館でしっかり調べた。

牛肉は鶏や豚に比べて菌も少ないので、生じゃなければ猫に与えても問題ないと書いてあった。

それに、タンパク質やビタミンも豊富に含まれてるから、体にもいいみたい。人間の味付けだと塩分過多になってしまうから、注意しないといけないけど。

鍋の火を止める。

冷めないうちに帰ってきてくれるといいなあ……。

――と、思っていたけれど。

夜の九時を回っても、歴くんは帰ってこなかった。

お腹が空いたけど、一緒に食べたかったから我慢して、ひとまずお風呂に入ることにする。

お風呂から上がったときには歴くんが帰ってきてるといいなと思って、なんとなく長風呂をしてしまう。

そんな願いは叶うことなく、時計は十時半を回り。

さすがに、もうこの時間ともなれば外で食事を済ませているはずだよね、と、ひとりぶんだけお皿によそった。

忙しいって話だったし……しょうがない。煮込み料理は日もちするし、明日にでも食べてくれるといいな。

広いダイニングで、ひとり手を合わせる。

味見のときはあんなに美味しく感じたのに、今はやけに味が薄く感じて。

……ああ、離れにいたときもこんな感じだったなって。

少しだけ寂しい気持ちが蘇った。


「えっ、昨日歴君帰ってこなかったんすか!?」

次の日。

学校へ送ってもらう車の中で、運転席の龍くんが大声をあげた。

「事務所で徹夜してた可能性ありますねー。叶愛サンと一緒に住むまでは家に帰ることのほうが珍しかったですし。昨日はおれじゃなくて別のヤツが歴君についてたんで、詳しくはわからないっすけど」

「そうなんですね。無事ならよかったです、もし事件かなにかに巻き込まれてたらどうしよう……とか考えてちゃって」

「もしそんなことになってたら、おれは今叶愛サンを送迎できてないですよ」

「あはは、そうですよね」

無事ならよかった。昨日の夜は、不安であんまり眠れなかったから。

「ちょっと待ってください、電話掛けてみます」

間もなく車を停めた龍くんが、スマホを耳に当てる。

「お疲れ様です歴君。今忙しいっすか～？　……っすよねー、すいません。昨日家に帰らなかったって叶愛サンに聞いたもんで」

スマホ越しに歴くんの声はわずかに聞こえるものの、内容は聞き取れなかった。

「……あ、そうなんですねー。……はい、了解です」

通話が終わったらしく、龍くんが運転席から振り向いた。

「働きづめで事務所で仮眠取ってたみたいです。でも、今日は夜の七時頃までにはちゃんと帰るらしいですよ！」

「っ、ほんとですか。ありがとうございます」

「いえいえ。あ、てか叶愛サンに代われればよかったですね。気が利かなくてすいません」

「とんでもないです。忙しい歴くんのお時間奪うわけにもいかないので」

そう言うと、くすっと笑われる。

「未来のお嫁さんなんだから、もっとワガママになっていいですよ」

「いえ、そんな……まだ正式に婚約したわけでもないのに」

そう言いながらも顔がじんわり熱を持った。

歴くんにとっての私は、きっと暇つぶし程度でしかない。

だけど、いつの間にか歴くんの帰りを楽しみにしてしまっている自分がいる。

叶わないのはわかっているけど、願ってしまう。

次の誕生日を迎えたとき、本当に歴くんのお嫁さんになれたらいいな……。

今日こそは一緒にご飯を食べよう。そう思って、先にお風呂に入った。

六時を過ぎたあたりから落ち着かなくなる。

たった一日会わなかっただけなのに、おかしいな。

冷蔵庫に入れておいたビーフシチューを再び火に掛けながら、歴くんが帰る瞬間を待っていると、間もなく扉の開く音がした。

火を止めてから、玄関へ急ぐ。

「おかえりなさい、歴くん」

「……ん、……ただいま」

なんだか声に元気がないように思えた。事務所で仮眠とっただけだから、相当疲れてるんだろうな。

「お仕事お疲れ様です。お風呂も沸いてますし、ご飯も今ちょうど今温めたところで——ひゃっ？」

靴を脱ぐなり荒々しく壁に押し付けられ、びくりとする。

戸惑っているうちに、指先がスカートを捲りあげた。

「れ、きくん……やめ……、んん、っ」

帰ってくるなり……というのは今までもあったけど。今日はなんだか様子が違う。

いつもは優しく笑いながら「ただいま」って言ってくれるのに。

名前を呼びながら何回も何回もキスしてくれるのに……。

「脚開けよ」

「やっ……ぁ、っ」

それでも、歴くんに教えこまれた体は、荒々しい刺激からでも無理に快楽を拾ってしまう。

怒ってる……？　私、何かしちゃったかな……？

余裕のない頭で必死に考える。

強制的に、淡々と与えられ続ける快楽はとても苦痛だった。

ぐ、と押さえつけられれば、あまりに強い刺激にあっけなく上り詰める。

「……こんな状況でも感じられるって、ほんと……優秀だねお前は」

「……っ、は、」

「今まで誰と重ねてたんだよ」

「……、え……？」

重ねてた……？

なんの話を……してるんだろう。

歴くんが何に対して怒っているのかわからない不安と、冷えきった瞳に射抜かれる恐怖で支配された頭はうまく働かない。

急に力が抜けて、玄関の壁にずるずると座りこんでしまった。

乱れた呼吸を整えながら歴くんを見上げる。

相変わらず冷たい瞳が見下ろしてくる。いつもと全然違う。

――ううん、これが本来の歴くんだ。

この一週間様子がおかしかっただけで、初めて会ったときからこの人は冷酷だった。

『酷くしても文句言うなよ』

『俺がああしろこうしろって言うこと全部聞けよ』

『死ねって言ったら死ねよ』

思えば、あの時点ですでに、他でもない本人から警告を受けていたのに。

優しくしてもらえることが当たり前だと、いつから勘違いしていたんだろう。

冷たくなったんじゃなくて、これが普通なんだ。

……酷い人を好きになってしまった。と、酷いことをされたあとで気づいた。

そっか……私はこの人が好きだったんだ。

今まさに、道具としてしか見られてないことを実感した瞬間に気づくなんて、あまりにも皮肉がすぎる。

……この気持ちは隠さなくちゃいけない。

ただの道具に、感情なんて必要ないから。


あのあとすぐ、歴くんは仕事の電話を受けて家を出ていった。

乱れた服をゆっくりと整えてダイニングに戻っても、食欲なんて湧いてこない。

ビーフシチューの入った鍋の前にしばらく呆然と立ち尽くしていた。

それをまた冷蔵庫に戻す気力もなく。課題にも手がつかず。

まだ少し濡れていた髪を乾かすこともしないまま、ベッドに倒れ込んだ。

──やけに長い夜だった。

それから数日、歴くんは帰ってこなかった。

「あのー、叶愛サン。つかぬことをお聞きしますけど、歴君と喧嘩でもしたんですか？」

「いえ……喧嘩というか……」

「そーいうのは、早めに話し合ったほうがいいですよ？　のちのちこじれて面倒なことになりますんで」

「あはは、そうですよね」

ただの喧嘩だと思い込んでいる龍くんに本当のことを相談する勇気もなく、今日も今日とてあいまいな返事で誤魔化してしまう。

いくら忙しいからといっても、帰って来ないのは、さすがに避けられてるとしか思えない。

どうしてだろう……。

私が歴くんを避ける理由はあっても、歴くんが私を避ける理由はないのに。

もしかして、玄関での一件で、私が嫌がる素振りを見せてしまったから……？

面倒な女だと思われた……のかな。

考えてもわかるわけがないことを延々と考えてしまう。

おかげでちっとも眠れない。

「黒菊さん、また顔色悪いよ。大丈夫……？」

「そうかな？　別になんともないよ、ありがとう」

休み時間、またもクラスメイトに心配をかけてしまった。

周りに気を使わせてしまうなんて、本当に私はだめだな……。

なんともないよと口では言いながらも、本当は頭も痛いし、少し寒気もする。

風邪ひいちゃったかな。今日は帰ったら早めに休んだほうがいいかもしれない。

……でも、もしかしたら歴くんが帰ってくるかもしれないから、お夕飯はつくりたいな。

そんなことを考えながら、なんとか気力を保って放課後までやり過ごした。

今日は豚肉の生姜焼きに、小松菜と豆腐のお吸い物。

簡単なものになっちゃったけど……とりあえずできたからよし。

安心したのもつかの間、寒気がぞくぞくっと足元から這い上がってきて。

あ……。

くらっと眩暈《めまい》がした。

体が傾いていくのがわかっても、支える力が働かない。

視界が徐々にぼやけて、意識が遠のいていくのがわかった。

微睡《まどろ》みの記憶

―side歴―


「歴君、もーうだめですよ。あとはおれがやっときますから帰ってください」

さっきから同じセリフばかり投げてくる龍が、いい加減うるさくなって立ち上がった。

「そうですそうです。喧嘩は早めに話し合って仲直りすべきです！　こじれるとのちのち厄介ですからねー」

喧嘩なんてぬるいものじゃない。

叶愛は俺に抱かれながら、時折たまらなく甘い表情を見せていた。そのたびにうっかり自惚れかけていたのを思い出しては笑ってしまう。

あの子は、俺を通して別の好きな男を見ていただけだ。

『おかえりなさい、歴くん』

別の男を想いながら、よくもそんな優しい顔ができるな。

大した演技力……尊敬する。

気づけばそんなどす黒い感情に呑まれて、手荒く抱いてしまった。

叶愛の怯えた顔が頭に焼き付いて離れない。

『極悪人がお姉ちゃんを幸せにできるわけない』

……あーあ。返す言葉もないな。

叶愛を傷つけた俺は、あの子を虐待していた父親となんら変わらない。

家に帰ったって、どうせ拒絶されて――。

「そういえば放課後迎えに行ったとき、叶愛サン、なんか様子がおかしかったんすよねー」

煙草に火をつけながら、突然、龍がそんなことを言った。

「おかしかった？」

「はい。顔色も悪くて、なんか目も虚ろな感じで……。暖房ガンガンきかせてたんですけど、今日は寒いですね……とか震えてたし」

「――は？」

直後、心臓が嫌な音を立てる。

「……。なんで今まで黙ってた」

「あ、すいません。叶愛サンが大丈夫と仰ってたんで大丈夫なのかなあと」

「っ、大丈夫なわけねぇだろ！」

「は、はいぃぃ、すいません！」

ポケットに車のキーがあることを確かめて部屋を出た。エレベーターを待つ暇も惜しくて階段を駆け下りる。

「歴君、待ってください！　おれが車出しますんで!!」

慌てて追いかけてくる龍を無視して、構わずアクセルを踏み込んだ。


「……叶愛、ただいま」

廊下に電気はついてるけど返事がない。

どこからか飛び出て来たまろんが足元に来て、いつもと違う様子で鳴いた。

背中に妙な汗が伝う。

脱衣所も風呂場もリビングも暗い。明かりが漏れているのはダイニングから。

ゆっくり扉を開けた直後――心臓が止まりかけた。

仰向けにだらりと横たわる白い体を見て、さっと血の気が引く。

「――叶愛、」

ひどく掠れた声が自分のものだとわかるまで、しばらくかかった。

体を丁寧に抱き起こすと、瞼がかすかに開いて安堵する。

「だいぶ熱があるな……。平気か？」

「……、……歴くん……？」

不安そうに名前を呼ばれる。もしかしたら俺のことを怖がってるのかもしれない。

そう思って思わず目を逸らしてしまう。

「……よかった。……もう、帰ってきてくれないかと、思ってました」

刹那、喉の奥をぐっと絞められたかのように苦しくなる。

「俺のこと……待ってたの？」

「はい……」

「……あんなに酷いことされたのに？」

「……。……歴くんには、何されても大丈夫です」

「…………」

「帰ってきてくれないことのほうが……ずっと辛かったです」

そこまで言うと、叶愛はまたぐったりと苦しそうに目を閉じた。

この数日間、俺はなに馬鹿なことをしていたんだろう。

この子をひとりにするなんて……。

「待っててくれてありがとう。……帰るの遅くなってごめんな」

ひとまずベッドに寝かせたあと、叶愛が少しでも食べられそうなものはないかと台所に急ぐ。

そこでふと、テーブルの上に二枚の皿が並んでいることに気づいた。

もしかしなくても俺の分だ。

コンロに乗っかっている鍋の蓋をとると、わずかに湯気が立ちのぼった。

はっと胸を突かれる。

体調が悪いのに作ってくれていたんだ。帰るかもわからない俺のために……。

眩暈がするほどの後悔に襲われた。激しい動悸が止まらない。

自分に殺意を覚えたのは初めてだった。

夕飯をつくってくれたのは、おそらく今日だけじゃないはずだ。

冷蔵庫を覗けば、案の定、ラップに包まれた皿があった。ゴミ箱には残飯を入れたであろうポリ袋も……。

「っ……」

テーブルに手をついて、呼吸を整える。

……もう二度と、傷つけたくない……。

強く自身を戒めたあとで、再度棚や冷蔵庫にある物を確かめた。

叶愛が食べられそうなものは……何もなさそうだ。つくってくれていたすまし汁を使って雑炊にするか……。

汁を小さな鍋に移して、ジャーの白米を投げ込み、再び火を通す。

火にかけている間、他にいりそうなものを考えた。

スポーツドリンクを温めて飲むのがいいと聞いたことがある。

あとはビタミンのとれる果物。柑橘系のゼリーでもいいかもしれない。

解熱剤があれば少しは楽にしてやれるかな……。

考えれば色々浮かんでくるけど、ひとまずは雑炊を食べさせることにした。

「叶愛、少し起きれるか」

寝室に入ってそっと声を掛けると、相変わらずどこか視軸の定まっていない瞳に捉えられる。

「歴くん……夢じゃなかった……よかった」

そう言ってにこっと微笑むので不覚にも胸が音を立てた。

「夢、って？」

「歴くん、帰ってきたと思ったけど……、さっき目が覚めたら部屋にいなかったから、もしかしたら夢だったのかなって。……会いたすぎて、そういう夢を見ちゃったのかなって」

「っ、」

不覚が重なってどうにかなりそうだった。

この子、普段から全部の言動が可愛いけど……。

熱で弱ってたらこんなに素直になるのか……。

「現実だよ。ほら、ちゃんと触れるだろ」

小さな手にそっと自分のを重ねる。

「ほんとだ……触れるね、へへっ」

またしても不覚だった。

鼓動が速まる気配がする。

……しかも、ぎゅう、と握り返してくるから。

「あのな、叶愛……」

あんまりそういうことされると、心臓もたなくて看病どころじゃなくなるからやめろ。

――あまりに馬鹿丸出しのセリフだったので、どうにか喉奥にとどめた。

ほんと……この子といると自分が自分じゃなくなる。

続きを言わない俺を叶愛は不思議そうに見ながら指先を絡めてきた。

「やっぱり、歴くんの手のひらってあったかい……」

「……ん。手よりあったかいもの持ってきたから食いな」

ずっと握っていたかったけど、それだと永遠に食べさせられないので、心が痛みながらもやんわりと手を解く。

叶愛の上半身を起こして、スプーンを口元まで持っていく。

「歴くん……これ……」

「雑炊。食べれる？」

「もしかして……歴くんが作ってくれた……の？」

「叶愛がつくってくれてたすまし汁で炊いただけだけどね」

すると直後、叶愛の目から大きな涙がぽろっと零れてきて。

「っ、なに、これ嫌だったか？」

「……ちが……、嬉し、い……。歴くんが、私のこと、ちょっとでも気にかけてくれて……」

熱で弱っているからとはいえ、素直な気持ちをぶつけられると、こちらのブレーキだって勝手に緩んでいく。

「ちょっとどころじゃない。毎日毎日、四六時中、お前のことしか考えてない」

一旦スプーンを引いて唇を奪った。

「……うう、風邪うつっちゃうよ……？」

顔を真っ赤にしながら、上目づかいで見つめられ、理性がさらに溶ける。

「いーよ。俺に移したら、早く楽になれるかも」

「ん……っ」

二回……三回……角度を変えて、もう一回だけ。病人にこれ以上は負担を掛けられないと、五回目は未遂。

偉すぎ……ちゃんと踏みとどまった。

「よし。……ご飯食おうな」

「…………」

「叶愛？」

「……あと七回……」

「うん？　……なかい？」

「キス……。歴くんが帰ってこなかった日の数ぶん、まだ足りてないよ……？」

ぐわっと全身に血が巡る。

ちゃんと数えてたのか。

しかも、会えなかった日の数だけねだってくるのか。

さっきとは違う意味で胸が押し潰されそうになる。

自分がこの子にとことん弱いことを実感した。

ちゃんと七回落としてやって、ようやく雑炊の番。

食べ終わったあとに白湯を飲ませてから、一旦ベッドを離れた。

叶愛がつくってくれたご飯を味わって食べて、さっと風呂に入って。それから急いでベッドに戻り、小さな体を抱きしめながら眠りについた。

酷い男

「……、歴くんがいる」

起きてから、もう何度隣を確認したかわからない。

間違いない。ぽかぽかする体温も、甘い匂いも全部歴くんのものだ。

昨日の記憶があいまいだった。というより、どこまでが夢でどこからが現実なのかがわからないといった感じ。

ダイニングで倒れてしまったとき、歴くんが抱きかかえてくれたこと。あまりにも自分に都合のよすぎるタイミングだったので、そのときは夢だと思ったけど、たぶん現実。

次に気がついたときはベッドに寝ていて。だけどそばに歴くんの気配がなかったので、自力でここまで歩いてきたのかもしれないと思った。

そう思っているうちに、またも都合のいいタイミングで歴くんが現れて、おまけにとんでもなく優しく声を掛けてくれたのでこれも夢だと思った……けど、たぶん現実。

あとは……小さな子どもみたいに甘えてしまった記憶があるけど……。

困ったことにその部分の記憶があまりない。

何か大胆なことをしでかした気もする。

大丈夫だったかな。歴くんを困らせるようなこと言わなかったかな。

──うっかり『好き』とか、言わなかったかな。

ひとりで顔を熱くしながら、隣でまだ眠っている歴くんを、こっそり見つめる。

お仕事で疲れてたはずなのに看病してくれた。

大丈夫だよって抱きしめるみたいにぎゅっとして、隣で眠ってくれた。

疑いようのない事実が目の前にある。

「……ありがとうございます、歴くん」

声にならないくらいの声で呟いたつもりなのに、野生の獣なみに感覚が鋭いのか、歴くんの瞼がうっすらと持ち上がった。

いけない、起こしてしまった……っ。

「……体、どう」

「っえ、あ……昨日よりはおかげさまで、いいです」

「ほんとか？　顔かなり赤いけど」

どきっとする。

顔が赤いのは、歴くんが隣にいるからだよ……。

「でもほんとに、昨日のきつさが嘘みたいに治ってます。たぶん、熱もほとんどないし……歴くんが看病してくれたおかげです」

「ふーん。てか、敬語に戻っちゃったんだ」

「……え？」

うまく聞き取れなくて首を傾げる。

歴くんは「別に」と少し笑ってから、上半身を起こした。かと思えば。

「……ごめん」

ふと、暗い声を落とした。

突然の『ごめん』に、困惑した。歴くんほど謝罪の言葉が似合わない人はいない。

「夕飯、毎日つくってくれてたのに、帰りもせずに」

「っ、や……それは、私が勝手につくったものなので全然気にしないでください」

しまった。いらない気を遣わせてしまった……と焦りが走って。

「歴くんに食べてほしいっていうより、私が歴くんと一緒に食べたかっただけなんです」

つい、余計なことまで喋ってしまう。

「な、なので、歴くんが気を負う必要は、なくて──」

「俺ね、病気なんじゃないかってくらいお前のことばっかり考えてて」

「っ、え？」

「その気持ちが一回度を越して、お前に酷いことした」

……酷いこと……？　玄関での、ことかな。

たしかにあのときはびっくりしたけど、酷いことをされたとはもう思ってない。

それまでが優しすぎたから、違いに戸惑っただけ。

「全然気にしてないです。最初の歴くんみたいに優しく……してくれる男の人のほうが少ないと思うし……、本来はあれが普通だと思うから……」

のろのろ答える私を歴くんはしばらく無言で見つめていた。

「お前って、いつもそうやって耐えてきたんだな」

「え？」

「傷つけられても、それが〝普通〟だって思い込んで、自分は大丈夫だって」

「……っ」

図星を突かれて言葉を失った。

そうだった。

虐待を受けても、お父さんは私を恨んでいるからこの仕打ちは当然だと思い込まなきゃ耐えられなかった。

お義母さんには、私がお父さんの前妻に似てるから煙たがられて、暴言を吐かれるのは〝普通〟のことだって。

じゃないと、自分は可哀想な子だって自覚しなきゃいけなくなるから……。

どうして歴くんは何もかもお見通しなの？

自分を暴かれるのは怖い。でも……。

「叶愛、こっち向け」

「……、や」

「お前は俺に愛されるのが普通なんだよ。わかったか」

歴くんは、無理やり暴いた場所にいつだって優しく触れてくれる。

酷いだけじゃないところが。優しいだけじゃないところが。

酷くて、優しい歴くんが……どうしようもないくらい好き。

見つめられたら、昨日の熱がぶり返したみたいに頭のブレーキが緩んでいく。

気持ちを仕舞っていた箱の紐が、いとも簡単に解けそうになる。

「わからない……です」

「はあ？」

「愛され方がわからないから……。歴くんが教えてくれないと、わからないです」

歴くんの手を取った。

視線が絡んで。引き寄せられて。

ゆっくりと、歴くんの体重がかかる――。

一回、二回、三回……。

歴くんがしてくれること全部覚えておきたくて、キスの回数をいちいち数えていたけど、甘さでぐちゃぐちゃになってすぐにわからなくなった。

息をつく暇もないくらいずっとキスをしている。

少しずつ深くなっていく。でも、全然乱暴じゃない。

大事に大事に熱を伝えてくれるから、私もそれに応えたいと思って、恐る恐る舌を絡めた。

刹那、わずかに歴くんの体が揺れた気がして。

もしかして失敗したかな、下手だったかなって、不安になったけど。

「そんなに可愛いことして、どーしたいの」

「ん……っ、ぁ」

「もっかいやって。叶愛から……して、深いの」

一度唇を離して、ねだられる。

恥ずかしさで頭がくらくらする。

でも、歴くんの命令は魔法みたいに私を操る。

触れないぎりぎりのラインで焦らしてくる唇に、考えるより先に自分のを重ねてしまった。

濡れた感触が伝わって、体が甘く痺れた。鼓動の休まる暇がない。

歴くんのキスはあったかくて心地よくて、もともと大好きだったけど、気持ちを自覚した今、感じるのはそれだけじゃない。

胸の内側から歴くんへの気持ちが際限なく溢れてくる。

優しく唇に触れられるたびに、その気持ちが柔らかく溶けていって幸せに変わる。

「ね……叶愛、何回もしてんのにまだ足りない。俺、おかしい？」

「っ、ぇ」

心臓が痛いくらいにぎゅっとなった。

「可愛くて止まんない、叶愛がもうやめてって言わないと、もっとやっちゃいそう」

火傷したんじゃないかってくらい、ほっぺたがチリチリ熱い。

「……やめないで、いいです……歴くんになら、もっと、されたい……です」

目をつぶった瞬間、甘すぎる熱に呑まれる。

知らなかった。想いが伝わるキスって、こんなに幸せだったんだ……。

いつの間にか、肩が空気に晒されていた。

ルームウェアのボタンが外れて、露わになった部分に優しくキスが落ちてくる。

もう太陽が昇っていて、輪郭どころかぜんぶがはっきり見えてしまう。

恥ずかしい。これ以上したら、ずっと隠していた部分を見られてしまうかも。

でも……。

あんなに必死で隠していた傷痕も、今なら見られても大丈夫な気がした。

醜いと思われるかも、という不安がもうない。

隠したい部分も弱い部分も暴いたあとに包み込んでくれるのが歴くんだってわかったから……かな？

「叶愛、……可愛い」

肌を柔く撫でられれば、意図せず声が零れる。

たまらなくなって身をよじるけど、触れられる部分に感覚が集中するせいでそこに燻る熱を逃すのは難しくて。

「う、あ、歴くん……待って……声、」

「ん……気持ちよくて甘い声いっぱい出ちゃうな」

「つうぅ、やだ、っ、聞かないでください」

「はは、それは無理だから、頑張って我慢して？」

そう言って弱いところを攻めてくるからすごく意地悪だ。

でも意地悪なところも好き。たとえ意地悪じゃなくてもたぶん好き。

「なあ、キスだけでこんなになっちゃったの？」

「～～っ、ゃ、違う……んんっ」

意地悪する合間に気まぐれでキスしてくれる優しさも好きだし、……たとえ優しくなくても好き。

「叶愛って、もう手遅れなんじゃない」

「……え？」

息も意識も絶え絶えになってきた頃、ふとそんな声が落ちてくる。

「今後、もし他の男と結婚したとしても、お前はもう俺のこと忘れられないでしょ
ね？と、わからせるように強い刺激を与えられ、びくんと肌が震えた。

そんな極悪な呪いをかけられた、冬──。

無自覚な衝動

あれから約一ヶ月。

歴くんの帰りを待つことはなくなった。というのも、学校が終わるとマンションではなく、歴くんの事務所に連れて行ってもらえるようになったからだ。

私がお願いしたわけじゃなく、歴くんのはからい。

事務所の役員の人たちにも迷惑だろうと何度も断ったけど、歴くんは聞いてくれず。「一緒にいたいから」と言われれば、嬉しくてつい頷いてしまった。

役員は怖い見た目の人たちばかりで最初は正直怖かったけど、歴くんが外出してたり来客があったりするときはいつも気にかけてくれる。

昨日なんか、「叶愛さんが来てから、頭《かしら》がずいぶん優しくなってシゴトがやりやすくなりましたよ」とまで言われてしまった。

もちろん、私が肩身のせまい思いをしないようにと気を遣ってくれただけだとは思うけど、やっぱり嬉しい。

歴くんは私の知らないうちにお父さんに婚約の話を取りつけてくれていたらしく、その話を聞いたときはびっくりした。

証拠として、何やら難しそうな書類に記されているサインを見せてもらうと、間違いなくお父さんの筆跡で。

私が誕生日を迎えるのはまだ先だけど、歴くんと結婚することがようやく現実味を帯びてきた。

黒菊家の一存で、婚約も婚姻も公にはならないらしい。

小さいころ、好きな人との結婚式をあげることに密かに憧れを抱いてたけど……仕方がないよね。

これは政略結婚。ふたりが愛し合って結婚するわけじゃない。

私は歴くんのことが好きだけど……歴くんはたぶん違う。

毎日これでもかってくらい甘やかしてくれるけど、「好き」とは一度だって言われてないから。

自分のことを歴くんにとっての道具だとはもう思わなくなったけど、恋人だなんて自惚れたりもしない。

クラスメイトとグループで恋愛の話になったとき、ひとりの子が『男の人は好きじゃなくてもやれる』って言ってた。

別の子は『体の関係はあるのに好きって言われないのは、ただ遊ばれてるだけ』とも。

歴くんは遊びで私の相手をしてるわけじゃないって。もっと大事に想ってくれてるって自負はある。

でも、好きって言われたことがないのは紛れもない事実。

そして最後。

『体から始まった関係じゃ、絶対恋人になれない』

そんな話にトドメを刺された。

……わかってる。私が歴くんと本当の意味で結ばれるわけないって。

黒菊家だからとか、京櫻家だからとか、そういう問題じゃなくて。

なんていうか歴くんと比べて、自分があまりにも子どもだから。

お仕事をする歴くんに触れる機会が多くなって、それを痛いほど実感した。

でもいいんだ。愛には色んなかたちがあるから。

歴くんは『お前は俺に愛されるのが普通』って言ってくれた。私はその言葉通り、歴くんに間違いなく愛されてる。

私がまろんのことを家族として愛してるみたいに、大事に大事に想ってくれていることが、私に向けられる視線や表情、仕草からいつも伝わってくる。

『叶愛』って呼ぶ声は誰より優しい。

現実とかけ離れている自分の名前がずっと苦手だったのに、歴くんが呼んでくれるからちょっとずつ好きになれた。

歴くんがいてくれるだけで、世界一幸せだって思えた。

「叶愛ちゃん……！」

ある金曜日の朝、昇降口付近で聞き覚えのある声に引き止められた。

すぐに誰だかわかって――顔をあげることができなかった。

蘭野くんだ。

親の都合で婚約が破談になってから、学校で顔を合わせるのは初めてだった。

……ううん、嘘。

クラスは違えど、時折廊下やホールですれ違うことはあったけど、私はわざと気づかないフリをしていた。

生徒集会の解散時に声を掛けられたときは、申し訳ないと思いながらも喧騒で聞こえないフリをして人混みに紛れて。

本当に感じが悪いと思う。思うけど……。

だって、どういう顔を向けていいかわからない。

婚約が急に破談になったことを謝罪するつもりなんだろうけど、何も悪くない蘭野くんに頭を下げさせるなんてどうしても嫌だった。

私の家柄や教養、おそらく容姿なんかも含めて相応しくないと判断されただけ。

謝られると、むしろ惨めになる気しかしない。

自分がその程度の価値しかない人間だということを、違う形で肯定されているようで。

だから、話す機会を避けてきたけど……。

目の前に立つ人を無視なんて、できるわけもなく、笑顔をつくって向かい合う。

「おはようございます、蘭野くん。今日も寒いですね」

当たり障りのないあいさつをして、すぐにその場を去ろうとしたのを、素早く引き止められた。

「待って、話したいことがある。今少し時間いい？」

「あ……えっと、」

「この前はごめんね！　父さんが急に別の縁談を受けるって言いだして、逆らえなくて……」

ああ……やっぱりその話だったんだ。

「とんでもないです、謝らないでください。お父様が蘭野くんに相応しい方を選ばれるのは当然です」

「っ、違うんだ。あのあと、俺が説得して、その縁談もなかったことにしてもらったんだ」

「……え？」

予想外のセリフに上ずった声が出る。

「どうしてですか……」

「好きでもない人と結婚できるわけないだろ？」

「それは、そうですよね」

一度は勢いにのまれて頷いてしまったものの、矛盾に気づいて首を傾げる。

私との縁談が進んでいたとき、蘭野くんは政略結婚を難なく受け入れているように思えた。

てっきり、家のためにきっぱり割り切っているんだとばかり……。

「僕はずっと叶愛ちゃんのことが好きだったんだよ」

思考に被せるように放たれた声に、一時的に思考が停止する。

「父さんには、本気で好きな人と結婚したいからって何度も説得したんだ。今度こそ僕と結婚してほしい」

「……い、意味が……、よく、わかりません」

嘘、日本語の意味は理解できる。ただ処理が追い付かないだけ。

あのときと似てる。

歴くんに、なんの前触れもなく結婚しようかって言われたときと。

でも、あのときと違って、体からは徐々に熱が引いていく。

「叶愛ちゃんとの縁談の話を聞いたとき、すごく嬉しかった……運命かなって思って、その日が来るのが待ち遠しくて」

蘭野くんみたいな人が、朝からこんな嘘をつくとは思えない。

好きでいてくれたなんて全然気づかなかった……。

嬉しいけど、気持ちに応えることはできない。

「結婚してくれるよね？　絶対幸せにする。お金にも不自由させないし、服もバッグも宝石もなんでも買ってあげる」

「ま、待ってください。お気持ちは嬉しいです。私なんかを好きになってくださってありがとうございます……。でも、結婚の話をお受けすることはできません」

「っ、どうして？　だって今彼氏とかもいないんでしょ？　他の家から縁談の話も来てないよね？」

「それは……」

そうだった。歴くんとの婚約は公にならないことになってる。

家のためにも京櫻家との関係は隠さなくちゃいけない。

「申し訳ありません……。さっき蘭野くんが好きな人じゃないと結婚できないとおっしゃったように、私にも好きな人がいるんです」

そう、思い切って伝えた矢先に。ふと、蘭野くんから笑顔が消えた。

「今……なんて？」

「す、好きな人がいるので結婚の話はお受けできません、と……」

「え……何言ってるの？ 僕は違う子との縁談を自分の力で破棄して、両親に認めてもらって……そこまでした僕の気持ちを裏切るってこと？」

心臓が嫌な音を立てる。

彼のお父さんはかなり厳しかった記憶がある。お父さんが彼のために選んだ人との縁談を蹴るなんて、家に盾突くのとおんなじだ。

きっと怒られるくらいじゃ済まなかったと思う。

想像すると心が痛い。でも……。

ここで情に流されて中途半端な返事をするわけにはいかない。

「申し訳ありません……」

深く頭を下げた。

人生で初めて告白されて、改めて実感した。

私は歴くんが好きだから。歴くんとずっと一緒にいたいから、他の人との結婚なんて、もう絶対に考えられないって。

蘭野くんはじっと黙ってうつむいていた。しばらくして、ゆっくりと口を開く。

「叶愛ちゃんに好きな人がいるのはわかった……。でも、絶対僕のほうが叶愛ちゃんを幸せにできる。……諦めるつもりないから、よく覚えといて」

低い声でそう言われて、返事ができず。

私に背を向けて去っていく姿を見ながら、ずき、と胸が痛んだ。


「お前……今日なんかあったの」

課題をしていたら、お風呂からあがったばかりの歴くんがすとんと隣に座ってきて、そんなことを言うから。

「っ、なんでも……」

思わず、はぐらかしそうになる。でも、思い直した。

好きな人に隠しごとはしたくないし、なにより、私の様子がおかしいことに気づいて声を掛けてくれた優しさを、なかったことにしたくない。

正直に話そう。そう決めて、シャープペンを置いて向き直る。

「実は、今日……告白されたんです」

「……告白？」

歴くんの顔がほんの少し歪んだ。

「誰」

「え？」

「誰に告白されたの」

「っ、えっと……。ご存知かどうかはわからないんですけど……蘭野、雅也くんという方で」

刹那、手を掴まれた。まるで不安がるように指を絡められて、どきっとする。

「……、歴くん？」

「……、……いや、なんでもない。話……、続けな」

「はい、それで。実は前に、蘭野くんとの縁談をお父さんに持ち掛けられたことがあったんです」

「……うん」

「でも、蘭野くんのほうには、また別の方からも縁談の申し出があったみたいで、私と蘭野くんの婚約は白紙になりました」

少し遅れて、また「うん」と返事がくる。

歴くん、どこか心ここにあらずな感じ……。

そりゃあこんな話、歴くんにとっては、どうでもいいよね……。

「えっと、短くまとめると、蘭野くんが私のためにもう一方の方との婚約を破棄されたそうで、だから改めて結婚してほしいと言われた感じ……です」

またしばらく返事がなかった。お風呂あがりで眠たいのかな……？

そっと覗き込もうとしても、濡れた前髪が影をつくって表情を読ませてくれない。

仕方がないので、課題に戻った。

幸い、歴くんと繋いでいるのは左手だったから、ペンはどうにか動かせる。

そして英語の問一が終わって、問二に移ろうとしたとき。

ものすごく遅れて、歴くんが「で？」と言って首を傾げた。

……〝で〟？

「この家出て行きたいってこと？」

「っ！」

思わぬ言葉に喉奥がぎゅ、と締まる。急激な焦りが足元から這い上がってきた。

そういえば、結論を言ってなかったっけ……！

「そんなわけないですっ。もちろん、結婚の話は断りました」

「……なんで？」

「え？　……だって、歴くんが」

――好きだからです。

危うく零れ出そうになる。

「歴くんと……結婚、するので」

「……、お前はそれでいいの？」

無機質な瞳に見つめられる。何を思ってるのか、全然読めない……。

「私は……歴くんとまろんと、ずっと一緒に暮らしたいです。……もしかして、歴くんは気が変わっちゃいましたか……？」

想像しただけで少しうるっと来てしまって。それが声にも表れたみたいで。

若干震えた私の声に、歴くんがハッとしたように顔を上げた。

「変わってねぇよ。……変わるわけない」

繋いだ手をぐっと引き寄せて、頭を撫でてくれる。

「よかった、っ、です……」

「……。その課題、あとどれくらいで終わるの」

「あ、えっと……三十分くらいかなあと」

「長……話になんねぇ」

「ひゃあっ？」

体が宙に浮く。私を抱えた歴くんは、そのままベッドのほうへ……。

「やぁっ、待ってください……まだ問二の途中で」

「金曜なんだから、今やらなくてもいいだろ」

「課題は金曜に全部片付けたい派なんですよ……うぅ、歴くん、聞いてますか？」

当たり前に全然聞いてくれない。

でも、今日くらいは課題を残したままでもいいかな……なんて。

歴くんに弱すぎる私はすぐに観念してしまう。

それに、絶対言えないけど。

私だって……今日はもしかして……って、ちょっと期待してたんだもん。

ここ二週間くらい、中間テストの勉強で忙しくて全然歴くんに触れられなかった。

最初は、いつもみたいに甘いことされてたら勉強どころじゃない、困る、なんて思って。

『ほどほどにお願いします』って言ったら、テスト期間中、本当にキスしかされなくて。

いざ、歴くんが手を出してこないと寂しくて、隣で眠りながら、ひとり悶々としていた日もあった。

歴くんには絶対言えないけど、テストが早く終わらないかなってずっと思ってた。

「そういえば、テストもう終わったのか？」

ベッドにあがってそう尋ねながら、しれっと私の服を脱がしにかかる歴くんに早くもどきどきする。

「はい、水曜日に終わりました」

「水曜？　今日じゃなくて？」

「中間は科目数が少ないので……」

「うわ、そーいうこと？　じゃあ俺は二日もいらねー我慢をしてたわけね」

「ひぁ、……そこ、や、っ」

自分は冷静に話してる裏でこういうことするの、意地悪くて、ほんとにずるい。

話の内容、全然頭に入ってこない……っ。

前にも似たようなことがあったのを思い出す。

夜に、事務所の役員の人から電話が掛かってきて。歴くんはその人と話しながら、何食わぬ顔で私の服の中に手を入れてきたんだ。

声出しちゃだめだよって、人差し指を口元に当てて、悪い顔で笑ってた。

「なんかとろけた顔してるけど大丈夫？」

くすっと笑われて、顔が急激に熱くなった。

歴くんのせいなのに……っ。

恥ずかしさでじわっと涙が出た。

少しだけ睨んでみる。でも、なんの効果もなかったみたい。

満足げに笑われておしまい。

「そんで、テストどうだった？　ちゃんと解けた？」

「はい、しっかり勉強したので……それなりには……」

「へーえ、偉い。ご褒美あげないとな」

にこっと笑われれば、不覚にも心臓が跳ねた。

「ご褒美……くれるんですか？」

「うん。何がいい？」

いざ尋ねられると、特に浮かんでこない。

今は歴くんといられるだけで満たされてるからなあ……。

でも、してほしいことは、ある……。

「じゃあ……キスがいいです。最近あんまり、できなかったから」

「……待て、だめだ」

「だ、だめですか……？」

ちょっとショックだった。

いつもしてるのに、だめとかあるの……？

「いや……ただの自滅」

「……？」

ひとりごとだったのか、聞き取れずに、顔をのぞき込んでみる。

「……歴くん？」

「……いーよ。じゃあ、ご褒美くださいって言えたらキスしてやるよ」

「なっ、……えぇ」

思わぬ試練を与えられてしまった。

歴くんは意地悪だから、言わない限り本当にしてくれないだろう。

キスできなかったら、その先のことも、全部お預けになっちゃうのかな……。

テストまでずっと我慢してたから、それはちょっと困る。

「ご、ご褒美ください」

「だめ。棒読みすぎ」

「うぅ、ご褒美、ください、っ」

「ちゃんと俺の目見て言って？」

「～～っ、もう、や」

近づいてきた唇が、触れる寸前のところで止まって。

この二週間の我慢が、一気に弾けた。

「……んっ」

後先考えず、操られるように自分から押し付けてしまう。

早まっちゃった。大胆なことしちゃった。

そんな焦りは、すぐに歴くんによって打ち消された。

「ん、……あ、っ」

キスをしながら、後ろへ後ろへ、ぐいぐい押しやられる。

あっという間に追い詰められて、壁にドンっと背中が当たって逃げ場を失った。

両方の指先が絡んで、壁に磔《はりつけ》にされたみたいに身動きができないまま、唇から熱が入り込んでくる。

キス……いつもより激しい……っ。

甘い感覚が全身を巡って、すぐに力が抜けた。歴くんの腕に支えられながら、体はゆっくりベッドへ倒される。

キスが、首筋から、肩、……と順番におりてくる。

唇で優しく優しくなだめられながら、指先で弱いところを容赦なくいじめられて。

正反対な刺激に、もう、おかしくなりそう……。

「ここ、好きだよねお前」

「っや、ぁ～っ」

「甘い声止まんなくてかわいー」

「んぅ……うぅ……っ」

生理的な涙がぽろぽろ零れる。子どもみたいで恥ずかしいのに、止められない。

歴くんのことしか考えられなくて、歴くんを好きな気持ちと一緒にどんどん溢れて。

「はは、俺のせいでぐずぐずになっちゃったな……」

そう、ぜんぶ歴くんのせいだ。

こんなこと教えられたら、もっと離れられなくなっちゃう。

一生、忘れられなくなっちゃう。

――もし今後、他の人に体を許すことがあったとしても。

籠《かご》の鳥

蘭野くんの話はきちんと断った。

それに、京櫻家と黒菊家、両者同意のもと、事業提携の契約に併せて婚約の話も進んでいる。

歴くんとずっと一緒にいられる。そう確信できるはずなのに……。

どうしてか、毎日、漠然とした小さな不安が拭えない。

それを示唆《しさ》するかのように、今朝、うっかり落としたお皿が割れてしまった。加えて、天気予報を確認するために付けたテレビの占いは最下位。

沈んでいたところに、「叶愛」と歴くんから声がかかる。

「俺今日遅くなるから、放課後は事務所じゃなくてマンションに送ってもらえよ。龍にも伝えとくけど」

「はい。……わかりました」

大丈夫。

お皿が割れたのは偶然。

占いの最下位なんて、十二分の一の確率でやってくるんだから、気にしちゃだめ。

歴くんの帰りが遅くなるなんて、いつものこと……。

――大丈夫。

再度言い聞かせて、マンションをあとにした。


「黒菊さん、またね～」

「うん、また明日……っ」

放課後、クラスメイトに手を振ってから、ほっと胸をなで下ろした。

ほらね。今日もいつもと変わらず、穏やかな一日だった。

あとは龍くんにマンションまで送ってもらったあと、歴くんの帰りを待つだけだ。

今日は課題も少なめだし、しばらくはテストもないし、ハンバーグとかつくってみようかな。

歴くんは遅くなるって言ってたけど、もし朝方まで帰ってこなかったとしても、次の日のお弁当に入れればいいし……。そう思いながら教室を出たとき。

少し浮かれていたのか、どん、と人にぶつかってしまう。

「ごめんなさい私の不注意でっ。大丈夫ですか——」

顔を上げた直後……体が硬直した。

……蘭野くんだったから。

「よかった、まだ帰ってなくて」

にこっと笑いかけられる。

いつもの爽やかな蘭野くんに違いはないけど、……どこか暗さを感じるのは気のせい？

「……どうしたんですか？」

「叶愛ちゃんと話がしたくて来たに決まってるじゃん」

距離を詰められた。

「ねえ。まだ僕と結婚する気にはならない？」

「……申し訳、ありません」

「どうしても？」

「はい。好きな人がいるので」

「そうなんだ。じゃあ、これ見ても、考えは変わらないかな？」

「え？」

手渡されたのは封筒だった。

「中、見てみなよ」

なんだか嫌な予感がする。言われるままに、おそるおそる、封を切った。

「……っ、――」

衝撃が走って、危うくそれを廊下にばらまいてしまいそうになる。

指先は震えていた。

中に入っていたのは、複数枚の写真。写っているのは、ＭＡＰＬＥ　ＰＡＬＡＣＥで働いていたときの私だった。

学校の裏門を抜けるところから、駅ビルに立ち寄るところ。

そして、上からパーカーにメガネ姿で駅ビルから出てくるところ。

繁華街へ向かうところ、ＭＡＰＬＥ　ＰＡＬＡＣＥの裏口から中へ入るところ。

メイド仕様の制服を着て、接客をしているところ……。

これはたぶん、店外からズームで撮られたもので、若干ぼやけてはいるものの、これだけ写真が揃っていれば、前後の姿から、中にいるのは私だとわかってしまう。

それにしても……どうして蘭野くんがこんなものを……。

「叶愛ちゃんがバイトをしてることはずっと知ってたんだ。毎日のように裏門から出ていくから、どこに行ってるのかなって気になってさ。探偵を使って突き止めてもらったよ」

「……っ」

背筋に冷たい汗が滲んだ。つけられてたこと、全然、気づかなかった。

「最初は見間違いだと思った。だってどう考えても変でしょ、いいところのお嬢様が、コンカフェでアルバイトだなんて。バレたら笑いものになっちゃうもんね」

「バイトをしてたのは、自分の勉強のためで……」

「いーよいーよ、全部わかってるから。娘を働きに出すほど黒菊家ってお金がなかったんでしょ？　庶民に紛れて働くなんて、すごく惨めだったよね」

惨め……？

たしかに、自分でお金を稼がなくちゃいけない状況は惨めだったけど、あのお店で働くこと自体を惨めだと感じたことは一度もない。

「それで、その写真を私に見せて、どうしろと……？」

「そりゃあ、みんなにバラしちゃうかなあ」

「…………」

「もちろん、叶愛ちゃんが僕と結婚するっていうならやめてあげるよ」

慌てたら相手の思うツボ。冷静に頭を働かせる。

この写真でわかるのは、私がコンカフェで働いていたこと。

……大丈夫、バラされても。

黒菊家の事業はたしかに落ち込んでいるけど、借金をするほどではない。

娘を働きに出すほど苦しかったと噂されたとしても、プライドの高いお父さんならきっと、意地でもそれは違うと証明してくれる。

コンカフェで働いていたことは否定できなくても別にいい。誰がなんと言おうと、恥ずかしいお仕事なんかじゃないから。

対人スキルを身につけるために自分の意志で働いていたと言えば、納得してもらえるはず……。

「結婚をお受けすることはできません。この写真、ばらまいていただいて、大丈夫です」

今ここでびりびりに破くことも一瞬考えたけど、どうせ元のデータは彼が持っているだろうからやめた。

「ふうん、ほんとにばらまいちゃっていいの？　写真、全部見た？」

「……え？」

「お金稼ぐために、店の規則違反の枕営業までしてる女の子だって、みんなが知ったらどう思うかな」

なんのことか全くピンとこなかった。急いで写真をもう一度確かめる。

最後の一枚を見て、息が止まりそうになった。

夜道で、大沢さんに手を引かれながら歩く私——。

繁華街から少し裏に入った路地。写真の背景には、ホテルのネオン看板が映りこんでいる。

呆然とした。

その先にある住宅街を自分の家だと偽った罰が、こんなところで返ってくるとは思わなかった。

誤解だと主張したところで、きっと、誰も信じてくれない……。

追い打ちをかけるように蘭野くんは続ける。

「それにさ、聞いたよ叶愛ちゃん。お金に困るあまり、お店の十万円を盗んだんだって……？」

「――っ、……え」

ぐら、と眩暈を覚えた。

「店長のおかげで警察に連れて行かれずに済んだんでしょ？」

「……、……」

否定しようにも、喉が貼り付いたみたいに声が出ない。

どうして、蘭野くんが知ってるの……？

記憶がフラッシュバックする。

お金を盗ったのは断じて私じゃない。でも、私のカバンにお店の十万円が入っていた。

――誰かが、私のカバンに入れたんだ。罪を着せて、お店を追い出すために……。

疑いようのない事実から、無理やり目を逸らしていた。

私を陥れようとする人が、MAPLE PALACEの中にいるなんて思いたくなくて。

ずっと……必死に思い出さないようにしてたのに。

今になって、蘭野くんの口からその話を聞くなんて、どうして想像できただろう。

「あはは、驚いて言葉も出ない？　最近、叶愛ちゃんが裏門から出ていくところを見ないなあって思ってさ……あのお店を覗きに行ったんだ」

「……、……」

「叶愛ちゃんの友達ですって言ってちょっとお金握らせたら、店長のラムって人が、ぜーんぶ教えてくれたよ」

少しでも気を抜いたら足元から崩れ落ちそうだった。

ショックで指先がずっと震えている。

縁談の話を聞いたとき、すでに私がコンカフェで働いているのを知っていたんだ。

知っていながら黙ってて、いざとなったら使える情報として、切り札のように持っていたってこと……？

いつもにこやかで勉強もできて、人望も厚くて。優しい人だと思ってたのに……。

「どうかな、これでも僕と結婚しないって言える？」

もうさっきみたいに冷静に頭が回らない。

素性を隠して働いていたコンカフェで、枕営業をしていた、窃盗の罪にまで問われていた。

そんなことを噂されて、困るのが私だけだったら全然構わない。でも娘の評判は家の品位に直接関わる。

特に、お金を盗んだなんてことが世間に広まったら……。

先のことを想像して意識が遠くなる感覚がする。

放課後で賑わっているはずの周囲の声はまるで聞こえなかった。

でも、黒菊家なんて――。

今までずっと私を虐待していて、学費も生活費も出してくれず、離れにまで追いやった人たちなのに。

少しくらい、いいんじゃないかな、世間に悪く言われても。

歴くんと結婚すれば、私はもう、黒菊とは関係ないし……。

追い詰められた頭に、ふと、そんな暗い考えが浮かんだ矢先。

「これでも叶愛ちゃんが結婚を渋るっていうなら、まずは瑠衣くんの学校にこの写真を添えて文書を送ろうかな」

──瑠衣。

「元コンカフェ嬢、客と枕、挙句に窃盗。そんなお姉さんがいるなんて学校で噂されたら、みんなに笑われて、蔑まれて……可哀想なことになるんじゃない？」

「っ、やめてください！　瑠衣だけは……っ」

あの子はずっと私を気にかけてくれた。

父と義母が近くにいないとき、いつもそばに来て「大丈夫？」「何もできなくてごめんね」って泣きそうになりながら声を掛けてくれた。

黒菊を離れることを考えたとき、瑠衣のことだけが心残りだったんだ。

寄り添ってくれようとしたのに、父と義母に見つかったら瑠衣まで酷い目に遭わされると思って、いつも優しさをつっぱねるばかりで。

お姉ちゃんらしいことを、ひとつもしてあげられなかった。

こんな状態のまま瑠衣をあの家に置いて逃げて、自分だけ歴くんと幸せになるなんて、できない……絶対に。

「わかりました……。その話お受けします……」

「わあっ、ほんと？」

「っ、ただ父がなんと言うかはわかりません。結婚は、私の一存では……」

「あはは、そんなの大丈夫だよ、この写真を今日の配達指定で黒菊家に送ったから」

「…………」

もう驚く気力も残っていない。

そうだった。蘭野くんは昔から完璧で、何事に関しても抜かりがない……。

「〝娘さんの不祥事をバラされたくなければ、僕との結婚を認めてください〟」

「……っ」

「ちなみに、君の父親に認めてもらったらすぐに僕の家に住んでもらうから」

抗う術がない……。

じゃあそういうことで、と。ひらりと手を振って蘭野くんが去っていく。

間もなくして、校内に呼び出しの放送がかかった。

『二年A組、黒菊叶愛さん、二年A組、黒菊叶愛さん。ご家族の方からお電話がかかっています。至急、職員室まで来てください。繰り返します――』

電話の内容は、『本日中に黒菊家に戻れ』と、ただひと言だった。

教室に戻り、荷物を整理して、龍くんの待つ車まで向かう。

「遅かったっすね、叶愛サン～。お疲れ様です」

「……申し訳、ありません」

それから車内でどんな会話をしたのか、ほとんど記憶にない。

歴くんに言われていたとおり、今日は事務所ではなくマンションで降ろされた。

まだ歴くんの帰らないがらんとした室内をぼんやり見つめる。

現実味がない……。

まろんがせっかくすり寄ってきてくれたのに、撫でようと思うのに、体が動かなかった。

一時間くらいそうしていたかもしれない。

陽が落ちてきて、黒菊家に戻らなくちゃ……と、なんとか意識が働いた。

ここにはもう、戻って来られないかもしれない……。

歴くんは今日は遅くなると言っていた。もうしばらくは帰ってこないはず。

おもむろに立ち上がって、必要最低限の荷物をまとめた。

心の中がずっと空っぽだった。悲しいはずなのに涙も出てこない。

ハンバーグ……つくろうと思ってたのに……。

またしばらくぼうっと部屋を見つめていると、まろんがぴょんと膝に乗ってきて、ハッと現実に戻る。

「まろん……一緒に、帰ろっか……」

抱き寄せてしばらく考える。

──『ちなみに、君の父上に認めてもらったらすぐに僕の家に住んでもらうから』

前に、蘭野くんは私の義母と同じで猫アレルギーだと聞いたことがあるのを思い出した。

もし本当に蘭野くんとの婚約が進んでしまったら、まろんは連れていけない。かといって屋敷にも置いていけない。

お父さんが大の動物嫌いだからきっと捨てられてしまう。

「やっぱりしばらくの間、歴くんと暮らしてて……。絶対、すぐに迎えにくるから」

――大丈夫だと、自分に言い聞かせる。

蘭野くんがあの写真を使ってお父さんたちを脅したとしても、お父さんには、先に歴くんとの契約がある。

結納はまだだったけど、京櫻との事業を提携する契約書に、お父さんのサインがちゃんとあった。

きっと大丈夫……。私は歴くんと結婚できる。

蘭野くんだって、冷静になればわかってくれるはず……。

スクールバッグからルーズリーフを取り出して机に広げる。震える手で歴くんへのメッセージを綴《つづ》った。

歴くんへ

蘭野くんから婚約の話を再び持ちかけられ、一度、黒菊家に戻ることになりました。

急な話で本当に申し訳ありません。

すぐにここに帰ってくるので、少し間、まろんのことをよろしくお願いします。

歴くんがすぐに気づくようにリビングのテーブルに持っていくと、そこには煙草と灰皿が置かれていた。

なんとなく手を伸ばす。近くにライターもあった。

歴くんがいつも吸っていた煙草……。私の大好きな匂い……。

いけないことだとわかっていながら、一本取り出しライターで火をつける。

おそるおそる煙草を咥《くわ》えて、少しだけ息を吸った——途端、むせる。

「う、っ、……は、ぁ」

……苦しい……にがい……。

どうして？　いつも、あんなに甘いのに……。

長さがほとんど変わってない状態のまま灰皿に押し付ける。

部屋に戻ると、涙が溢れた。

「……っ、ふ……ぅ、歴くん……」

暗い部屋。好きな人の名前は、煙とともに儚く消えていった。

黒菊家に戻ったら、まず一番に殴られるだろうと思っていたのに、いやに静かな態度で父の書斎に通された。

放課後、蘭野くんに見せられた写真と同じものをテーブルに広げられ。ひとつずつ事実を確認させられた。

「この写真に写っているのは私で間違いはありません。ただ……、男性と手を繋いでいるのは、帰りに送ると言われ、断れなかったときのものです。ホテルにも断じて入っていません」

「……そうか。では金を盗ったというのはどうなんだ？」

「本当にやっていません。おそらく、お店の誰かが私に罪を着せて、追い出そうとしたのだと思います」

お父さんはしばらく何も言わなかった。

「……まあ、この話が嘘だろうが本当だろうが興味はないが、黒菊家の評判に関わることだ。すぐにでも手を打つしかない」

抑揚のない声が落とされた。

「証拠がなければお前を誰も信じない。庇うほどの力も揉み消す金もない。……だまって蘭野くんと結婚しなさい」

「っ、待って、ください……」

心臓が早鐘を打つ。さっきから、ずっと指先が冷たい。

「京櫻さんとの婚約は……どうなるんですか……？　あちらとの契約のほうが先に決まっていたはずです」

「契約自体なかったことにする」

「っ、そんな……でも、」

「確かに京櫻との契約は家にとって莫大な利益になるが、お前の噂が出回ればそれも台無しになる。加えて、もともと蘭野くんと結婚させるはずだったんだ。迷う必要がどこにある？」

頭が真っ白になって言葉が出てこない。

希望があっけなく壊された。

「……歴くん……」

ぐらりと視界が揺れる。直後、なにもかも真っ暗になった。

叶わない約束

「黒菊さん、あの蘭野くんと婚約したのっ？」

「すごーい！　おめでとう‼」

――あれから一週間。

蘭野くんとの話はすぐ公になり学校中に広まった。

クラスメイトから祝福の声を受けて、廊下を歩いていてもみんなの噂する声が聞こえてくる。

上流階級では、高校生での婚約も珍しくない。

声を掛けられる度に実感してしまう。私は本当に蘭野くんと一緒になるんだ……。

歴くんと暮らしていた頃が、もう、ずいぶん遠い日の記憶のように思えてしまう。

……会いたい。

すぐに戻るつもりでいたから、短い手紙で済ませてしまった。

私が出ていったこと、どう思ってるかな。特に何も思わなかったかもしれない。

忘れられていたらどうしよう。

まろんは元気かな……。

マンションの場所も事務所の場所もわかる。会いたいなら会いに行けばいいのに、足が動かない。

私が歴くんのマンションの場所も事務所の場所も知っているように、歴くんも私の家の場所も学校の場所も知っている。

突然あんな別れ方をしたら、来てくれるんじゃないかってちょっと期待して。でも、そんな都合のいいことは起こるわけもなく。

そうすると、私がいなくなったことで、もしかしてせいせいしてたりするのかなとか。

婚約の話が白紙になって、内心安堵してたりするのかなって。

悪いほうに悪いほうに考えてしまって、もう自分からは会いに行く勇気がなくなってしまった。

もし会えたとしても、なんて言えばいいだろう。

婚約、なくなっちゃったね、って？　それでどうするんだろう。

蘭野くんと結婚してしまったあとは、会いにいくのも許されるわけがないし。

このまま……最初からなかったことみたいにするのが一番いいのかもしれない。

時間が経てば、いつか、忘れられるかな……？


「叶愛お姉ちゃん、入ってもいい？」

真夜中。

昔使っていた本邸の自分の部屋で、婚約の準備に向けて荷物を整理していると、扉をノックする音が聞こえた。

すぐには返事ができないでいると、扉がゆっくりと開いた。

「……瑠衣」

本邸に戻ってからも、ほとんど顔を合わせていなかった。

「お父さんとお義母さんは近くにいなかった？　大丈夫？」

「うん、大丈夫だよ」

そう言いながら、いそいそと私の隣にやってきて腰を下ろした。

「叶愛お姉ちゃん、結婚、よかったね」

「っ、え？」

「だって蘭野くんのこと、小さい頃からずっと好きだったんでしょ？」

「…………」

はっと思い出した。最初に蘭野くんとの縁談の話が出た際、瑠衣に心配をかけないようにそんな嘘をついたんだった。

「……うん、そうだね。……ありがとう」

笑わなきゃ。そう思った瞬間、ぽろっと涙が零れた。

「お姉ちゃんっ、どうしたのっ？」

瑠衣に心配をかけるわけにはいかないのに、全然止まってくれない。

「どっか痛い？　もしかしてお父さんたちにまたなんかされたのっ？」

「ううん、違うよ、ちょっと色々感傷的になってただけ、ごめんね」

袖で雫を拭う。瑠衣の背中を押して部屋の外へ促した。

「ほら、もう遅いから寝て？　私は大丈夫だから……ね？」

「う、うん……」

部屋にひとりになった途端、またとめどなく涙が溢れてくる。嗚咽が漏れて、子どもみたいに泣いてしまった。

「っ……歴くん…、会いたい……」

今日も長い一日だったな……。

終礼のあと、教科書の角を揃えながらそっとため息をつく。

ついに、今日から蘭野家での生活が始まってしまう。夜の七時に黒菊家に迎えの車が来るという話だ。

ただ、起きて、学校に行って、帰って、眠っての繰り返し。目の前に映る景色全部、モノクロの映像を見ているみたい。

蘭野くんとの婚約が決まってからというもの、最近は、暴力を受けることがなくなった。

あと数日で家を出ていく娘を痛めつけても無意味だと思ったのかもしれない。

皮肉な話、痛みがあれば、生きているんだって少しは実感できるのかな……なんて考えた。

今は暴力を振るわれることもなく、疲れた体で夜遅くまで働きに出る必要もないのに、離れでまろんと暮らしていたときのほうが幸せだったように感じる。

今日も、人の波と反対に裏門へ向かう。

狭い道路。ふと、後ろから車のエンジン音が聞こえてきた。

隅に避けながらも、このまま、轢《ひ》かれたら楽になるのかな……とぼんやり考えた。

歩みを緩めて通り過ぎるのをじっと待っていたけど、追い越していく気配がない。

あれ……？と、顔を上げれば。

「叶愛サン‼」

直後、強い力で腕を引かれた。

振り向いた先で視線がぶつかり、どく、と心臓が跳ねる。

「りゅ、う、くん？」

「やっと見つけた。ずっと探してたんですよ！　毎日学校まで迎えに行ってたのにいなくて……。まさか裏門から出てたなんて」

「……、……」

瞬きを繰り返す。毎日、迎えに行ってた……って。

もしかして、私がマンションを出ていったことを知らないのかな？

ううん、龍くんは歴くんの側近なんだから、そんなはずない。

「どうしたんですか……。なんでここに」

「なんではこっちのセリフっすよ！　あんなに毎日歴君といちゃいちゃラブラブしておいて、急に黙って黒菊に戻るとかなんなんですか！」

「だ、黙って出ていったのは申し訳ありません。両親を説得してすぐにマンションに戻るつもりだったんですけど……、できなく、なってしまって……っ、……」

落っこちた涙がアスファルトに染みをつくる。

「泣かないでください、ややこしい話はあとです。事務所に行きましょう！」

「や……っ」

引かれる手を、思わず振り払ってしまう。

「叶愛サン？」

「もう……無理、なんです……。私……今日から――」

ふと、龍くんの手が離された。

──ううん、違う。〝引き離された〟んだ。

「僕の婚約者に勝手に触れないでもらえるかな」

気づけば間に蘭野くんが立っていた。驚く暇もないまま腕を取られる。

「行こう、叶愛ちゃん」

「あ……」

間もなくして蘭野家の車がそばの道路脇に停車した。

「叶愛サン、待ってください！」

龍くんが叫ぶ。

「あなたが出ていった日、帰りが遅くなるって歴君が言ってたのは、仕事終わりに寄る店があったからです！」

え……？　寄る店……？

「耳傾けないで、さっさと車乗って」

蘭野くんに押し込まれる。ドアが閉まる寸前。

「指輪を受け取りに行ってたんです。その日の夜、あなたに渡すつもりで……っ」

──最後にそんな声を聞いた。

黒菊家の依頼人

―side歴―

十五分くらい前からなにやら事務所の下が騒がしかった。

怒鳴りつけているような声と、それに縋《すが》るような声。まるで浮気された女と浮気した男の喧嘩のような。

放っておくつもりがだんだん耳障りになってきて、席を立つ。

「歴さん、お疲れ様です」

「さっきから何騒いでんだ」

エントランスにいた男に尋ねる。

「それが、外で歴さんに会わせろってうるさいガキがいるんで追っ払ってるみたいなんすけど、ずっと粘ってて」

「ガキ？」

「です。なんか切羽詰まった感じでしたよ」

「テキトーに脅して帰らせろ」

「わかりました」

男が外に出ていくのを見送って踵を返した。――が、ふと、足を止める。

ガキ……。いやまさかな。

「おい」

外へ出て声を掛ける。さっきの男含め、三人が同時に動きを止めた。

「歴さん」

「その子どもから離れろ。俺が話を聞く」

大人しく退いたふたりの後ろから、知った顔が現れた。

……やっぱり叶愛の弟だったか。

なんの目的で？

つーかその前に。なんでここの場所がわかった？　叶愛が教えたのか……？

そいつは俺と目が合うなり駆け寄ってきた。

「っ、京櫻、さん……」

「なに。俺のこと殺しに来たのか」

「違……っ、この前は本当にごめんなさい！　今日はお願いがあって来ました、叶愛お姉ちゃんを助けてください……！」

そう言うなり俺の足元に跪《ひざまず》いて……土下座にも近い体勢で頭を下げる。

屈み込んでそいつの目を見た。

「助けてってなんだ」

「お、お姉ちゃん……蘭野くんと結婚させられそうになってて、っ、このままじゃほんとに、結婚しちゃう……っ」

頭が混乱した。

「言ってることがよくわからない。君、この前俺に、お姉ちゃんは小さい頃からずっと蘭野くんが好きだったって言ってたよね」

「……はい」

「じゃあ何も問題ないだろ」

「違うんです……叶愛お姉ちゃんは、僕に心配かけないように嘘ついてたんです」

「ほ、ほんとは……蘭野くんは、脅して……酷い人で……、お姉ちゃんは毎日部屋で泣いてて──」

焦っているのか文脈がめちゃくちゃで意味がわからない。わからないけど……。

「泣いてた？　叶愛が？」

食い気味に聞いてしまうあたり、俺も余裕を失っているみたいだ。

一度だけ深く息を吐く。

「嘘？」

叶愛がいなくなった日。

テーブルに置いてあった紙を見て、もうこの子は戻ってこないだろうなと、静かに思った。ずっと好きだった男との縁談を受けないわけがない。

幸せなはずだ。泣く理由がない。

「いったん事務所に入ろうか。落ち着いてからでいいから、俺に話してみて」

背中を押して中に促す。

ソファに座らせると、叶愛の弟はゆっくりと、事情を一から話し始めた。

叶愛の弟――瑠衣の視点から話をまとめるとこうだ。

ある日、蘭野の名前で封筒が送られてきて、両親がなにやら騒いでいた。同日、叶愛が突然屋敷に帰ってきた。

父親の書斎に入っていくのが見えて、こっそり壁に耳をつけて盗み聞きすることにして。

すべての会話が聞き取れたわけじゃないが、父親が『蘭野と結婚しろ』と言っていたので、姉は幸せになれると思い、その場を離れた。

後日、改めて父親から姉の婚約の話を聞く。その日の夜、『おめでとう』という瑠衣の言葉に対して、叶愛はどうしてか泣き始めてしまった。

尋ねても『なんでもない』と言われ部屋を出て行かされて。しばらく扉の前に立っていると、中から泣き声が聞こえてくる。

……泣き声に紛れて、ときどき俺の名前も。

蘭野との婚約の話が、叶愛にとっては不本意なものだったのでは……と、瑠衣はそこで初めて疑いを抱いた。

父親の書斎に忍び込んで、蘭野から送られてきた封筒を確認すると、中にはコンカフェで働いている叶愛と、その証拠となる写真が入っていた。

中の文書には、これに加えて、店が禁止している枕営業をしていた疑い、さらに店の金を盗んだ疑いがあること。

婚約を認めなければ、この情報を公にするといった内容が記されていた。

蘭野が脅して婚約を図ったことを知り、なんとか破棄させようと両親に頼み込んだがお前には関係ないと怒鳴られ、何もできなかった――。

「――で、最終的に俺のところに来たと」

瑠衣が「はい」と小さく返事をする。

「お前、よくこの事務所がわかったね」

「……。最初に、お姉ちゃんが働いてたMAPLE PALACEに行ったんです。でも、店長さんに子どもがひとりで来る場所じゃないって追い返されて、一回途方に暮れました」

元店長が引き抜かれたあとの繰り上げで自動的に就任しただけのあいつなら言いそうだな……と、ひとりの女の顔が頭に浮かぶ。

「そのあとも繁華街をうろうろして、色んな人に京櫻さんのいる場所を教えてくださいとお願いしたんですけど、まるでだめで」

「……」

「疲れて座り込んでたら、きらりさんって人が声を掛けてくれて……。時間がないから直接案内はしてあげられないけど……って、ここを教えてくれました」

また別の女の顔が浮かぶ。叶愛のことをえらく気に入っていた女だ。

「事情はわかった。その件はなんとかするから、とりあえず家に帰って待ってな」

「っ、ほんとですか！　ありがとうございます……！」

「要するに蘭野に、黒菊から手を引かせればいいんだろ」

「はい！　でも本当にできるんですか？　お姉ちゃんはもう昨日から蘭野くんちに住んでて……。それに、蘭野くんは良くも悪くも頭がすごく良くて、手段を選ばない人だし……」

「んー大丈夫、できるよ」

蘭野が手段を選ばないように、こちらも手段を選ばない。前にお前が言った通り、極悪人だからな。

近くにいた男に瑠衣を車で送るよう言って、姿を見送った。煙草に火をつける。

感情に任せて蘭野家まるごと消してもいい……が。それだと叶愛が傷つくだろうから、理性的に済ませてやるか。

吸い終わって、すぐにジャケットを羽織った。

「歴さん、出掛けられるんですか」

「ああ」

「どちらへ？」

「コンカフェ」

「はい？」

「ちょっと調べたいことができた」

――叶愛に罪を着せた人間がいる。実行したのは店の人間以外に考えられない。

大体目星もついている。現店長のラムだ。

……でもその予想が正しかった場合、違和感が残る。

せっかく罪を着せておいて、警察には突き出さないという中途半端な扱い。

内部の揉め事として済ませておく必要があった、と仮定すればだいたいの見当がつく。

その場で表沙汰になるのは困る……ただし、いざというときは、脅しの道具として使えるようにするため。

——叶愛を陥れるようラムに仕向けた人間が、おそらく別にいる。

極悪な蜜月

『指輪を受け取りに行ってたんです。その日の夜、あなたに渡すつもりで……っ』

龍くんのセリフがずっと頭から離れない。

私なんかがいなくなっても、歴くんは平気だと思っていた。だから、黒菊家に戻ったあと会いに行く勇気がなかった。

でも、もし指輪の話が本当だとしたら。

歴くんも、私と一緒にいたいって思ってくれてたの……？

蘭野家に来て三日目、金曜日の夜。

昨日と一昨日は、運び入れた荷物の整理や、蘭野くんの両親、他の親族の人たちに挨拶を済ませるだけで過ぎてしまった。

問題なのは、今夜から。

黒菊よりも広いお屋敷なのに、どうしてか今日付けで蘭野くんと同室にさせられた。

今は蘭野くんがお風呂に入っていて、部屋には私ひとり。

先にお風呂に入らせてもらって課題を済ませていたけど、蘭野くんがお風呂からあがったあと、ふたりきりになると考えるだけで気が重くなる。

話したくないな……。

シャープペンを手放して、そのままベッドへ移動した。

大きなひと部屋の中にも扉付きの仕切りがあって、幸いベッドは別々でプライベートも守られている。

ごろんと寝転んで考えるのは歴くんのことばかり。

会いたいな……。

「歴くん……」

もう何度目かわからない名前を呼んだときだった。

「ねえ、その歴くんって誰のこと？」

そんな声と同時、とつぜん開いた扉にびくっとする。

「叶愛ちゃん、好きな人がいるって言ってたよね」

「っ、……」

いつの間にお風呂から上がったんだろう。全然気配がなかった。

呼んでしまった名前を咄嗟に誤魔化そうと言葉を探すけど、それより先に、蘭野くんがギシ……とベッドに手をついてくる。

「ねえ、それってさ……もしかして〝この男〟のことだったりする？」

目の前にスマホを突きつけられた。

「っ、……」

画面に焦点が合った瞬間、ぐらりとめまいがした。

そこに写っていたのは歴くんと。

──その隣で楽しそうに笑う、ラムさんの姿だった。

どうしてこのふたりが……？

それに、どうして蘭野くんが歴くんのことを知ってるの……？

「あはは、すごい顔してるね叶愛ちゃん。叶愛ちゃんが京櫻と一緒に住んでたのは知ってたよ。きみに結婚を断られたあと、きみの周辺をずっと調べてたから……」

そんな……。途端に寒気が走った。

「ふーん、やっぱりきみの好きな人って京櫻なんだ。でも、可哀想に……。遊ばれてただけだもんね」

「……、……え？」

「この写真見たらわかるでしょ。もう他の女に乗り換えたんだよ。……あ、こっちも見せたほうがわかりやすいかな」

画面の上で写真がスライドする。ふたりが、ホテルに入っていくところ……。

私が大沢さんとの写真を撮られたときと同じように、たまたまそこにホテルがあるという、でっちあげの証拠ではなさそうだった。

腕を組んだふたりが扉の中に消えていくまでのすべての瞬間が切り取られていた。

「言っとくけど、合成じゃないよ？　ちなみに、コレ昨日の夜の写真だから」

昨日の夜……？

私はいつも、夜は歴くんのことばかり考えて、眠れなくて……。

だけど、歴くんは他の女の人とホテルに行ってたの……？

「あーあ、泣いちゃったね。ごめんね？　でも、本当のことを知っておいたほうが、叶愛ちゃんも諦めがつくかなって思ったんだ」

ぽろぽろ零れていく涙を、蘭野くんが指先で拭って。

「っ、いや……」

思わずその手を振り払ってしまう。

「大丈夫だよ。僕がすぐに忘れさせてあげるね」

「や……」

「怖がらないで、優しくするから」

組み敷かれる。手首を掴まれれば、体はもうビクともしない。

力じゃ敵わない……。

歴くん以外の人に触れられたくない。歴くんに触れられたところを他の人に触られたくない。

そんな強い思いも、力の差を見せつけられたことによってだんだんと崩れていく。

結婚すれば、今後、どうせ逃れられないんだから。

歴くんはもう私のことなんか忘れて、他の人と一緒にいるんだから。

抵抗したって意味ないんじゃないの……？

ぎゅ……と目をつぶったときだった。

「──坊っちゃま。少しよろしいですか」

ベッドの仕切りの奥、部屋の扉をノックする音とともにそんな声が聞こえた。お屋敷の使用人さんだ。

蘭野くんは小さく舌打ちをしてベッドをおりていく。

「なんの用?」

「それが……応接間に、お客様がお見えになっておりまして。坊っちゃまを出してほしいと……」

「はあ? こんな夜更けに誰? 非常識すぎる、帰してくれ」

「申し訳ございません……。しかし、お相手が京櫻の息子さんでして……。坊っちゃまが出て来られるまで帰らないと仰るのです」

……え?

息が止まりそうになった。きょう、ざくら……?

今、聞き間違いかな……。急いでベッドからおりる。

「っ、僕が来るまで待つって言うなら一生待たせとけばいいだろ……!」

「で、ですが……っ」

その直後だった。使用人さんの後ろから、ぬっと人の影が現れたのは。

「客人を待たせるなんざ、いい躾されてますねぇお宅」

――龍くんだった。

信じられず瞬きをする。

ど、どういうこと……っ？

その姿は確かに龍くんだったけど、いつものにこやかな笑みはどこにもない。

歴くんに似た、ぞっとするくらい冷たい目で蘭野くんを見据えている。

使用人さんは「きゃあっ」と声をあげて逃げていってしまった。

「な、なんだよ僕の部屋に勝手に入ってきて……警察呼ぶぞ！」

「すいませんねぇ、うちの歴君もヒマじゃないんですよ。応じてもらえそうになかったので、〝ウチのやり方〟で失礼させてもらった次第です」

「……は、あ？」

「歴君は先程、あなたよりも、あなたのご両親にお話したほうが早いと判断されましてね。今、〝あなたの罪〟について、説明を差し上げているところです」

一歩、距離を詰めた龍くんに対して、蘭野くんは壁に背中がぶつかるまで大きく退いた。

「……なんのことだか、さっぱりわからないけど」

「とぼけても無駄ですよ。証拠も上がってます。……あなたと〝あの女〟のやり取りのスクショ画像がね」

スマホの画面を見せられた蘭野くんの顔が、途端に青ざめていく。

「ネタとしてはなかなか美味しかったので、うっかりSNSにあげちゃいました」

にこっと微笑んだ龍くん。

「……、う、うそだ……うそ、うわあああぁぁぁ！」

狂ったように叫び声をあげながら出ていく彼の姿を、私はぽかんと見つめていた。

いったい何がどうなってるのか。全く状況が理解できない。

「……ってのは、嘘なんですけどねー……。って、あらら、もうどっか行っちゃいましたね」

ひょいと肩をすくめてみせ、龍くんはこちらに歩いてくる。

「お久しぶりです、叶愛サン」

「な……龍くん、どうしてここに……えっと、ところで今のは……」

「叶愛サンを連れ戻しに来たに決まってるじゃないですかー。蘭野を強請《ゆす》るための材料集めしてたら、ちょっと遅くなっちゃいましたけど」

ぱちぱち、と瞬きをする。

「さっ、帰りましょ！　まろんも待ってますよ」

「え？　いや、でも……私は蘭野くんと婚約して……」

「大丈夫です、クソ野郎との婚約は確実になくなります。今さっき、歴君が潰しにいったので」

「………」

「とりあえず歴君と合流しましょうか。もうそろそろあっちも話がつく頃だと思うんで」

そう促されて部屋を出る。

蘭野のお屋敷の長い長い廊下を歩きながら、龍くんはゆっくりと説明してくれた。

龍くんの話によれば、私の鞄にお店の十万円を入れたのは、ラムさんで。ラムさんにそうするよう指示をしていたのが、蘭野くんだったという。

蘭野くんはラムさんに大金を渡して言うことを聞かせていたらしい。

さっき龍くんがスマホで見せていたのは、たぶんそのやり取りのスクショ画面。

そういうことだったんだ……。

あの事件すら蘭野くんに仕組まれていたことはショックだけど、事の真相が明らかになったことで、心のわだかまりがほんの少し軽くなった気がした。

「でも、どうやって蘭野くんが関係してるってわかったんですか？」

一番に疑問だったことを聞いてみる。

婚約を申し込まれたことは歴くんに話したことがあったけど、蘭野くんに脅されていることについては黙っていたはず……。

「ああ、それがですね、事務所に叶愛サンの弟が来て、蘭野のことを暴露していったらしいんですよ。オレその場にいなかったので詳しくは知らないんですけど」

「っ、瑠衣が……っ？」

瑠衣に事情は話してなかったのに、どうして？

もしかして、私が泣いてたから気づいてくれたの……？

瑠衣の優しい顔を思い出して泣きそうになる。家に帰ったら、すぐありがとうって伝えなくちゃ……。

そう思いながら廊下を曲がると、部屋の明かりが見えた。中にいた蘭野くんの両親が、私たちの気配に気づいて顔をあげる。

「叶愛さん……雅也が、本当にごめんなさい……許して……許してね……」

足元に泣き崩れる姿にびっくりする。慌てて自分も跪いた。

「ど、どうか顔をあげてください」

おろおろしていると、龍くんに腕を強引に掴まれた。

「もう叶愛サンとこの家は関係ないんです。行きますよ」

そんな言葉を受け、引きずられるように蘭野家をあとにした。

門をくぐった先、停まっている車の前に誰かが立っているのが見えてハッとする。

辺りが暗いせいで輪郭しかわからないけど、……間違いない。

「歴くん……っ」

思わず飛びついてしまう。

刹那、大好きな甘い匂いに包まれて、じわっと、涙が滲んだ。

「あーあ。誰かと思ったら俺に黙って家を出ていった悪い子じゃん」

「うぅ……、それは、ほんとにごめんなさい」

「すぐ戻ってくるって紙に書いてたくせに」

「ご、っ、ごめんなさ、」

「謝って済むと思ってんの」

突き放すような低い声に、びくっとした。……のも、つかの間。

「んぅ……っ」

唇を優しく塞がれる。

「嘘だよ、おかえり叶愛」

「つぅ、……れ、きくん」

涙が邪魔して、うまく呼べなかった。

「お前って俺に会えなくても泣くし、会えても泣いちゃうんだ。ほんと……可愛いーね」

「……え、」

泣いてたこと、どうして知ってるんだろう。やっぱり歴くんって、この世のすべてを知り尽くしてる超人なのかな。

……なんて、顔を熱くしていると。

「あのー、おれもいるんすけどね一応」

と後ろから声が掛かる。

そ、そうだった。龍くんも見てたんだ……っ。

慌てて体を離そうとすれば、目敏《めざと》く肩を抱き寄せられた。

「なに離れようとしてんの」

「う、……うぅ、だって」

龍くんがやれやれと首を振る。

「いちゃいちゃするのはいーですけど、車に乗ってからにしてください。時間外手当でるなら別に何時間でも構いませんけどね」

久しぶりに龍くんの車に乗ると、懐かしい感じがして、気持ちがすごく落ち着いた。

戻ってきたんだなあってようやく実感していると。

「今日はもう九時になっちゃうんで、黒菊家への正式なあいさつはまた日を改めましょうか」

走り出した車の運転席からそんな声が掛かって。

「正式なあいさつ……？」

「歴君と叶愛サンの結婚のあいさつですね」

「へっ？」

思いかけずヘンな声が出て、そのまま歴くんを見た。

「結婚……できるの？　京櫻家との契約は破棄するって、お父さんがこの前……」

「契約破棄を破棄するっていう面倒～な手続きを今日の昼にしてきた。お前の父親に時間つくってもらって」

「っ、うそ……」

心臓が激しく音を立てる。信じられない……。

でも、嬉しさよりも先に、戸惑いのほうがきてしまった。

「歴くんはそれでいいんですか……？」

「は？」

「私のこと、別に好きじゃないのに、一緒にいてくれるんですか……？」

直後、歴くんの綺麗な顔が露骨に歪む。

「へーえ。俺にあれだけのことされてたのに、お前、全然わかってなかったんだ」

「は、え……？」

はー……と、不機嫌混じりの呆れたため息に混乱する。

「あ、の、歴くん……？」

「もーいいよ。帰ったらわからせるから」

「歴くん、待って……っ、やぁ」

久しぶりの歴くんの部屋を懐かしむ余裕も、まろんとの感動の再会の時間もほぼ与えてもらえなかった。

ベッドの上に縫い付けるみたいに私を押し倒した歴くんは、何度も何度もキスを落としてくる。

ずっと欲しかった体温に包まれて、体はすぐに甘い感覚で支配された。

「ねえ、これだけしてもわかんないの？　お前ってほんとに鈍いね」

「ん、……っ、……ぅう……」

熱でぼんやりする頭を、必死に働かせる。

にぶい……？

「……好きな女が他の男を理由に出ていって、俺が耐えられるとでも思った？」

不意に唇が離れたかと思ったら、耳元でかすれた声が響いて。

……意味を理解したと同時、心臓が痛いくらいに大きく脈を打った。

……好きな……女？

「え……、す、き？」

「うん」

「れ、歴くんが私を……ですか？」

「……。本当にわかってなかったのか」

「ま、待ってください。頭を整理してます今必死で……っ」

「整理するもなにも、そんな難しいこと言ってないだろ」

「で、でも……ラムさんとホテル……行ってた、のに」

写真にうつるふたりの姿が不意に頭をよぎって口にすれば、歴くんは一瞬、ぽかんとした顔をして。

それからすぐに、はあー……と長いため息をつく。

「あれは蘭野との繋がりを探るために利用しただけ。女を吐かせるにはホテルがもってこいなんだよ」

「っ、そうだったんですか……」

「あの女には指一本触れてない。俺はぜんぶ叶愛だけ」

今言われたセリフたちが、ゆっくり時間をかけながら、胸の中に温かく溶けていく。

溶けたものが、今度は涙に代わって溢れ出た。

「……嬉しい」

ただひと言、素直な気持ちを口にすると、歴くんは柔らかく笑う。

「やっとわかったみたいでよかったよ」

「私が鈍いみたいに言ってるけど……歴くんは、ちゃんとわかりづらいですよ」

「はあ？　なんだよちゃんとわかりづらいって」

「だ、だって、好きなんて今まで一回も言わなかったじゃないですか……っ」

すると、むっとしたように唇を重ねられて。

「好きだよ」

「んん……っ」

「好きすぎて……叶愛のこと壊しそうなくらい大好き」

ぐたっとするほど深いキスのあと、手をぎゅうっと絡めながら聞いてくる。

「っ、ぅ〜、〜」

「叶愛は？」

そこで初めて気づいた。

私……歴くんに求めるばかりで、自分から気持ちを伝えたこと、なかった。

「……すきです」

「へーえ。それってどのくらい？」

「俺って鈍いみたいだから、ちゃんと教えてくれないとわかんないや」

私が歴くんのこと想って泣いてたの知ってるくせに、そういうこと言っちゃう、意地悪なところも……。

「歴くんの、優しいところも、酷いところも、ぜんぶ好きって思うくらい好きです……」

「はは、そう」

「あと……、何もしてないってわかってても、ラムさんに嫉妬しちゃうくらい……には、どうしようもないくらい、好きです」

「………」

「……歴くん？　──ひゃあっ」

時間が止まったかのように動かなくなったかと思えば、とつぜん、全体重を掛けるようにして覆い被ってくる歴くん。

「あのさあ、急に我慢できなくなるようなこと言うなよ」

「は、え……えぇ？」

「ていうか、叶愛も蘭野に何かされてないよな。こーいうこと……」

「ひゃ…ぁっ、」

「その甘い声も、甘い顔もぜんぶ……ちゃんと俺だけ？」

尋ねるフリして、わからせてくる。

これでもかってくらい強い力で、まるごと歴くんのものにさせられて。

「俺のこと、もっともっと忘れられなくしてあげる」

どこまでも深く危険な愛に落とされる。

そんな──極悪な蜜月。

End.

番外編

「まろん、なんかちょっと大きくなった……？」

——歴くんのマンションに戻ってきてから二日目。

昨日は気のせいかなと思ったけど、私の知っているまろんよりも、やっぱり大きい。

冬場は毛のボリュームが増えるとはいえ……。

よいしょ、と抱えて、体の輪郭と触り心地をくまなく確かめる。

もっちり、ずっしり。

「ふふ、やっぱり前よりお肉がついたね」

歴くんのマンションで暮らすようになってからは歴くんのご厚意で、離れにいたときよりもかなり贅沢なご飯になっていた。

だからと言って甘やかすことはなく、分量も回数もきちんと計算して与えていたから、私がいなかった間、歴くんにたんまり食べさせてもらっていたに違いない。

「可愛がってもらえてよかったね。でも肥満になっちゃうと健康に悪いから、今日からちょっとずつダイエットしようね」

おそらく意味がわかっていないまろんは、嬉しそうに「ナァーン」と鳴く。

どのくらいご飯をあげてたか、あとで聞いてみなくちゃ。

午後八時過ぎ。まろんとお気に入りの紐のおもちゃで遊んでいるところに、リビングの扉が開いた。

「歴くん、お帰りなさい。今日もお疲れ様です」

「ん。……なんか足音ドスドス聞こえると思ったらまろんがじゃれてたのか」

小さく笑いながら、歴くんがそばに屈みこむ。

ご機嫌な様子で擦り寄るまろんは、すっかり歴くんに懐いているみたい。

「ドスドスだって、まろん。やっぱり痩せなきゃだね」

そんな私の言葉には聞く耳持たず、歴くんに撫でられながらゴロゴロと喉を鳴らしている。

「あー、たしかに。来たときよりなんかでかくなったな」

「たぶん歴くんのせいですよ。私がマンション出る前は、こんなにたくましくはなかったです」

「はは、俺のせいだって」

そう言いながら顔をほころばせた歴くんに不意打ちを食らって、胸の奥がぎゅっとせまくなる。

普段ものすごく大人っぽいのに、時折こうやって子供っぽい笑顔を見せるのは反則だと思う。こんな一面もあるんだと、歴くんのことを知るたびに好きな気持ちが際限なく溢れていって、もはやとどまることを知らない。

「飯やったあとも、まだ食べるーってねだってくるんだよこいつ」

「追加してあげたくなる気持ちはすっごくよくわかります……。でも、そこでぐっと堪えるのが大事なんです」

「まあ、まろんはいいとして、お前はもっと太ったほうがいーよ」

「うう……、しれっと話を逸らさないでください」

「別に逸らしたつもりはねぇよ。お前抱いて寝てるときいつも折れそうで怖いんだよな」

おもむろに伸びてきた指先が、私の首筋を一度だけなぞった。

「大丈夫です。そんな簡単に折れません」

「ほんとか？　じゃ、もっと激しくしてもいいんだな」

「激しく……？　なに、を？」

「どこまで頑張れるか試してやるから、ちゃんと耐えろよ」

「えっと……話が呑み込めな――ん、っ」

戸惑う声は歴くんの唇に遮られた。

わざとらしいリップ音を立てて離れていったかと思えば、今度はゆっくりと体重がかかる。再び唇が重なって、濡れた感触が伝わった。

歴くんのキスはとても危険だ。触れた瞬間から思考回路をぐちゃぐちゃにしてくる。

直前まで考えていたこともこれからしようと思っていたことも全部どこかへ吹き飛んで、甘い感覚だけが体を支配して。

「もっと激しーの、やれる？」

――歴くんのことしか考えられなくなる。

これ以上は危ないって頭の中で警報が響くのに、首を横に振ることは決してできない。裏社会を牛耳る人物だとか関係なく、ただこの人が好きだから。

「明日は学校なので、激、しいのはちょっと困ります」

なんて口では言いながらも、私に抵抗する意思がないことを歴くんはお見通し。

お見通しのくせに、

「ふーん。そしたら今度の週末までお預けだな」

と意地悪なことを言ってくる。

甘く誘っておいてお預けだなんて酷い。そして、ここで私が頷いたら本当にお預けにしてしまうのが歴くんだ。とても酷い。

「せっかくなら……ベッドがいいです」

視線を斜めにずらして返事をすれば、すぐさま正面から抱きかかえられた。体が宙に浮いた状態で息吐く暇もなくキスをされて、移動の段階で早くもぐたっと力が抜けてしまう。

ベッドの上、野性的な瞳に射抜かれた瞬間に心臓が狂った音を立てる。

「っ、……やっぱり、だめ」

素直に押し倒されたあとで、なけなしの理性が働いた。

「だめ？」

「う……だって、思えば……」

「思えば？」

「歴くん……いつも激しい、から……、たぶん明日、立てなくなっちゃう……」

冷静な判断がぽろっと零れると、妙な空白を置いて、相手がわずかに身を引く気配がした。

「そっか……立てなくなっちゃうか」

「……、えっと」

白けさせてしまった、かな。

一瞬よぎったそんな不安は杞憂に終わる。

「安心しな。お望み通り立てなくさせてやる」

――そうだった。歴くんはこういう人だった。

〝歴くんはいつも激しい〟

この言葉には少し語弊がある。

激しいと表現するとどうしても乱暴なイメージがついてしまうけど、力任せに酷く抱かれることは絶対にない。

こちらの反応を探りながら、ゆっくりじっくりギリギリを攻めてくるから、私は常に限界ラインの瀬戸際に立たされている感じで、なんというか、下手に激しいだけの行為よりよっぽど激しい、というニュアンスである。

だから、〝もっと〟激しくなんて身がもたないと思うけど……。それは私の事情であって、裏を返せば、歴くんは普段から手加減してくれているということ。

そう考えればむしろ、もっと歴くんの好きにしてくれていいのにな、という気になってくる。できれば次の日が休みのタイミングでお願いしたくはあるけれど。

「お前、抵抗しないの？」

「た、たまにはいいかな、と」

「ふーん？　ずいぶん余裕だな」

艶っぽく笑われた。その暴力的な色気にあてられて、鼓動は一段と激しさを増す。

全然余裕じゃない。余裕なのは歴くんのほうだ。いつも私ばっかりぐずぐずにされて、全然フェアじゃない。歴くんの表情が崩れるところも見てみたい……。

身がもたないと焦る裏で、そんな欲望が見え隠れし始めて。

「よし。じゃあ頑張れよ」

「は……い」

こくりと頷けば最後、パジャマの裾を容赦なく捲り上げられた。

眠るときはブラを外しているから、すぐにそこの輪郭を捉えられて。少しなぞられただけなのに、早くも呼吸が危うくなってくる。

「っ、ぁ……」

激しくすると言ったくせに、焦らすように優しく撫でるばかりでちっとも先に進んでくれない。

「れ、き、くん」

「うん？」

「それ、もう、や……っ」

耐えきれなくなって懇願すると、歴くんは左手をつーっと下のほうへ滑らせた。

刹那、肌がびくっと揺れる。

「悪い悪い。早くここ触って欲しかったよな」

「っ、違……」

「違うの？　お前ここ好きでしょ？」

「や、――あぁ、っ」

何も考えられなくなるくらいの甘い感覚が突き抜けて、思わず歴くんの腕にすがるように抱きついた。……矢先のこと。

――ヴーッ、ヴーッと、枕元でバイブ音が響いた。見ると、画面には龍くんの名前が表示されている。

「なんだよ」

不機嫌な声で応答しながらも、指先は私の弱いところを攻めてくるので本当に困ったもの。お決まりのやり口なので、スマホが鳴った瞬間から唇を噛んで構えていたけど……今日は少し様子が違う。

電話中は、いつも控えめだったはずなのに。

なんか……容赦ない、ような。

歴くんの指先に意識が集中して、はらはら、はらはら……。気をやってしまわないように、こっそり腰を浮かせた――のがいけなかった。

「ひあっ、ん……！」

思いがけず強い刺激が走って声が零れる。

私……今……。龍くんに、聞こえ――。

一拍遅れて、首から上がかあっと熱を持った。

「……おい」

まだ話の途中だったはずなのにスマホを乱暴に投げやった歴くんから、とんでもなく黒いオーラが放たれている。

「龍に聞かせてんじゃねぇよ」

自分から触っておいて、そんなの酷い。勝手すぎる。

私だって我慢しようって頑張ったのに。

恥ずかしさのあまり、ついには涙まで滲んできた。

「……、叶愛、」

慌てて抱き寄せようとする腕をやんわりほどいて、歴くんに背を向けた状態でベッドに丸くなる。

「もう触らないでください……歴くんのばか」

＊＊＊

「あははは！　叶愛サンはやっぱり大物ですねぇ」

――翌日。学校に向かう車の中で、龍くんに豪快に笑われた。

あの電話のあと歴くんをつっぱねたことを話したら、こうなってしまった。

「うう……。勢い余って〝ばか〟なんて言って、私も悪かったな……とは思います」

「いやいや。百パーセント歴君が悪いです」

「そう、でしょうか……」

「そうですよー。歴君は仕事もできるし見た目も大人びてますけど、叶愛サンの前だと精神年齢五歳ですから」

「ええっ」

「叶愛サンに拒否されて、今どん底に落ち込んでると思いますよお」

そう言って龍くんはくすくす笑う。

五歳はさすがに言いすぎなんじゃ……。

前に歴くんのことを怪獣呼ばわりしていたのもそうだけど、龍くんって歴くんに対して本当に容赦がない。それだけ親しいってことなんだろうな。

「それよりすみません。昨日の電話、中断させたみたいになってしまって」

「あー……、いえいえ。全然、大丈夫ですよ」

龍くんにしては珍しく歯切れの悪い返事。気になって首を傾げる。

「もしかして本当は大事な電話だったり……」

フロントミラー越しに目が合った。気まずそうに逸らされたかと思えば、しばらくして車が道路脇に停止した。

「──実は昨日、うちの事務所宛てに黒菊家から封書が届いたんです」

「え……」

さっと血の気が引く。

「あっ、悪い話じゃないですよ！　中身は京櫻との再契約を結ぶ書類でした。……その中に、叶愛サンに渡してほしいってメモと一緒に手紙が入ってまして」

「手……紙？」

「はい。……正直、叶愛サンを酷い目に遭わせた奴からの手紙なんて渡したくないです。どうせ陳腐《ちんぷ》な謝罪文の羅列だろうし。……ご覧になりますか？」

差し出された封筒を見つめて、そっと息を呑む。

龍くんの言うように謝罪の手紙だったとしたら見たくない。でも……。

「お気遣いありがとうございます。読むだけ、読んでみます」

心のこもらない謝罪文を見れば、愛されなかった過去をもう完全に振り切ることができる気がして、ゆっくりと手を伸ばした。

封を開いて中身を取り出す。中には二つ折りにされた便箋が一枚。裏に透けて見ええた花柄に「え……?」と小さく声が漏れる。

お父さんからじゃ、ない?

広げた瞬間、心臓が止まるかと思った。

なめらかな字で『叶愛へ』と記されている。瞬きをした。幻なんじゃないかと。

叶愛へ
　生まれてきてくれてありがとう。
あなたの愛が叶いますように。心から願っています。
　幸せになってね。
母より

「お母……さん」

熱い雫が頬を伝っていく。

私が生まれる前に手紙を書いてくれていたんだ。お父さんは、今まで捨てずに持っていてくれたんだ。

お母さんは私のことを愛してくれていたんだって。お父さんは、この手紙の存在をずっと覚えてくれていたんだって。

過去を思い出すと辛いけど、今はもうこの事実だけで、よかった、と思えた。

「……。叶愛サン、大丈夫ですか？」

不安げに尋ねてくる龍くんに笑顔を返す。

「龍くんすみません、スマホを貸してもらいたいんですけど、いいですか……？」

「え？　あ、もちろん！　どうぞ！」

ありがたく頂戴して、歴くんの連絡先をタップする。

『なんだよ』

相変わらずの不機嫌な声もすごく愛しく感じた。

「もしもし歴くんですか？」

『っ、叶愛？　なんかあったのか』

「なんか声が聞きたくなって……。そ、それだけです」

後先考えずかけてしまったことに気づいて、急に恥ずかしさに襲われた。
『お前、今から事務所来い』
切ろうとすればそんな声に遮られる。
「事務所？」
『会いたくなったから学校休めって言ってんだよ』
「そ、そんなことできないです……っ。というか、今朝も会ったじゃないですか」
『……。今日は早めに仕事片づける。夜、覚えてろよ』
ムッとしたようにそれだけ告げて電話が切れた。
歴くんて……やっぱり精神年齢は五歳かもしれない。
龍くんにスマホを返しながら、ふふっと笑ってしまう。
再び走り出した車の窓を開けて、新しい空気をそっと吸い込む。
お母さん。私、今幸せだよ。
ありがとう。

番外編 End.

あとがき

こんにちは、柊乃なやです。暴君な歴と孤独な叶愛のお話、見届けてくださりありがとうございました。

今回、野いちご文庫リニューアル後二作目ということで、前作よりもっと刺激的な恋のお話にしたい！と意気込んで挑みました。切ないシーンも多めなのですが、それをまるごと包み込むくらいの甘々がお届けできていたら嬉しいです。

番外編は、汐咲りな先生が描いてくださったカバーのふたりを拝みながら書きました。歴の悪い笑顔とただならぬ色気、叶愛の消えてしまいそうな儚さと美しさ、丁寧に繊細に表していただけて胸がいっぱいです……！　素敵に彩られたふたりを見ているとびっくりするくらい筆が進みました。本当にありがとうございました。

ちなみに歴は、叶愛に敬語をやめさせたいと思いつつ、いちゃいちゃ中にときどき敬語が外れちゃうのがどうしても可愛くてずっと先延ばしになっています。

ところで、今年は辰年ですが、龍がいなければこのお話が成り立たないくらい彼にはお世話になりました……。元々は歴の用心棒のひとりとして名前も出さない予定だったのですが、気づけばもだもだしているふたりの世話を勝手に焼いてくれる心強い男になっていて感無量です（笑）。

サイトの感想でも龍を好きと言ってくださる方がいて本当に嬉しかったです。にこにこマ〇ィア系男子、いいですよね……。

刊行にあたり今回もたくさんの方のお力添えをいただきました。この作品に携わってくださったすべての方に心よりお礼申し上げます。

こうして出版という素敵な機会がいただけるのも、いつも応援してくださる読者様のおかげに他なりません。数ある作品の中から見つけてくださり、ページをめくってくださり、本当にありがとうございます！　皆様にたくさんの幸せが訪れますように。

また別の作品でお会いできたら嬉しいです！

二〇二四年二月二十五日　柊乃なや

柊乃なや（しゅうの　なや）

熊本県在住。度胸のある男性と、黒髪＋シルバーリングの組み合わせが好き。2017 年1月に『彼と私の不完全なカンケイ』で書籍化デビュー。現在は小説サイト「野いちご」にて執筆活動を続けている。

汐咲りな（しおさき　りな）

8月12日生まれ。しし座。B型。代表作は『クズな君しか愛せない』（講談社刊）。現在、マンガアプリPalcy にて『先生、私に堕ちてこい！』を連載中。

柊乃なや先生へのファンレター宛先

〒104-0031
東京都中央区京橋1-3-1　八重洲口大栄ビル7F
スターツ出版（株）　書籍編集部気付
柊乃なや先生

気高き暴君は孤独な少女を愛し尽くす
【沼すぎる危険な男子シリーズ】

2024年2月25日　初版第1刷発行

著者　柊乃なや　©Naya Shuno 2024
発行人　菊地修一
イラスト　汐咲りな
デザイン　カバー　AFTERGLOW
フォーマット　粟村佳苗（ナルティス）
DTP　久保田祐子
発行所　スターツ出版株式会社
〒104-0031
東京都中央区京橋1-3-1 八重洲口大栄ビル7F
TEL 03-6202-0386（出版マーケティンググループ）
TEL 050-5538-5679（書店様向けご注文専用ダイヤル）
https://starts-pub.jp/
印刷所　株式会社 光邦

Printed in Japan
ISBN 978-4-8137-1547-4 C0193

もっと、刺激的な恋を。

野いちご文庫人気の既刊！

『魔王子さま、ご執心！①』

＊あいら＊・著

家族の中で孤立しながら辛い日々を送っていた、心優しく美しい少女の鈴蘭。なぜか特別な能力をもつ魔族のための学園「聖リシェス学園」に入学することになって…。さまざまな能力をもつ、個性あふれる極上のイケメンたちも登場!?　注目作家＊あいら＊の新シリーズがいよいよスタート！

ISBN978-4-8137-1254-1　定価：本体649円（本体590円＋税10%）

『魔王子さま、ご執心！②』

＊あいら＊・著

魔族のための「聖リシェス学園」に通う、心優しい美少女・鈴蘭は、双子の妹と母に虐げられる日々を送っていたが、次期魔王候補の夜明と出会い、婚約することに!?　さらに甘々な同居生活がスタートして…!?　極上イケメンたちも続々登場!!　大人気作家＊あいら＊新シリーズ、注目の第２巻！

ISBN978-4-8137-1281-7　定価：671円（本体610円＋税10%）

『魔王子さま、ご執心！③』

＊あいら＊・著

魔族のための「聖リシェス学園」に通う、心優しい美少女・鈴蘭が、実は女神の生まれ変わりだったことが判明し、魔族界は大騒動。鈴蘭の身にも危険が及ぶが、次期魔王候補の夜明との愛はさらに深まり…。ふたりを取り巻く恋も動き出し!?　大人気作家＊あいら＊新シリーズ、大波乱の第３巻！

ISBN978-4-8137-1310-4　定価：671円（本体610円＋税10%）

『魔王子さま、ご執心！④』

＊あいら＊・著

実は女神の生まれ変わりだった、心優しい美少女・鈴蘭。婚約者の次期魔王候補の夜明は、あらゆる危機から全力で鈴蘭を守り愛し抜くと誓ったが…。元婚約者のルイスによって鈴蘭が妖術にかけられてしまい…!?　大人気作家＊あいら＊の新シリーズ、寵愛ラブストーリーがついに完結！

ISBN978-4-8137-1338-8　定価：671円（本体610円＋税10%）

書店店頭にご希望の本がない場合は、書店にてご注文いただけます。

もっと、刺激的な恋を。

♥ 野いちご文庫人気の既刊！♥

『極上男子は、地味子を奪いたい。②』

＊あいら＊・著

元トップアイドルの一ノ瀬花恋が正体を隠して編入した学園は、彼女のファンで溢れていて…！　最強の暴走族LOSTの総長や最強幹部、生徒会役員やイケメンのクラスメート…御曹司だらけの学園で繰り広げられる、秘密のドキドキ溺愛生活。大人気作家＊あいら＊の新シリーズ第２巻！

ISBN978-4-8137-1108-7　定価：649円（本体590円＋税10%）

『極上男子は、地味子を奪いたい。③』

＊あいら＊・著

元トップアイドルの一ノ瀬花恋が正体を隠して編入した学園は、彼女のファンで溢れていて…！　最強の暴走族LOSTの総長や最強幹部、生徒会役員やイケメンのクラスメート…花恋をめぐる恋のバトルが本格的に動き出す⁉　大人気作家＊あいら＊による胸キュンシーン満載の新シリーズ第３巻！

ISBN978-4-8137-1136-0　定価：649円（本体590円＋税10%）

『極上男子は、地味子を奪いたい。④』

＊あいら＊・著

元トップアイドルの一ノ瀬花恋が正体を隠して編入した学園は彼女のファンで溢れていて…！　暴走族LOSTの総長の告白から始まり、イケメン極上男子たちによる花恋の争奪戦が加速する。ドキドキ事件も発生⁉　大人気作家＊あいら＊の胸キュンシーン満載の新シリーズ第４巻！

ISBN978-4-8137-1165-0　定価：649円（本体590円＋税10%）

『極上男子は、地味子を奪いたい。⑤』

＊あいら＊・著

正体を隠しながら、憧れの学園生活を満喫している元伝説のアイドル、一ノ瀬花恋。花恋の魅力に触れた最強男子たちが次々と溺愛バトルに参戦‼　そんな中、花恋は本当の自分の気持ちに気づき…。楽しみにしていた文化祭では事件発生！大人気作家＊あいら＊による胸キュン新シリーズ第５巻！

ISBN978-4-8137-1192-6　定価：649円（本体590円＋税10%）

書店店頭にご希望の本がない場合は、書店にてご注文いただけます。

もっと、刺激的な恋を。

野いちご文庫人気の既刊！

『極上男子は、地味子を奪いたい。⑥』

＊あいら＊・著

正体を隠しながら、憧れの学園生活を満喫している元伝説のアイドル、一ノ瀬花恋。極上男子の溺愛が加速する中、ついに花恋の正体が世間にバレてしまい、記者会見を開くことに。突如、会場に現れた天聖が花恋との婚約を堂々宣言⁉　大人気作家＊あいら＊による胸キュンシリーズ、ついに完結！

ISBN978-4-8137-1222-0　定価：649円（本体590円＋税10%）

『女嫌いのモテ男子は、私だけに溺愛中毒な隠れオオカミでした。～新装版　クールな彼とルームシェア♡～』

＊あいら＊・著

天然で男子が苦手なつぼみは、母親の再婚相手の家で暮らすことに。なんと再婚相手の息子は学園きっての王子・舜だった‼　クールだけど優しくて過保護な舜。つぼみは舜と距離を縮めていくけど、人気者のコウタ先輩からも迫られて…？　ひとつ屋根の下で、胸キュン必須の甘々ラブ♡

ISBN978-4-8137-1420-0　定価：660円（本体600円＋税10%）

『至高の冷酷総長は、危険なほどに彼女を溺愛する』

柊《しゅう》乃《の》なや・著

富豪科と一般科がある特殊な学園に通う高２女子のすばる。ある日、ひょんなことから富豪科のトップに君臨する静日《しずか》と一緒に暮らすことに！　街の誰もが知っている静日の豪邸で待ち受けていたのは甘々な溺愛で…⁉　「……なんでそんなに可愛いのかな」とろけるほどに愛される危ない毎日に目が離せない！

ISBN978-4-8137-1458-3　定価：682円（本体620円＋税10%）

『孤高の極悪総長さまは、彼女を愛しすぎている【極上男子だらけの溺愛祭！】』

柊《しゅう》乃《の》なや・著

杏《あ》実《み》が通う学校には、周囲から信頼の厚い“Sol”《ソル》と、極悪と噂される“Luna”《ルナ》という敵対する２つの暴走族が存在する。高２のクラス替えでふたりの総長と同じクラスになった杏実は、とあるきっかけで両チームの最強男子たちに気に入られ…⁉　完全無欠な総長たちからの溺愛にドキドキ♡

ISBN978-4-8137-1421-7　定価：682円（本体620円＋税10%）

書店店頭にご希望の本がない場合は、書店にてご注文いただけます。

もっと、刺激的な恋を。

野いちご文庫人気の既刊！

『猫をかぶった完璧イケメンくんが、裏で危険に溺愛してくる。』

みゅーな**・著

高2の咲桜《さくら》は、純粋で素直な女の子。ある日、通学電車の中で出会った王子様みたいなイケメン男子・柚和《ゆわ》に恋をしてしまう。なんと彼は、同じ高校に通う後輩くんだった！　しかも偶然、柚和の腹黒な裏の顔を知ってしまった咲桜。その上なぜか仮の彼女に指名されて、甘く迫られちゃって…？

ISBN978-4-8137-1481-1　定価：本体682円（本体620円＋税10%）

『完全無欠の超モテ生徒会長に、ナイショで溺愛されています。』

みゅーな**・著

高3の百葉《ほほは》は、推薦を受けて副生徒会長を務めている。生徒会長はイケメンで何でもできる、みんなの憧れの存在・昊芭《そらは》。そんな昊芭に、隠している“ある体質”のことがバレちゃった！しかも百葉も、クールなはずの昊芭の“好きな子は特別に甘やかしたい”愛したがりな裏の顔を知っちゃって…？

ISBN978-4-8137-1433-0　定価：本体682円（本体620円＋税10%）

『甘々イケメンな双子くんから、愛されすぎて困ってます。』

みゅーな**・著

高1の叶琳《かりん》はある日、家のしきたりに従って双子のイケメン男子・陽世《ひなせ》＆夜紘《やひろ》と会うことに。双子のどちらかが叶琳の運命の番であり、必然的に惹かれ合う相手だという。しかも番を見極めるため、双子との同居が始まっちゃって…？　ふたりに甘く攻められる、ちょっとキケンな毎日がスタート！

ISBN978-4-8137-1382-1　定価：本体682円（本体620円＋税10%）

『極上ヴァンパイアは、彼女を溺愛して離さない【極上男子だらけの溺愛祭!】』

ゆいっと・著

高2の愛菜《あいな》が通う学園には、超モテモテのイケメン・理都《りと》がいる。ある時、彼がじつはヴァンパイアであることを知ってしまい…⁉　しかも愛菜は理都と特別な契約を結ぶことになり、甘すぎる溺愛がスタート！　さらに学園には理都以外にもヴァンパイアがいて…？　ドキドキのヴァンパイアラブ♡

ISBN978-4-8137-1432-3　定価：本体682円（本体620円＋税10%）

書店店頭にご希望の本がない場合は、書店にてご注文いただけます。